HERAUSGEGEBEN VON
Dr. Barbara Ort und Ludwig Rendle

# fragen suchen entdecken 2

## Arbeitshilfen für NRW

**ERARBEITET VON**
Barbara Ort, Ludwig Rendle, Konrad Bürgermeister,
Paul Hartl, Anita Hofbauer, Andrea Wirth

**BEARBEITET VON**
Karla Dommers, Hans-Werner Kulinna,
Hedwig Kulinna, Gabriele Menke

Kösel

**fragen – suchen – entdecken
Religion in der Grundschule 1 – 4**

Herausgegeben von
Dr. Barbara Ort und OStDir Ludwig Rendle
mit Beratung von Prof. Dr. Lothar Kuld

**fragen – suchen – entdecken 2 – Arbeitshilfen für NRW**

Erarbeitet von
Barbara Ort, Ludwig Rendle,
Konrad Bürgermeister, Paul Hartl,
Anita Hofbauer, Andrea Wirth

Bearbeitet von
Karla Dommers, Hans-Werner Kulinna,
Hedwig Kulinna, Gabriele Menke

ISBN 3-466-50695-6 (Kösel)
ISBN 3-403-04111-5 (Auer)

© 2004 by Kösel-Verlag GmbH & Co., München,
und Auer Verlag GmbH & Co., Donauwörth

Rechtschreibreformiert.
Alle Rechte vorbehalten.
Das Werk und seine Teile sind urheberrechtlich geschützt.
Jede Verwertung in anderen als den gesetzlich zugelassenen Fällen
bedarf deshalb der vorherigen schriftlichen Einwilligung der Verlage.
Satz: Kösel-Verlag, München
Druck und Bindung: Ludwig Auer GmbH, Donauwörth
Sachzeichnungen: Maria Ackmann, Hagen
Notensatz: Christa Pfletschinger, München
Umschlag: Kaselow-Design, München

Der Kösel-Verlag ist Mitglied im »Verlagsring Religionsunterricht (VRU)«.

# Vorwort

*Liebe Kollegin, lieber Kollege,*

diese Arbeitshilfen für NRW zum ersten Band des Grundschulwerkes **fragen – suchen – entdecken** wollen Sie bei Ihrer kreativen Arbeit mit dem Schulbuch begleitend unterstützen.

- Zum besseren Verständnis des Gesamtwerkes wird zu Beginn das Konzept von fragen – suchen – entdecken erläutert. Im Mittelpunkt steht dabei die **Betonung des eigenständigen Aneignungsprozesses** von Inhalten durch die Schülerinnen und Schüler. Die Konsequenzen, die sich aus dieser didaktischen Konzeption ergeben, bestimmen die didaktische Struktur der einzelnen Kapitel.

- Für **jahrgangsübergreifende Lerngruppen** finden Sie in diesen Arbeitshilfen zu jeder Schulbuchseite alternative Aufgabenstellungen und konkrete Unterrichtsbeispiele gemäß den entsprechenden Anforderungen für die Kinder aus dem jeweils anderen Jahrgang.

- Die **Bezüge zu den anderen Fächern** werden in jedem Kapitel deutlich aufgezeigt. Ihr Anliegen, fächerübergreifende Bezüge für das Lernen der Kinder herzustellen, wird gut begleitet.

- Eine Besonderheit stellen die ersten Seiten des jeweiligen Schulbuches dar. Sie sind überschrieben mit »Stille entdecken« und verweisen Sie und die Schülerinnen und Schüler auf eine wichtige Aufgabe des Religionsunterrichts: auf die Einübung der Stille, der Achtsamkeit, der Möglichkeiten, »Wege der inneren Erfahrung« zu erkunden und zu gehen. Diese Angebote sollen gleichsam wie ein roter Faden den Religionsunterricht in immer neuen Variationen während des Jahres begleiten.

- Die Folienmappe mit Kunstbildern **Schatzkiste 1/2**, die Folienmappe mit Fotos zu Alltagssituationen **Lebensbilder 1/2** und die CD **Liederkiste 1/2** sind zusätzliche Hilfen für Ihren Religionsunterricht.

Wir hoffen, dass die Arbeitshilfen mit ihren zahlreichen Impulsen, Arbeitsblättern und zusätzlichen Materialien eine lebendige und kreative Unterrichtsgestaltung ermöglichen.

*Die Autorinnen und Autoren,*
*die Herausgeberin und der Herausgeber*

# Inhalt

## A GRUNDLAGEN — Das Konzept zu „fragen – suchen – entdecken 1-4"

Rahmenbedingungen .................................................................. 14
1. Die Aussagen des Lehrplans für NRW zum RU in der Grundschule ............... 14
2. Die Lebenswelt der Grundschülerinnen und -schüler ........................... 14
3. Religiöses Lernen als Prozess der Aneignung ................................. 16

Konsequenzen für die Religionsbücher „fragen – suchen – entdecken" ............. 17
Selbstkonstruktion des Glaubens .................................................. 17
Didaktische Grundstruktur der Kapitel ............................................ 17
1. Einen Lernprozess anstoßen: ................................................... 17
Zugänge: Wahrnehmen – Fragen – Erkunden .......................................... 17
2. Einen Lernprozess in Gang halten: ............................................. 17
Inhaltliche Beschäftigung mit einem Thema ........................................ 17
3. Lernprozesse praktisch werden lassen: ......................................... 18
Aneignen – Handeln – praktisches Lernen – Miteinander leben ...................... 18
Ausgangspunkt und Ziel: fragende, suchende und entdeckende Sch .................. 18

## A GRUNDLAGEN — Das Begleitmaterial zu „fragen – suchen – entdecken 1-4"

1. Die fragen – suchen – entdecken – Arbeitshilfen ............................. 19
2. Die Folienmappe Schatzkiste 1/2 .............................................. 19
3. Die CD Liederkiste 1/2 ....................................................... 19
4. Die Folienmappe Lebensbilder 1/2 ............................................. 19
5. Die Handpuppe Relix .......................................................... 20
Literatur ........................................................................ 20

## B SCHULBUCH — Der Umschlag von „fragen – suchen – entdecken 2"

## B SCHULBUCH — Meditationsseiten in „fragen – suchen – entdecken 1-4"

Stille-Übungen im RU der Grundschule ............................................ 21
Die religionspädagogische Bedeutung von Stille-Übungen .......................... 21
Rahmenbedingungen und Gestaltung einer Stille-Übung ............................. 22
Grundformen der Stille-Übung: Atmen – Aufrechtes Sitzen ......................... 23
Aufbau der Stille-Übungen im Unterrichtswerk fragen – suchen – entdecken ....... 23
Literatur ....................................................................... 23

## B SCHULBUCH — Stille entdecken in „fragen – suchen – entdecken 2"

FRAGEN – SUCHEN – ENTDECKEN 4: **Wie ein Baum** ... ............................. 24
1. Hintergrund .................................................................. 24
2. Einsatzmöglichkeiten im RU .................................................. 26
    **AB 2.0.1**    *Lied*: Ich wachse in die Erde ............................. 25

| | | |
|---|---|---|
| AB 2.0.2 | *Erzähltext*: Der Baum spricht | 27 |
| AB 2.0.3 | *Lied*: In einem Baum | 27 |
| AB 2.0.4 | *Gestaltungsvorlage:* Mandala: Jahresringe meines Lebens | 29 |
| AB 2.0.5 | *Erzähltext*: Die Fabel vom König der Bäume | 31 |

3. Weiterführende Anregung ... 30

**FRAGEN – SUCHEN – ENTDECKEN 5: Sehen und Dahinterschauen** ... 32
1. Hintergrund ... 32
2. Einsatzmöglichkeiten im RU ... 36

| | | |
|---|---|---|
| AB 2.0.6 | *Gestaltungsvorlage*: Eine gute Nachricht (Ich bin einmalig) | 33 |
| AB 2.0.7 | *Lied und Spiel:* Blind sein und nicht sehen können | 35 |
| AB 2.0.8 | *Lied und Tanz:* Gib uns Augen | 37 |

**FRAGEN – SUCHEN – ENTDECKEN 5: Ein Segensgebet** ... 40
1. Hintergrund ... 40
2. Einsatzmöglichkeiten im RU ... 42

| | | |
|---|---|---|
| AB 2.0.9 | *Infoblatt*: Irisches Segensgebet – Segensgebet von Kindern | 39 |
| AB 2.0.10 | *Erzähltext*: Niki und das Dreimeterbrett | 41 |
| AB 2.0.11 | *Körperübung*: Ich bin getragen und *Lied*: Getragen – getragen | 43 |
| AB 2.0.12 | *Lied* und *Tanzanleitung*: Gott, guter Vater | 44 |
| AB 2.0.13 | *Gebet*: Segens- und Psalmworte und *Lied*: Gottes guter Segen sei mit euch | 45 |
| AB 2.0.14 | *Gestaltungsvorlage*: Gott sei wie ... | 47 |

**FRAGEN – SUCHEN – ENTDECKEN 6: Die Gebärden** ... 46
1. Hintergrund ... 46

| | | |
|---|---|---|
| AB 2.0.15 | *Infoblatt*: Gebärdenfolge | 49 |

2. Einsatzmöglichkeiten im RU ... 48
3. Weiterführende Anregungen ... 50

**Ein Grundmodell der Bilderschließung** ... 56

---

## KAPITEL 1 — Miteinander sprechen – Mit Gott reden

1. Religionspädagogische und theologische Hinweise ... 51
2. Das Thema im Lehrplan und in fragen – suchen – entdecken ... 52
3. Jahrgangsübergreifende Lerngruppe ... 52
4. Verbindungen zu anderen Fächern ... 54
5. Lernsequenz ... 54
6. Lebensbilder1/2 ... 54

**FRAGEN SUCHEN ENTDECKEN 7: Miteinander sprechen - Mit Gott reden** ... 58
1. Hintergrund ... 58
2. Einsatzmöglichkeiten im RU ... 60

| | | |
|---|---|---|
| AB 2.1.1 | *Gestaltungsvorlage*: Die Sonne und was unter ihr lebt | 53 |

3. Jahrgangsübergreifende Lerngruppe ... 60

**FRAGEN – SUCHEN – ENTDECKEN 8/9: Was Kinder auf der Welt bewegt** ... 61
1. Hintergrund ... 61
2. Einsatzmöglichkeiten im RU ... 61

| | | |
|---|---|---|
| AB 2.1.2 | *Gestaltungsvorlage*: Meine Luftballons | 55 |
| AB 2.1.3 | *Erzähltext*: Die Kerzen | 57 |
| AB 2.1.4 | *Erzähltext*: Olaf ist sauer auf Gott | 59 |
| AB 2.1.5 | *Psalmwortkarten* | 59 |

| | | |
|---|---|---|
| **AB 2.1.6** | *Gestaltungsvorlage*: Zu meiner Geschichte ein Psalmwort finden | 62 |
| 3. Jahrgangsübergreifende Lerngruppe | | 64 |

## FRAGEN – SUCHEN – ENTDECKEN 10/11: Vertrauen ................................ 64
1. Hintergrund ................................................................................................ 64
2. Einsatzmöglichkeiten im RU ..................................................................... 66
    **AB 2.1.7** *Folienvorlagen*: Mutter und Kind .......................................... 65
    **AB 2.1.8** *Folienvorlagen*: Vater und Kind ............................................ 67
    **AB 2.1.9** *Lied*: Wie groß ist Gottes Liebe? ........................................... 69
    **AB 2.1.10** *Erzähltext*: Jakob erfindet ein Gebet ................................... 69
3. Jahrgangsübergreifende Lerngruppe ........................................................ 70

## FRAGEN – SUCHEN – ENTDECKEN 12/13: Brot zum Leben haben ............. 70
1. Hintergrund ................................................................................................ 70
2. Einsatzmöglichkeiten im RU ..................................................................... 70
    **AB 2.1.11** *Auflösung*: „Brot" in 23 Sprachen ...................................... 71
    **AB 2.1.12** *Gebet*: Gib uns heute unsern täglichen Reis ....................... 71
    **AB 2.1.13** *Vorlesetexte*: Familien in Not begegnen ............................. 73
3. Jahrgangsübergreifende Lerngruppe ........................................................ 72

## FRAGEN – SUCHEN – ENTDECKEN 14/15: Sich versöhnen ........................ 74
1. Hintergrund ................................................................................................ 74
2. Einsatzmöglichkeiten im RU ..................................................................... 74
    **AB 2.1.14** *Kopiervorlage*: Relix ............................................................ 75
    **AB 2.1.15** *Kopiervorlage*: So ging es mir ............................................ 75
3. Jahrgangsübergreifende Lerngruppe ........................................................ 76

## FRAGEN – SUCHEN – ENTDECKEN 16/17: Gott ist bei den Menschen ....... 76
1. Hintergrund ................................................................................................ 76
2. Einsatzmöglichkeiten im RU ..................................................................... 76
    **AB 2.1.16** *Folienvorlagen*: Gott ist bei den Menschen, die ... ............. 77
    **AB 2.1.17** *Gebärden*: Bewegtes Vaterunser ........................................ 79
    **AB 2.1.18** *Lied*: Vaterunser-Lied ......................................................... 81

## FRAGEN – SUCHEN – ENTDECKEN 18/19: Wie Menschen anderer Religionen beten ............. 78
1. Hintergrund ................................................................................................ 78
2. Einsatzmöglichkeiten im RU ..................................................................... 80
    **AB 2.1.19** *Erzähltext*: Mesut, der Neue in der Klasse ......................... 83
    **AB 2.1.20** *Gestaltungsvorlage*: Kalligrafie erproben ........................... 83
    **AB 2.1.21** *Bausteine für eine multireligiöse Morgenfeier* ................... 84
    **AB 2.1.22** *Infoblatt*: Die 99 schönsten Namen Gottes ........................ 87
    **AB 2.1.23** *Lied*: Hebräisch vom Frieden singen ................................. 87

## FRAGEN – SUCHEN – ENTDECKEN 20: Loben und danken ....................... 82
1. Hintergrund ................................................................................................ 82
2. Einsatzmöglichkeiten im RU ..................................................................... 82
    **AB 2.1.24** *Kopiervorlage*: Aus den Lobpsalmen ................................. 88
    **AB 2.1.25** *Tanzanleitung*: Vom Aufgang der Sonne ........................... 89
3. Jahrgangsübergreifende Lerngruppe ........................................................ 86
    **AB 2.1.26** *Bastelanleitung*: Wir basteln einen Gebetskalender .......... 89
Literatur ........................................................................................................... 86

# KAPITEL 2 — Miteinander leben

1. Religionspädagogische und theologische Hinweise .................................................. 90
2. Das Thema im Lehrplan und in fragen – suchen – entdecken ................................ 91
3. Jahrgangsübergreifende Lerngruppe ........................................................................ 91
4. Verbindungen zu anderen Fächern ........................................................................... 91
5. Lernsequenz ................................................................................................................ 92
6. Lebensbilder 1/2 ......................................................................................................... 92

**FRAGEN – SUCHEN – ENTDECKEN 21: Miteinander leben** .................................... 92
1. Hintergrund ................................................................................................................. 92
2. Einsatzmöglichkeiten im RU ..................................................................................... 94
    **AB 2.2.1**   *Schablone und Gestaltungsvorlage*: Miteinander leben ..................... 93
3. Jahrgangsübergreifende Lerngruppe ........................................................................ 94

**FRAGEN – SUCHEN – ENTDECKEN 22/23: Miteinander – gegeneinander** ............ 94
1. Hintergrund ................................................................................................................. 94
2. Einsatzmöglichkeiten im RU ..................................................................................... 96
**Grundmodelle der Liederarbeitung** ........................................................................... 98
    **AB 2.2.2**   *Lied*: Menschenbrückenlied ................................................................. 95
    **AB 2.2.3**   *Lied/Gedicht*: Ich gebe dir die Hände ................................................ 95
3. Jahrgangsübergreifende Lerngruppe ...................................................................... 100

**FRAGEN – SUCHEN – ENTDECKEN 24/25: Wie es bei Josef war** ........................ 100
1. Hintergrund ............................................................................................................... 100
    **AB 2.2.4**   *Liedtext:* Weißt du, wie's mit Josef war? ............................................ 97
2. Einsatzmöglichkeiten im RU ................................................................................... 102
    **AB 2.2.5**   *Bastelanleitung*: Knotenfiguren vorbereiten ..................................... 101
    **AB 2.2.6**   *Lehrererzählung* Teil 1: Wie es bei Josef war ................................. 101
    **AB 2.2.7**   *Rollenspiel*: Warum immer nur er? ................................................... 103
3. Jahrgangsübergreifende Lerngruppe ...................................................................... 102

**FRAGEN – SUCHEN – ENTDECKEN 26/27: Josef kommt nach Ägypten** .............. 104
1. Hintergrund ............................................................................................................... 104
2. Einsatzmöglichkeiten im RU ................................................................................... 106
    **AB 2.2.8**   *Lehrererzählung* Teil 2: Josef kommt nach Ägypten ..................... 103
    **AB 2.2.9**   *Lied*: Manchmal bin ich ganz unten ................................................. 105
    **AB 2.2.10**  *Fantasieübung*: In der Zisterne ........................................................ 105
    **AB 2.2.11**  *Kärtchen*: Wie sich die Beziehungen der Brüder verändern ......... 107
    **AB 2.2.12**  *Fantasiereise*: Keine Angst vor dem Unbekannten ....................... 107
3. Jahrgangsübergreifende Lerngruppe ...................................................................... 106

**FRAGEN – SUCHEN – ENTDECKEN 28/29: Josef wird Stellvertreter des Pharao** .... 110
1. Hintergrund ............................................................................................................... 110
2. Einsatzmöglichkeiten im RU ................................................................................... 111
    **AB 2.2.13**  *Lehrerzählung* Teil 3: Josef wird Verwalter von Ägypten ............. 108
    **AB 2.2.14**  *Lied*: Erntetanz ..................................................................................... 109
3. Jahrgangsübergreifende Lerngruppe ...................................................................... 114

**FRAGEN – SUCHEN – ENTDECKEN 30/31: Josefs Brüder kommen nach Ägypten** .... 114
1. Hintergrund ............................................................................................................... 114
2. Einsatzmöglichkeiten im RU ................................................................................... 116
    **AB 2.2.15**  *Lehrererzählung* Teil 4: Josefs Brüder kommen nach Ägypten ... 113
    **AB 2.2.16**  *Meditationstext*: Schuld eingestehen ............................................. 113
3. Jahrgangsübergreifende Lerngruppe ...................................................................... 120

**FRAGEN – SUCHEN – ENTDECKEN 32/33: Die Geschichte von Josef – unsere Geschichten** ........ 120
1. Hintergrund .................................................................................................. 120
2. Einsatzmöglichkeiten im RU ............................................................................ 121
    AB 2.2.17 *Gestaltungsvorlage*: Was Menschen zueinander sagen ............................. 115
    AB 2.2.18 *Stationenlernen*: Meine Geschichte ........................................................ 117
3. Jahrgangsübergreifende Lerngruppe .................................................................. 122

**FRAGEN – SUCHEN – ENTDECKEN 34: Gott lässt mich nicht allein** ............................. 122
1. Hintergrund .................................................................................................. 122
2. Einsatzmöglichkeiten im RU ............................................................................ 122
    AB 2.2.19 *Rätsel*: Eine Geheimschrift entziffern .................................................... 115
    AB 2.2.20 *Folienvorlage*: Halt die Hände über mich ............................................. 119
    AB 2.2.21 *Gestaltungsvorlage* zum Gebet: Halte zu mir, guter Gott! ....................... 119
3. Jahrgangsübergreifende Lerngruppe .................................................................. 122
Literatur und Medien .......................................................................................... 123

## KAPITEL 3 — Träumen – wünschen – hoffen

1. Religionspädagogische und theologische Hinweise ................................................ 124
2. Das Thema im Lehrplan und in fragen – suchen – entdecken ................................ 124
3. Jahrgangsübergreifende Lerngruppe .................................................................. 126
4. Verbindungen zu anderen Fächern ................................................................... 126
5. Lernsequenz ................................................................................................. 128
6. Lebensbilder 1/2 ........................................................................................... 128

**FRAGEN – SUCHEN – ENTDECKEN 35: Träumen – wünschen – hoffen** ..................... 130
1. Hintergrund .................................................................................................. 130
2. Einsatzmöglichkeiten im RU ............................................................................ 132
    AB 2.3.1 *Elfchen und Bilder*: Träumen – wünschen – hoffen ............................... 125
3. Jahrgangsübergreifende Lerngruppe .................................................................. 132

**FRAGEN – SUCHEN – ENTDECKEN 36/37: Träume und Wünsche** ............................. 132
1. Hintergrund .................................................................................................. 132
2. Einsatzmöglichkeiten im RU ............................................................................ 134
    AB 2.3.2 *Denkblasen*: Wovon ich träume ......................................................... 127
    AB 2.3.3 *Denkblasen*: So träumt Pedro ............................................................. 129
    AB 2.3.4 *Gedicht*: Wovon Kinder dieser Welt träumen ....................................... 129
3. Jahrgangsübergreifende Lerngruppe .................................................................. 134

**FRAGEN – SUCHEN – ENTDECKEN 38/39: Hoffnungsgeschichten** ............................. 134
1. Hintergrund .................................................................................................. 134
2. Einsatzmöglichkeiten im RU ............................................................................ 136
    AB 2.3.5 *Gestaltungsvorlage*: Hoffnungsgeschichten ........................................... 131
    AB 2.3.6 *Bildkarten*: Was Angst macht – was tröstet .......................................... 133
3. Weiterführende Anregung ................................................................................ 136

**FRAGEN – SUCHEN – ENTDECKEN 40/41: Der Traum einer Frau** ............................. 138
1. Hintergrund .................................................................................................. 138
2. Einsatzmöglichkeiten im RU ............................................................................ 140
**Methodische Anregungen: Stimme, Körper, Instrument** ............................................ 140
    AB 2.3.7 *Textpuzzle*: Marias Loblied ................................................................ 135
    AB 2.3.8 *Gestaltungsvorlage*: Ein Engel ............................................................ 137
    AB 2.3.9 *Umrisszeichnung*: Der Traum einer Frau ............................................. 139
    AB 2.3.10 *Lied*: Marias Loblied ....................................................................... 141
3. Jahrgangsübergreifende Lerngruppe .................................................................. 146

**FRAGEN – SUCHEN – ENTDECKEN 42/43: Mehr als ein Traum** ........................................ 146
1. Hintergrund ............................................................................................................ 146
2. Einsatzmöglichkeiten im RU .................................................................................. 150
   AB 2.3.11  *Umrisszeichnung:* Ein gotisches Weihnachtsbild ................................ 143
   AB 2.3.12  *Gestaltungsvorlage:* Glasfenster gestalten .......................................... 145
   AB 2.3.13  *Gedicht:* Engel brauchen keine Flügel ............................................... 147
3. Jahrgangsübergreifende Lerngruppe ..................................................................... 151

**FRAGEN – SUCHEN – ENTDECKEN 44/45: Ein Lebenstraum wird wahr** ........................... 151
1. Hintergrund ............................................................................................................ 151
2. Einsatzmöglichkeiten im RU .................................................................................. 154
   AB 2.3.14  *Erzähltext:* Das Adventslicht ............................................................... 149
   AB 2.3.15  *Erzähltext:* Zwiegespräch an der Krippe ............................................. 153
3. Jahrgangsübergreifende Lerngruppe ..................................................................... 154
   AB 2.3.16  *Gedicht:* Die Kerze von Betlehem ....................................................... 157

**FRAGEN – SUCHEN – ENTDECKEN 46/47: Ein Hirtenspiel** ............................................... 155
1. Hintergrund ............................................................................................................ 155
2. Einsatzmöglichkeiten im RU .................................................................................. 155
3. Jahrgangsübergreifende Lerngruppe ..................................................................... 155

**FRAGEN – SUCHEN – ENTDECKEN 48: Der Traum von einer besseren Welt** ................... 155
1. Hintergrund ............................................................................................................ 155
2. Einsatzmöglichkeiten im RU .................................................................................. 155
3. Jahrgangsübergreifende Lerngruppe ..................................................................... 156
Literatur ...................................................................................................................... 156

## KAPITEL 4                                                                                  Jesu Lebensweg

1. Religionspädagogische und theologische Hinweise ............................................... 158
2. Das Thema im Lehrplan und in fragen – suchen – entdecken .............................. 158
3. Jahrgangsübergreifende Lerngruppe ..................................................................... 160
4. Verbindungen zu anderen Fächern ........................................................................ 160
5. Lernsequenz .......................................................................................................... 160

**FRAGEN – SUCHEN – ENTDECKEN 49: Jesu Lebensweg** .................................................. 162
1. Hintergrund ............................................................................................................ 162
2. Einsatzmöglichkeiten im RU .................................................................................. 166
   AB 2.4.1  *Gestaltungsvorlage:* Jesus wird gefangen genommen .......................... 159
3. Jahrgangsübergreifende Lerngruppe ..................................................................... 168

**FRAGEN – SUCHEN – ENTDECKEN 50/51: Menschen sind von Jesus begeistert** ............ 168
1. Hintergrund ............................................................................................................ 168
2. Einsatzmöglichkeiten im RU .................................................................................. 170
   AB 2.4.2  *Lied:* Seht nur her! Immer mehr ziehen hinter Jesus her! ..................... 161
   AB 2.4.3  *Fotovorlagen:* Menschen, die arm sind, die hungern, die traurig sind. .. 163
   AB 2.4.4  *Lied* zu den Seligpreisungen: Hört, wen Jesus glücklich preist ............ 161
   AB 2.4.5  *Ich-Briefe:* Maria aus Magdala, Simon Petrus, Johannes ..................... 165
Alternative Methoden: Arbeit mit Figuren und Rollenspiel ........................................ 164
   AB 2.4.6  *Ausschneidebogen:* Stabfiguren ............................................................ 165
   AB 2.4.7  *Arbeitsblatt:* Das habe ich von Jesus gehört – Das denke ich über Jesus ........... 167
3. Jahrgangsübergreifende Lerngruppe ..................................................................... 172

**FRAGEN – SUCHEN – ENTDECKEN 52/53: Jesus heilt Menschen** .......... 172
1. Hintergrund .......... 172
2. Einsatzmöglichkeiten im RU .......... 174
    **AB 2.4.8** *Textpuzzle*: „Öffne dich!" (Mk 7,31-37) .......... 169
    **AB 2.4.9** *Gedicht*: Meine Hände können zaubern und *Lied*: Hände .......... 169
3. Jahrgangsübergreifende Lerngruppe .......... 176

**FRAGEN – SUCHEN – ENTDECKEN 54/55: Was Menschen über Jesus denken** .......... 178
1. Hintergrund .......... 178
2. Einsatzmöglichkeiten im RU .......... 180
3. Jahrgangsübergreifende Lerngruppe .......... 182
    **AB 2.4.10** *Kopiervorlage:* Erzählrahmen .......... 171

**FRAGEN – SUCHEN – ENTDECKEN 56/57: Jesus geht seinen Weg bis zum Kreuz** .......... 182
1. Hintergrund .......... 182
2. Einsatzmöglichkeiten im RU .......... 183
    **AB 2.4.11** *Lehrererzählung*: Jesus wird gefangen genommen .......... 175
    **AB 2.4.12** *Kopiervorlage*: Kreuzwegstationen .......... 177
    **AB 2.4.13** *Passionslied*: Ihr Freunde, lasst euch sagen .......... 179
3. Jahrgangsübergreifende Lerngruppe .......... 184

**FRAGEN – SUCHEN – ENTDECKEN 58/59: Was Menschen nach dem Tod Jesu erfahren** .......... 184
1. Hintergrund .......... 184
2. Einsatzmöglichkeiten im RU .......... 186
    **AB 2.4.14** *Arbeitsblatt*: Ich werde nicht sterben, sondern leben! .......... 179
    **AB 2.4.15** *Osterlied*: Freut euch alle, Jesus lebt! .......... 181
    **AB 2.4.16** *Gestaltungsvorlage*: Christus ist erstanden .......... 181
    **AB 2.4.17** *Wortkarten* zur Bildbetrachtung: Kreisform – Sonne .......... 177
    **AB 2.4.18** *Bibeltext*: Auf dem Weg nach Emmaus (Lk 24,13-35) und *Liedruf*: Geh mit uns! .......... 187
3. Jahrgangsübergreifende Lerngruppe .......... 188

**FRAGEN – SUCHEN – ENTDECKEN 60/61: Sich an Jesus erinnern** .......... 188
1. Hintergrund .......... 188
2. Einsatzmöglichkeiten im RU .......... 189
3. Jahrgangsübergreifende Lerngruppe .......... 190

**FRAGEN – SUCHEN – ENTDECKEN 62: Ein Osterlied** .......... 190
1. Hintergrund .......... 190
2. Einsatzmöglichkeiten im RU .......... 191
Literatur .......... 191

## KAPITEL 5      Zur Kirche gehören

1. Religionspädagogische und theologische Hinweise .......... 192
2. Das Thema im Lehrplan und in fragen – suchen – entdecken .......... 193
3. Jahrgangsübergreifende Lerngruppe .......... 193
4. Verbindungen zu anderen Fächern .......... 193
5. Lernsequenz .......... 194
6. Lebensbilder 1/2 .......... 194

**FRAGEN – SUCHEN – ENTDECKEN 63: Zur Kirche gehören** .......... 194
1. Hintergrund .......... 194
2. Einsatzmöglichkeiten im RU .......... 196
3. Jahrgangsübergreifende Lerngruppe .......... 196

**FRAGEN – SUCHEN – ENTDECKEN 64/65: Wenn ein Kind geboren wird ...** ... 198
1. Hintergrund ... 198
2. Einsatzmöglichkeiten im RU ... 198
3. Jahrgangsübergreifende Lerngruppe ... 200

**FRAGEN – SUCHEN – ENTDECKEN 66/67: ... bekommt es einen Namen** ... 200
1. Hintergrund ... 200
2. Einsatzmöglichkeiten im RU ... 202
    AB 2.5.1   *Arbeitsblatt*: Wer kennt meinen Vornamen? ... 195
    AB 2.5.2   *Gestaltungsvorlage*: Mein Namenstagskalender-Blatt ... 197
3. Jahrgangsübergreifende Lerngruppe ... 204

**FRAGEN – SUCHEN – ENTDECKEN 68/69: Ein Kind wird getauft** ... 204
1. Hintergrund ... 204
2. Einsatzmöglichkeiten im RU
    AB 2.5.3   *Erzähltext*: Michael wird getauft ... 199
    AB 2.5.4   *Gestaltungsvorlage*: Die Symbole der Tauffeier ... 201
3. Jahrgangsübergreifende Lerngruppe ... 206

**FRAGEN – SUCHEN – ENTDECKEN 70/71: Wasser – Zeichen für ...** ... 206
1. Hintergrund ... 206
2. Einsatzmöglichkeiten im RU ... 208
    AB 2.5.5   *Mandala*: Wasser spendet Leben ... 203
    AB 2.5.6   *Bewegungsspiel*: Abollo holt Wasser ... 205
3. Jahrgangsübergreifende Lerngruppe ... 209

**FRAGEN – SUCHEN – ENTDECKEN 72/73: Kleid und Kerze – Zeichen für...** ... 209
1. Hintergrund ... 209
2. Einsatzmöglichkeiten im RU ... 210
    AB 2.5.7   *Arbeitsblatt*: Symbole auf Taufkerzen ... 207
3. Jahrgangsübergreifende Lerngruppe ... 210

**FRAGEN – SUCHEN – ENTDECKEN 74/75: Zur Gemeinde gehören** ... 214
1. Hintergrund ... 214
2. Einsatzmöglichkeiten im RU ... 214
3. Jahrgangsübergreifende Lerngruppe ... 220

**FRAGEN – SUCHEN – ENTDECKEN 76: Kinder erforschen ihre Kirche** ... 220
1. Hintergrund ... 220
2. Einsatzmöglichkeiten im RU ... 220
    AB 2.5.8   *Laufzettel* für eine Lernstraße: Wir erforschen unsere Kirche ... 211
    AB 2.5.9   Station 1: Kirche und Umgebung fertig zeichnen ... 212
    AB 2.5.10  Station 2: Sich in der Kirche umschauen ... 213
    AB 2.5.11  Station 3: Den Altarraum entdecken ... 215
    AB 2.5.12  Station 4: Bilder und Figuren von Heiligen entdecken ... 216
    AB 2.5.13  Station 5: Was ich noch entdeckt habe ... 217
    AB 2.5.14  Station 6: Ein Rätsel lösen ... 218
    AB 2.5.15  Station 7: Einen Platz in der Kirche finden, zu beten versuchen ... 219
3. Jahrgangsübergreifende Lerngruppe ... 221
Literatur ... 221

# KAPITEL 6                  Leben in Gottes Schöpfung

1. Religionspädagogische und theologische Hinweise .................................................. 222
2. Das Thema im Lehrplan und in fragen – suchen – entdecken .................................. 222
3. Jahrgangsübergreifende Lerngruppe ........................................................................ 224
4. Verbindungen zu anderen Fächern .......................................................................... 224
5. Lernsequenz ............................................................................................................ 226
6. Lebensbilder 1/2 ..................................................................................................... 226

**FRAGEN – SUCHEN – ENTDECKEN 77: Leben in Gottes Schöpfung** ......................... 226
1. Hintergrund ............................................................................................................ 226
2. Einsatzmöglichkeiten im RU .................................................................................. 228
    **AB 2.6.1**     *Malvorlage*: Schöpfung ..................................................................... 223
3. Jahrgangsübergreifende Lerngruppe ........................................................................ 228

**FRAGEN – SUCHEN – ENTDECKEN 78/79: Tiere verlassen den Wald** ....................... 230
1. Hintergrund ............................................................................................................ 230
2. Einsatzmöglichkeiten im RU .................................................................................. 230
    **AB 2.6.2**     *Kanon*: Jeder Teil dieser Erde und Bittgebet und *Gebet:* Wir bitten um Liebe .... 225
    **AB 2.6.3**     *Fantasiereise*: Traumreise zum Wald ............................................... 225
3. Jahrgangsübergreifende Lerngruppe ........................................................................ 232

**FRAGEN – SUCHEN – ENTDECKEN 80/81: Noach baut eine Arche** ........................... 232
1. Hintergrund ............................................................................................................ 232
2. Einsatzmöglichkeiten im RU .................................................................................. 236
    **AB 2.6.4**     *Erzähltext*: Die Noach-Geschichte – 1. Teil (nach Gen 6,1-8,12) ....... 227
    **AB 2.6.5**     *Gestaltungsvorlage*: Meine Arche ................................................... 229
3. Jahrgangsübergreifende Lerngruppe ........................................................................ 236

**FRAGEN – SUCHEN – ENTDECKEN 82/83: Ein Regenbogen verbindet Himmel und Erde** .......... 236
1. Hintergrund ............................................................................................................ 236
2. Einsatzmöglichkeiten im RU .................................................................................. 238
    **AB 2.6.6**     *Erzähltext*: Die Noach-Geschichte – Teil 2 (Gen 8-9,29) ................. 231
    **AB 2.6.7**     *Mandala*: Regenbogenmandala ...................................................... 233
    **AB 2.6.8**     *Gestaltungsvorlage*: Noachs Dankgebet ........................................ 231
    **AB 2.6.9**     *Lied*: Regenbogen – buntes Licht .................................................. 235
3. Jahrgangsübergreifende Lerngruppe ........................................................................ 240
4. Medien .................................................................................................................... 240

**FRAGEN – SUCHEN – ENTDECKEN 84/85: Wunder der Schöpfung entdecken** .......... 240
1. Hintergrund ............................................................................................................ 240
2. Einsatzmöglichkeiten im RU .................................................................................. 240
    **AB 2.6.10**    *Kopiervorlage* der Schablone: Naturpalette .................................. 237
    **AB 2.6.11**:    *Kopiervorlage:* Mein Lupenblatt .................................................. 239
    **AB 2.6.12**    *Lied*: Eine Hand voll Erde .............................................................. 237
    **AB 2.6.13**    *Erzähltext*: Die Geschichte vom Weltraumtier .............................. 241
3. Jahrgangsübergreifende Lerngruppe ........................................................................ 242
4. Medien .................................................................................................................... 242

**FRAGEN – SUCHEN – ENTDECKEN 86/87: Die Schöpfung lobt Gott** ......................... 242
1. Hintergrund ............................................................................................................ 242
2. Einsatzmöglichkeiten im RU .................................................................................. 246
    **AB 2.6.14**    *Erzähltext*: Aus der Lebensgeschichte des hl. Franziskus ............... 243
    **AB 2.6.15**    *Tanzanleitung* zum Sonnengesang ................................................ 243
    **AB 2.6.16**    *Erzähltext*: Die Vogelpredigt ........................................................ 245

3. Jahrgangsübergreifende Lerngruppe . . . . . . . . . . . . . . . . . . . . . . . . . . . . . . . . . . . . . . . . . . . . . . . . . 247
Literatur . . . . . . . . . . . . . . . . . . . . . . . . . . . . . . . . . . . . . . . . . . . . . . . . . . . . . . . . . . . . . . . . . . . . . . . . . 247

**FRAGEN – SUCHEN – ENTDECKEN 88/89: Ein ganzes Jahr auf die Schöpfung achten** . . . . . . . . . . . . 247
1. Hintergrund . . . . . . . . . . . . . . . . . . . . . . . . . . . . . . . . . . . . . . . . . . . . . . . . . . . . . . . . . . . . . . . . . . . 247
2. Einsatzmöglichkeiten im RU . . . . . . . . . . . . . . . . . . . . . . . . . . . . . . . . . . . . . . . . . . . . . . . . . . . . . 247
    **AB 2.6.17** *Bastelanleitung*: Wir bauen ein Winterversteck für Marienkäfer . . . . . . . . . . . . . . . . . . . 249
    **AB 2.6.18** *Lied und Bewegungsspiel* vom Barbarazweig . . . . . . . . . . . . . . . . . . . . . . . . . . . . . . . 249
    **AB 2.6.19** *Bastelvorlage:* Faltblume . . . . . . . . . . . . . . . . . . . . . . . . . . . . . . . . . . . . . . . . . . . . . . . 251
    **AB 2.6.20** *Mandala*: Jahreszeiten . . . . . . . . . . . . . . . . . . . . . . . . . . . . . . . . . . . . . . . . . . . . . . . . 251
3. Jahrgangsübergreifende Lerngruppe . . . . . . . . . . . . . . . . . . . . . . . . . . . . . . . . . . . . . . . . . . . . . . . 250

**FRAGEN – SUCHEN – ENTDECKEN 90: Seh ich die Erde – das Werk deiner Hände** . . . . . . . . . . . . . 250
1. Hintergrund . . . . . . . . . . . . . . . . . . . . . . . . . . . . . . . . . . . . . . . . . . . . . . . . . . . . . . . . . . . . . . . . . . . 250
2. Einsatzmöglichkeiten im RU . . . . . . . . . . . . . . . . . . . . . . . . . . . . . . . . . . . . . . . . . . . . . . . . . . . . . 250
3. Jahrgangsübergreifende Lerngruppe . . . . . . . . . . . . . . . . . . . . . . . . . . . . . . . . . . . . . . . . . . . . . . . 252
Literatur . . . . . . . . . . . . . . . . . . . . . . . . . . . . . . . . . . . . . . . . . . . . . . . . . . . . . . . . . . . . . . . . . . . . . . . . . 252

## MEIN ICH-BUCH

**FRAGEN – SUCHEN – ENTDECKEN 93-95: Mein Ich-Buch** . . . . . . . . . . . . . . . . . . . . . . . . . . . . . . . . . . 252
1. Hintergrund . . . . . . . . . . . . . . . . . . . . . . . . . . . . . . . . . . . . . . . . . . . . . . . . . . . . . . . . . . . . . . . . . . . 252
2. Einsatzmöglichkeiten im RU . . . . . . . . . . . . . . . . . . . . . . . . . . . . . . . . . . . . . . . . . . . . . . . . . . . . . 253
3. Jahrgangsübergreifende Lerngruppe . . . . . . . . . . . . . . . . . . . . . . . . . . . . . . . . . . . . . . . . . . . . . . . 253

Stichwortregister . . . . . . . . . . . . . . . . . . . . . . . . . . . . . . . . . . . . . . . . . . . . . . . . . . . . . . . . . . . . . . . . . . 254
Quellenverzeichnis . . . . . . . . . . . . . . . . . . . . . . . . . . . . . . . . . . . . . . . . . . . . . . . . . . . . . . . . . . . . . . . . 255

# Das Konzept zu „fragen – suchen – entdecken 1–4"

## Rahmenbedingungen

Bei der Planung der neuen Religionsbücher waren für uns folgende Kriterien maßgebend:

*1. Die Vorgaben des Lehrplans:*
Es waren für uns nicht nur die Lehrplaninhalte maßgebend, sondern das Gesamtbild des Religionsunterrichtes (RU), das dem Lehrplan zugrunde liegt.

*2. Die Lebenswelt der Grundschülerinnen und Grundschüler:*
Hier spielen sowohl die gesellschaftlichen Bedingungen, unter denen Kinder lernen, als auch die Religiosität der Schülerinnen und Schüler eine wichtige Rolle.

*3. Religiöses Lernen als Prozess der Aneignung:*
Wir haben uns vor allem auf die Untersuchungsergebnisse der strukturgenetischen Forschung gestützt, nach denen die Kinder eigenständige religiöse Vorstellungen entwickeln und die deshalb im RU als Subjekte ihrer eigenen Lernprozesse, Lebens- und Sinnentwürfe und ihrer Glaubensvorstellungen betrachtet werden müssen.

### 1. Die Aussagen des Lehrplans für NRW zum RU in der Grundschule

Kinder im Grundschulalter kommen mit unterschiedlichen religiösen Erfahrungen, Vorstellungen und Verstehensweisen in die Grundschule und bringen Interesse an Religion und Glauben mit. Sie haben die Fähigkeit zu staunen und wollen mit ihren Fragen ernst genommen werden.
Im RU werden die Schülerinnen und Schüler (Sch) darin unterstützt, ihre religiösen Bedürfnisse und ihre Vorstellungen von Gott und von der Welt zu klären. Sie sollen angeregt werden, ihre Hoffnungen und Ängste auszudrücken, sich mit ihren eigenen sowie mit den Fragen ihrer Mitschüler auseinander zu setzen und im gegenseitigen Austausch von- und miteinander zu lernen. Sch werden ermutigt, nach sich selbst und nach Gestaltungsformen des Zusammenlebens mit anderen, nach dem Woher und Wohin ihres Lebens und in diesem Zusammenhang nach Gott zu fragen.
Im Fachprofil des Lehrplans für Katholische Religionslehre werden die Ziele und Inhalte des RU in fünf Lernbereichen entfaltet (vgl. Richtlinien und Lehrpläne zur Erprobung, Katholische Religionslehre, Ministerium für Jugend, Schule und Kinder, Düsseldorf 2003):

1. Lernbereich: *„Ich, die Anderen, die Welt und Gott"*
Ausgehend von Lebenssituationen der Sch werden hier die grundlegenden menschlichen Fragen nach Ursprung und Sinn des Lebens thematisiert.
2. Lernbereich: *„Religion und Glauben im Leben der Menschen"*
Hier wird die Mehrdimensionalität der Welt aufgespürt und erkundet, wie Menschen ihren Glauben an Gott zum Ausdruck bringen.
3. Lernbereich: *„Das Wort Gottes und das Heilshandeln Jesu Christi in den biblischen Überlieferungen"*
In diesem zentralen Bereich werden die biblisch bezogenen Unterrichtsgegenstände angesprochen. Diese werden mit den Gegenständen der anderen vier Bereiche in Verbindung gebracht und bieten Grundlagen für das Verständnis biblischer Texte.
4. Lernbereich: *„Leben und Glauben in Gemeinde und Kirche"*
Hier werden durch die Erkundung des Lebens und Glaubens in Gemeinschaft Grundvollzüge der Verkündigung, der Liturgie und der Diakonie in den Blick genommen.
5. Lernbereich: *„Maßstäbe christlichen Lebens"*
In diesem Bereich werden christliche Orientierungen für das eigene Handeln reflektiert.

### 2. Die Lebenswelt der Grundschülerinnen und -schüler

Schulbücher müssen einerseits die Vorgaben eines Lehrplans beachten und einlösen, sie müssen andererseits aber auch die Lebenswelt der Grundschülerinnen und -schüler, ihre Verstehensvoraussetzungen und die Möglichkeiten eines religiösen Lernens im Blick haben.

#### GESELLSCHAFTLICHE BEDINGUNGEN
Wenn mit Pluralisierung und Individualisierung die Lebenswelt der Erwachsenen gekennzeichnet wird, dann gilt dies nicht minder für Sch. Denn Kindheit ist heute geprägt von einem Wandel der Lebensräume, von neuen Raum- und Zeitwahrnehmungen, von Ver-

häuslichung und Verinselung des Kinderlebens und dem Wandel in den familiären Systemen (vgl. z. B. Maria Fölling-Albers (Hg.), Veränderte Kindheit – veränderte Grundschule, Frankfurt 1993, 25 f.).

Ein Gesamtpanorama der veränderten Lebensbedingungen unserer Sch lässt die Verflochtenheit vieler Phänomene erkennen: So kann die veränderte Nachmittagsgestaltung der Sch nicht von der Veränderung der Familienstrukturen getrennt werden. Festzustellen ist vor allem eine Übernahme erwachsener Zeitorganisation. An die Stelle von spontan aufgesuchten Nachbarschaftsgruppen tritt eine verstärkte Institutionalisierung der Freizeit und der Freizeitgestaltung durch „Terminnetze". Die Vielfalt von Kursen sportlicher, musikalischer und handwerklicher Art verspricht Eltern und Sch, um den Preis einer verstärkten Institutionalisierung der Freizeitgestaltung, Ergänzung und Erweiterung der schulischen Ausbildung. Die Kommerzialisierung der Freizeit ist jeglicher Spontaneität entgegengerichtet und die Beschäftigungen sind oft so vorgegeben, dass es keiner großen Fantasie mehr bedarf. Vor allem die Natur und ihre wirklichen Zusammenhänge werden ausgeblendet. Eine vorpräparierte Welt wird präsentiert und schafft dazu noch mehr Distanz zu der unmittelbaren Realität. Verstärkt wird diese Erfahrungsarmut durch die elektronische Welt vom Fernsehen bis zum Computer, in denen keine unmittelbare Realität mehr erlebt wird, sondern Abbilder einer konstruierten Welt wahrgenommen werden. Bei allen positiven Aspekten, die einer modernen technischen Welt neu zuzuerkennen sind, bleiben doch als Probleme, dass rezeptive Aneignungsformen überwiegen und psychosoziale Konsequenzen in Richtung Isolierung und Kontaktverlust zu bewältigen sind. Während Hartmut von Hentig bereits 1984 „das allmähliche Verschwinden der Wirklichkeit" diagnostizierte, beklagt Horst Rumpf, dass die Schule in einen Wettlauf mit den Medien eintrete und durch ihre Art des Lernens die Realitätsverschiebungen noch vergrößere (vgl. Horst Rumpf, Die übergangene Sinnlichkeit, München 1981). Die Überlegungen, welche Wirkungen davon auf die Innenwelten der Sch ausgehen, stehen erst am Anfang. Vermutet wird, dass die überbordenden „Erfahrungen aus zweiter Hand" das Erleben der Sch besetzen und ihre Wahrnehmungen und ihre Fantasie mit übernommenen standardisierten Bildwelten überfluten. An die Stelle der selbst gemachten unmittelbaren Erfahrungen tritt Übernommenes. Während die „Fernsinne" (sehen, hören) in Anspruch genommen werden, verkümmern die „Nahsinne" (tasten, riechen, schmecken). Eigentätigkeit und direkte Wahrnehmung und Erfahrung der Welt nehmen ab. Da erscheint die These berechtigt, dass Lehrkräfte und Erzieherinnen bei unseren Sch mit einer anders akzentuierten inneren Welt rechnen müssen.

Mit diesen Veränderungen korrespondiert bei Sch das Bedürfnis nach Stille, nach unmittelbarer Wahrnehmung und Erfahrung. Damit scheint eine Gegenbewegung gegenüber einer Veräußerlichung zu entstehen, die als Kairos für den RU verstanden werden kann.

### DIE RELIGIOSITÄT DER SCH IM GRUNDSCHULALTER

Die Auswirkungen von Pluralisierung und Individualisierung in der Gesellschaft spiegeln sich auch im religiösen Bereich wider. Bei einem großen Teil der Sch stellen die Religionslehrerinnen und -lehrer fest, dass die religiöse Tradition, wie sie von der Kirche gelebt wird, im Leben der Sch weitgehend fremd bleibt. Bis auf Weihnachten spielt das Kirchenjahr kaum eine Rolle. Allerdings darf für die Familienerziehung nicht pauschal behauptet werden, dass Religion keine Rolle mehr spiele. „Vielmehr ist es vielfach die kirchliche Religion, die von dem beobachteten Wandel betroffen ist, während individuell-persönliche Formen von Religiosität und Sinnfindung nach wie vor bedeutsam sind" (vgl. Friedrich Schweitzer, Kind und Religion. Religiöse Sozialisation und Entwicklung im Grundschulalter, in: ders./Gabriele Faust-Siehl, Religion in der Grundschule, Frankfurt 42000, S. 62).

Der Religionspädagoge Friedrich Schweitzer warnt davor, bei Sch einfach von unbeschriebenen Blättern auszugehen, die der schulische RU erstmals „beschreiben" könne. Auch wenn der RU den Sch die Erstbegegnung mit biblischen Geschichten und mit Kirche ermöglicht, bringen Sch doch nach wie vor religiöse Vorerfahrung bereits in die Schule mit. An solchen Vorerfahrungen wird der RU nicht einfach vorbeigehen dürfen.

Die Individualisierung von Religion erzeugt eine immer heterogenere Zusammensetzung von Klassen oder Lerngruppen.

Die These von Friedrich Schweitzer, dass wir statt von einer Säkularisierung besser von einer religiösen Individualisierung und Pluralisierung auszugehen hätten, wird in den Untersuchungen, die im Folgenden dargestellt werden, weitgehend bestätigt.

Anton A. Bucher legt eine Untersuchung vor, in der die Grundschülerinnen und -schüler Religion als ihr drittliebstes Fach angeben. Dabei werden „genuin theologische Themen" häufiger registriert als „anthropologische oder lebenskundliche". Am häufigsten seien die Themen „Gott" (84 %) und „Jesus" (83 %), auffallend selten „Dritte Welt" (11 %), „Probleme in der Familie" (11 %) sowie „Probleme in der Schule" (14 %). Religion in der Grundschule ist somit weniger problemorientiert als vielmehr biblisch-theologisch akzentuiert. Den L gelingt es, auch bei 40 % jener Sch, die religiös nicht oder kaum sozialisiert sind (85 % kennen kein regelmäßiges Tischgebet), Religion als etwas für ihr Leben „sehr Wichtiges" zu vermitteln, und zwar insbesondere mit Methoden, die die Selbsttätigkeit der Sch ermöglichen und fördern. Die enorme Beliebtheit dieses Faches korreliert mit einer hohen Akzeptanz christlicher Glaubensinhalte. 90 % halten für wahr, Gott könne Wunder wirken; noch mehr, Jesus sei von den Toten auferstanden (vgl. Anton A. Bucher, RU zwischen Lernfach und Lebenshilfe, Stuttgart ³2001, S. 47 f.). Diese religiöse Unbefangenheit – in einer als nachchristlich etikettierten Epoche eher überraschend – ist auch entwicklungspsychologisch bedingt und erinnert an das von Fowler beschriebene Stadium des mythisch-wörtlichen Glaubens.

### 3. Religiöses Lernen als Prozess der Aneignung

Die Ergebnisse der strukturgenetischen Forschungen gehen im Unterschied zu psychologischen Reifungstheorien davon aus, dass Sch religiöse Inhalte eigenständig mit ihren Denkstrukturen begreifen und mit Sinn erfüllen (vgl. z. B. Fritz Oser, Die Entstehung Gottes im Kinde, Zürich 1992). Die Entwicklung religiöser Urteilsstrukturen (Oser) und die Entwicklung von Selbststrukturierungen (Kegan) sind deshalb auch nicht abhängig vom Lebensalter, sondern von der Entwicklung der Fähigkeiten, die mit diesen Strukturen und Konzepten verbunden sind (vgl. Robert Kegan, Die Entwicklungsstufen des Selbst, München 1991). Die entwicklungstheoretischen Arbeiten von Oser und Fowler legen uns nahe, Kinder und Jugendliche als Subjekte ihrer Lebens- und Sinnentwürfe zu betrachten. Sch übernehmen nicht einfach die religiösen Vorstellungen der Erwachsenen, sondern interpretieren diese Vorstellung im Rahmen ihres Weltverstehens. Für Glaube und Religion hat das zur Folge, dass ein Kind die Begriffe des Glaubens anders versteht als ein/e Erwachsene/r. Es übernimmt das Gesagte nicht einfach wie eine tabula rasa, sondern übersetzt das Gesagte und gleicht es den eigenen Verstehensmustern an.

So entwickelt ein Kind im Grundschulalter einen do-ut-des Glauben (Oser) wechselseitiger Gefälligkeiten oder jenes von Fowler mythisch-wörtlich genannte Glaubensverständnis, bei dem es sich in Geschichten über den Sinn der Welt verständigt, diese Geschichten aber nicht als Geschichten durchschaut, sondern wörtlich nimmt.

Ähnlich könnte man dies für die Konstruktion, Aneignung und Reflexion moralischer Sachverhalte annehmen (vgl. Lawrence Kohlberg, Die Psychologie der Moralentwicklung, Frankfurt/M. 1996). Auch sie verändert sich entwicklungsbedingt von einer Moral, die an konkreten Folgen einer Handlung (Lohn oder Strafe) orientiert ist, über eine Moral, die sich auf Rollenerwartungen (Rollenmoral), Gesetze und Verträge beruft, bis hin zu einer prinzipienorientierten Moral, die abstrakt mit Werten argumentiert.

Diese strukturgenetischen Annahmen und Beobachtungen zur Religiosität von Sch und Jugendlichen sind grundlegend für den RU. Dieser hat mit einer Vielfalt individueller Glaubensgeschichten zu tun und mit einer Pluralität von Glaubenskonstruktionen, die Sch jeweils für sich gefunden haben und die sie im Unterricht zur Geltung bringen. Der gemeinsame Nenner, auf den L sich noch beziehen können, sind die in einer Klassenstufe jeweils erwartbaren religiösen und moralischen Entwicklungsstufen.

Religiöses Lernen ist somit als ein Prozess der Aneignung zu verstehen, der vom Kind (und Jugendlichen) selbst gesteuert und vorangebracht wird, wenn die entsprechenden Lernanlässe gegeben sind. Als religionspädagogische Grundhaltung ergibt sich weder die des bloßen Reifen-Lassens noch die des ausschließlichen Vermittelns: Sch sollen vielmehr zu eigener Reflexion und Praxiserprobung angeregt, sie sollen als Subjekte ihres Glaubens betrachtet werden. Ihre Gottesvorstellungen beruhen nicht auf bloßen Übernahmen der Vorgaben, sondern stellen aktive Interpretationsweisen dar.

Sch sind auf diese Weise Subjekte ihrer eigenen Lernprozesse, Lebens- und Sinnentwürfe und ihrer Glaubensvorstellungen. Die Wirksamkeit religiöser Lernprozesse ist abhängig von den Zugangsweisen und Verstehensgrundlagen der Sch. Aus diesem Grund haben aufgedrängte Inhalte und Bedeutungen keine emotionale Tiefenwirkung. Der RU sollte deshalb auf die Vorstellungen und Begriffe, mit denen Sch Religion denken und entwickeln, eingehen und mit diesen arbeiten. Ein solcher Unterricht ermutigt Sch zu eigenständigen religiösen Vorstellungen und achtet durch Differenzierung des Lernfeldes auf den jeweiligen – im Einzelfall von der Mehrheit der Klasse vielleicht verschiedenen – glaubensbiografischen Kontext. Ziel dieser Pädagogik ist religiöse Autonomie: Sie versteht Glaubensgeschichten als Entwicklungsgeschichten (vgl. Fritz Oser, Die Entstehung Gottes im Kinde, Zürich 1992). „Der Blick auf diese Entwicklungschancen begründet das Plädoyer für eine religionspädagogisch gewendete Theologie, die entwicklungsbedingte Konstruktionen des Glaubens durch das Kind zulässt und damit zum Ausgangspunkt einer für die Lebensumbrüche sensiblen Didaktik religiösen Lernens macht" (vgl. Lothar Kuld, Wie hast du's mit der Religion? Die Gretchenfrage bei Kindern und Jugendlichen, in: Noormann, Harry/Becker, Ulrich/Trocholepcy, Bernd (Hg.), Ökumenisches Arbeitsbuch Religionspädagogik, Stuttgart 2000, S. 57-73, hier 72).

Die Religionsbücher wollen einen Unterricht unterstützen, der Sch ermutigt, zu eigenständigen religiösen Vorstellungen zu kommen.

# Konsequenzen für die Religionsbücher „fragen – suchen – entdecken"

## Selbstkonstruktion des Glaubens

Die oben skizzierten Einsichten über Erfahrungsorientierung und über die Selbstkonstruktion des Glaubens der Kinder (und Jugendlichen) sind die Grundlage für die Konzeption der Unterrichtsreihe fragen – suchen – entdecken für die Grundschule.

Wenn Sch einerseits Subjekte ihrer Lernprozesse sind und bleiben, sie andererseits aber Einsichten gewinnen und in einen Lernprozess eintreten sollen, dann müssen eine Fragehaltung und eine Suchbewegung der Sch initiiert und angestoßen werden, bei der sich Sch auch interessiert mit Glaubensüberlieferungen beschäftigen. Dies mündet in eine aktive und praktisch werdende Beschäftigung mit den Einsichten und neuen Erfahrungen am Ende einer Thematik.

Die Programmatik dieses Prozesses gibt der Titel der Bücher wieder: fragen – suchen – entdecken. Die folgende didaktische Grundstruktur konkretisiert diese allgemeine Absicht im Aufbau der einzelnen Kapitel und will damit der Lebenswelt der Grundschüler ebenso gerecht werden wie den Erkenntnissen der modernen strukturgenetischen Entwicklungspsychologie.

## Didaktische Grundstruktur der Kapitel

Die folgende didaktische Grundstruktur beschreibt den Aufbau eines jeden Kapitels und dient als Suchraster zur Erschließung jeweils eines Themas des Lehrplans. Sie besteht aus drei Teilen und folgt dem Titel „fragen – suchen – entdecken":

Mit „fragen" ist der spezifische Zugang zu einem Thema markiert. Es wird ein Lernprozess angestoßen und angeregt.

Mit „suchen" wird die inhaltliche Beschäftigung mit einem Thema beschrieben, das so angelegt ist, dass der angeregte Lernprozess in Gang gehalten wird.

Das „Entdecken" macht den Bezug zum Leben der Sch deutlich, indem die Relevanz dessen, was inhaltlich erarbeitet worden ist, für das praktische Leben deutlich wird.

### I. EINEN LERNPROZESS ANSTOßEN
Zugänge: Wahrnehmen – Fragen – Erkunden

In diesem ersten Schritt erfolgt nicht nur das, was häufig als „Motivation" bezeichnet wird. Sch werden vielmehr angeregt zur Eigenwahrnehmung, zur Beobachtung und zum Fragenstellen. Ziel ist es, Sch über Wahrnehmungsübungen, Betrachten von Bildern, Hören von Geschichten und Erzählungen dazu anzuregen, sich mit einer Thematik zu befassen und ihr durch Fragen auf den Grund zu gehen.

Jedes Kapitel beginnt mit einer oder mehreren Doppelseiten, in denen der „fragende" Lernprozess in Bewegung kommt. Die folgenden Stichworte sollen Möglichkeiten signalisieren, wie dies geschehen kann.

- **WAHRNEHMEN – STAUNEN**
  - Wecken und Intensivieren sinnlicher Wahrnehmungsfähigkeit (sehen, hören, atmen usw.)
  - Schaffen einer inneren Disposition für weitergehende religiöse Erfahrungen (still werden, staunen, loben)

- **FRAGEN – SUCHEN**
  - Anstiften zum Stellen der Fragen, die Sch bewegen
  - Stärken der natürlichen Fragebereitschaft der Sch und deren Weiterentwicklung durch gemeinsames Fragen
  - Verstehen der Fragen als Ausgangspunkt von Lernprozessen, die von den Sch mitgetragen werden (z. B. Warum feiern wir eigentlich Feste?)

- **ERKUNDEN – ERLEBEN**
  - Authentisches Lernen durch Begegnung mit Zeugnissen des Glaubens
  - Anregen und Inszenieren eigener Erfahrungen und Erlebnisse

### II. EINEN LERNPROZESS IN GANG HALTEN
Inhaltliche Beschäftigung mit einem Thema

Diese Phase konfrontiert Sch nicht mit fertigem „Bescheidwissen", sondern regt sie zur Auseinandersetzung und Beschäftigung an, z. B. in Form von Dilemmageschichten (zahlreiche Gleichnisse, z. B. vom verlorenen Schaf, und biblische Erzählungen lassen sich mit einem Dilemmaschluss darstellen), zum Entdecken von Zusammenhängen, zum Infragestellen bisheriger kindlicher Annahmen und ihrer kognitiven Weiterentwicklung.

In diesem Hauptteil eines jeden Kapitels werden die notwendigen Informationen angeboten. Es wird bei jedem Thema geprüft, wie weit die Eigentätigkeit der Sch mit geeigneten Methoden, z. B. Freiarbeit, angeregt werden kann. In den Schulbüchern für die dritte und vierte Klasse wird diese Sachinformation durch ein Glossar ergänzt, in dem die wichtigsten Fachbegriffe erklärt werden und das die Kinder selbstständig benutzen können.

- **VERSTEHEN – SICH VERSTÄNDIGEN**
  - Unterstützen bei den Formulierungen gefundener Einsichten und Entdecken von Zusammenhängen

- Verstehen von Erzählungen und biblischen Geschichten in ihrem Bedeutungsüberschuss als Anstoß, eigene Erfahrungen mit anderen Augen zu sehen.

● **UNTERSCHEIDEN UND BEWERTEN – MASSSTÄBE FINDEN**
- Stimulieren der Entwicklung des ethischen Urteilens und Handelns
- Sensibilisieren für Ungerechtigkeiten

**III. LERNPROZESSE PRAKTISCH WERDEN LASSEN**
Aneignen – Handeln – praktisches Lernen – Miteinander leben

Das in Phase II. Erarbeitete nimmt in Phase III. Gestalt an, nicht in Form von Merksätzen oder Zusammenfassungen, sondern in beispielhaften Ausdrucksformen oder Möglichkeiten praktischen Umsetzens oder Handelns. Jedes Kapitel mündet ein in ein Praktisch-Werden der erarbeiteten Thematik. Sch können die Relevanz des Erarbeiteten für ihr tägliches Leben neu entdecken. Aus diesem Grund geht es in diesem dritten Teil darum, das Erfahrene in verschiedene Handlungszusammenhänge umzusetzen.

● **MITEINANDER LEBEN – ANTEIL NEHMEN**
- Einüben sozialer Umgangsformen und Regeln
- Erschließen religiöser Sprach- und Ausdrucksformen, Einüben der Fähigkeit, eigene Empfindungen anderen mitzuteilen (Bild, Sprache, Gestik)
- Kennenlernen von Ausdrucksformen in Bildern, Metaphern und Symbolen; Einüben, eigene Erfahrungen darin zum Ausdruck zu bringen
- Befähigen, andere zu verstehen

● **PRAKTISCHES LERNEN – HANDELN**
- Suchen von Handlungsperspektiven zur Veränderung von Missständen
- Erarbeiten von Konsequenzen für die Gestaltung des eigenen Lebens
- Gestalten und Umsetzen der Erkenntnisse in Spiel, Feier usw.

## Ausgangspunkt und Ziel: fragende, suchende und entdeckende Schüler/innen

Wie die oben skizzierten Untersuchungen und Umfragen (s. S. 14 f.) dokumentieren, sind Grundschülerinnen und -schüler in religiösen Fragen ansprechbar, obwohl sie mehrheitlich in ihrem Elternhaus keine religiöse Erziehung erfahren haben. Von diesem Umstand geht **fragen – suchen – entdecken** konsequent aus. Sch nehmen die Realität mit wachem Sinn wahr, sie stellen Fragen und wollen Hintergründe klären.

Das Thema „Ostern feiern" soll beispielsweise in der Klasse eingeführt werden mit typischen Situationen, mit denen Ostern in einer säkularen Welt in Verbindung gebracht werden kann, wie Ferienreiseverkehr und Stau auf der Autobahn, Osterhasen oder Ostereier im Schaufenster usw. Sch werden angesichts dieser Phänomene zu der Frage ermuntert, weshalb das Osterfest gefeiert wird.

Diese Frage verlangt nach Klärung und Information über „die letzten Tage Jesu", seinen Tod am Kreuz sowie über die Erfahrung seiner Auferstehung. Im gemeinsamen Basteln einer Osterkerze kann die Bedeutung der Osterbotschaft von den Sch in einfachen Symbolen dargestellt werden. Sie erfahren damit im praktischen Tun, wie Glaube sich ausdrücken kann, und sie erkennen beim erkundenden Gang in die Kirche auch dort eine Osterkerze.

Wenn Sch auf die eben skizzierte Weise als fragende, suchende und entdeckende Sch eigentätig sein sollen, dann ist auch auf die Sprachebene zu achten. Sch verstehen in den ersten Grundschuljahren Inhalte und Texte überwiegend im wörtlichen Sinn, eine übertragende Bedeutung ist ihnen fremd.

Statt Belehrung sollen Erzählungen Vorrang besitzen. Diese lassen sich häufig wegen des Umfangs nicht in „fragen – suchen – entdecken" abdrucken. Dafür können kindgemäße und zugleich künstlerisch wertvolle Bilder Ausgangspunkt und Grundlage für Erzählungen sein.

Wo immer es sich anbietet, sollte das Lernen mit allen Sinnen erfolgen. Dabei kommt es vor allem darauf an, dass Sch zu eigenem Erfahren und zu eigenem Ausdruck und dessen Wahrnehmung angeregt werden: im Malen und Gestalten, im Musizieren, in der Bewegung, im Tanz, im Spiel. Zur Wahrnehmungsschule gehören auch Sehen, Hören, Riechen, Schmecken und Fühlen – sie sind die Tore zur Welt und können gleichzeitig Tore zur Innenwelt des Selbst sein.

Diese Konzeption trägt der pluralen weltanschaulichen Situation Rechnung und begreift den RU als Chance, Sch anzuregen und zu unterstützen, die Gestalt des eigenen Lebens zu entwickeln, ihre Frage nach Gott zu wecken und wach zu halten.

Wir sind uns bewusst, dass das wichtigste Medium gerade im Unterricht der Grundschule aber nicht ein Buch, sondern die Lehrerin oder der Lehrer ist. Bücher können anregen und unterstützen – gestaltet und getragen wird der RU von den Menschen, die von den Sch als glaubwürdige Zeuginnen und Zeugen ihrer Botschaft wahrgenommen werden.

# Das Begleitmaterial zu „fragen – suchen – entdecken 1–4"

## 1. „fragen – suchen – entdecken – Arbeitshilfen"

Jeden Band der Schülerbücher erschließt ein unterrichtspraktischer Lehrerkommentar. Das schulbuchdidaktische Konzept wird vorgestellt. Die Möglichkeiten, mit den Meditationsseiten „Stille entdecken" während des Schuljahres vielseitig zu arbeiten, werden entfaltet. Jedes Kapitel wird in größere Lernzusammenhänge gestellt und in seinem didaktischen Aufbau vorgestellt. Schließlich wird jede (Doppel)Seite erläutert, indem religionspädagogische und sachliche Information (1. Hintergrund) und eine Fülle von erprobten methodischen Anregungen geboten werden (2. Einsatzmöglichkeiten im RU). Zahlreiche Materialien und Arbeitsblätter (AB) erleichtern die Unterrichtsvorbereitung und Stundengestaltung. Gelegentlich finden sich Vorschläge, deren Vorbereitung aufwändiger ist (3. Weiterführende Anregungen).

## 2. Die Folienmappe Schatzkiste 1/2

Die Schatzkiste 1/2 (Kösel: Best.-Nr. 3-466-50651-4, Auer: Best.-Nr. 3-403-03500-X) enthält 24 Farbfolien mit Bildern der Kunst aus **fse 1** und **fse 2**. Die ausgewählten Kunstwerke helfen den thematischen Horizont der Grundschulreihe zu vertiefen und stehen für den kreativen Einsatz im Unterricht zur Verfügung. Aus fragen – suchen – entdecken 1 sind folgende Bilder enthalten: „Haupt Christi" von Georges Rouault (S. 21), „Familie" von Emil Nolde (S. 35), „Die Anbetung der Hirten" von Gerard v. Honthorst (S. 40/41), „Die Kinderspiele" von Pieter Bruegel d. Ä. (S. 47), „Christus und die Kinder" von Emil Nolde (S. 55), „Generatio III" von Helmut Schober (S. 61), die Buchmalerei „Die letzten Tage Jesu" aus dem Echternacher Codex (S. 64/65), „Der Vollmond" von Paul Klee (S. 75). Der Schatzkiste ist ein Handblatt beigelegt, auf dem die historischen Werkdaten des jeweiligen Bildes und „Ein Grundmodell der Bilderschließung" zu finden sind.

## 3. Die CD Liederkiste 1/2

Die Liederkiste 1/2 (Kösel: Best.-Nr. 3-466-45737-8, Auer: Best.-Nr. 3-403-05915-4) enthält vertonte Lieder aus **fse 1** und **fse 2** (fse 1: Seiten 15, 26, 37, 46, 48, 49, 56, 60, 71, 82). Zusätzlich findet L Lieder von den Arbeitsblättern aus diesen *Arbeitshilfen* (z. B. Nr. 14 „Mache dich auf"). Darüber hinaus ermöglicht die CD mit zusätzlichen Liedern eine Vertiefung der Kapitelthemen (z. B. Nr. 13 zu Kap. 5 „Die Welt von oben sehen" **fse 76/77** oder Nr. 8, einen Rap zu Kap. 4. „Einladung zum Kinderfest" **fse 60**). Eigens für die „Liederkiste 1/2" getextet und komponiert wurde Lied Nr. 22 „Weil du manchmal" (**fse 15**) von Margot und Hans Eder. Lied Nr. 13 „Komm, lass uns die Welt entdecken" führt die Intention von fragen – suchen – entdecken über die Grenzen des Klassenraums hinaus weiter. Die Lieder dieser *Arbeitshilfen für NRW*, die auf der Liederkiste 1/2 zu hören sind, tragen ein Symbol  auf dem AB.

## 4. Die Folienmappe Lebensbilder 1/2

Die Sammlung Lebensbilder 1/2 (Kösel: Best.-Nr. 3-466-50700-6; Auer: Best.-Nr. 3-403-04195-6) enthält 36 Folien von Alltags- und Symbolfotos, die als Bildimpulse unterrichtlich eingesetzt werden können:
– als Einstiegsbild (Eröffnungsgespräch),
– als Bild für eine arbeitsgleiche oder arbeitsteilige Gruppenarbeit,
– als Gesprächsbild für eine Partnerarbeit,
– als Impuls für Schreibanlässe,
– als Meditationsbild.

Weitere methodische Hinweise und thematische Zuordnungen sind im Begleitheft zur Foliensammlung enthalten. Außerdem ist ein umfangreiches Sachregister angefügt, das die thematische Suche erleichtert.

### 5. Die Handpuppe Relix

Die Handpuppe Relix (Kösel: Best.-Nr. 3-466-45742-4, Auer: Best.-Nr. 3-403-03550-6) lässt sich im RU in vielfältiger Weise spielerisch einsetzen. Sch spielen gerne mit einer solchen Puppe, die im Spiel zu einer Person wird (vgl. Flitner 1996, S. 144). L oder Sch erwecken Relix durch die Hand zum Leben. Dabei kommt die Gestalt den „Identifikationsbedürfnissen" der Kinder (Fritz 1989, S. 23) als Vermittlungsfigur sehr entgegen. Relix bietet die Möglichkeit eines Gesprächspartners auf kindlicher Ebene, mit dem das Kind eigene Gefühle und Erlebnisse besprechen kann, die es gegenüber L kaum aussprechen würde. Als Medium ist er dem „androgynen Typ" zuzuordnen (Riegel/Ziebertz, S. 367), es sollte daher keine stereotype weibliche oder männliche Rollenzuweisung erfolgen. Relix spricht entsprechend der Vielfalt der Lerntypen verschiedene Eingangskanäle der Sch an: neben dem visuellen Sehtyp auch den auditiven Hörtyp, den haptischen Fühltyp, den verbalen Typ und den Gesprächstyp. Über einen längeren Zeitraum hinweg trät Relix dazu bei, dass sich Sch entsprechend ihrer Entwicklungsphase von der mythisch-wörtlichen Entwicklungsphase (vgl. Fowler 1991, S. 151-167, und 1989, S. 87-91) mit einer antropomorphen Sicht der Welt distanzieren können, ohne diese zu zerstören. Dass Relix eine eigene Stimme bzw. Stimmlage bekommen sollte, ist in dem Hörbeispiel unter www.KTHF.Uni-Augsburg.de/lehrstuehle/didarel/riegger.shtml anzuhören.

### Literatur

Flitner, A., Spielen-Lernen. Praxis und Deutung des Kinderspiels, München u. a. [10]1996
Fowler, J. W., Glaubensentwicklung – Perspektiven für Seelsorge und kirchliche Bildungsarbeit, München 1989
Ders., Stufen des Glaubens, Gütersloh 1991
Fritz, J., Spielzeugwelten. Eine Einführung in die Pädagogik der Spielmittel, Weinheim/München 1989
Ders., Theorie und Pädagogik des Spiels. Eine praxisorientierte Einführung, Weinheim/München [2]1993
Riegel, U./Ziebertz, H.-G., Mädchen und Jungen in der Schule, in: Hilger, G./Leimgruber, St./Ziebertz, H.-G. (Hg.), Religionsdidaktik. Ein Leitfaden für Studium, Ausbildung und Beruf, München 2001, S. 361-372

# Der Umschlag von „fragen – suchen – entdecken 2"

Der Umschlag des Religionsbuches weist die Kinder (Sch), Lehrkräfte (L) und Eltern auf zwei wichtige Intentionen des Schulbuches **fragen – suchen – entdecken** (fse) hin:
Da sind zunächst die drei Verben „fragen", „suchen", „entdecken". Sch werden im RU angeregt zu fragen nach dem, was sie bewegt, und sich auseinanderzusetzen mit dem, was auf den verschiedenen Seiten von **fse** zum Fragen und Weiterfragen anregt. Das Fragen führt dazu, dass sich L und Sch auf einen „Suchweg" begeben und schließlich gemeinsam auch Entdeckungen machen, die hilfreich sind.
Die drei ausgewählten Illustrationen, die fse 2 entnommen sind (**fse 47**, **fse 10** und **fse 9**), beziehen sich auf drei wichtige Themenbereiche des Schulbuchs. Erstens verdeutlicht die Illustration einer Szene aus der Bartimäus-Geschichte, dass Sch mit der biblischen und christlichen Tradition vertraut werden sollen. Zweitens zeigt das Bild der beiden Kinder, die eine Raupe durch das Vergrößerungsglas beobachten, dass Sch die Natur und die Welt entdecken und für sie Sorge tragen lernen. Und drittens weist die Illustration des Mädchens, das in den Spiegel schaut, darauf hin, sich selbst und die Mitmenschen wahr- und ernst zu nehmen.

# Stille entdecken: Meditationsseiten in „fragen – suchen – entdecken 1–4"

## Stille-Übungen im RU der Grundschule

Stille-Übungen wurden in verschiedenen Ansätzen der Reformpädagogik, wie z. B. von Maria Montessori, als Bestandteil einer neuen Schul- und Bildungskonzeption entwickelt. Sie sollen in Abkehr vom Klassenunterricht ein interessegeleitetes individuelles Arbeiten und die Fähigkeit zur persönlichen Vertiefung ermöglichen.
Innerhalb der Religionspädagogik hat vor allem Hubertus Halbfas die Überlegungen und Erfahrungen von Maria Montessori aufgegriffen und deren Bedeutung für den RU entwickelt und dargestellt. Stille ist nach Hubertus Halbfas Voraussetzung für einen „Weg zur Mitte" und zwar sowohl zur eigenen Mitte als auch zu Gott (vgl. Hubertus Halbfas, Der Sprung in den Brunnen, Düsseldorf 1989, S. 20).
Der Alltag heutiger Sch hat gegenüber früheren Zeiten eine rasante Veränderung erfahren. Sch wachsen heute in einer reizstarken, von elektronischen Medien geprägten und wenig strukturierten Umwelt auf. Deshalb ist es für Sch besonders wichtig, dass ritualisierte Handlungen, wie gemeinsame Mahlzeiten oder die Gute-Nacht-Geschichten, den Tag strukturieren. Dies ist eine wichtige Funktion von Ritualen für Sch: Rituale erlauben den Transfer von äußeren Erlebnissen zu innerem Bewusstsein. Aus diesem Grunde wurde die Bedeutung von Ritualen für den schulischen Alltag neu erkannt (vgl. Gertrud Kaufmann-Huber, Schüler brauchen Rituale, Freiburg 1997). Rituale in der Schule sind verabredete Abläufe, die über einen bestimmten Zeitraum eine feste Form behalten, deren Inhalt aber durchaus unterschiedlich sein kann. Rituale werden nicht jedes Mal neu diskutiert und ausgehandelt. In ihrer konstanten Selbstverständlichkeit liegt ja gerade ihre entlastende Funktion.
Regelmäßige Stille-Übungen sind deshalb in den vier Jahrgangsbänden des Unterrichtswerks vorgesehen.

## Die religionspädagogische Bedeutung von Stille-Übungen

### Stille-Übungen schaffen eine indirekte Bereitschaft für neue Erfahrungen

Stille-Übungen verhelfen Sch bzw. L zu Sammlung und innerer Besinnung. Sie verhelfen zu Ruhe und Eigentätigkeit und gleichen damit die Defizite einer von raschem Zeittakt und Medien geprägten Lebenswelt aus. Sch wie L können im Strom der Eindrücke innehalten. Und die Hektik der Ereignisse wird für einen Augenblick unterbrochen und angehalten.
Wohl deshalb empfinden alle Klassen diese Übungen in der Regel als wohltuend. Sch wie L nehmen sich dabei als Personen mit einer „inneren Welt" wahr. Der Unterricht verändert sich in der Weise, dass die „Wege der inneren Erfahrung" Lernen und Belehrung erweitern und bereichern. Es wird die notwendige Offenheit für die geforderten Prozesse erreicht, eine psychische Gefasstheit, Sensibilität und Bereitschaft, neue Erfahrungen machen zu können und sich selber ins Spiel zu bringen. Die Erfahrung des Elia (1 Könige 19, 4-13), wonach Gott nicht im Sturm, Beben oder Feuer zu vernehmen ist, kann auch analog für den RU gelten. Nicht nur im Reden und Erklären, sondern auch im vernehmenden Schweigen bietet sich dem RU ein Fundament an, mit dem er Sch über bloßes Nutz- und Brauchwissen hinausführen kann.

### Stille-Übungen eröffnen einen Weg innerer Erfahrung

Das Stichwort von der Erlebnisgesellschaft (Gerhard Schulze, Erlebnisgesellschaft, Frankfurt 1993) verdeutlicht, wie sehr unsere Gesellschaft, unsere Kinder und Jugendlichen geprägt sind von der „Reise nach draußen", d. h. von der Suche nach immer neuen Reizen und Erlebnissen. Stille-Übungen bilden ein Gegengewicht zur lauten Umwelt und werden als „Reise nach innen", als wohltuend und spannend empfunden. Die Erfahrung der Stille kann dazu führen, dass Sch sich selbst und ihre Erlebnisse in neuer Perspektive wahrnehmen. Wenn dies gelingt, dann werden Stille-Übungen zu inneren Weiterentwicklungen, zu „Pfaden der inneren Veränderung" und zu „spirituellen Lernwegen".

### Stille-Übungen schaffen Offenheit für einfache Sinneswahrnehmungen

Es scheint so, als müssten Sch wieder einfache Dinge lernen. Dazu gehören die Sinneswahrnehmungen wie hören, sehen, riechen, tasten usw., die als so genannte Primär-Erfahrungen zur Folie werden können für religiöse Erfahrungen. Aus diesem Grunde wird auf den Eingangsseiten „Stille entdecken" für jede Jahrgangsstufe jeweils ein Sinnesorgan thematisiert (vgl. Arbeitshilfen S. 25 und 26 f.).

### Stille-Übungen haben einen eigenständigen Wert

1. Stille-Übungen lassen sich nicht durch Druck gegen den Willen einer Klasse durchsetzen. Wenn wir Widerstand spüren, werden wir geduldig warten und mit neuen und andersgearteten Angeboten versuchen, Sch zur inneren Bereitschaft zu führen.
2. Stille-Übungen haben ihre eigene Bedeutung und dürfen nicht instrumentalisiert werden. Natürlich helfen sie mit, dass Sch ihre hektische Unruhe leichter verlieren oder sich besser konzentrieren. Doch sind dies Nebenwirkungen und sollten nicht Hauptziel sein. Stille-Übungen sind auch nicht als Mittel der Disziplinierung zu funktionalisieren. Sie ermöglichen etwas grundlegend anderes als nur die Abwesenheit von Lärm und Unruhe.
3. Mit Stille-Übungen lassen sich keine bestimmten „Ergebnisse" erzielen. Die gemachten Erfahrungen sind oft sehr persönlich und müssen entsprechend respektvoll behandelt werden. Gesprächsaufforderungen werden deshalb einladenden Charakter haben unter Achtung der Freiheit des und der Einzelnen, sich nicht zu äußern.

### Stille-Übungen als Rituale

Wie das Wort Stille-Übungen schon sagt, bedürfen diese der ständigen Übung. Sie werden nicht nur als gelegentlicher Gag oder als Besonderheit bemüht, sondern lassen z. B. den Anfang einer Stunde zu einem Ritual werden. Damit signalisieren sie, dass die Klasse sich innerlich auf Religion einstellen soll. Wiederholungen einer Übung müssen dabei nicht stereotyp sein, bei gleich bleibendem Grundgerüst können verschiedene neue Akzentuierungen gesetzt werden.

Unter einem Ritual versteht man ein gleich bleibendes Vorgehen in einer festgelegten Ordnung. Das Wort leitet sich aus dem Lateinischen „ritualis: den religiösen Brauch, die Zeremonien betreffend" und dem Substantiv „ritus: heiliger, feierlicher Brauch" ab.

Daraus wird ersichtlich, dass Rituale ursprünglich im religiösen Bereich wurzeln. Auch im täglichen Leben begegnen uns zahlreiche Rituale, die es uns erleichtern, den Tag zu organisieren und das Zusammenleben fass- und erwartbarer zu gestalten.

## Rahmenbedingungen und Gestaltung einer Stille-Übung

### Der Raum

Günstig für eine längere Übung ist ein eigener Meditationsraum, den es bereits in vielen Schulen gibt. Für die Übung im Klassenzimmer bietet sich der Sitzkreis an, den man mit einem farbigen Tuch, mit Blumen oder einem anderen „Mittezeichen" (Kerze/Stein/Duftschale/Muschel usw.) zentriert.

Wenn Sch am Platz üben, soll dieser frei von allem unnötigen Beiwerk sein. Sch brauchen genügend Platz, um sich gegenseitig nicht zu stören.

### Beginn und Ende der Übung

Die Stille-Übung beginnt mit einem Ton der Klangschale, einem Stillelied oder einem anderen akustischen Zeichen. Damit sind Vereinbarungen mit den Sch verbunden, das Reden einzustellen, ruhig zu werden, nur zu reden, wenn dazu aufgefordert wird. Sch berühren sich nicht. Unruhige Sch, die sich weigern mitzumachen, bleiben auf ihrem Platz oder gehen in die Ruheecke und beschäftigen sich still.

Wie der Anfang, ist auch das Ende der Übung durch ein Ritual gekennzeichnet: sich verneigen, körperliche Entspannung (sich strecken, sich bewegen), ruhig an den Platz gehen (Musikbegleitung) ... Den Abschluss bildet die Rückkehr in den Alltag, wenn es sich ergibt, mit Austausch des Erlebten oder durch Verarbeitung über das Malen, Formen oder Schreiben.

### Die Zeit

Der Einsatz einer Stille-Übung richtet sich nach der Disposition der Klasse und dem Thema der Unterrichtseinheit. Günstige Zeiten sind der Tagesbeginn, der Anfang einer Stunde, der Woche, das Ende eines Unterrichtstages, einer Unterrichtswoche. Aber auch innerhalb einer Unterrichtsstunde kann sich zur Vertiefung eine Übung anbieten. Die Dauer einer Stille-Übung wird in ungeübten Gruppen sehr kurz sein und kann mit der Zeit immer länger werden. Stille-Übungen verlangen nach Wiederholungen: im Laufe der Unterrichtseinheit, im Ablauf der Schulwoche ...

### Die Schülerinnen und Schüler

Ein Hauptaugenmerk ist auf die Situation der Sch zu richten: L muss herausfinden, wann Sch bereit sind, sich auf die Stille-Übung einzulassen. Nach einiger Zeit lernen Sch auch mit Störungen umzugehen (Nichtbeachten von Durchsagen, von Lärm, der von außen kommt). Unruhige Sch werden nicht gezwungen mitzumachen: Sie werden in ihrer Entscheidung respektiert. Einzige Abmachung: Sie sollen nicht stören. Manchmal sind die Störungen innerhalb der Gruppe so stark, dass die Übung abzubrechen ist. Es darf dabei nicht zu Schuldzuweisungen kommen. Den Sch soll die Lust an und die Bereitschaft zu weiteren Übungen nicht genommen werden. Ein Gespräch zu späterer Zeit mit Sch kann die Situation klären.

### Die Lehrerin/der Lehrer

Stille-Übungen beginnen bei den Erwachsenen. Sie müssen sich selbst der Stille aussetzen, für sich selbst Ruheerfahrungen machen. Sehr hilfreich sind Erfahrungen, die in Meditationskursen erworben werden. Bevor L die Übung mit Sch durchführt, hat er sie selbst für sich mehrmals ausprobiert und sie so gleichsam internalisiert. Vor der Übung hat L alle Materialien bereitgestellt (Symbole, Kassettenrecorder, Musik, Malutensilien usw.). Die Stimme ist dem Inhalt angepasst, zwischen einzelnen Sätzen bleiben Pausen, damit Sch sich auf Bilder oder Gesten einstellen können.

### Der Ablauf einer Übung

In der Regel besteht jede Übung aus folgenden Phasen: Einstimmung durch ein Ritual – Bewegung – Ruheübung – (Thema) – Entspannung – Ausdruck. Die einzelnen Phasen erhalten je nach Thema und Situation unterschiedliches Gewicht. Bei allen individuellen Gestaltungsmöglichkeiten soll eine feste Form und eine klare Struktur Sch die notwendige Sicherheit geben: Sie wissen, worauf sie sich einlassen.

1. Die Übung beginnt mit dem Anfangsritual, z. B. mit einem Lied. Sch finden sich im Kreis zusammen, evtl. mit Hilfe von Musik oder Klängen der Klangschale. Sie lockern den Körper, bewegen sich bei Musik und setzen sich entspannt auf den Stuhl.
2. Im Mittelpunkt der Übung steht ein Inhalt, der auf verschiedene Weise vermittelt wird, z. B. durch eine Fantasiereise, eine Sinneswahrnehmung, den Umgang mit einem Symbol, durch eine Geschichte, eine Gebärde ...
3. Die Übung wird mit dem Abschlussritual beendet: Sch bewegen sich, dehnen und strecken den Körper, öffnen die Augen, verneigen sich, kehren still auf den Platz zurück (evtl. Musik einsetzen), lassen die Übung nachklingen. Eine Ausdrucksphase kann sich anschließen: Gespräch, Tanz, Malen, Schreiben.

Zu Beginn der ersten Klasse werden oft nur einzelne Phasen dieser Abfolge eingeübt. Im Laufe des Schuljahres kann eine längere Stille-Übung versucht werden.

## Grundformen der Stille-Übung: Atmen – Aufrechtes Sitzen

### Das Atmen

Bei vielen Übungen steht am Anfang die Beobachtung des Atems. Sch atmen durch die Nase ein und aus: Sie beobachten, wie sich der Bauch, der Brustkorb hebt und senkt, wie der Atem von selbst fließt, wie nach jedem Ausatmen eine kleine Pause entsteht. Die Beobachtung der Atmung kann unterstützt werden, indem Sch ihre Hand auf den Bauch legen oder ihre beiden Hände an den Brustkorb. Eine weitere Übung: Beim Einatmen geht der Atem von den Füßen bis in den Kopf (Scheitel), das Ausatmen können wir bis in die Beine (Füße, Zehenspitzen) verfolgen. Oder: Einatmen durch die Nase, ausatmen mit gespitztem Mund. Die Beobachtung des Atems kann die Stille-Übung einleiten.

### Das aufrechte Sitzen

Das bewusste Sitzen ist eine gute Hilfe, um zur Ruhe zu kommen: Die Füße stehen fest auf dem Boden. Die Fußsohlen spüren den Boden. Die Hände liegen locker auf den Oberschenkeln. Die Schultern hängen locker herab. Der Blick geht geradeaus. Die Wirbelsäule ist aufrecht. In der Vorstellung kann am Scheitel ein Faden befestigt sein, der zur Decke strebt. Für manche Kinder ist es leichter, wenn sie die Stuhllehne im Rücken spüren. Der Körper bewegt sich nicht mehr.

## Aufbau der Stille-Übungen

Für eine kontinuierliche Arbeit sind in den Jahrgangsbänden 1 bis 4 folgende Elemente vorgesehen:
Für jedes Schuljahr wird ein **Symbol** angeboten:
1. Schuljahr: *die Tür*
2. Schuljahr: *der Baum*
3. Schuljahr: *das Brot*
4. Schuljahr: *der Weg*

Über die Schuljahre verteilt kommen folgende **sinnenhaften Erfahrungen** zur Sprache:
1. Schuljahr: *hören*
2. Schuljahr: *sehen*
3. Schuljahr: *schmecken/riechen*
4. Schuljahr: *tasten*

Für jedes Schuljahr werden je vier **Gebärden** vorgestellt. Schuljahrsübergreifend ergeben sie zusammengenommen eine längere Gebärdenfolge (vgl. Arbeitshilfen S. 46 f. und **AB 2.0.15, Arbeitshilfen S. 49**). Jede Reihe kann aber auch für sich stehen.

Daneben folgt für jedes Schuljahr ein weiteres **Angebot** für die Stille-Übung:
1. Schuljahr: *ein Mandala*
2. Schuljahr: *ein Text zum Meditieren: ein irischer Segenswunsch*
3. Schuljahr: *eine Symbolgeschichte: Wo ich Gott finde*
4. Schuljahr: *ein Labyrinth*

Die Eingangsseiten „Stille entdecken" werden abgeschlossen mit einem **Lied**, das die Stille-Übung eröffnen bzw. abschließen kann.

Weitere Anregungen für Stille-Übungen sind in den nachfolgenden Kapiteln der *Arbeitshilfen* zu finden.

## Literatur

Brunner, R., Hörst du die Stille? Meditative Übungen mit Kindern, München 2001
Halbfas, H., Der Sprung in den Brunnen, Düsseldorf 1989
Maschwitz, G. u. R., Gemeinsam Stille entdecken. Wege zur Achtsamkeit – Rituale und Übungen, München ²2004
Dies., Stille-Übungen mit Kindern. Ein Praxisbuch, München ³1998
Merz, V., Übungen zur Achtsamkeit, München 2002
Schneider M. u. R. (Hg.), Meditieren mit Kindern. Set mit Anleitungsbuch, Musikkassette und Dias, Mülheim an der Ruhr 1994
Zimmermann, M., Träumen – Fühlen – Atmen. Entspannungsübungen mit Kindern (= Bausteine Kindergarten), Aachen o. J.

# Stille entdecken in „fragen – suchen – entdecken 2"

### Wie ein Baum ...

## 1. Hintergrund

In der 1. Klasse hat das Symbol der leicht geöffneten Tür den Übergang an der Schwelle vom Kindergarten zur Schule dargestellt. In der Zwischenzeit kennen die Zweitklässler das Neue der Schule, sie haben buchstäblich einen festen Stand gewonnen und sind in der Schule verwurzelt.
Aus diesem Grunde haben wir für den Beginn der Stille-Seiten in **fragen – suchen – entdecken** für die 2. Klasse einen Baum als Grundsymbol gewählt.

### Bedeutungsebenen des Symbols „Baum"

- Der Baum ist ein uraltes Symbol für menschliches Leben. Immer wieder wird menschliches Leben mit einem Baum verglichen, mit seinem Wachsen, Reifen und Vergehen. Deshalb war es früher in manchen Gegenden üblich, bei der Geburt eines Kindes einen Baum zu pflanzen.
- Auch die Einzigartigkeit des Baumes ist zu einem Gleichnis menschlichen Lebens geworden. Selbst wenn er in Gruppen oder im Wald steht, sieht jeder anders aus und ist einmalig. In Redewendungen werden Menschen manchmal mit Bäumen verglichen, z. B. mit einer schlanken, geschmeidigen Birke oder Pappel oder mit einer knorrigen Eiche.
- Zum Gleichnis eines menschlichen Lebens kann der Baum auch wegen seiner Gestalt und seines Aufbaus werden:
- Die Wurzeln, die dem Baum Halt geben und ihm die Nahrungsquellen erschließen, lassen sich mit dem Leben eines Menschen vergleichen: Was gibt meinem Leben die Verwurzelung? Woher beziehe ich meine Nahrung – im wörtlichen wie im übertragenen Sinn?
- Der Stamm eines Baumes verweist auf die Frage, wer oder was meinem Leben Halt gibt.
- Die Baumkrone, die dem Licht und der Sonne zugewandt ist, lässt sich mit unseren Wünschen und Sehnsüchten in Beziehung bringen. Wonach strebe ich? Wohin möchte ich wachsen? Wem bin ich zugewandt?
- Die Blüten und Früchte lassen sich mit unseren „Blüten" oder „Früchten" vergleichen: Was kommt bei mir alles zur Blüte? Wen erfreue ich mit meinen bunten Farben? Was habe ich erreicht oder welche Früchte erhoffe ich mir noch in dieser Woche, in diesem Schuljahr, in meinem Leben?
- Wie kaum ein anderes Lebewesen machen Bäume den Wechsel der Jahreszeiten deutlich: Das Treiben der Knospen, der Blätter und Blüten, das Reifen der Früchte und das Kahlwerden führen uns immer wieder im Jahreslauf den Kreislauf des Lebens vor Augen. Nicht zuletzt aus diesem Grunde begriffen die christliche Theologie und das Brauchtum von Anfang an den Baum als ein Bild für Tod und Auferstehung.
- Die alten Völker sahen Bäume als eine Welt im Kleinen an, stellten sich aber auch umgekehrt die Welt als einen allumfassenden riesigen Baum vor, den Weltenbaum, dessen Wurzeln bis zum Erdmittelpunkt reichen. Bei ihm entspringt die Quelle des Lebens. Der Weltenbaum mit seiner vertikalen Ausrichtung bildet die Verbindung von Himmel und Erde. Durch eine Baumbesteigung konnten Menschen deshalb von der unteren in eine obere Welt gelangen.
Bestimmte herausragende Bäume oder Baumgruppen wurden nicht selten als Kultstätten benutzt und bestimmten Göttern geweiht. Sie wurden zum „Sitz der Gottheit" (vgl. Eiche, die Bonifatius fällt).
- Die Vergangenheitsdimension des Baumes wird in der Tradition des Stammbaumes deutlich: Im Bild des Baumes mit all seinen Zweigen wird die eigene Familiengeschichte mit all ihren Abzweigungen zurückverfolgt. Man spricht deshalb auch von einem Volksstamm oder von Stammesgruppen (z. B. die zwölf Stämme Israels).
- Bis heute spielen bei vielen festlichen Gelegenheiten geschmückte Bäume eine wichtige Rolle, z. B. der Maibaum oder der Weihnachtsbaum.
- Es fällt auf, dass das Baumsymbol im Gegensatz zu anderen Ursymbolen, wie Wasser oder Feuer, nicht ambivalent ist. Während andere Symbole immer einen vernichtenden, zerstörenden Aspekt enthalten, ist diese bedrohende Macht im Baum nicht erfahrbar. Der Baum ist damit das Symbol des Lebens schlechthin, auch eines Lebens ohne Tod. Denn ein Baum ist im Gegensatz zum menschlichen Körper nie völlig ausgewachsen. Bis zu seinem endgültigen Absterben bleibt er jung, treibt Jahr um Jahr Knospen, blüht und wechselt sein Kleid. Noch aus

# Ich wachse in die Erde

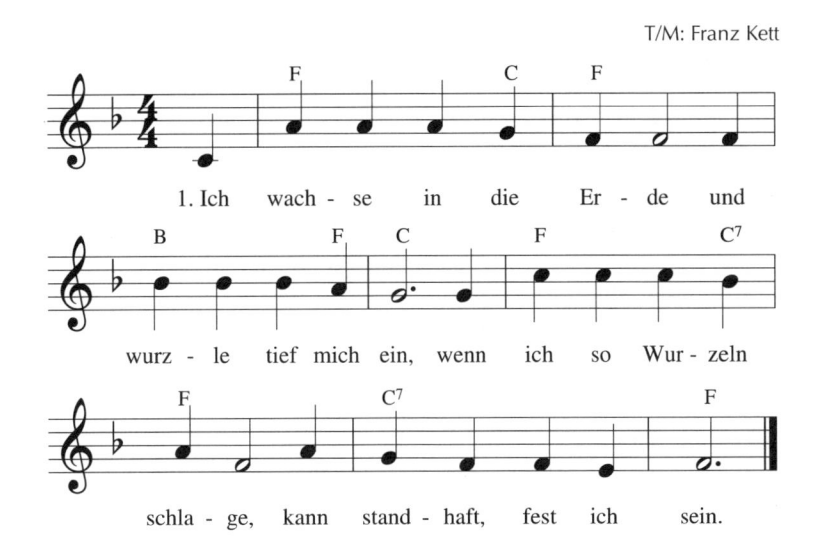

T/M: Franz Kett

1. Ich wachse in die Erde und wurzle tief mich ein, wenn ich so Wurzeln schlage, kann standhaft, fest ich sein.

2. Und aus der Erde zieh ich
die Nahrung, meine Kraft.
Es trinken meine Wurzeln
der Erde Lebenssaft.

3. Ich wachse in die Breite.
Ich wachse Ring an Ring.
Du kannst die Ringe zählen
und weißt, wie alt ich bin.

4. Ich wachse in die Höhe,
nach oben strecke ich
die Äste, Zweige, Blätter,
zum Himmel und zum Licht.

5. Ich trage eine Krone.
Weit ist sie, weit und breit.
Und kommt das schöne Frühjahr,
entfaltet sich mein Kleid.

6. In tausend Blatter, Blüten
entfalt ich mich mit Kraft.
Ich grüne, blühe, dufte
und zeige meine Pracht.

7. Ich locke Käfer, Bienen,
lock sie mit meinem Duft.
Hörst du, wie sie mit Summen
erfüll'n die warme Luft?

8. In meiner weiten Krone,
da baut der Vögel Schar
ihr Nest, singt, jubilieret
Fink, Amsel, Drossel, Star.

9. An heißen Sommertagen
spieln Kinder unter mir.
Mein Dach aus grünen Blättern
schenkt kühlen Schatten dir.

10. Im Herbst werd ich geschüttelt
vom Sturmwind hin und her.
Es fallen meine Blätter,
kahl bin ich jetzt und leer.

11. Ich wart den langen Winter
und sammle meine Kraft,
um dir dann neu zu zeigen
im Frühjahr meine Pracht.

einem vermeintlich abgestorbenen Baumstamm wächst ein neuer Zweig und damit verjüngt sich der Baum auf scheinbar endlose Weise.

### Das Symbol „Baum" im Alten und Neuen Testament

Im Alten Testament werden heilige Bäume genannt, etwa die Orakel-Eiche von Sichem (Gen 12,6), Abraham baut Jahwe bei der Eiche von Mamre einen Altar (Gen 18,1) und pflanzt in Beerscheba dem Herrn eine Tamariske (Gen 21,33).
Auch die Menschen, die sich nach Jahwes Geboten richten, werden häufig mit einem Baum verglichen. So heißt es in den Psalmen: Der Gerechte gedeiht wie ein Palmbaum, wie eine Libanonzeder wächst er empor (Ps 92,13f.). An anderer Stelle wird vom Menschen, der nicht den Pfad der Sünder geht, gesagt: „Er gleicht dem Baum, gepflanzt an strömendem Wasser, der seine Früchte trägt zur rechten Zeit und dessen Laub nicht welkt" (Ps 1,3). So wird immer wieder der Gerechte und Gottesfürchtige mit einem Baum verglichen (Spr 1,3f.; Jer 17,8; Jes 61,3). Für die Israeliten wird der Baum auch zum Symbol für Ausdauer, Lebenskraft und Hoffnung. Bei Hiob heißt es: „Denn für den Baum besteht noch Hoffnung; ist er gefällt, so treibt er wieder neu und nicht geht ihm sein Nachwuchs aus" (Hiob 14,7-9).
Wie in zahlreichen anderen alten Mythen und Religionen spielt im Alten Testament im Buch Genesis ein paradiesischer Lebensbaum eine große Rolle. In der Mitte des Paradieses befanden sich ein Baum des Lebens und ein Baum der Erkenntnis des Guten und des Bösen (vgl. Gen 2,9). Die Schlange verführte Adam und Eva, von den Früchten des Baumes der Erkenntnis von Gut und Böse – nicht vom Baum des Lebens – zu essen. Die beiden Menschen erfahren, was gut und böse ist, und verlieren ihre paradiesische Naivität.

Im Neuen Testament wird häufig anhand des Bildes vom Baum und seiner Früchte der Unterschied zwischen dem Guten und dem Bösen in den Menschen herausgestellt: „An ihren Früchten werdet ihr sie erkennen" (vgl. Mt 12,33). Im Gleichnis vom Senfkorn vergleicht Jesus das künftige Reich Gottes mit einem gewaltigen Baum (vgl. Mt 13,31 f.).

## 2. Einsatzmöglichkeiten im RU

Die folgenden Vorschläge beziehen sich sowohl auf die Realebene wie auch auf die Symbolebene. Sie können als zusammenhängende Reihe, aber auch jeweils für sich allein als Stille-Übungen, z. B. am Stundenbeginn, eingesetzt werden.

### Das Foto des Baumes genauer anschauen

- Eine prächtige Eiche steht frei auf einer Anhöhe, wohl an einem markanten Punkt in der Landschaft. Neben dem Baum ist ein Denkmal oder Wegkreuz zu sehen.
Der dicke Stamm und die Größe des Baumes lassen auf ein hohes Alter schließen, vielleicht wurde dieser Baum gepflanzt, als auch der Gedenkstein oder das Wegkreuz aufgestellt wurde zur Erinnerung an ein wichtiges Ereignis.
Eine Bank lädt im Schatten dieses mächtigen Baumes zum Rasten und zum Ausschau-Halten ein. Damit ist eine wichtige Eigenschaft von Bäumen angesprochen: Sie spenden Schutz vor der sengenden Sonne oder auch vor Regen und Sturm.
Das dicke Geäst dieses Baumes bietet sicher zahlreichen Tieren einen Lebensraum.
- Sch beschreiben: Was sehe ich? Was für ein Baum ist das? (Hinweis: Die Form der Blätter eines Baumes ähnelt seiner Silhouette.) Welche Tiere leben wohl im Geäst dieses Baumes? Welche vielleicht in der Erde unter dem Baum? Wie sieht wohl die Landschaft hinter dem Baum aus? Wo auf dem Foto möchte ich sein?

### Körperübung: Ich bin ein Baum

– Vorbemerkung: Sch stehen im Kreis, es wird leise meditative Musik gespielt und L führt die Bewegungen vor bzw. macht sie mit.
Ich stehe fest auf dem Boden. Ich verteile das Gewicht gleichmäßig auf beide Füße und schließe die Augen. Ich fühle, wie meine Füße fest auf dem Boden stehen und meinen Körper tragen.
Ich stelle mir in meiner Fantasie vor, dass ich ein Baum bin.
Ich spüre, wie aus meinen Beinen Wurzeln wachsen und tief in den Boden eindringen. Sie geben mir Halt.
Ich breite die Arme aus,
sie sind die Äste und Zweige meines Baumes.
Ich bewege meine Zweige sanft hin und her, etwas stärker, etwas leichter.
Ein sanfter Wind streicht vorüber. Meine Blätter rascheln.
Weiter wachse ich und entfalte mich. Ich strecke meine Zweige noch weiter in die Höhe und entfalte sie weit auseinander.
Ich spüre, wie ich fest dastehe. Da höre ich, wie ein Sturm herankommt und mich anbläst.
Meine Zweige und mein Stamm wiegen sich im Wind, aber meine Wurzeln halten mich fest an meinem Platz.
Nach dem Sturm strecke ich mich hoch, dem blauen Himmel und der warmen Sonne entgegen.
Mein Gesicht richtet sich nach oben. Ich genieße die Wärme.

# Der Baum spricht

Sieh mich an, sagt der Baum. Hier stehe ich fest in der Erde. Ich bin groß und stark. Kein Sturm kann mich umwerfen. Meine Wurzeln kannst du nicht sehen. Nur das bisschen, was aus der Erde ragt. Sie dringen tief in die Erde ein. Nach unten hin werden sie immer feiner. Sie holen meine Nahrung aus dem Boden: das Wasser und die Nährstoffe, die ich aus der Erde brauche.

Wenn du mich von unten sehen könntest, würdest du staunen über das Geflecht, das sich unter mir in der Erde verbirgt. Wären meine Wurzeln nicht groß und weit, dann könnte mich jeder Windhauch umwerfen.

Meine Wurzeln greifen um die Steine und halten sich daran fest. Sie wachsen immer weiter. In meinem Wurzelhaus tief in der Erde wohnen viele kleine Tiere: Regenwürmer, Raupen, Schnecken und Käfer. Sie alle sind bei mir zu Hause.

Weil meine Wurzeln guten Halt finden und kräftig sind, bin ich ein so großer und starker Baum geworden.

Mein Stamm ist fest und stark. Du kannst ihn alleine nicht umfassen. Aus den Wurzeln steigt das Wasser den Stamm hinauf. Die rissige, starke Rinde gibt mir Schutz. Wie ein Mantel hüllt sie mich ein. Durch sie kann ich atmen. Auch mein Stamm wächst ständig. Wenn du schon einmal einen durchgesägten Baumstamm angeschaut hast, kannst du es sehen: Er besteht aus vielen Ringen. Jedes Jahr wächst meinem Stamm ein neuer Ring. Jedes Jahr werde ich stärker.

Aus meinem Stamm wachsen die Äste. Sie waren nicht immer so groß und stark. Zuerst sahen sie aus wie kleine Zweige. Sie wurden immer stärker – und sie wachsen immer weiter. Wie meine Wurzeln nach unten hin, so werden meine Zweige nach oben hin immer feiner. Meine Zweige wachsen dem Himmel entgegen. Die Sonne und der Regen sind meine Freunde. Sie geben mir Kraft und Nahrung zum Wachsen. Wenn ich nicht mehr wachse, dann sterbe ich.

Jedes Jahr im Frühling spüre ich neue Kraft. Aus meinen Zweigen wachsen grüne Blätter. Sie bilden ein großes schönes Dach. Der sanfte Wind ist mein Freund. Er bewegt meine Blätter und ich rausche und singe mein Lied. Meine Äste und Blätter bilden die Krone. Wie die Wurzeln in der Erde, so ist auch meine Krone eine Wohnung für viele Tiere: Eichhörnchen, Vögel ..., und wenn meine Blütenblätter sich farbig entrollen, dann kommen auch die bunten Schmetterlinge und die Bienen. Die Blüten sind nicht lange zu sehen. Aber aus ihnen wachsen im Sommer meine Früchte, die vielen Lebewesen zur Nahrung dienen.

Wenn es Herbst wird, dann gebe ich zuerst meine Früchte ab. Sie sind reif geworden für die Ernte. Dann lasse ich auch meine Blätter fallen. Ich bin müde. Im Winter ruhe ich mich aus.

# In einem Baum

T/M: Wolfgang Longardt

Kehrvers: In ei-nem Baum, ihr glaubt es kaum, da woh-nen vie-le Tie-re.

1. Klei-ne Schnecken, gro-ße Schnecken, Vö-gel, die uns mor-gens we-cken, schau sie dir nur an, freu-e dich da-ran.

2. Kleine Spinnen, große Spinnen,
Käfer in der Rinde drinnen.
Schau sie dir doch an,
freue dich daran.

3. Eichhörnchen und kleine Maus
haben hier ein großes Haus.
Schau sie dir doch an,
freue dich daran.

4. Gott, der schuf so manch Getier
seiner Welt zur großen Zier.
Schau sie dir doch an,
freue dich daran.

Langsam lasse ich die Zweige zum Stamm sinken. Ich verabschiede mich von meinem prächtigen Baum. Ich atme tief ein und aus, öffne die Augen und sehe meine Umgebung!
- Im nachfolgenden Gespräch tauschen Sch sich aus, wie sie sich als Baum gefühlt haben.
• Nach dem Austausch singen Sch „Ich wachse in die Erde": **AB 2.0.1, Arbeitshilfen S. 25**.

### Eine Baum-Meditation hören
L liest den Erzähltext **AB 2.0.2, Arbeitshilfen S. 27**, während Sch fse 4 betrachten. Evtl. ruhige Musik.

### Ein Baum-Lied dichten und spielerisch umsetzen
• Das Lied **AB 2.0.3, Arbeitshilfen S. 27**, kann Grundlage sein für viele weitere Strophen.
• Spielanleitung: Sch stehen im Kreis um einen Baum in der Mitte. Für jede Tierart werden typische Bewegungen oder Zeichen erfunden, z. B.
Schnecken: Kriechen aus dem Schneckenhaus und wieder hinein oder Ausstrecken der Fühler.
Spinnen und Käfer: Mit den Fingern werden die Bewegungen der dünnen Spinnen- und Käferbeine nachgeahmt.
Eichhörnchen und Maus: Knabbern mit den „Vorderpfoten" an einer Nuss.
Zur Schlussstrophe, dem Lob Gottes, bewegen sich alle im Kreis um den Baum, in dem so viel Leben ist.

### Stille-Übung: Von einem Baum träumen
• Sch erhalten in die geöffnete Hand ein Samenkorn, das ihnen möglichst unbekannt sein sollte. Sie schließen die Augen und werden zu der folgenden Fantasie-Übung eingeladen:
Stell dir vor, es ist ein warmer Frühlingstag.
Wir suchen uns ein Stück Erde, das wir umgraben und von Unkraut befreien. Wir lockern die Erde.
Anschließend graben wir mit den Händen eine kleine Mulde, legen unser Samenkorn hinein, bedecken es mit Erde, die wir leicht festdrücken.
Nun können wir uns in unserer Fantasie weiter vorstellen, wie sich das Samenkorn entwickelt:
Ein warmer Regen fällt und befeuchtet die Erde. Die Sonne scheint nieder. In unserem Samenkorn arbeitet es, die Schale wird gesprengt. Kleine Würzelchen kommen hervor und dringen in das Erdreich.
Auf der anderen Seite der Schale kommt ein Keimling hervor, wächst und wächst, bis er die Oberfläche der Erde durchdringt.
Aus unserm Samenkorn ist nun bereits eine kleine, noch winzige Pflanze geworden. In Wirklichkeit braucht sie nun lange Zeit, vielleicht sogar viele Jahre, bis sie zu einem Baum wird.
In unserer Fantasie kann alles viel, viel schneller gehen. Und so lassen wir nun aus unserer winzigen Pflanze nach und nach einen großen Baum werden, mit einem kräftigen Stamm und vielen Ästen.
Es kann ein Nadelbaum sein oder ein Laubbaum. Er kann frei stehen oder in einer Gruppe von Bäumen oder in einem Wald. Wir lassen unserer Fantasie völlig freien Lauf.
Nach und nach nimmt unser Baum eine feste Gestalt an.
Wir schauen ihn noch einmal genau an, bevor wir uns von ihm verabschieden.
Nun beenden wir unsere Fantasiereise und kehren langsam in unser Klassenzimmer, an unseren Platz zurück. Wir öffnen die Augen und strecken uns.
Damit die Vorstellung von unserem Baum erhalten bleibt, nehmen wir Wachsmalkreiden und ein Blatt und malen unseren gewachsenen Baum.
• Sch malen, während meditative Musik eingespielt wird.
• Anschließend werden die Baum-Bilder in einer Ausstellung präsentiert und von den Sch erläutert.

### Die Jahresringe eines Baumes erkunden
• Sch sitzen im Kreis, in der Mitte liegt eine Baumscheibe, die sie ruhig betrachten.
L: In unserer Mitte liegt eine Scheibe aus einem Baumstamm.
Wir sehen viele Ringe in der Scheibe.
Wenn wir sie zählen, wissen wir, wie alt der Baum ist.
Jedes Lebensjahr ist durch einen eigenen Ring gekennzeichnet.
(Ein/e Sch soll die Jahresringe zählen.)
So viel Zeit hat der Baum gebraucht, um so stark und kräftig zu werden.
Wenn wir die Ringe genauer anschauen, so stellen wir Unterschiede fest.
Manche sind breit, andere sind sehr schmal.
So erzählt jeder Ring, wie es dem Baum in einem bestimmten Jahr ergangen ist.
Ein Jahr lang gab es genug Regen und Nahrung für den Baum. Aus diesem Jahr sehen wir einen breiten und starken Ring.
Das nächste Jahr war dürr und trocken. Er konnte nur dünn und schmal wachsen. Und so wechselten sich die Jahre ab.
Der Baum wuchs und wurde groß und stark.
Träumen wir ein wenig von dem Baum. Schließen wir die Augen und stellen wir uns vor, wie er aussah, wo er stand, wie er gewachsen ist.
• Sch erhalten **AB 2.0.4, Arbeitshilfen S. 29**, und gestalten mit unterschiedlichen Farben die Jahresringe der Baumscheibe als Mandala.
• Male dein Leben als Baumscheibe! In der Mitte siehst du einen kleinen Kreis oder Punkt. Male so viele Jahresringe, wie du alt bist, darum herum.

# Jahresringe meines Lebens

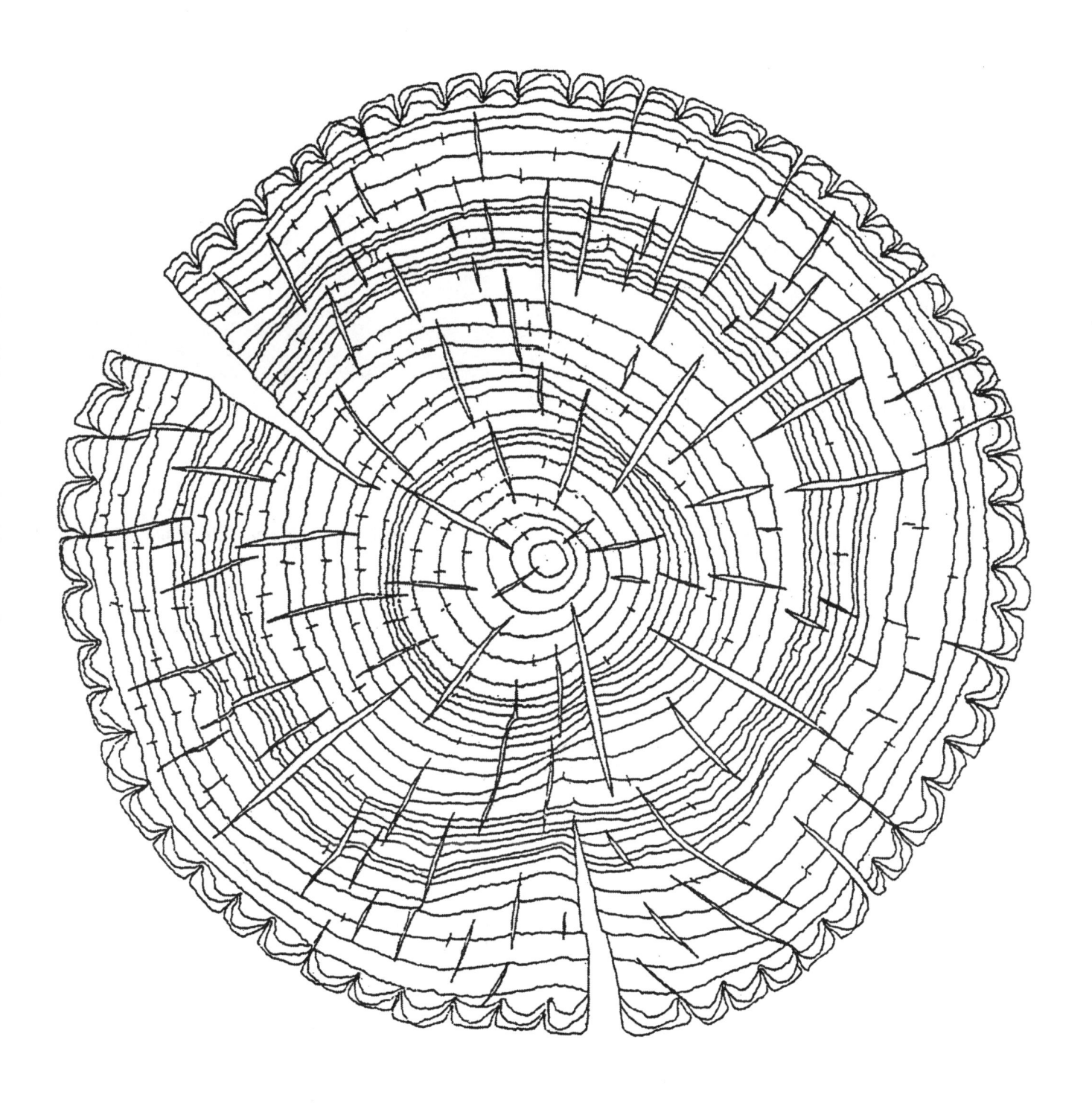

Vielleicht kannst du dich an manche Jahre noch gut erinnern. Wenn sie dir in guter Erinnerung sind, dann male diesen Ring recht breit und bunt aus. Wie gestaltest du die Jahre, die du in keiner guten Erinnerung hast?

**Die Fabel vom König der Bäume kennen lernen**
- Als eine Metaphernschulung beschreiben Sch die auf **AB 2.0.5, Arbeitshilfen S. 31**, abgebildeten Pflanzen und sammeln mit Hilfe von L: Welche Eigenschaften haben ein Olivenbaum/Feigenbaum/Weinstock/eine Zeder/ein Dornstrauch? Welche Früchte und Gaben schenken sie den Menschen?
- Sch vermuten: Warum sollen diese Bäume und Pflanzen wohl zum König gewählt werden?
- Wie antworten die Pflanzen? Welche will die Bürde des Königs übernehmen?

Vorschlag für ein TA
**Was die Bäume auszeichnet**

| Baum | Eigenschaft |
| --- | --- |
| Ölbaum | Gibt Oliven, daraus wird Öl gewonnen. |
| Feigenbaum | Schenkt süße Früchte. |
| Weinstock | Gibt Trauben, aus denen man Wein herstellt. |
| Zeder | Ist groß und mächtig und kann Schatten spenden. |
| Dornenstrauch | Ist stachelig und dornig, spendet kaum Schatten. |

**Unseren Hoffnungsbaum gestalten**
Die grünen Blätter am Baum sind Zeichen des Lebens und der Hoffnung. Wenn im Frühjahr ein kahler Baum wieder Blätter treibt, dann kündigt er neues Leben an.
- Ein kahler Baum, der auf ein Poster gemalt wird, oder ein echter Zweig ohne Blätter, der realitätsnah einen kahlen Baum darstellt, kann in verschiedenen Situationen eingesetzt werden.
- Schulgottesdienst am Beginn des Schuljahres: Sch erhalten mit dem Liedblatt vorgefertigte grüne Blätter, auf die sie während des Gottesdienstes ihre Hoffnungen und Wünsche an das kommende Schuljahr schreiben. Die Blätter werden auf das Plakat geklebt oder an das Holz geheftet und beleben die kahlen Zweige. Vielleicht lassen sich einige dieser Blätter als Fürbitten verwenden.
- Analog kann das Begrünen eines kahlen Baumes bei verschiedenen anderen Anlässen verwendet werden, z. B. schreiben Sch auf die grünen Blätter ihre Wünsche für das kommende Lebensjahr eines Geburtstagskindes. – Oder: Nach einem Streit notieren Sch ihre Versöhnungsgedanken.

## 3. Weiterführende Anregung

**Eine Pantomime aufführen: Ein Baum wächst**
Im Rahmen eines Gottesdienstes oder einer Klassenfeier wird folgende Pantomime mit Tüchern und Verklanglichung nach entsprechender Vorbereitung gestaltet.
**Das Samenkorn liegt in der Erde:**
Ein Kind, dem hellgrüne Tücher umgehängt sind, kauert auf dem Boden. Es wird mit braunen Tüchern zugedeckt.
Musik: dumpfe Schläge auf eine Handtrommel oder Pauke.
**Die Sonne scheint:**
Drei Kinder halten gelbe Tücher hoch und stellen sich vor das Samenkorn.
Musik: ein Becken mit Filzschlegel von innen nach außen schlagen und dabei allmählich lauter werden.
**Es regnet:**
Kinder mit grauen und blauen Tüchern gehen um das Samenkorn herum und verdecken die Sonne. Dann gehen sie zur Seite weg. Der Wechsel von Sonne und Regen wird mehrfach wiederholt.
Musik: mit den Fingerkuppen auf Trommeln schlagen, Rumbarasseln oder gleichmäßige Schläge auf dem Xylophon.
**Der Keim wächst:**
Das Kind, das das Samenkorn spielt, steht langsam

# Die Fabel vom König der Bäume

Einst machten sich die Bäume auf, um sich einen König zu salben

und sie sagten zum Ölbaum:
Sei du unser König!
Der Ölbaum sagte zu ihnen:
Soll ich mein Fett aufgeben,
mit dem man Götter und Menschen ehrt,
und hingehen,
um über den anderen Bäumen zu schwanken?

Da sagten die Bäume zum Feigenbaum:
Komm, sei du unser König!
Der Feigenbaum sagte zu ihnen:
Soll ich meine Süßigkeit aufgeben
und meine guten Früchte
und hingehen,
um über den anderen Bäumen zu schwanken?

Da sagten die Bäume zum Weinstock:
Komm, sei du unser König!
Der Weinstock sagte zu ihnen:
Soll ich meinen Most aufgeben,
der Götter und Menschen erfreut,
und hingehen,
um über den anderen Bäumen zu schwanken?

Da sagten alle Bäume zum Dornenstrauch:
Komm, sei du unser König!
Der Dornenstrauch sagte zu den Bäumen:
Wollt ihr mich wirklich zu eurem König salben?
Kommt, findet Schutz in meinem Schatten!
Wenn aber nicht,
dann soll vom Dornenstrauch Feuer ausgehen
und die Zedern des Libanon fressen.

*Nach Richter 9,7-15*

auf. Dabei gleiten die braunen Tücher zu Boden und die hellgrünen Tücher werden sichtbar.
Musik: leise Töne auf den hohen Tönen des Glockenspiels.

**Der Stamm entwickelt sich:**
Vier Kinder mit braunen Tüchern stellen sich nach und nach um den Kreis herum und schließen ihn so ein.
Musik: Schläge auf Holzblocktrommeln und Klangstäben, die Töne auf dem Glockenspiel, die beim Keim noch ganz hoch waren, werden immer tiefer und dann vom Metallofon aufgenommen.

**Die Krone entfaltet sich:**
Vier weitere Kinder treten mit tiefgrünen Tüchern zwischen Stamm und Keim. Sie werfen von innen die Tücher hoch in die Luft und lassen sie über den Stamm fallen.
Musik: alle Instrumente spielen ein Crescendo von ganz leise bis ganz laut.

## Sehen und Dahinterschauen

fragen – suchen – entdecken 5

### 1. Hintergrund

Die Ausschnittvergrößerung eines Pflanzenblattes und das Foto der schwangeren Frau wollen zum bewussten Sehen, zum Weiterfragen und zum Dahinterschauen motivieren.

Das Sehen ist neben dem Hören die geläufigste Wahrnehmungsart. Die Augen stehen in enger Verbindung zum Licht, sie nehmen die Umgebung durch die unterschiedlichen Lichteinwirkungen wahr, und zwar farbig.

Doch bilden die Augen nicht wie eine Kamera das, was sie aufnehmen, einfach ab. Wir müssen vielmehr unterscheiden zwischen all dem, was an unsere Augen dringt oder was sich vor ihnen darbietet, und dem, was wir bewusst wahrnehmen, was wir gleichsam mit unserem inneren Auge aufnehmen und aufbewahren.

In unserer Gesellschaft wird das Auge durch ständige Reize der Reklamebilder und der bewegten Bilder im Fernsehen geprägt und belastet. Die Quantität der schnellen Eindrücke verdrängt die Qualität des Sehens. Vor allem die Werbung manipuliert die optische Wahrnehmung, sie lenkt den Blick und stumpft ihn zugleich für alles ab, was unaufdringlich ist. Die Schule muss aus diesem Grunde das rechte Sehen oft wieder lehren, dem Religionsunterricht wird die Aufgabe einer Sehschule (Halbfas) ausdrücklich zugeschrieben. Die anschließenden praktischen Sehübungen dienen diesem bewussten Schauen.

Der Bedeutung des Sehsinns entspricht, dass die Bedeutungsvielfalt von „Sehen" in zahlreiche Redensarten Eingang gefunden hat:

Du siehst den Wald vor Bäumen nicht.
Jemandem die Augen öffnen.
Einen Blick riskieren.
Jemandem den Blick für etwas öffnen.
Nur die eigenen Sachen sehen.
Sich etwas vor Augen stellen.
Schwarz sehen.
Sich sein eigenes Bild machen.
Eine rosarote Brille tragen.
Blind sein für andere.
Alles durch eine bestimmte Brille sehen.
Den Splitter im Auge des Nächsten sehen, aber nicht den Balken im eigenen Auge.
Ein Auge auf etwas werfen.
Den Durchblick haben.
Sich einen Überblick verschaffen.
Augenwischerei betreiben.
Die Ansicht ändern.
Die Augen abwenden.
Einsicht gewinnen.
Mit offenen Augen durch die Welt gehen.
Wenn Blicke töten könnten.
Etwas oder einen Menschen aus den Augen verlieren.

– Manche Redensarten bringen eine eingeschränkte Sehweise zum Ausdruck. Welche Gründe gibt es dafür?
– Bei anderen Redensarten wird eine neue Sehweise ermöglicht. Wie geschieht dies?

**Sehen in der Bibel**
Neben dem üblichen Sprachgebrauch für die sinnliche Wahrnehmung steht der Begriff „Sehen" in der Bibel auch für den visionären Vorgang der Zukunftsschau. Propheten (Jesaja 1,1) und Priestern wird diese Fähigkeit zuerkannt. Sie kann auch das Erkennen tieferer Wesenszusammenhänge von Dingen und Vorgängen meinen (vgl. Lk 10,18). Das Angesicht Gottes schauen heißt seine Nähe zu erfahren.
Das Neue Testament lässt nur Jesus Gott sehen (vgl. Joh 1,18); den Glaubenden, die „reinen Herzens sind", ist dies als endzeitliche Gabe vorbehalten (Mt 5,8; 1 Kor 13,12).
Das Gegenteil von Sehen ist Blindheit. Die prophetischen Bücher des Alten Testamentes verstehen Blindheit v. a. im übertragenen Sinne als Unfähigkeit des Menschen, Gottes Wirken und Willen zu erkennen und danach zu leben. Diese Bedeutung hat Blindheit auch im Neuen Testament. Die Pharisäer glauben zu sehen, sind aber in Wirklichkeit selbst „Blinde und Führer von Blinden" (Mt 15,14; Lk 6,39). Blindheit ist also der Zustand der Abwendung der Menschen von

# Eine gute Nachricht

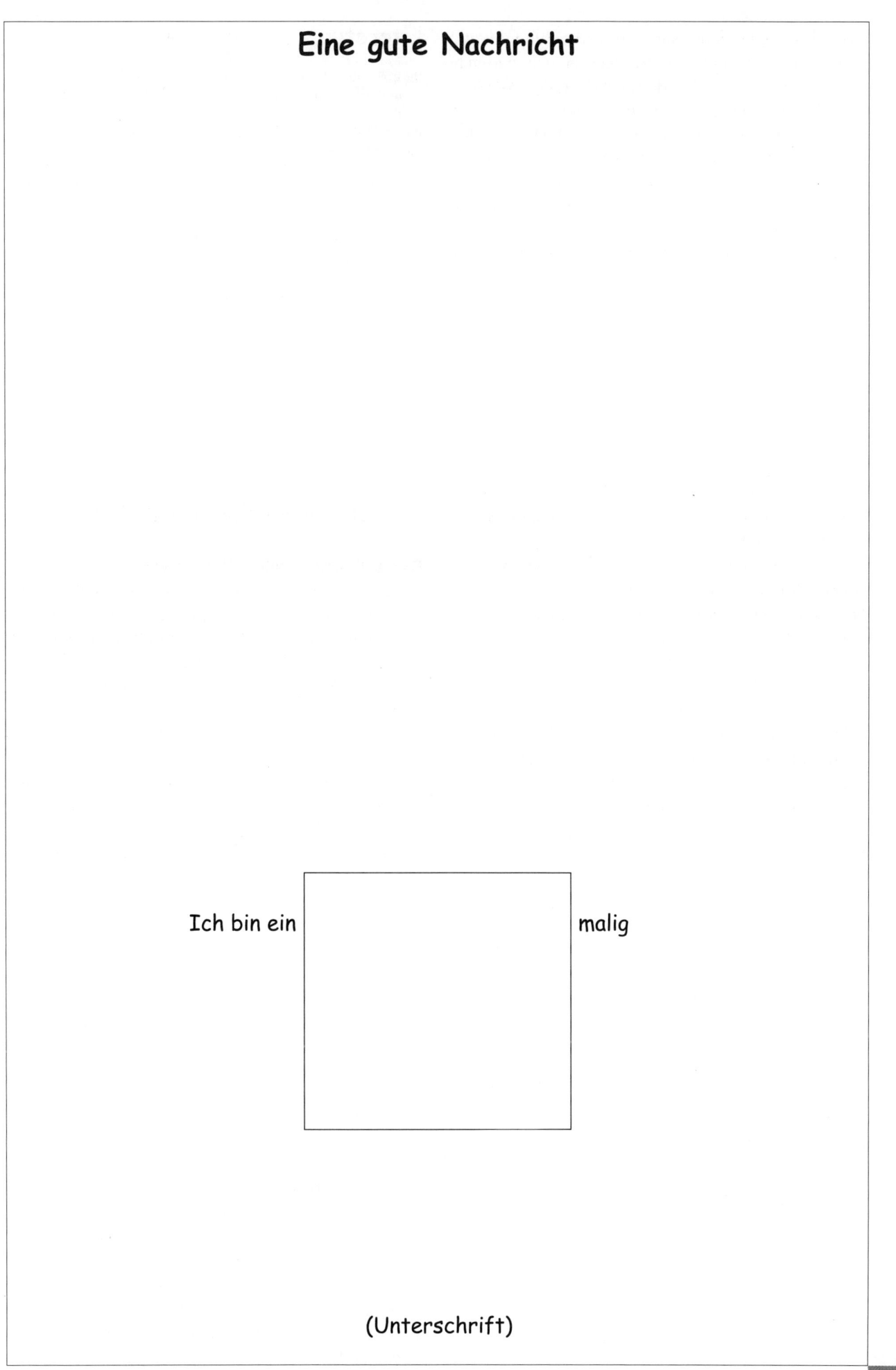

Ich bin ein malig

(Unterschrift)

Gott, des Unglaubens. Nach der Verheißung der atl. Propheten ist die messianische Heilszeit u. a. dadurch gekennzeichnet, dass Blinde sehend werden. Vor diesem Hintergrund sind die Blindenheilungen Jesu zu sehen, sie weisen Jesus als den vollmächtigen Erfüller der atl. Weissagungen aus. Deshalb lehnt Jesus das jüdische Verständnis der Blindheit als von Gott verhängte Strafe ab. Er verurteilt die pharisäische Selbsttäuschung, die zu sehen glaubt, tatsächlich aber blind ist, weil sie sich selbst vor Gott verschlossen hat (Joh 9,41).

### Zu den Seh-Übungen

Was einleitend über die Bedeutung und die Anleitung von Stille-Übungen dargestellt wurde (vgl. Arbeitshilfen S. 21 ff.) gilt im Besonderen für die Übungen zum Sehen.

In Sinnesübungen, wie z. B. Seh-Übungen, wird die Fülle der auf die Kinder einströmenden Umwelteinflüsse reduziert und konzentriert, indem nur einer der üblicherweise integriert wahrnehmenden Sinne angesprochen wird. Die intensive Beschäftigung mit einem Sinnesorgan schult und verstärkt die auf das Organ bezogene Wahrnehmungsfähigkeit.

Die Stille ist entweder notwendige Voraussetzung der Übung oder sie entsteht durch die Aufgabenstellung von allein. Die unter „2. Einsatzmöglichkeiten" vorgestellten Übungen sollen eine Sensibilisierung für das Sehen und Hinschauen erreichen.

Sehen und Schauen ist nicht das Gleiche. Vieles hängt davon ab, mit welcher Absicht ich etwas anschaue. Wir können hin- oder wegsehen, manchmal übersehen wir sehr vieles (vgl. Redensarten). Schauen hingegen bedeutet gesammelte Wachheit und ungeteilte Präsenz.

Die Übungen zielen in erster Linie auf ein solch vertieftes Schauen. Sie sind nicht ausschließlich für den Religionsunterricht konzipiert, sie sind auch unter allgemeinen, pädagogischen Gesichtspunkten fächerübergreifend einsetzbar. Allerdings bekommt das Sehen im religionspädagogischen Kontext eine neue Qualität.

Schüler brauchen oft Hilfen, um zur Ruhe und Stille zu kommen. Deshalb sind spielerische Formen, die aus der Bewegung zur Stille führen, geeignet, Schüler langsam mit Körper und Geist zur Ruhe kommen zu lassen. Ein äußerer Vorgang zielt dabei darauf ab, eine innere Haltung zu bewirken. Bewegung und Aktivität können ausschwingen und ausklingen.

## Literatur

Berg, Sigrid, Biblische Bilder und Symbole erfahren. Ein Material- und Arbeitsbuch, Stuttgart/München 1996, S. 120-146: Bild des Baumes
Bihler, Elsbeth, Symbolkreis Kreuz/Baum, Limburg 2000
dies., Symbol Mensch, Limurg 1996
Bläsius, Jutta, Mandalas mit allen Sinnen. Kreisbilder tasten, turnen, schmecken, hören und sehen. Neue Gestaltungsvorschläge, München 2003
Griesbeck, Josef, Spiele für die Sinne, Stuttgart 2000
Grün, Anselm/Reepen, Michael, Gebetsgebärden, Münsterschwarzach $^9$2000
Halbfas, Hubertus, Religionsunterricht in der Grundschule, Lehrerhandbuch Bd. 1, Düsseldorf 1983, und Lehrerhandbuch Bd. 2, Düsseldorf 1984
Jäger, Willigis/Grimm, Beatrice, Der Himmel in dir. Einübung ins Körpergebet, München $^2$2001
König, Karl Heinz, Hinter die Dinge schauen, München 1983
Maschwitz, Gerda u. Rüdiger, Stille-Übungen mit Kindern, München $^6$1998
Merz, Vreni, Von außen nach innen, Zürich 1994
Rendle, Ludwig, Zur Mitte finden, Donauwörth 2002

## 2. Einsatzmöglichkeiten im RU

### Das Geheimnis eines Blattes erkunden

- Sch decken das Foto der Frau und den Segensspruch **fse 5** ab, sodass nur der etwas vergrößerte Blattausschnitt zu sehen ist. In Ruhe betrachten Sch den Blattausschnitt genau und lassen das Foto auf sich wirken (evtl. meditative Musik leise einspielen).
- Sch übertragen die Adern und Äderchen des Blattes mit Bleistift auf ein Blatt Papier.
- Sch erhalten Baumblätter (möglichst vom gleichen Baum) und betrachten diese aufmerksam zunächst mit dem bloßen Auge. Sie werden dabei nicht nur die Adern und Äderchen entdecken, sondern noch viel mehr, wie z. B. kleine Härchen, Verwundungen usw.
- Wenn es möglich ist, untersuchen Sch die Blätter mit Lupen (HSU) und entdecken durch die Vergrößerung noch mehr.
- In einem nächsten Schritt vergleichen zwei Sch ihre Blätter miteinander und prüfen, ob sie gleich sind oder sich unterscheiden. Das verblüffende Ergebnis wird sein, dass kein Blatt dem anderen gleicht. Wenn Sch den Baum **fse 4** betrachten und die Zahl der Blätter erahnen, werden sie zum Staunen Anlass haben.

### Ein Blatt – Meine Hand

- Schau dir die Innenfläche einer deiner Hände an. Sie ist durchzogen von vielen Linien. Vergleiche sie mit deiner anderen Hand. Die Linien jeder unserer Hände sind unwiederholbar einmalig. Unsere Fingerabdrücke können sogar als Ausweis dienen.
- Leg dein Blatt neben deine Handinnenfläche. Lass deinen Blick wandern vom Blatt zur Hand, zu Fin-

# Blind sein und nicht sehen können

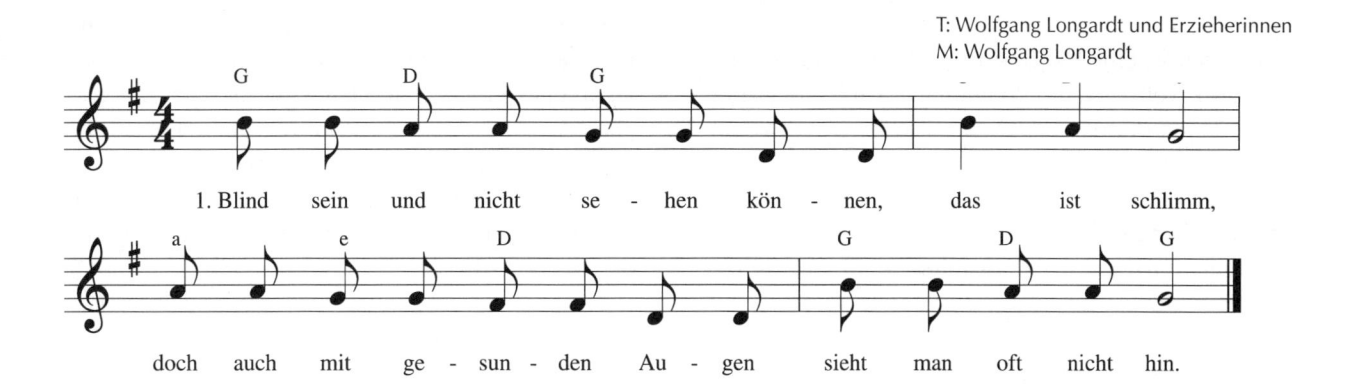

T: Wolfgang Longardt und Erzieherinnen
M: Wolfgang Longardt

1. Blind sein und nicht sehen können, das ist schlimm,
doch auch mit gesunden Augen sieht man oft nicht hin.

2. Komm, bedecke deine Augen, langsam, sacht.
Immer dunkler wird es dann, fast wie in der Nacht.

3. Taste dich mit Füßen vorwärts, Schritt für Schritt,
o, wie mühsam ist das Laufen dann bei jedem Tritt.

4. Öffne deine Augen wieder, schau umher!
Menschen, Blumen, Bäume, Himmel freuen uns so sehr.

5. Mancher lacht dich fröhlich an, schaut dir ins Gesicht,
mancher ist so traurig heut, lachen kann er nicht.

6. Jesus einst den Blinden heilte, der war froh.
Weck auch meine Augen auf, hilf mir ebenso.

7. Gib uns offne Augen, Herr, hilf zum rechten Sehn,
dass wir nicht mit müden Augen durch das Leben gehn.

## Spielanleitung:

| | |
|---|---|
| 1. Str.: | Alle gehen mit geschlossenen Augen umher und öffnen sie bei der zweiten Zeile. |
| 2. Str.: | Alle bleiben stehen und bedecken ihre Augen langsam mit den Händen. |
| 3. Str.: | Langsam werden einige Schritte vorwärts gemacht. |
| 4. Str.: | Die Hände werden von den Augen genommen, alle hüpfen umher. |
| 5. Str.: | Beim Umhergehen schauen sich alle gut an. |
| 6. Str.: | Alle bleiben wieder stehen, bedecken ihre Augen wieder mit den Händen und nehmen die Hände bei der zweiten Zeile wieder weg. |
| 7. Str.: | Alle schließen sich zu einem Kreis zusammen und gehen rechtsherum. |

gern, Adern, Linien ... Lege dann das Blatt auf deine Hand. Wenn du willst, schließe die Augen und spüre das Blatt auf deiner Hand – die Hand mit dem Blatt.

Das Blatt – deine Hand, sind beide einmalig auf der ganzen Welt ... So bist du einmalig. Dich gibt es nur einmal auf dieser Erde. Die Welt wäre ärmer, wenn du nicht da wärst.

### Ich bin einmalig

Sch erhalten **AB 2.0.6, Arbeitshilfen S. 33**. Sie kleben darauf das Blatt, legen ihre Hand daneben, zeichnen den Umriss ab und die Linien in die Handfläche. In das leere Kästchen setzen Sch ihren Daumenabdruck (Stempelkissen und Zellstofftücher zum Abwischen mitbringen!), was ihre Einmaligkeit unterstreicht.

### Die schwangere Frau betrachten

- Die junge Frau **fse 5** hält ihre Hände über den Bauch. Wir können einen vorgewölbten Bauch sehen und schließen daraus, dass die Frau hochschwanger ist und dass in ihrem Bauch ein Kind wächst.
- Was drückt die Haltung dieser Hände aus?
- Die Frau hält die Augen geschlossen – sie horcht in sich hinein – was fühlt und was denkt sie wohl?
- Wir sehen eine schwangere Frau – aber das heranwachsende Kind in ihrem Leib sehen wir nicht, können wir aber erahnen, es uns vorstellen.
- Sch befragen ihre Mütter, wie diese sich während der Schwangerschaft gefühlt haben. Vielleicht können Sch Fotos von ihrer mit ihnen schwangeren Mutter, ggf. auch Ultraschallaufnahmen, mitbringen und erzählen: Wie konnte meine Mutter „dahinter schauen"? Was erzählt sie von mir als ungeborenem Baby?

### Im Außen das Innen erforschen

In den meisten Fällen unserer Wahrnehmung sehen wir nur das „Außen", z. B. ein Mensch lächelt, blickt ratlos um sich, schaut ängstlich umher usw.
Diese „Körpersprache" können wir auf folgenden Bildern genauer betrachten:
- **fse 11**: Kind mit Mutter: Was fühlt das Kind, was fühlt die Mutter? Was drücken die Gesichter, die Hände, die Körperhaltungen aus?
- **fse 16**: das jubelnde, das weinende Kind: Wie fühlen sie sich?
- **fse 38**: Sch beschreiben die Körperhaltung der fünf Kinder und beschreiben ihre Stimmungen und Gefühle: Ich liege am Boden, den Kopf in den Armen vergraben. Ich fühle mich ...

### Genau hinsehen

- Die Schüler bringen unterschiedliche Naturmaterialien, z. B. Blätter, Ähren, Rinde mit und betrachten sie genauer mit Lupen. Sie können auch ihre Haut auf dem Handrücken, die Rillen auf ihrem letzten Fingerglied, ein Haar usw. genauer untersuchen. Sie betrachten diese Gegenstände genau und beschreiben anschließend, welche besonderen Eigenschaften und Eigenheiten sie dabei entdeckt haben, und erklären das jeweils dem Nachbarn oder der Nachbarin.
- Gespräch im Plenum über die Verschiedenheit von äußerem Eindruck und genauerem Hinschauen, Sehen von Ferne und Begreifen von Nahem, über die Einzigartigkeit.

### Unsere Umgebung wahrnehmen

- Sch sitzen im Kreis oder im Raum verteilt.
  *L: Wir werden still und schließen die Augen. Wir lassen alles hinter uns, was uns bewegt hat an diesem Tag. Wenn wir uns frei und leer fühlen, öffnen wir die Augen und schauen uns unsere Umgebung bewusst an: den Raum, die Menschen, die Dinge.
  Vielleicht fällt uns etwas Besonderes auf im Raum. Wir gehen langsam näher heran und schauen es an: die Form, die Oberfläche.
  Wenn wir es genau betrachtet haben, gehen wir zurück auf unseren Platz und schließen die Augen. Wenn wir sie nach einer Weile wieder öffnen, halten wir Ausschau nach einem anderen Gegenstand. Auf den gehen wir ebenfalls zu und betrachten ihn wieder so genau.*
- Austausch

### Veränderungen im Klassenzimmer aufspüren

Einige Sch verlassen das Klassenzimmer, in dem die anderen an einigen Stellen kleine Änderungen vornehmen. Diese sollen die anderen beim Betreten des Klassenzimmers entdecken. Wie genau nehmen wir unsere Umgebung wahr?

### Perspektiven wechseln

Wir verändern den Blickwinkel, unter dem wir unsere Umgebung normalerweise wahrnehmen.
- Ausnahmsweise dürfen Sch auf ihren Stuhl oder den Tisch steigen oder sich auf den Boden legen. Anschließend berichten sie, wie sie aus der veränderten Perspektive ihr Klassenzimmer wahrgenommen haben.
- Sch sprechen über die Auswirkung des jeweiligen Standpunktes auf die Sichtweise und die Bewertung: Wie verändert sich die Sichtweise, wenn jemand über mir, unter mir oder auf gleicher Höhe von mir ist?

# Gib uns Augen

T/M: Wolfgang Longhardt

Kehrvers: Gib uns Augen, gib uns Augen,
dass wir staunend sehn, wie ganz leis Verwandlungen, Verwandlungen geschehn! *fine*

1. Oft da nehmen wir uns keine Zeit,
übersehn so manche Herrlichkeit.

2. Gott, du gibst das Licht in finstrer Nacht,
hast aus Samen Frucht ans Licht gebracht.

3. Kannst die Lahmen wieder gehend machen,
wandelst unser Weinen bald in Lachen.

4. Manches muss erst sterben und vergehn,
kann verwandelt endlich auferstehn.

5. Wenn kein Mensch an Licht und Freude denkt,
Gott uns einen neuen Anfang schenkt.

## Tanzanleitung:

Alle stehen im Kreis.
**Kehrvers:**
| | |
|---|---|
| Takt 1: | Arme bittend nach oben strecken. |
| Takt 2: | Nach rechts und links wiegen. |
| Takt 3: | Mit vier Schritten um sich selbst drehen. |
| Takt 4: | Hände zum Kreis durchfassen. |
| Takt 5-8: | Rechtsherum im Kreis gehen. |

**Strophen:**
| | |
|---|---|
| Takt 1-2: | In die Hocke gehen, Kopf nach unten neigen. |
| Takt 3-4: | Alle schließen sich zu einem Kreis zusammen und gehen rechtsherum. |

### Sage mir, was du siehst
- L stellt verschiedene ausdrucksstarke Bilder zur Verfügung, auf denen Landschaften, Menschen usw. dargestellt sind.
- Jede/r Sch wählt ein Bild aus, ohne dass die anderen sehen, welches. Sch setzen sich zu zweit, etwas verteilt im Klassenzimmer, zusammen. Während ein/e Sch ein Bild beschreibt, schließt der/die andere die Augen und versucht, sich dieses Bild vorzustellen.
- Sch schauen dann das Bild zusammen an und vergleichen die Unterschiede zwischen dem, was beschrieben wurde oder dem, was sie aufgenommen haben, und dem tatsächlichen Bild. Sie tauschen die Rollen und wiederholen den gleichen Vorgang.
- Anschließend besprechen Sch ihre Beobachtungen zunächst zu zweit, dann in der Klasse, unter folgenden Gesichtspunkten:
- Welche Details hat die/der Beschreibende hervorgehoben, welche vernachlässigt?
- Welche Einzelheiten hat die/der Hörende wahrgenommen, welche überhört?
- Welche Beobachtungen über die Art des Sehens oder Hörens haben wir gemacht?
- Welche Schlüsse ziehen wir daraus?
- Was hat wohl Günther Eich mit dem folgenden Satz gemeint: „Mach die Augen zu, was du dann siehst, gehört dir"?

### Was ich alles wahrnehme
- Sch schließen die Augen und gehen in Gedanken den heutigen Tag durch: Was habe ich heute alles gesehen? Was habe ich so bewusst aufgenommen, dass es mir noch vor Augen steht? Was habe ich gesehen, ohne dass ich es ausdrücklich wahrgenommen habe?
- Sch notieren in einer Spalte das bewusst Gesehene und in einer parallelen Spalte, was sie wohl auch gesehen, aber nicht ausdrücklich wahrgenommen haben.
- Sch vergleichen beide Spalten und versuchen eine Lösung für die Beobachtung zu finden, dass wir vieles sehen, aber nur einen Teil davon bewusst wahrnehmen.

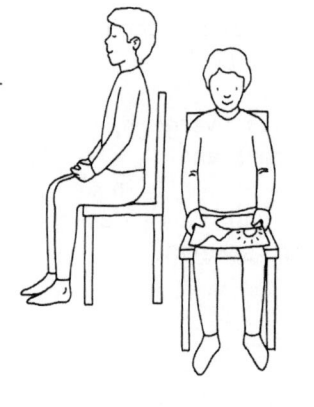

| Das habe ich bewusst wahrgenommen | Das habe ich gesehen, aber nicht bewusst wahrgenommen |
| --- | --- |
| | |

### Mit einem Farbfilter verfremden
Mit einem Diaprojektor werden einzelne Gegenstände angestrahlt, dabei wird verschiedenfarbiges Transparentpapier (oder Farbfilter) vor die Lichtquelle gehalten und beobachtet, wie sich die Dinge verändern.

### Unser Blickfeld verändern
- Sch halten sich ein Auge zu. Mein Blickfeld ist eingeschränkt. Ich sehe weniger von meiner Umgebung als sonst.
- Sch probieren aus, wie es ist, wenn sie noch weniger sehen, nämlich nur den Ausschnitt, der sich durch eine Papprolle bietet (z. B. Toilettenpapier).
- Sch schauen sich gegenseitig aus der Nähe an. Sch entdecken: „Ich sehe nur dein Auge, ganz groß." (Alles, was wir durch Öffnung unserer Papprollen sehen, wird groß, weil wir es neu und anders wahrnehmen.)

### Lieder zum Sehen singen und tanzen
- Sch erlernen und spielen das Lied „Blind sein und nicht sehen können", **AB 2.0.7, Arbeitshilfen S. 35**.
- Sch üben den Tanz zum Lied „Gib uns Augen" ein: **AB 2.0.8, Arbeitshilfen S. 37**.

# Irisches Segensgebet  –  Segensgebet von Kindern

| aus dem 5. Jahrhundert nach Christus | aus dem 20. Jahrhundert nach Christus |
|---|---|
| *Der lebendige Gott sei vor dir<br>um dir den rechten Weg zu zeigen.* | *Der lebendige Gott sei vor dir<br>um dir die Welt zu zeigen,<br>um dir zu zeigen, wo das Gute ist,<br>um dich zu warnen vor dem Bösen,<br>um dir den Weg zum Frieden zu weisen.* |
| *Der lebendige Gott sei neben dir<br>um dich in die Arme zu schließen<br>und dich zu schützen.* | *Der lebendige Gott sei neben dir<br>um dich zu stützen, wenn du fällst,<br>um dich zu beschützen, wenn du in Not bist,<br>um dich mit sanftem Schwung zu nehmen,<br>um dir zur Seite zu stehen.* |
| *Der lebendige Gott sei hinter dir<br>um dich zu bewahren vor der<br>Heimtücke böser Menschen.* | *Der lebendige Gott sei hinter dir<br>um dich aufzufangen, wenn du stolperst,<br>um dich hochziehen zu können,<br>um zu sagen, wo du aufpassen musst,<br>um dich vor tiefen Abgründen zu bewahren.* |
| *Der lebendige Gott sei unter dir<br>um dich aufzufangen, wenn du fällst,<br>und dich aus der Schlinge zu ziehen.* | *Der lebendige Gott sei unter dir<br>um dich über weite Abgründe zu tragen,<br>um dich zu tragen, wenn deine Beine schwer sind,<br>um deine Wege zu begleiten.* |
| *Der lebendige Gott sei in dir<br>um dich zu trösten,<br>wenn du traurig bist.* | *Der lebendige Gott sei in dir<br>um dein Herz zu schützen vor dem Tod,<br>um dir Mut zu machen, wenn du traurig bist,<br>um dir Liebe zu geben, wenn du wütend bist,<br>damit er deine Seele leiten kann.* |
| *Der lebendige Gott sei um dich herum<br>um dich zu verteidigen,<br>wenn andere über dich herfallen.* | *Der lebendige Gott sei um dich herum<br>um dich im Krieg zu schützen,<br>um dich festzuhalten, wenn du zuhauen willst,<br>um deinen ganzen Leib zu bergen.* |
| *Der lebendige Gott sei über dir<br>um dich zu segnen.* | *Der lebendige Gott sei über dir,<br>damit nichts auf dich herabstürzt,<br>um dir den Frieden zu zeigen,<br>um dich Tag und Nacht zu beschützen.* |
| *So segne dich der gütige Gott.* | *So segne dich der gütige Gott,<br>der große Gott,<br>der schützende Gott.* |

## Ein Segensgebet

fragen – suchen – entdecken 5

### 1. Hintergrund

Als weitere Stille-Übung im 2. Jahrgang wird eine Kurzform des irischen Segensgebetes angeboten. Sch können die einzelnen Sätze für sich erweitern und kreativ mit den einzelnen Sätzen umgehen.

Das irische Segensgebet drückt in immer neuen Bildern den Wunsch aus, dass Gott bei den Menschen sein möge in allen Situationen ihres Lebens, umfassend Zeit und Raum.

Segnen ist die lateinische Übersetzung von benedicere = gut sprechen. Gott ist es, der im Anfang der Schöpfung alles Lebendige gesegnet, d. h. gut geheißen hat (Gen 1,22.28). Es ist die Zusicherung, dass das Leben gut ist, Sinn hat, dass göttliche Kraft die Menschen umgibt. So steht hinter den Segensbitten das Vertrauen, dass diese Bitten nicht ins Leere laufen, sondern im Wohlwollen Gottes gegenüber den Menschen gründen. So bejaht zu sein, vor jeder Leistung, ist für Sch eine wichtige Botschaft für ihr Leben, eine der stärksten Ressourcen für gelingendes Leben.

Im Segensgebet drückt sich sodann die Erfahrung aus, dass menschliches Leben letztlich unverfügbar ist. In der Ungesichertheit des Lebens soll Gott den Menschen Halt geben und seine Zusage erfahrbar machen, dass er menschliches Leben in allen Dimensionen bejaht und begleitet.

Schließlich gehört zum Segen die Verbindung mit einer leiblichen Geste. Neben dem Wort wird in einer Handlung leibliche Energie übertragen.

**Das Gebet im Einzelnen:**

**Gott sei vor uns und leite uns:** Er soll in die Zukunft geleiten, in der Ungesichertheit des Lebens den Menschen Sicherheit geben, damit sie den rechten Weg finden und gehen. „Sieh her, ob ich auf dem Weg bin ... und leite mich auf dem altbewährten Weg" (Ps 139,24).

**Gott sei neben uns und begleite uns:** Er soll uns nicht allein lassen, wie gute Freunde/Freundinnen wohlwollend unsere Schritte begleiten, auch und gerade in schwierigen Situationen. Er soll Nähe und Wärme geben und Rat, wenn wir nicht weiter wissen.

**Gott sei hinter uns und schütze uns:** In gefährlichen Situationen, die wir nicht überblicken können und die uns Angst machen, soll er uns vor bösen Überraschungen bewahren, die uns überfordern. Er soll Menschen von uns fernhalten, die uns Böses wollen.

**Gott sei unter uns und trage uns:** In der Überforderung, in der Schwäche, wenn wir müde werden und nicht weiterkönnen, soll er uns stützen und auffangen. In der Traurigkeit und Not soll er uns nicht allein lassen.

**Gott sei über uns und öffne uns:** Wenn wir engherzig werden, wenn uns bange wird, wenn wir ängstlich unser Leben führen, soll er uns einen Horizont eröffnen, das Leben weit machen. Er soll uns segnen, d. h. unser Leben mit seinem Wohlwollen begleiten.

**Gott sei in uns und schenke uns ein lebendiges Herz:** In dieser Bitte ist der Glaube an die Gegenwart Gottes in uns verbunden mit der Bitte, dass Gott es sein möge, der Mut macht, lebensspendend und lebensfördernd die Menschen (das Herz als ihre Mitte) „lebendig" sein lässt in all ihren Möglichkeiten.

Das Gebet will – wie die anderen Angebote der Stilleseiten **fse 4-6** – Sch durch das Schuljahr begleiten. Die folgenden Vorschläge sind je nach Situation der Klasse auszuwählen. Sch werden die einzelnen Zeilen zunächst räumlich verstehen. Die Übungen sollen Sch behutsam zur „übertragenen" Bedeutung hinführen.

### Literatur

Bihler, Elsbeth, Symbolkreis Kreuz/Baum, Limburg 2000
Bläsius, Jutta, Mandalas mit allen Sinnen. Kreisbilder tasten, turnen, schmecken, hören und sehen. Neue Gestaltungsvorschläge, München 2003
Grün, Anselm/Relpen, Michael, Gebetsgebärden, Münsterschwarzach ⁹2002
Jäger, Willigis/Grimm, Beatrice, Der Himmel in dir. Einübung ins Körpergebet, München ²2001
Maschwitz, Gerda u. Rüdiger, Stille-Übungen mit Kindern, München ⁵1995

### 2. Einsatzmöglichkeiten im RU

**Übungen zu den Erfahrungen, die in den Gebetssätzen angesprochen werden**
Zu Impulsen erzählen und malen
- Ich bin froh, wenn mir jemand (Vater, Mutter, Freundin ...) vorausgeht (der Weg ist unbekannt, steil, es ist dunkel, es kann gefährlich werden).
- Es ist schön, wenn eine/r neben mir, mit mir geht (Gang zum Zahnarzt; Ich habe etwas angestellt; Mir ist etwas passiert; Ich muss etwas ganz Wichtiges erzählen).
- Eine/r steht hinter mir, zu mir ...; gibt auf mich Acht usw.

**Eine Mutgeschichte kennen lernen**
Sch hören „Niki und das Dreimeterbrett", **AB 2.0.10, Arbeitshilfen S. 41**, und finden die Gründe für Nikis Mut heraus.

# Niki und das Dreimeterbrett

Seitdem Niki schwimmen gelernt hatte, ging er oft mit den anderen Kindern in die Badeanstalt. Sie lag ganz in der Nähe und war das Schönste vom ganzen Sommer. Niki schwamm wie ein Fisch. Er tauchte, schlug Purzelbäume, planschte und prustete. Am liebsten wäre er den ganzen Nachmittag im Wasser geblieben. Nur vor einem fürchtete er sich: vor dem Sprungturm. Und deshalb bekam er einen gewaltigen Schreck, als der große Bernd sagte: „Los, heute springen wir alle vom Dreimeterbrett."

Niki wollte schnell einen Haken schlagen und verschwinden. Aber Bernd rief: „Du auch, Niki! Oder bist du etwa feige?"

Und weil Niki das nicht zugeben wollte, kletterte er mit klopfendem Herzen die Leiter hinauf, bis er oben stand und tief unten das dunkle Wasser sah.

Nein, dachte er, ich tu's nicht. Ich warte, bis die anderen gesprungen sind, dann klettere ich hinunter.

Doch da sagte der große Bernd: „Niki soll als Erster springen, damit wir sehen, dass er keine Angst hat. Los, Niki!"

Er wollte ihn nach vorn aufs Brett schieben, auf das schmale Brett hoch über dem Wasser. Und das war zuviel.

„Ich hab Angst!", schrie Niki. „Ich will runter!"

Er riss sich los und lief zur Leiter. „Feigling!", lachten die anderen hinter ihm her. „Niki ist ein Feigling!"

Darüber ärgerte er sich so sehr, dass er nach Hause ging.

Dort saß der Großvater auf dem Balkon.

„Na, Niki, Spaß gehabt beim Baden?", fragte er.

„Hm", druckste Niki, „hm, ja, nein." Und weil man dem Großvater sowieso nichts vormachen konnte, erzählte er ihm die ganze Geschichte.

Der Großvater hörte zu und nickte.

„Soll ich dir mal etwas verraten, Niki? Das Dreimeterbrett ist gar nicht hoch. Es kommt dir bloß so vor, weil du Angst hast. Und Angst hast du nur, weil du noch nie hinuntergesprungen bist. Pass auf, wir versuchen es einmal zusammen. Ich springe zuerst."

„Du?", rief Niki. „Glaub ich nicht."

„Jawohl, ich", sagte der Großvater. „Ich hab nämlich keine Angst, weil ich weiß, dass es nicht hoch ist. Also, willst du?"

„Hm", machte Niki misstrauisch. Aber am Abend, als alle anderen Kinder längst zu Hause waren, ging er mit dem Großvater noch einmal in die Badeanstalt. Zusammen kletterten sie auf das Dreimeterbrett, und nachdem der Großvater gesprungen war, kniff Niki die Augen zu und sprang hinterher. Hilfe! wollte er schreien, aber dann – kaum zu glauben, dann war es gar nicht schlimm. Beim zweiten Mal kam ihm das Brett längst nicht mehr so hoch vor und nach dem vierten Sprung hatte Niki seine Angst endgültig verloren.

Als der große Bernd am nächsten Tag grinsend sagte: „Spring mal vom Dreimeterbrett, du Feigling!", da kletterte Niki seelenruhig hinauf. Es machte platsch, und bevor Bernd seinen Mund zugeklappt hatte, schwamm Niki schon unten im Wasser.

*Irina Korschunow*

### Erfahren: Ich bin getragen
- Im Meditationsraum oder im Turnsaal leitet L die Erdübung zur Erfahrung des festen Grunds an **AB 2.0.11, Arbeitshilfen S. 43**.

### Ich werde geführt
- Ein/e Sch hat die Augen verbunden, der/die andere Sch führt behutsam, lässt nirgendwo anstoßen: Wechsel und Erfahrungsaustausch: Was muss ich als Geführte/r tun, wie fühle ich mich dabei? Worauf muss der Führer/die Führerin achten? Von wem möchte ich geführt werden?
- Anschließend singen Sch das Lied „Getragen, getragen": **AB 2.0.11, Arbeitshilfen S. 43**.

### Das Gebet erschließen
- L kopiert die Gebetszeilen **fse 5** gemäß der Anzahl der Sch. Sch ziehen je eine Gebetszeile. Sch mit gleichen Zeilen bilden eine Gruppe und finden Beispiele zu dem Satz. Vorschlag: Gott sei vor uns und leite uns, wenn wir ...
- Alternative: Gott sei vor uns und leite uns, damit wir ..., damit wir nicht ...
- **AB 2.0.9, Arbeitshilfen S. 39**, gibt ein Beispiel vor, wie Grundschulkinder ein frühchristliches Gebet in ihre Sprache übersetzt haben.
- Aus den Schülertexten entsteht ein Tafelbild oder Sch legen ihren Text zu einem Bodenbild um die Mitte.

### In Lied und Tanz ein Gebet verinnerlichen
- Sch erlernen und tanzen den Segenswunsch **AB 2.0.12, Arbeitshilfen S. 44**.
- Der Segenswunsch kann auch für einzelne Sch je nach Anlass (Genesung) gesungen werden.
- Für das Geburtstagskind singen: Im Lied „Viel Glück und viel Segen" kommt die Unverfügbarkeit gelingenden Lebens zur Sprache. Zu den Glückwünschen eine Strophe des Segensliedes auswählen und singen: **AB 2.0.12, Arbeitshilfen S. 44**.

### Verbindungen schaffen
- Sch verbinden das Gebet mit Gebärden
  Sch werden ermutigt, zur Gebetsaussage passende Gebärden selbst zu finden, z. B.:

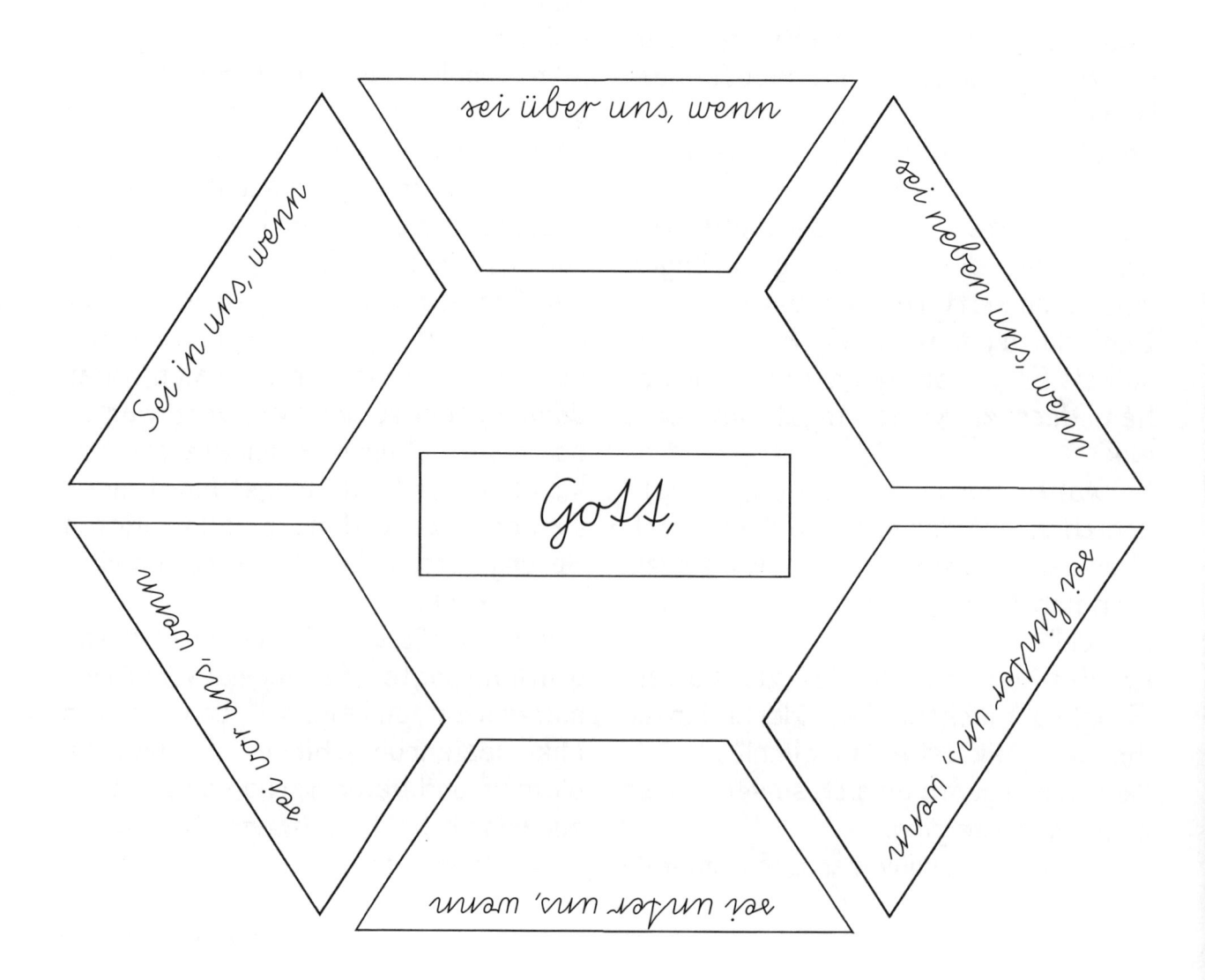

# Ich bin getragen

Die folgende Übung kann im Meditationsraum oder im Turnsaal durchgeführt werden. Sch liegen auf Matten oder Decken. L leitet die Übung an.
Vorbereitung: Sch liegen auf dem Rücken: dehnen, strecken sich, rollen nach rechts, nach links, kommen zur Mitte. Arme liegen an der Seite, die Beine sind lang gestreckt, die Füße fallen leicht nach außen.

- Wir werden ruhig, bewegen uns nicht mehr und beobachten, wie der Atem kommt und geht. Wir schließen die Augen.
- Wir fühlen unseren Untergrund. Der Boden trägt uns.
- Wir spüren, wo unsere Füße aufliegen (Ferse). Füße und Zehen ruhen sich aus.
- Wir spüren, wo die Unterschenkel aufliegen, – wo die Oberschenkel aufliegen. Sie ruhen sich aus, lassen sich vom Boden tragen.
- Wir fühlen, wo unser Po aufliegt, wo unser unterer Rücken vom Boden getragen wird, spüren, wo unser oberer Rücken, wo die Schultern aufliegen. Der ganze Rücken spürt den Boden.
- Unsere Arme liegen neben dem Körper. Auch hier spüren wir, wie die unteren Arme, die oberen Arme den Boden berühren, die Finger bewegen sich nicht. Die Arme ruhen sich aus.
- Unser Kopf liegt auf dem Boden. Der Hinterkopf hat Kontakt mit dem Boden. Der ganze Kopf wird vom Boden getragen.
- Wir spüren nochmals, wo unser Körper den Boden berührt. Wir genießen es, dass wir vom Boden getragen werden.
- Pause: leise Musik
- Rücknahme: Wir bewegen die Füße, die Finger und Hände, drehen den Kopf zur Seite, zur Mitte, zur anderen Seite. Wir atmen tief ein und aus, recken und strecken uns, öffnen die Augen und setzen uns auf.
- Aussprache

# Getragen – getragen

Quelle unbekannt

Ge - tra - gen, ge - tra - gen, was im - mer wir wa - gen, ge - tra - gen, ge - tra - gen, auf Er - den ge - tra - gen.

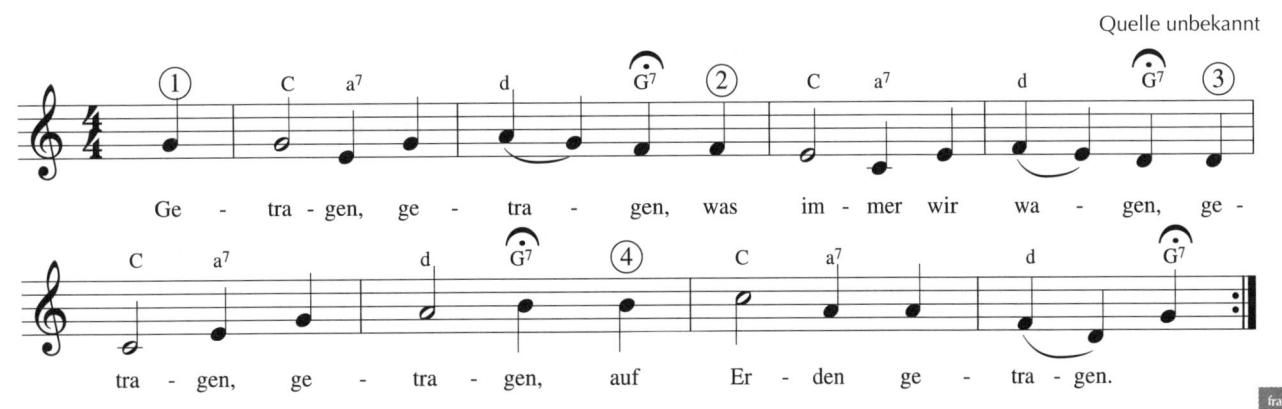

# Gott, guter Vater

T: nach Rüdiger Maschwitz
M: Norbert Schoog

1. Gott, guter Vater, sei neben uns, sei neben dir.
Gott segne dich, Gott, der Vater, segne dich.

2. Gott, guter Vater, sei vor dir, sei vor dir.
Gott leite dich, Gott, der Vater, leite dich.

3. Gott, guter Vater, sei hinter dir, sei hinter dir.
Gott schütze dich, Gott, der Vater, schütze dich.

4. Gott, guter Vater, sei unter dir, sei unter dir.
Gott trage dich, Gott, der Vater, trage dich.

5. Gott, guter Vater, sei in dir, sei in dir.
Gott stärke dich, Gott, der Vater, stärke dich.

**Ausgangsposition und Schritte für einen Tanz**
(Tanzvorschlag: Bärbel Kunze)

Beginn auf der inneren (!) Kreislinie, unangefasst oder angefasst, dann müssen sich die Hände zur Segensgebärde lösen oder werden gemeinsam sternförmig erhoben.

| | |
|---|---|
| Gott, guter Vater – | Vier Schritte aus der Mitte: re, li, re, li an, |
| sei neben dir, sei neben dir. – | vier Schritte zur Seite: re seit/li an, 2x |
| Gott segne dich, Gott, der – | vier Schritte in die Mitte: re, li, re, li an, |
| Vater, segne dich. – | auf der Stelle die Arme zum Segen heben. |

Zwischen den Strophen machen Sch eine kleine Pause (zwei Takte) und senken dabei die Arme und beginnen dann mit der nächsten Strophe von vorne.
Oder: Sch senken die Arme und gehen gleichzeitig zurück.

# Der Aaronitische Segen und Segens-Psalmworte

- Der Herr segne dich und behüte dich.
- Der Herr lasse sein Angesicht über dich leuchten und sei dir gnädig.
- Der Herr wende sein Angesicht dir zu und schenke dir Heil.

*Num 6,24-26 Aaronitischer Segen*

- Gott, du kennst mich,
  ob ich sitze oder stehe,
  du weißt von mir.
- Du umschließt mich von allen Seiten
  und legst deine Hand auf mich.

*Psalm 139,1.5.24*

- Der Herr ist bei mir, ich fürchte mich nicht.
- Der Herr ist bei mir, er ist mein Helfer.

*Nach Psalm 118,6 f.*

- Der Herr ist mein Hirt, mir wird nichts fehlen.

*Psalm 23,1*

# Gottes guter Segen sei mit euch

T: Rolf Krenzer/M: Siegfried Fietz
© ABAKUS Musik, Greifenstein

1. Gottes guter Segen sei mit euch. Gottes guter Segen sei mit euch um euch zu schützen, um euch zu stützen auf euren Wegen um euch zu -gen.

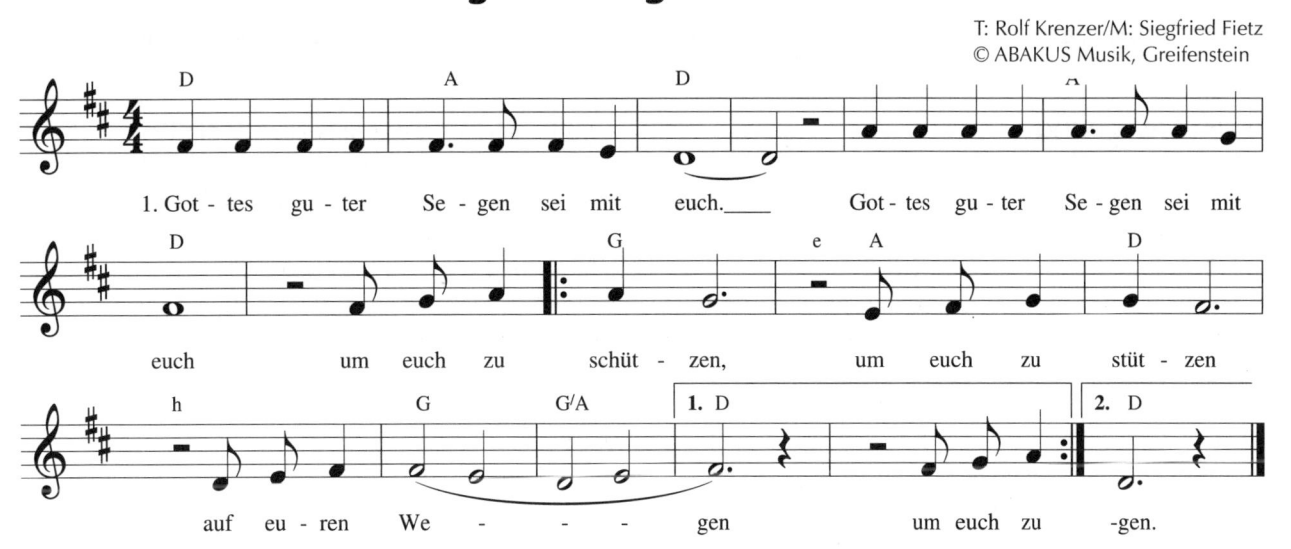

2. Gottes guter Segen sei vor euch.
   Gottes guter Segen sei vor euch.
   Mut um zu wagen,
   nicht zu verzagen
   auf allen Wegen.

3. Gottes guter Segen über euch.
   Gottes guter Segen über euch.
   Liebe und Treue
   immer aufs Neue
   auf euren Wegen.

4. Gottes guter Segen sei um euch.
   Gottes guter Segen sei um euch.
   Heute und morgen
   seid ihr geborgen
   auf allen Wegen.

5. Gottes guter Segen sei in euch.
   Gottes guter Segen sei in euch.
   Sucht mit dem Herzen,
   leuchtet wie Kerzen
   auf euren Wegen.

fragen – suchen – entdecken

Gott sei vor uns: die Arme nach vorne führen
neben uns: Arme zur Seite ausbreiten
hinter uns: Arme nach hinten führen
unter uns: beide Arme von unten zur Waagerechten führen
über uns: Gebärde 3 (fse 6)
in uns: Gebärde 1 (fse 6)

- Sch verbinden das Gebet mit Symbolen: **AB 2.0.13, Arbeitshilfen S. 45**.
- Das Gebet wird mit Bildern aus fse verbunden: z. B. mit **fse 5** (der werdenden Mutter); 12; 16; 37; 41; 69.
– Sch versetzen sich in die jeweilige Person, z. B. betet die werdende Mutter: „Gott sei bei mir, wenn ich mein Kind zur Welt bringe."

### Ins Ich-Buch malen

- Wann brauche ich Gott besonders? Wann soll er bei mir sein?

### Mit dem Gebet eine Schulschlussfeier gestalten

Am Ende der zweiten Klasse wechseln Sch in der Regel L und den Klassenraum. Da bieten sich ein Rückblick und ein Ausblick für Sch und L an. Die Mitte des Kreises wird gestaltet und die jeweiligen Elemente der Feier werden dazu gruppiert. Mögliche Elemente:

- Rückblick:
– Gott war mit uns: beim Lernen, Spielen, Feiern (jeweils mit entsprechenden Gegenständen/Symbolen verbinden und um die Mitte legen).
– Gott hat uns getragen, wenn uns manches schwer fiel, hat uns nicht verlassen (Beispiele).
– Gott war über uns, wenn es Streit gab ...
– Gott hat uns ein weites Herz gegeben, als ...
– Mit einem Dankgebet (Danklied) diesen Teil abschließen.
- Ausblick auf das kommende Schuljahr:
– Gott sei vor uns, wenn wir ...
– Gott sei mit uns, mit L ...
– Gott öffne unser Herz für ...
– Gott sei unter uns, wenn wir ...
(Die jeweiligen Sätze werden von Sch vorbereitet.)
– Ergänzung: Aaronitischer Segen und Psalmworte: **AB 2.0.13, Arbeitshilfen S. 45**.
- Abschluss: Gottes guter Segen sei mit euch: **AB 2.0.13, Arbeitshilfen S. 45**.

## Die Gebärden

fragen – suchen – entdecken **6**

## 1. Hintergrund

Die Gebärden aus **fse 2**, S. 6, sind eine Fortsetzung der Reihe aus **fse 1**. Was dazu in den Arbeitshilfen 1, S. 42 zu lesen ist, gilt auch für **fse 2**:
Gebärden sind in allen Religionen eine Ausdrucksform des Gebetes. Im Christentum kennen wir das Stehen, das Knien, die Gebets- oder Orante-Haltung, die Verneigung u.a.m. Gebärden verdeutlichen, dass der Körper wesentlich am Gebet beteiligt ist. fse bietet L und Sch an, die Sprache der Gebärden kennen zu lernen und sich in sie einzuüben.
Gebärden wirken, indem man sich auf sie ganz einlässt. Die äußere Haltung bewirkt eine innere Gestimmtheit. Am Anfang steht die Wahrnehmung des Körpers: Ich bin da, gegenwärtig, spüre, wie ich atme, bin mir meiner Haltung bewusst, bin mir gegenüber achtsam, nehme mich wahr und so an, wie ich bin. Die Offenheit gegenüber der eigenen Person überträgt sich auf die Offenheit anderen gegenüber, ermöglicht auch ein Achtsam-Werden gegenüber der Umwelt. Schließlich sind Gebärden eine Form des Gebetes.

Zum besseren Verständnis kann L die Beschreibung der Gebärden 1 – 4, Arbeitshilfen 1–NRW, S. 40 ff., heranziehen und mit den Sch wiederholen.
Die Gebärdenfolge in fse 2, S. 6 beginnt mit einer geschlossenen Form. Es folgen drei offenere Formen. Sie können mit der Gebärde 1 aus **fse 1** abgeschlossen werden: Beide Hände ruhen in der Leibmitte (vgl. Übersicht, **AB 2.0.15, Arbeitshilfen S. 49**).

### Gebärde 1

**Im Stehen:** Arme und Hände suchen den Raum vor der Brust: die Herzensmitte. Die rechte Hand liegt auf der linken. Auch die umgekehrte Position ist möglich. Welche Handformation ist mir angenehmer? Die Unterarme liegen locker am Körper. Die Augen blicken zum Boden oder können geschlossen werden.
**Erfahrungen:** Ich bin in meiner Mitte. Ich spüre, wie mein Herz schlägt, ohne dass ich etwas dazu tue. Ich bin ganz bei mir. Ich spüre meine Kraft. Gott kennt mein Herz, für ihn bin ich wertvoll. Von ihm habe ich mein Leben. Er wohnt in meinem Innern.

# Gott sei wie ...

Gott sei

wie

Gott sei

wie

Gott sei

wie

Gott sei

wie

Gott sei

wie

- Suche aus dem Gebet den passenden Satz heraus und schreibe ihn weiter.
- Finde zu einem weiteren Satz ein Bild. Schreibe ihn neben das Bild.

**Weiterführung:** Die Arme sinken in den Nabelbereich. Den Atem spüren. Die Handinnenflächen nach oben drehen: Die Hände bilden eine Schale.

### Gebärde 2
**Im Stehen:** Arme und Hände öffnen. Die Handinnenflächen sind nach vorne gerichtet. Den Körper wahrnehmen: in den Füßen, Beinen, in der Mitte des Körpers und der Brust, bis zum Kopf. Den Abstand der Arme vom Rumpf wahrnehmen: den Raum vor dem Körper, hinter dem Körper, zu beiden Seiten der Arme. Atmen bis in die Zehenspitzen, bis in die Fingerspitzen, bis zum Scheitel. Die geöffneten Hände als leere Schale wahrnehmen.
**Bild:** Ich bin eine gefüllte Schale. Womit ist sie gefüllt? Kann ich etwas davon abgeben?
**Erfahrungen:** Ich bin offen für meine Mitmenschen. Wem kann ich offen gegenübertreten? Ich bin offen für das, was auf mich zukommt. Ich lasse mich beschenken. Ich kann mit leeren Händen vor Gott hintreten.
**Worte:** Füll du mir die Hände. – Gib mir ein weites Herz, ein offenes Herz. – Stille-Lied: „... und ein weites Herz, andre zu verstehn".

### Gebärde 3
**Im Stehen:** Die Arme wachsen aus dem unteren Rücken. Sie strecken sich nach oben und wachsen gleichsam in den Himmel. Die Schultern werden nicht hochgezogen, die Hände sind nicht abgeknickt, sondern eine natürliche Verlängerung der Arme. Zwischen den Fingern den Raum wahrnehmen! Die Senkrechte spüren: von der Fußsohle bis zum Scheitel. Die Ausdehnung in der Waagrechten wahrnehmen.
**Erfahrungen:** Zwischen Himmel und Erde ausgespannt sein.
Sich nach oben ausstrecken in den weiten Raum, zugleich nicht den Kontakt zur Erde verlieren, auch die Leibmitte spüren.
**Worte:** Ich erhebe meine Hände zum Herrn, dem höchsten Gott, dem Schöpfer des Himmels und der Erde (Gen 14,22). – Vater unser im Himmel. – Ich lobe dich, Schwester Sonne.

### Gebärde 4
**Im Stehen:** Aus der Gebärde 3 langsam in die Orantehaltung kommen. Man kann auch die Handinnenflächen aneinander legen, die Hände langsam öffnen, geführt von den Handkanten bzw. von den kleinen Fingern. In der Endstellung sind die Hände leicht nach vorne geneigt. Wie bei den anderen Gebärden den ganzen Körper wahrnehmen: die Mitte des Körpers, den Rücken, die Füße und Beine.
**Erfahrungen:** So kann ich beten. Ich öffne mich Gott. Ich bitte und lobe ihn. – In dieser Geste kann ich segnen, wenn ich die Handflächen leicht nach unten senke.
**Worte:** Der Herr segne dich und behüte dich. Gott sei vor dir und leite dich. (fse 5) – Du sollst ein Segen sein.

## 2. Einsatzmöglichkeiten im RU

### Voraussetzungen für die Durchführung der Gebärden
- Eine wichtige Voraussetzung ist die Einübung der jeweiligen Gebärde durch L. Nur so kann etwas von der gesammelten Haltung auf Sch übergehen.
- Wie bei anderen Stille-Übungen plant L auch hier den Zeitpunkt der Durchführung sehr genau. Vor allem achtet L auf die innere Gestimmtheit ihrer Klasse, die Bereitschaft, sich auf diese Form der Übung einzulassen. Mögliche Zeiten sind der Unterrichtsbeginn und der -schluss. Aber auch, wenn sich ein Thema durch eine Gebärde erschließen oder vertiefen lässt, ist ein Einsatz angebracht.
- L und Sch sollen durch die Angebote angeregt werden, weitere Haltungen für sich zu entdecken und mit Musik und Tanz zu variieren.
- Die Gebärden werden zuerst einzeln eingeübt, erst danach ist eine Aneinanderreihung sinnvoll.

### Den Körper lockern und beweglich machen
- Einen festen Stand suchen; den Körper ausbalancieren (hin- und herwiegen, bis ein fester Stand erreicht ist).
- Finger, Arme, Schultern, Beine schütteln, wie eine Gummipuppe beweglich sein; auf ein Zeichen hin zur Ruhe kommen.
- Oder: einen Hampelmann spielen; auf ein Zeichen zur Ruhe kommen.
- Den Körper abklopfen: Die rechte Faust klopft den linken Arm von oben bis in die Fingerspitzen und zurück. Seitenwechsel. Mit beiden Fäusten die Beine (von unten nach oben) abklopfen; den Bauch, die Brust, die Schultern und den Rücken, soweit es geht, vorsichtig den Hinterkopf, das Gesicht. Zum Schluss mit den Handflächen den Körper abstreifen.
- Nach den einzelnen Phasen der Übung nachspüren: Was hat sich verändert? Wie fühlen sich die einzelnen Körperteile an? Wie fühle ich mich jetzt?
- Sich zur Musik frei im Raum bewegen, eine Bewegung zum Rhythmus der Musik ausprobieren. Mit den Armen in den Raum ausgreifen, den Raum um mich herum „erobern": oben, unten, hinten, vorne, zu beiden Seiten.
- Laut gähnen, sich strecken, einen runden Rücken machen, sich nach oben ausstrecken; das rechte Ohr „besucht" die rechte Schulter, das linke Ohr

# Gebärdenfolge

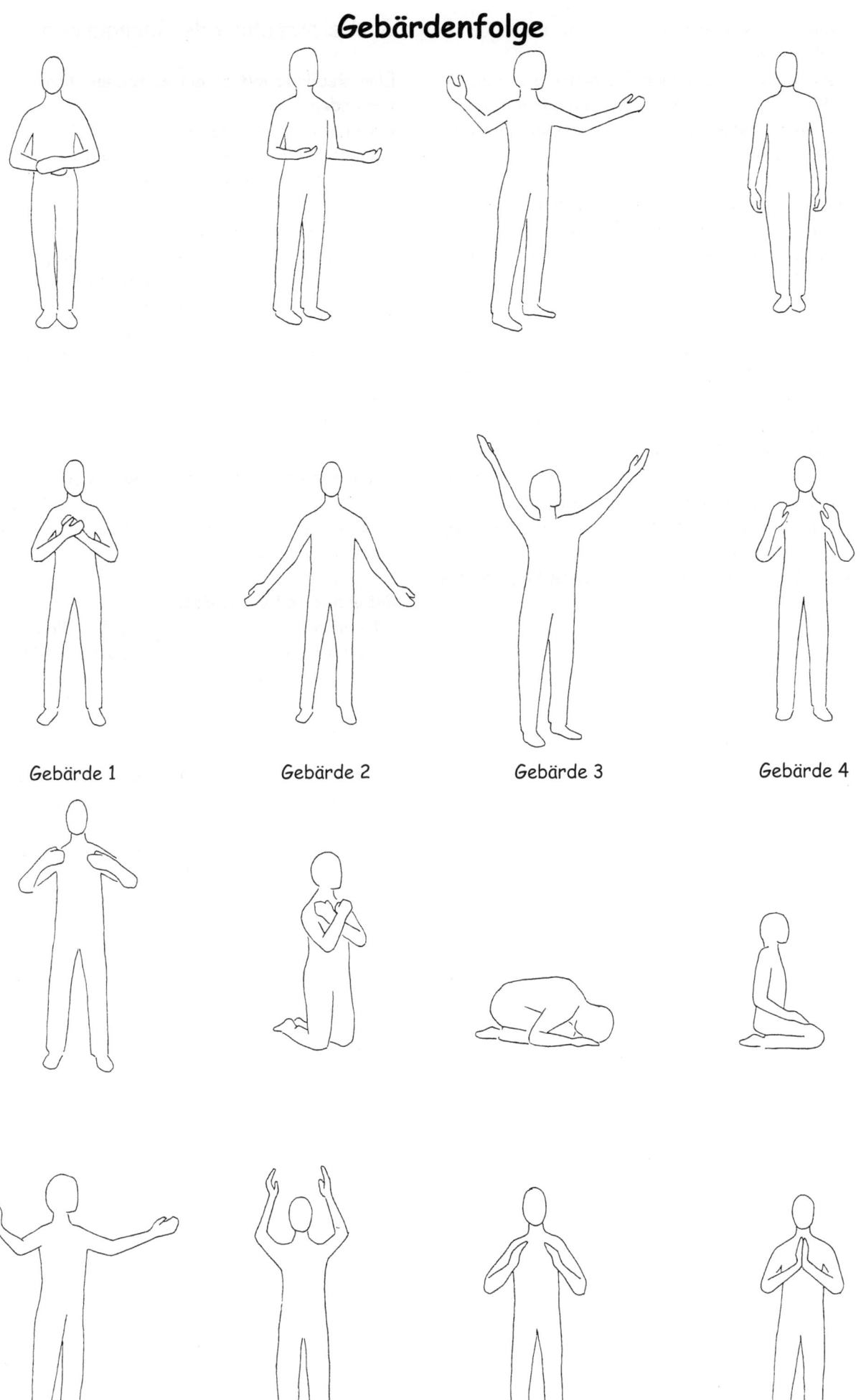

Gebärde 1　　　Gebärde 2　　　Gebärde 3　　　Gebärde 4

die linke Schulter. Die Schultern „besuchen" die Ohren usw.
- Ziel all dieser Übungen, die beliebig variiert werden können, ist es, Spannungen aus dem Körper zu nehmen und Sch bereit zu machen für die nachfolgende Übung.

**Die Gebärde einüben und ausführen**
- Am Ende der Lockerungsübungen steht die Einübung in eine Gebärde, wie oben beschrieben, durch etliche Wiederholungen.
- Sch finden ein Wort, einen Satz, der zu dieser Gebärde passt.
- Im Laufe des Schuljahres wird die vollständige Reihe der vier neuen Gebärden eingeübt. Möglich ist auch die Wiederholung der vier Gebärden aus dem ersten Schuljahr und das Ausführen der acht Gebärden im Zusammenhang.
- Sch suchen sich eine Gebärde aus, die ihnen liegt, und verweilen eine Zeit lang in dieser Haltung. Sie beenden diese selbstständig und stehen so lange still, bis alle fertig sind.
- Die Übung endet mit einem Gongschlag und einer Verbeugung.

## 3. Weiterführende Anregungen

**Eine Gebärde mit einem einfachen Tanz verbinden**
- Gebärde 1: in vier Schritten zur Kreismitte, dabei langsam die Gebärde 2 ausführen; vier Schritte zurück und in die erste Gebärde kommen.
- Gebärde 2 mit dem Kreuztanz verbinden: rechten Fuß einen Schritt nach vorne, Gewicht verlagern und zum linken zurückstellen; linken Fuß einen Schritt zurück, Gewicht verlagern, zurück zum rechten; rechten Fuß einen Schritt nach rechts, Gewicht verlagern, zurück zum linken; linken Fuß einen Schritt nach links, Gewicht verlagern und zurück zum rechten.
- Beide Tänze werden mit entsprechender Meditationsmusik verbunden.

**Gebärden mit einem Gebet verbinden**
- Sch singen das Lied: Gib uns Ohren ... (**fse 6**) und führen bei der zweiten Zeile die Gebärde 3 aus, bei der dritten Zeile die Gebärde 1.

**Gebärden selbst entdecken**
Sch entdecken für sich neue Gebärden, die zu einem Thema passen, zu einer Stimmung, zu einem Wort, zu einem Satz.
- Zwischen den Händen sich einen Ball vorstellen: die linke Hand ist unten, die rechte Hand ist oben; dann Drehen der Hände: die linke Hand ist oben, die rechte ist unten. – Diese Bewegung auch nach rechts und links ausführen (BILD: liegende „Acht"). Den Körper mitschwingen lassen. Zum Abschluss beide Hände auf die Körpermitte legen (= Gebärde 1). Mit Musik verbinden.

# 1 Miteinander sprechen – Mit Gott reden

## 1. Religionspädagogische und theologische Hinweise

Der erste Themenbereich im 2. Schuljahr beginnt mit einem zentralen Thema des christlichen Glaubens. Das Gebet, „der Ernstfall des Glaubens" (W. Kasper), gehört zu den Elementen, die in allen Jahrgangsstufen „dort integriert werden (sollen), wo Lerninhalte, aktuelle Anlässe und fächerverbindender Unterricht es nahe legen" (Fachprofil). In diesem Themenbereich ist gleichsam gebündelt, was auch in den anderen Jahrgängen und Kapiteln einschlussweise präsent ist und geübt wird.

Eine realistische Sicht auf die Gebetspraxis der Sch lässt vermuten, dass das Gebet nicht unbekannt, aber auch nicht vertraut ist (W. Ritter). Es hat keinen festen Sitz im Leben der Familie mehr. Nach einer empirischen Untersuchung von A. Bucher geben zwar 39% (21% in der Großstadt) der Sch an, oft bzw. manchmal mit ihren Eltern vor dem Einschlafen zu beten, aber es sind immerhin auch 47%, die nie beten (vgl. Bucher, S. 49). Ähnliche Zahlen nennt die Shell-Studie 2000: 56% der Jugendlichen beten nie, 27 % manchmal bzw. regelmäßig. Wir dürfen für die Familien, in denen unsere Sch aufwachsen, ähnliche Zahlen zugrunde legen. Die Gebetspraxis in den Familien wird eher noch mehr zurückgehen. Wenn weiter bedacht wird, dass auf Dauer nur behalten und praktiziert wird, was auch im Lebenszusammenhang zur Anwendung kommt (z. B. im familiären Umfeld), werden die Erwartungen an eine Gebetserziehung nicht zu hoch angesetzt werden dürfen. Das hindert allerdings nicht, im RU in immer neuen Anläufen mit den Sch eine Gebetspraxis aufzubauen.

Betende Menschen gibt es in allen Religionen und Kulturen. Beten im allgemeinen Sinn meint ein dialogisches Verhältnis zu einem angesprochenen Wesen (vgl. **fse 18/19**) herzustellen. Im Gebet, in der Hinwendung zu einem höheren Wesen (zu Gott), bringt der Mensch sein Leben unter der Perspektive des Glaubens zur Sprache.
Im christlichen Gebet antwortet der Mensch auf die schon zuvor ergangene Zuwendung Gottes in der Schöpfung und in der Geschichte mit seinem Volk: Ich habe euch auf Adlers Flügeln getragen (Ex 19,4). Ich bin Jahwe, der Ich-bin-da (Ex 3,14).
Das Alte Testament kennt für das Beten eine Reihe von Verben, wie klagen, bitten, loben, preisen, danken, flehen: Das ganze Leben mit seinen hellen und dunklen Seiten wird vor Gott gebracht und damit zugleich bekannt: Ich rechne mit Gott in allen Situationen und ich bin von ihm bejaht.
Das Neue Testament führt die Gebetstradition des alttestamentlichen Beters fort. Jesus steht ganz in der Tradition seines Volkes: Er nimmt am öffentlichen Gottesdienst teil, öfter wird berichtet, dass er sich an einen einsamen Ort zurückzieht um zu beten. Er kennt das 18-Bitten-Gebet, das tägliche Gebet der Juden. Am Kreuz betet er den Psalm 22: Mein Gott, warum hast du mich verlassen? Seine Gebetspraxis führt bei Lukas zur Bitte der Jünger: Herr, lehre uns beten (vgl. Vaterunser **fse 17**). Die ersten Christen hielten fest an den Gebeten (Apg 2,42) und Paulus mahnt, allezeit zu beten (Eph 6,18).

Sch werden in ihrer Daseinsbewältigung unterstützt, wenn sie alles, was ihren Alltag ausmacht, ins Wort fassen und vor Gott aussprechen. Das Gebet ist in dieser Hinsicht ein Weg zu mehr Zuversicht in das eigene Leben. Im Gebet realisiert der Mensch die Haltung des Angewiesenseins und des Empfangens. In Gott hat er Rückhalt, nicht alles braucht er selbst zu machen, sein Wert liegt jenseits der Leistung. Im Unterricht bedeutet das Gebet eine Unterbrechung der Leistungsstandards und ist damit auch ein Beitrag zur Schulkultur.

Für Sch stellen sich beim Beten vor allem zwei Probleme: die Unsichtbarkeit Gottes und die Erhörungsgewissheit beim Bittgebet. Die Weise des Betens ist unabdingbar mit der Gottesvorstellung der Sch verbunden. Deshalb ist hier kurz an die beiden Vorstellungen zu erinnern, gemäß denen Sch, durch ihre Entwicklung bedingt, ihre Beziehung zu Gott gestalten. Gott ist zum einen der Allmächtige, der alles kann und nach seinem Willen lenkt (deus ex machina: Stufe 1 nach Oser). Der Mensch ist ihm gegenüber ohnmächtig und gänzlich von ihm abhängig. In der weiteren Entwicklung kommt es zum zweiten zu der Vorstellung, dass Gott beeinflussbar ist durch Wohlverhalten und durch Gebet (do ut des: Stufe 2 nach Oser). Wenn Sch beten, werden sie eine dieser beiden Gottesvorstellungen realisieren. Wichtig für L ist, die Bilder der Sch wahrzunehmen und anzunehmen, sie nicht als unvollkommen oder gar falsch abzuwerten. Sch sind auch als Betende Subjekte ihres Glaubens und in ih-

rem Gebet unmittelbar zu Gott. L kann aber durch Angebote Sch zu weiterem Nachdenken ermutigen.
Die Unsichtbarkeit Gottes und die damit verbundene Frage, wie Gott zu uns spricht und ob er uns hört, kann mit folgenden Hinweisen „beantwortet" werden: Gott „spricht" zu uns durch die Schöpfung, durch die vielen Situationen, in denen wir stehen, durch das, was Jesus uns sagt, usw.
Das zweite Problem ist die Frage, ob Gott unsere Bitten erhört. Dabei stehen bei den Sch zunächst durchaus selbstbezogene Wünsche im Vordergrund. Die Erfahrung, dass diese Bitten nicht erfüllt werden, kann zur Enttäuschung und zu einem ersten Bruch in der Gottesbeziehung führen. Auch hier ist mit den Sch das Problem behutsam anzugehen und zu diskutieren. Gott ist kein Wunscherfüllergott, kein Zauberer, der die Bedingungen der Welt durchbricht. L wird dabei immer auch die Grenzen des kindlichen Gottesverständnisses ernst nehmen (s. o.). Ziel kann sein: Wenn wir Gott um etwas bitten, unsere Wünsche und Ängste aussprechen, zeigen wir, dass wir auch in der Not auf ihn vertrauen. Er ist bei uns und hält uns in der Not, auch wenn diese sich nicht ändert (z. B. die Oma trotz eifrigen Betens stirbt). Durch das Bittgebet wird das Vertrauen auf Gott gestärkt. Gott ist da, was immer auch geschieht.
Weitere religionspädagogische Aufgaben sind im Zusammenhang mit diesem Teil der Gebetserziehung, die Eigenverantwortung wahrzunehmen und die Realitäten dieser Welt akzeptieren zu lernen.

Bei der Gebetserziehung geht es um folgende Einzelaufgaben:
– Aufmerksamkeit stärken für das Alltägliche, für die eigene Welt, für die Mitmenschen, für die Schöpfung (**fse 4/5; 8/9**).
– Sinnenhafte, nonverbale Ausdrucksformen kennen lernen und einüben, den Leib einbeziehen: Musik, Tanz, Bild, Symbole, Gebärde (**fse 6/7; 19** u. ö.).
– Miteinander sprechen, Gedanken, Fragen, Wünsche, Erkenntnisse, Gefühle usw. zur Sprache bringen: Das ganze Leben als Thema zulassen.
– Sich auf Gott hin ausrichten, ihn ins Leben einlassen, mit ihm rechnen, zu ihm in einen Dialog treten.
– Verschiedene Formen des Gebetes sowie Rhythmisierungen, verlässliche Rituale als weitere Aufgaben mit einbeziehen (vgl. Gebete im Tageslauf **fse 91**).

## Literatur

Bucher, Anton, Religionsunterricht zwischen Lernfach und Lebenshilfe, Stuttgart 2000 (Empirische Daten zum Gebet bei Sch)
Grethlein, Christian, Art. Spirituelle Bildung – Gebet – Meditation, in: Neues Handbuch religionspädagogischer Grundbegriffe, hg. v. G. Bitter/R. Englert/G. Miller/K. E. Nipkow, München 2002, S. 252-255

Kuld, Lothar, Das Entscheidende ist unsichtbar, München 2001 (Wie Sch ihr Gottesbild konstruieren)
Ritter, Werner, Art. Gebet, in: Rainer Lachmann u. a., Theologische Schlüsselbegriffe, Göttingen 1999, S. 74-83.
Weidinger, Norbert, Gebets- und Liturgieerziehung im Niemandsland?, in: Handreichung zum Lehrplan Katholische Religionslehre (Grundschule), hg. v. Katholischen Schulkommissariat in Bayern, München 2002, S. 196-199.

## 2. Das Thema im Lehrplan und in fragen – suchen – entdecken

In einem ersten Teil wird in drei aufeinander folgenden Schritten das Thema „Gebet" umkreist (LP 3.2; 3.3):
– Sch öffnen sich für das Gebet in Stille und Vertrauen gegenüber Gott. Dieser Bereich ist im Buch vor allem in den Stilleseiten **fse 4-6** aufgenommen, die Angebote für das gesamte Schuljahr enthalten.
– Erlebnisse von Sch werden in Beziehung gesetzt zu Erfahrungen von Menschen, wie sie in Gebeten zum Ausdruck kommen (z. B. **fse 8/9**).
– Verschiedene Ausdrucksformen von Gebeten werden entdeckt und ausprobiert. Dieser Teil des Lehrplans durchzieht den gesamten Themenbereich. Er wird aktualisiert z. B. **fse 8/9; 20; 91**.

In einem zweiten Teil folgen eine kindgemäße Aneignung von Bitten aus dem Vaterunser und eine Darlegung dessen, was grundlegende Voraussetzung jeglichen Betens ist: das Vertrauenkönnen gegenüber Menschen, das dann auch im Gebet gegenüber Gott zum Tragen kommt (LP 3.2; 3.3; 4; vgl. **fse 10/11; 12-17**).
Schließlich weitet sich der Blick zu den Menschen anderer Religionen, die auf ihre Weise sich im Vertrauen an Gott wenden und dies in Gebärden und Symbolen ausdrücken (LP 3.2; vgl. **fse 18/19**).

## 3. Jahrgangsübergreifende Lerngruppe

Durch die jahrgangsübergreifende Lerngruppe besteht die Chance, auch die Religion anderer Kinder kennen zu lernen, von ihren Gebetshaltungen und Gebräuchen zu erfahren und so miteinander und voneinander zu lernen. Damit wird der Blick für die unterschiedlichen Zugänge um mit Gott ins Gespräch zu kommen erweitert.
Außerdem bestehen Verbindungen zu fse 1: S. 82 „Wie wunderbar sind deine Werke" und S. 20 „Wie Kinder mit Gott reden".

# Die Sonne und was unter ihr lebt

## 4. Verbindungen zu anderen Fächern

**EVANGELISCHE RELIGIONSLEHRE:** Begegnung mit dem Judentum, Christentum, Islam – viele Kinder – viele Religionen; Gott für seine Schöpfung danken und loben; Gott begleitet mich; Mit Gott reden;
**DEUTSCH:** 3.1 Mündliches Sprachhandeln, verstehendes Zuhören, gezielt zuhören, Rituale entwickeln und appellierendes Sprechen, um Hilfe bitten;
**SACHUNTERRICHT:** 3.5. Ich und andere: Sitten, Gebräuche und Sprachen unterschiedlicher Nationalitäten und Ethnien kennen lernen und akzeptieren; 3.4. Regeln des Zusammenlebens in der Schule;
**KUNST:** 3.1. Szenisches Gestalten: verschiedene Körperausdrucksmöglichkeiten erproben und einsetzen, Gestaltungen auf ihre Wirkungen hin untersuchen; fremde Betrachtungen akzeptieren und mit den eigenen vergleichen;
**MUSIK:** 3.1.1. Lieder lernen, z. B. religiöse Lieder.

## 5. Lernsequenz

| Planungsskizze | Überschriften in fse | Inhalte im Lehrplan |
|---|---|---|
| I. Kinder in allen Teilen der Welt erleben Schönes und Schweres | Was Kinder auf der Welt bewegt **fse 8/9** | 3.1. Leben in Freude und Angst ... |
| II. Was Menschen zum Leben brauchen<br>– vertrauen können und geliebt werden<br>– das Vaterunser kennen lernen<br>– die Brotbitte<br>– Bitte um Versöhnung und<br>– das Reich Gottes entdecken<br><br>Beten in anderen Religionen | Vertrauen **fse 10/11**<br><br><br><br><br>Brot zum Leben haben **fse 12/13**<br>Sich versöhnen **fse 14/15**<br>Gott ist bei den Menschen **fse 16**<br>Wie Menschen anderer Religionen beten **fse 18/19** | 3.1 Erfahrungen im Zusammenleben mit anderen: Gemeinschaft, Geborgenheit, Konflikte<br>3.2 Miteinander reden – sich einander anvertrauen: sich im Gebet Gott anvertrauen; kindgemäße Liturgien<br>3.3 Von Jesu Leben in Worten und Taten; das Vaterunser<br>3.5 Fehler und Versagen im menschlichen Leben; die wohltuende Erfahrung der Versöhnung untereinander; Jesu Botschaft von Gottes Vergebungsbereitschaft<br>3.2 Verschiedene Konfessionen und Religionen in der Klasse, in der Schule, in der Nachbarschaft |
| III. Beten mit Herz, Mund und Händen | Loben und danken **fse 20**<br>Gott ist bei den Menschen **fse 17** | 4. Verbindliche Anforderungen: Gebete, Lieder, Rituale und gottesdienstliche Feiern als Ausdruck gelebten Glaubens; Das Vaterunser als gemeinsames Gebet der Christen |

## 6. Lebensbilder 1/2

Folgende Fotos aus der Folienmappe Lebensbilder 1/2, vgl. Arbeitshilfen S. 19, sind für einen situativen Einsatz hilfreich: Nr. 10 Ich gehe mit Opa spazieren; Nr. 12 Wir sind Partner; Nr. 13 Wir sind Freunde; Nr. 14 Wir vertragen uns; Nr. 30 Mädchen vor Kerzen.

# Meine Luftballons

## Ein Grundmodell der Bilderschließung

In den Schulbüchern **fragen – suchen – entdecken 1** und **2** ist das Bild zur Eröffnung der Kapitel in der Regel ein Bild der Kunst, das sorgsam erschlossen werden will. Auch die Wahrnehmung der Alltagsfotos aus der Folienmappe „Lebensbilder1/2" kann in bewussten Schritten vollzogen werden. Um einen fruchtbaren Zugang zu den einzelnen Bildern zu ermöglichen, wird im Folgenden ein Grundmodell zur Bilderschließung vorgestellt. Die einzelnen Phasen sind zugleich für die Vorbereitung der Lehrerin, des Lehrers hilfreich.

### 1. Spontane Wahrnehmung
Erste Kontaktaufnahme mit dem Bild; ungelenktes Anschauen und Wahrnehmen; nach einer Phase der Stille: spontane Äußerungen ohne Diskussion und Wertung.

### 2. Analyse des Bildes
Was ist auf dem Bild zu sehen?
- *Personen*: Haltung, Bewegung, Gestik, Stellung zueinander?
- *Landschaft*: statisch, bewegt? Stimmung?
- *Linien*: Verlauf von Linien: senkrecht, steigend, waagerecht, aufwärts, abwärts führend? Evtl. Bildlinien nachfahren.
- *Farben*: Welche kommen vor, welche fehlen? Hell- und-Dunkel-Kontraste?
- *Bildanordnung wahrnehmen*: Zusammenhang der einzelnen Teile?
- *Erinnern*: Mit geschlossenen Augen im Bild spazieren gehen.

### 3. Analyse des Bildgehalts
Was hat das Bild zu bedeuten? Was hat die Künstlerin, der Künstler ausgesagt oder dargestellt? Evtl. Informationen zur Künstlerin, zum Künstler und der Entstehungszeit einbringen.
Bezug zu einem biblischen Text, zu anderen Texten, Motiven, Erfahrungen?
Dem Bild eine Überschrift geben.

### 4. Identifikation mit dem Bild
Was löst das Bild in mir aus?
Wo finde ich mich wieder in dem Bild? Wo bin ich gerne, nicht gerne?
Wenn die Personen sprechen könnten: Was würden sie sagen?

### 5. Weiterer Umgang mit dem Bild
Das Bild weitermalen, ergänzen, etwas weglassen.
Die Personen nachstellen, miteinander sprechen lassen.
Was war vorher, was kommt danach?
Welche Geschichte, welches Lied, welches andere Bild fällt mir zu dem Bild ein?

### Literatur

Lange, Günter, Kunst zur Bibel, München 1988, S. 9-11

Niehl, Franz W., Damit uns die Augen aufgehen, in: ders./Thömmes, Arthur, 212 Methoden für den Religionsunterricht, München 1998, S. 13-45 (viele hilfreiche Methoden)

Schmid, Hans, Ein Grundmodell des Umgangs mit Bildern im Religionsunterricht, in: ders., Die Kunst des Unterrichtens, München 1997, S. 125-178

# Die Kerzen

Es war schon spät, als Yvonne und ihr Vater an der großen Kirche in der Stadt vorbeikamen.
„Wollen wir nicht noch kurz hineingehen, Yvonne?", fragte Papa.
Yvonne nickte. Sie nahm ganz fest seine Hand und sie stiegen die Treppe hinauf. Papa öffnete die schwere Holztür. Drinnen war es fast dunkel. Sie waren allein in der großen Kirche. Vor einem Kreuz stand eine kleine Bank. „Dort setzen wir uns hin, Yvonne", flüsterte Papa. Es knarrte, als sie sich niederließen.
Hier war es nicht mehr so dunkel. Viele Kerzen brannten vor dem Kreuz, die andere Leute aufgestellt hatten. Sie flackerten hin und her. Mal war es heller, mal dunkler.
Papa betete, das sah Yvonne an seinem Gesicht. Es war ganz still um sie herum. Nach einer kurzen Weile flüsterte Yvonne ihrem Vater ins Ohr: „Du, Papa, können wir jetzt gehen, es wird mir langweilig!"
Papa blickte sie an und antwortete: „Yvonne, ich möchte dir noch etwas zeigen. Schau dir die Kerzen einmal genau an. Stell dir vor, dass jede sprechen könnte. Jede Kerze erzählt dir eine Geschichte."
Yvonne schaute ihren Vater verwundert an, als dieser auf eine Kerze zeigte und flüsterte: „Ich bin eine kleine Kerze, weil ich schon seit heute Morgen brenne. Eine alte Frau hat mich aufgestellt. Sie war sehr traurig und hat geweint; denn ihr Mann ist gestorben. Deshalb hat sie mich entzündet und vor dem Kreuz gebetet. Sie hatte große Sorgen und hat hier Trost gesucht. – Ich bin eine große Kerze, sagte eine andere."
Yvonne blickte zu ihr hinüber.
„Ich brenne erst ganz kurz. Ein Mädchen und ein Junge haben mich aufgestellt. Sie hatten viele Wünsche und Bitten. Diese sagten sie laut vor dem Kreuz. Ich glaube, die beiden hatten sich gern. – Schau, Yvonne, und dort steht unsere Kerze, die ich aufgestellt habe. Was sagt sie wohl? – Hör ihr mal zu: Ich bin von euch beiden aufgestellt worden. Dein Papa ist froh, dass er dich hat. Aber ihr habt den großen Wunsch, dass Mama bald wieder richtig gesund wird. Dafür brenne ich jetzt und erleuchte das Kreuz. – Du siehst, Yvonne, hier stehen viele Kerzen", sagte Papa. „Wir haben nur drei gefragt. Jede weiß eine Geschichte zu erzählen. Keine Kerze brennt nur so. Viele Menschen beten hier. Viele sind froh, viele traurig. Alle hatten Wünsche und Bitten."
„Meinst du, Papa, dass der liebe Gott alle Wünsche erfüllen kann?", fragte Yvonne.
„Ich glaube, dass er alle Wünsche hört, Yvonne! – Es gibt trotzdem so vieles, was wir Menschen nicht verstehen können. Die alte Frau, von der die Kerze erzählte, ist traurig. Sie weint, weil ihr Mann gestorben ist. Sie kann es noch gar nicht richtig begreifen. – Wir können zum Beispiel nicht verstehen, warum Mutti so krank werden musste. Viele haben Sorgen und sie kommen hierher wie wir. Der liebe Gott hört uns zu, Yvonne. Er weiß das, was wir nicht verstehen!"
Yvonne war ganz still. Nachdenklich schaute sie in die Kerzen.

*Rainer Frank*

# Miteinander sprechen – Mit Gott reden

## 1. Hintergrund

### Pablo Picasso (1881-1973)

„Der spanische Maler Pablo Picasso ist der bekannteste Maler des 20. Jahrhunderts. Er malte und zeichnete, war Bildhauer, Keramiker und auch Dichter. Er hat in vielen unterschiedlichen Stilrichtungen gearbeitet und gilt als Schöpfer des Kubismus. Picasso malte sein ganzes Leben lang gegenständlich, aber oft in sehr ungewohnten Zerlegungen oder Zusammenstellungen." (Kretschmer, S. 55) Seine künstlerische Begabung wurde schon sehr früh gefördert, weil auch sein Vater Maler war. „Den Erzählungen nach konnte Picasso mit 13 Jahren schon ebenso gut malen wie sein Vater, sodass dieser angeblich von diesem Zeitpunkt an nie wieder gemalt habe." (Pröschel o. S.) Seine ersten Bilder wurden ausgestellt, als er 18 Jahre alt war. Ab 1904 lebte der Maler in Frankreich. Er erlebte dort auch die Kriegsjahre, blieb aber seiner Heimat immer verbunden. So entstand 1937 sein berühmtes Gemälde „Guernica", „mit dem er die Schrecken und Gräuel der Bombardierung des Dorfes Guernica verarbeitete. (...) 1958 kaufte er Schloss Vauvenargues bei Aix-en-Provence, in dessen Garten er nach seinem Tod 1973 beerdigt wurde" (ebd.).

### Pablo Picasso: „Ronde de la jeunesse", 1959

Die Farblithografie „Ronde de la jeunesse", Tanz der Jugend, entstand im Juli 1959 auf Schloss Vauvenargues als Vorlage zu einem Plakat für den Weltjugendkongress. Picassos Meisterschaft als Zeichner und Grafiker wird in dem mit wenigen Strichen gezeichneten Bild deutlich. Die Darstellungskraft seiner Linie spricht auch aus diesem Kunstwerk. Picassos Lithografien gelten als wichtige und eigenständige Werkgruppe innerhalb seines vielseitigen Werkes. Dabei hat er diese Technik erst im Alter von 64 Jahren für sich entdeckt. Ihre vielseitigen Variationsmöglichkeiten faszinierten ihn. Diese Technik ermöglichte ihm, verschiedene Fassungen seiner Werke im Entstehungsprozess festzuhalten, bevor er sie dann weiter bearbeitete (vgl. dazu www.graphikmuseum.de). So finden sich immer wieder ähnliche Motive, die Picassos Selbstverständnis als Künstler und seine persönlichen Auffassungen durchscheinen lassen.

Ein wichtiges Symbol ist die Taube, die sich auf vielen Bildern entdecken lässt. Bereits 1949 wurde die berühmt gewordene Lithografie „Taube" für das Plakat zum Friedenskongress in Paris ausgewählt. Die Taube in der Sonne auf dem Bild „Tanz der Jugend" kann als ein Zeichen für die Sehnsucht nach Frieden gedeutet werden. Menschen, die Blumen schwingen und sie einander überreichen, bewegen sich tanzend um diese Sonne, die mit ihren Strahlen auch wieder einer Blume ähnelt. Es ist ein Bild der Bewegung, des Tanzes, das die Jugend der Welt friedlich vereint sieht.

Das Bild der Kapiteleingangsseite zum Thema „Miteinander sprechen – Mit Gott reden" zeigt, dass Menschen in Bewegung kommen, wenn sie sich einer Mitte bewusst sind. Wenn Menschen sich umgeben fühlen von Licht und Frieden, können sie aufeinander zugehen, miteinander tanzen und sich beschenken. Die Offenheit des Kreises der tanzenden Menschen lädt ein zum Mittun, wie es Christa Peikert-Flaspöhler ausdrückt:

> *steh auf*
> *komm in unseren Kreis*
> *du bist nicht zu jung und nicht zu alt*
> *wir geben tanzend dem Glauben Gestalt*
> *um ganze Menschen zu werden*
> (zit. n. Hirsch, S. 8).

Im Tanz ist der ganze Mensch in Bewegung, „er ist mit Leib und Seele dabei, kann zu sich selbst und zur Gemeinschaft finden. Tanz ist die umfassendste menschliche Äußerung, die es gibt .... Tanz ist auch die älteste und elementarste religiöse Ausdrucksform des Menschen, die ursprünglichste Art, auf die er Kontakt mit dem Göttlichen gesucht hat" (Hirsch, S. 12).

Das lebensfrohe Bild der tanzenden Menschen zeigt zu unserem Thema: Beten erschöpft sich keinesfalls im Auswendiglernen von Formelsätzen, Beten ist Kommunikation – miteinander und mit Gott. Beten geschieht nicht passiv, sondern aktiv. Gemeinschaftliches Beten ist immer auch die Hinwendung zu einer Mitte, die eint und verbindet.

Die deutungsoffene Bildaussage kann SCh anregen, hier ihre Fragen einzubringen: Was ist es, das Menschen fröhlich macht? Wo erfahren Menschen Freude, Wärme, Nähe, Geborgenheit?

## Literatur

Hirsch, Elke, Kommt, singt und tanzt, Düsseldorf 1997
Kretschmer, Hildegard, Das Abenteuer Kunst, München 2001
Pröschel, Susanne, Picasso & Co., Bd. 1, Donauwörth ²2001

# Olaf ist sauer auf Gott

Heute ist Olaf sauer, sauer auf Gott. Und er legt los: „Du böser Gott, ich kann dich gar nicht mehr leiden. Warum hast du meine Cousine nicht beschützt? Sie ist so lieb und jetzt ist sie krank geworden. Du weißt, dass sie meine beste Freundin ist! Und damit du's nur weißt, ich rede kein Wort mehr mit dir, Amen."

Kann man so mit Gott schimpfen? Auch die Lehrerin überlegt lang. Dann sagt sie: „Ich will euch von einem Mann erzählen. Der Mann hieß Ijob. Ijob war reich und gesund, konnte sich alle Wünsche erfüllen und er glaubte an Gott und liebte ihn. Bis ihn eines Tages ein Unglück traf. Und weil er nicht verstand, warum Gott ihn plötzlich arm und krank werden ließ, wurde er sehr traurig und fühlte sich sehr verlassen. Er hatte viele Wunden am Körper, die taten ihm weh und juckten, und wenn er sich kratzte, taten sie noch mehr weh. Da wurde er zornig und schimpfte mit Gott, laut und voller Wut. So, wie es Olaf eben getan hat. Aber Gott war Ijobs Freund und hörte ihm zu, so wie er dem Olaf eben zugehört hat. Nachdem Ijob seinen ganzen Kummer herausgeschimpft hatte, wurde er ganz still. Er wusste plötzlich, Gott war ja noch Ijobs Freund. Und das war ihm das Wichtigste, was es gab, auch wenn er Gott jetzt nicht verstehen konnte."

## Psalmwortkarten

| | | |
|---|---|---|
| Ich klage wie ein einsamer Vogel auf dem Dach. | Wie wunderbar hast du alles gemacht. | O Gott, dir kann ich vertrauen in jedem Kummer. |
| Ich danke dir, dass du mich so wunderbar geschaffen hast. | Wenn ich Angst bekomme, vertraue ich dir, mein Gott. | |

## 2. Einsatzmöglichkeiten im RU

### Den „Tanz der Jugend" entdecken
- Sch entdecken bei der Bildbetrachtung die Bildelemente: Sonne mit Taube, die Strahlen hat wie eine Blume, Menschen, teilweise bunt gekleidet, die tanzen und Blumen tragen, Blumen (die ebenfalls tanzen, sich verneigen), Menschen, die sich an den Händen halten ...
- Sch legen die Bildaussage für sich fest, wenn sie eigene Überschriften für das Bild finden. Z. B.: Menschen tanzen um die Sonne, Menschen freuen sich, Menschen schenken einander Blumen, Blumen und Menschen tanzen ...
- Die Sonne als Symbol erschließen:
- Was wir von der Sonne wissen: z. B. sie ist immer da – auch nachts, wenn wir sie nicht sehen. Ohne Sonne gibt es kein Leben. Sie wärmt, macht Menschen fröhlich ...
- Was die Sonne den Menschen auf dem Bild sagen will ..., z. B. Ich schicke euch mein Licht, Ich bin da und strahle ...
- Was die Menschen der Sonne sagen können ..., z. B. Gut, dass du da bist; Wenn wir dich nicht hätten ...
- Gestalte zu einem Bild der Sonne, was unter der Sonne lebt: **AB 2.1.1, Arbeitshilfen S. 53**.
- Die Taube als Symbol erschließen:
- Sch überlegen, warum der Künstler eine Taube in die Sonne gemalt hat.
- L-Erzählung zur Bedeutung der Taube bei Picasso: Taube steht für den Wunsch der Menschen nach Frieden. Die Taube hat früher Botendienste übernommen, sie schafft Verbindungen zwischen den Menschen. Die weiße Taube gilt auch als ein Zeichen für Verliebtsein und Liebe (vgl. Hochzeitskarten).
- Wie stellt der Künstler dar, was Friede bewirkt? Z. B. Tanz, sich umarmen ...
- Wie würde evtl. ein Unfriede-Bild aussehen? Streit, Krieg, Ablehnung ...

### Die Bildaussage gestalten
- Für die Gebetsecke malen, gestalten Sch in Gemeinschaftsarbeit eine große Sonne. Dazu wird ein Papierkreis geviertelt. In vier Gruppen malen Sch ihren Sonnenteil mit verschiedenen Gelbtönen aus. Oder sie reißen aus Buntpapier in Orange- und Gelbtönen kleine Stücke, die wie ein Mosaik zusammengesetzt werden.
- Beim Aufhängen der Gemeinschaftsarbeit erinnert L an Erfahrungen aus der 1. Klasse: Menschen stellen sich Gott vor wie die Sonne (vgl. **fse 1, 18/19**). Gespräch darüber: Was haben Menschen mit Gott erlebt, die sagen: „Gott ist für mich wie die Sonne"?
- Jede/r Sch malt für sich eine oder mehrere Friedenstauben und schneidet sie aus. Wenn während des Schuljahres nach einem Streit Frieden geschlossen wurde, kann eine Taube in die Sonne geklebt werden. Auch mit selbst gebastelten Blumen kann dieses Vorhaben ausgeführt werden.

### Die Mitte im goldenen Reif sehen
Für diese Mitteübung versammeln sich Sch im Kreis und reichen sich die Hände. Ein Reifen wird in die Mitte gelegt.
- L dreht den Reifen; Sch beobachten, wie er ausdreht und ruhig daliegt.
Sch werden still wie der Reifen.
- L füllt den Reifen mit einem gelben Tuch aus und hält eine Zimbel bereit.
- Schau auf die Mitte.
- Schließe beim Cymbelton die Augen; schau auf dein inneres Bild. Was oder wen siehst du in der hellen Mitte?
- Öffne die Augen beim Zimbelton.
- Sch teilen die eigenen Bilder mit: z. B. Eltern, Licht, schöne Landschaft, Lieblingstier ...
- Einander erzählen, worüber wir uns freuen, wo wir Wärme und Geborgenheit finden.
- Einfache Gebetssätze sprechen: Gott sei Dank, dass es ... (Freunde, Eltern, Tiere ...) gibt.

### Dem Bild in einem Tanz begegnen
- Als Tanzlied das Lied von **fse 20** verwenden: „Vom Aufgang der Sonne bis zu ihrem Niedergang": **AB 2.1.25, Arbeitshilfen S. 89**.
- Das Menschenbrückenlied von **fse 22** kann hier bereits als Kreislied eingeführt werden. Es ist als Lied 15 auf der CD Liederkiste 1/2 enthalten, vgl. Arbeitshilfen S. 19.

### Ein Blumenmandala gestalten
- Das Mittebild des obigen Hintergrunds – Reifen, gelbes Tuch – wird mit Blumen erweitert zu einem Mandala.
- Sch erhalten eine Kopie des Bildes **fse 7** und malen es weiter in Mandalaform.

## 3. Jahrgangsübergreifende Lerngruppe

- Sch suchen gemeinsam Gebetsorte auf (Kirchen, Friedhöfe, Wegkreuze etc.).
- Sch basteln einen Gebetswürfel zu den Tagesgebeten.
- Sch hören Gebete in fremden Sprachen.

# Was Kinder auf der Welt bewegt

fragen – suchen – entdecken 8/9

## 1. Hintergrund

Beten braucht als eine Voraussetzung das Aufmerken auf die eigene Lebenssituation. Die Doppelseite bietet dazu Impulse.

Kinder haben ein großes Mitteilungsbedürfnis. Sie wollen sagen, was ihnen am Herzen liegt. Wenn sie Menschen haben, die ihnen zuhören und sie ernst nehmen, können sie auch Gott als „unsichtbaren" Gesprächspartner erfahren. Wenn unser Reden von Gott von Anfang an einen Gott verkündet, der für uns da ist, dem das Leben jedes/jeder Einzelnen bedeutsam ist, dann werden gerade Sch keine Schwierigkeiten haben, sich an „diesen Anwalt des Lebens" (Baldermann) mit allem, was das Leben ausmacht, zu wenden.

Sch werden auf der ersten Doppelseite des Themenbereichs eingeladen zu einer Reise um die ganze Welt. Sie können nachschauen und erfahren, wie es Kindern in anderen Ländern geht, worüber diese sich freuen, was ihnen Sorge oder Angst macht, und entdecken dabei ihre eigenen Befindlichkeiten. Die Sätze in den Luftballons zeigen exemplarisch: Wir Kinder auf der Welt sind uns in unseren Erlebnissen, den Alltagsproblemen und Freuden recht ähnlich. Fallen beim ersten Betrachten des Bildes zuerst die Sätze in den Luftballons auf, so können beim zweiten Hinsehen die Gebetssätze aus den Psalmen und der muslimische Gebetsruf gelesen werden. Der Gedanke, dass überall auf der Welt Menschen ihre Anliegen im Gebet Gott sagen, wird hier grafisch umgesetzt. Sch entdecken auf dieser Seite: Das, was Kinder und große Menschen auf der Welt bewegt, sagen sie nicht nur einander, sondern auch Gott. Fragen, warum Menschen beten, was Menschen erlebt haben, die sich mit ihren Anliegen an Gott wenden usw., werden mit dieser Seite aufgegriffen. Es geschieht auch eine erste Hinführung zur Frage: Wie beten denn Menschen? Hier zeigt die Doppelseite: Wir können unsere eigenen Gebete formulieren, wir können aber auch Gebete verwenden, die Menschen schon seit langer Zeit beten – wie z. B. die Psalmen.

„Die Psalmen nennen die Dinge beim Namen. Sie sagen mehr von mir und über mich, als ich für möglich halte" (Hugger, Pirmin, Mein Psalmengebetbuch, München 1987, S. 11). Die Psalmen zeigen die Welt und die Menschen, wie sie sind: voller Schönheit, voller Freude, voller Tragödien und voller schmerzlicher Niederlagen. Sie fangen das Leben in seiner ganzen Vielfalt ein, sind keine Schönwettergebete: Neben dem Lobpreis und Dank kommen auch Zweifel, Angst, Sorgen und Klage zum Ausdruck gegenüber Gott. Weil die Psalmen unmittelbar das Leben der Menschen widerspiegeln, finden sie ungeahnten Zuspruch auch in der Schule. Rainer Oberthür und Ingo Baldermann haben in ihren Veröffentlichungen viele Wege aufgezeigt, wie Sch die Psalmen, vor allem einzelne Psalmworte zugänglich gemacht werden können (vgl. Literaturverzeichnis).

Einen kurzen Hinweis, dass Menschen verschiedenen Religionen anhängen, gibt der muslimische Gebetssatz. Er ist der Anfang eines Gebetes von Dschaʿfar as-Sâdiq, des sechsten Imam der Schia, einem Korankommentator, der 765 im Irak starb (vgl. Schimmel, S. 11). Der Satz stammt aus einer Sammlung von muslimischen Gebeten, die den Intentionen der Vaterunser-Bitten zugeordnet sind. Die Hinwendung zu Gott, Allah, im vertrauensvollen Gebet ist auch im Islam üblich. **fse 18/19** geht noch näher darauf ein, wie Menschen anderer Religionen beten.

Relix begleitet Sch auf dieser Seite. Was Relix bewegt, bleibt noch offen, Sch leihen der Figur ihre Stimme. Sicherlich sind die Anliegen der Sch der Welt auch Relix' Anliegen.

## 2. Einsatzmöglichkeiten im RU

### Mit einem Luftballon auf Weltreise gehen

- Vor dem Betrachten von **fse 8/9** bläst jede/r Sch einen Luftballon auf und hängt eine Karte daran. Was schreibst du auf die Karte? Name, Wohnort, Alter, eine frohe Nachricht, etwas, das Kummer bereitet.
- Sch gestalten **AB 2.1.2, Arbeitshilfen S. 55**, und formulieren ein eigenes Gebet.
- Wohin ein Luftballon fliegen kann: Sch suchen auf einem Globus verschiedene Länder und L zeigt Bilder von Sch dieses Landes (vgl. Barnabas und Anabel Kindersley, Kinder aus aller Welt, in Zusammenarbeit mit Unicef, Bindlach 2001). „Stell dir vor, unser Luftballon fliegt nach ..., dort treffen wir ..."

### Kinder in anderen Ländern kennen lernen

- Sch beschreiben die Kinder von **fse 8/9**: Chinesen- oder Japanerkind, Inuit mit Hund, Afrikanerjunge, indisches Mädchen mit Sari, Mädchen aus Europa, Hirtenjungen aus Peru mit Flöte.
- Was Sch auf der Welt von sich erzählen: Sch lesen die Sätze in den Luftballons und erzählen Geschichten dazu.
- Gestaltungsauftrag: Male mit deinen Lieblingsfarben einen Luftballon in dein Ich-Buch. Was erzählst du von dir? Was bewegt dich zurzeit besonders?
- Mit Menschen reden und mit Gott sprechen: In einem nächsten Schritt überlegen Sch, wem sie er-

Zu meiner Geschichte ...

Mein Psalmwort

# ... ein Psalmwort finden

## Ich freue mich – Ich lobe Gott

| | | |
|---|---|---|
| Ich weiß, staunenswert sind deine Werke. *Ps 139,14* | Ich hänge an dir, deine rechte Hand hält mich fest. *Ps 63,9* | Du kennst meinen Namen. *Ps 91,14* |
| Du lässt Gras wachsen für das Vieh, auch Pflanzen für die Menschen. *Ps 104,14* | Alles, was atmet, lobe den Herrn. *Ps 150,6* | Ich lege mich nieder und schlafe ein, ich wache wieder auf; denn der Herr beschützt mich. *Ps 3,6* |

## Ich bin allein – Ich bin traurig – Ich habe Angst

| | | |
|---|---|---|
| Wende dich mir zu und sei mir gnädig; denn ich bin einsam und gebeugt. *Ps 25,16* | Wer deinen Namen kennt, vertraut dir; denn du, Herr, verlässt keinen, der dich sucht. *Ps 9,11* | Mein Gott, ich rufe bei Tag, doch du gibst keine Antwort, ich rufe bei Nacht und finde doch keine Ruhe. *Ps 22,3* |
| Sie tun sich gegen mich zusammen. *Ps 31,14* | Denk an mich, Herr, such mich auf und bring mir Hilfe. *Ps 106,4* | Alle, die mich sehen, verlachen mich, sie schütteln den Kopf. *Ps 22,8* |

zählen wollen, was sie bewegt, was ihnen am Herzen liegt: Eltern, Freund/in ... Menschen erzählen oft auch Gott, was sie bewegt, weil sie glauben, dass Gott sie immer hört und ihnen immer nahe ist. Hier kann den Fragen der Sch nach dem Beten Raum gegeben werden, vgl. religionspädagogische Hinweise, Arbeitshilfen S. 51.
- Sch lesen die Gebetssätze; L erklärt die Begriffe „muslimisch" (so beten Menschen, die der Religion des Islam angehören,) und „Psalmen" (Gebete aus der Bibel, in denen Menschen Gott alles sagen, was sie bewegt).
- Sch ordnen die Gebetssätze zu.
- L findet zwei Erzähltexte „Die Kerzen" **AB 2.1.3** und „Olaf ist sauer auf Gott" **AB 2.1.4, Arbeitshilfen S. 57 und 59.**
- L bietet die Gebete **AB 2.1.5, Arbeitshilfen S. 59**, als Psalmwortkarten an; Sch können sie zu ihrem Luftballon im Ich-Buch dazukleben.
- Weiterführung: Sch suchen sich *eine* Situation aus: Ich habe mich gefreut; Ich will Gott loben; Ich bin traurig gewesen; Ich hatte Angst: **AB 2.1.6, Arbeitshilfen S. 62**.

- Sie schreiben dazu ihre Geschichte oder malen dazu.
- Sie suchen sich ein Psalmwort aus, das zu ihrer Situation passt, schneiden es aus und kleben es auf ihr Blatt.
- **Alternative**: Sch schneiden zuerst ein Psalmwort aus und schreiben oder malen dann dazu ihre Geschichte.
- Klassengespräch: Warum passt dieses Psalmwort zu meiner Geschichte?
- Sch erlernen das Lied: „Wir sind Kinder dieser Erde"; es ist als Lied Nr. 24 enthalten auf der CD Liederkiste 1/ 2, vgl. Arbeitshilfen S. 17.

## 3. Jahrgangsübergreifende Lerngruppe

- Sch suchen Kinderbilder aus Zeitschriften und kleben daraus im KU eine Collage.
- Sch lernen im SU Ländernamen kennen und kleben Kindergesichter auf eine vorbereitete Kinderweltkarte.

---

**Vertrauen** fragen – suchen – entdecken **10/11**

## 1. Hintergrund

Auf **fse 10-16** werden die Kinder in schülernahen Zugängen mit dem Vaterunser bekannt gemacht. Das Zentralgebet der Christen, das auch durch ein ganzes Menschenleben nicht ausgelotet werden kann, wird anfanghaft erschlossen (Lernziel des Lehrplans).

> **Der biblische Hintergrund zum Vaterunser**
> Das Vaterunser ist bei Mt und Lk überliefert. Im kirchlichen Gebrauch hat sich die längere Matthäus-Version durchgesetzt, die dort innerhalb der Bergpredigt eine zentrale Stelle einnimmt (Mt 6,9-13). Nach Lk zeigt Jesus den Jüngern auf ihre Bitte hin: „Herr, lehre uns beten", durch das Vaterunser, was Beten heißt: Durch Beten das Beten lernen (Lk 11,2-4).
>
> **Zum Aufbau des Vaterunsers**
> – Gebetsanrede: Vater unser im Himmel
> – Drei Du-Bitten: Geheiligt werde dein Name
>   Es komme dein Reich
>   Es geschehe dein Wille
> – Drei (oder vier) Wir-Bitten: Gib das tägliche Brot
>   Vergib uns die Schuld
>   Führe uns nicht in Versuchung
>   Erlöse uns von dem Bösen (evtl. vierte Bitte)

– Angeschlossen wird eine Schlussdoxologie, die zuerst in der Didache (Zwölfapostellehre) zu finden ist: Denn dein ist das Reich ...

**Die Anrede:** Jesus bevollmächtigt die Jünger, Gott ihren Vater zu nennen: Es ist der Vater Jesu Christi. Vertrautheit wird ihnen zugesprochen. Kinder des Vaters zu sein bedeutet: in die Freiheit der Kinder Gottes entlassen zu sein, keine Sklaven zu sein, sondern zur Familie Gottes zu gehören (**fse 10/11**).
Die drei Du-Bitten: Die Heiligung des Namens und das Kommen des Reiches sind Bitten, deren Erfüllung allein bei Gott liegt: Er möge seine Herrschaft aufrichten (zum Heil der Menschen), alle anderen Mächte sollen entmachtet werden, damit Güte und Barmherzigkeit Gottes zum Zug kommen. In **fse 15** sind Beispiele zu finden, in denen Sch die Herrschaft Gottes anfanghaft verwirklicht sehen können (Dein Wille geschehe auf Erden).
Die drei (vier) Wir-Bitten: Das Bekenntnis zu Gott, dem Vater, wird konkret in den folgenden Bitten. Er möge das Brot für heute, das Notwendige geben. Diese Bitte wird elementar von den Armen und Besitzlosen ausgesprochen. Wer kein Brot hat, dem fehlt es an allem. Sch werden entdecken, dass die Brotbitte weiter gefasst ist und alles Lebensnotwendige umfasst (**fse 12/13**). Es folgt die Bitte um die

# Mutter und Kind

vergebende Wiederannahme durch Gott. Neben den Sorgen um das tägliche Leben ist auch die immer wieder erfahrene Vergebung „lebensnotwendig" (**fse 14/15**). Die dritte Bitte, Menschen nicht in Versuchung kommen zu lassen, erweitert durch das Wissen um die Macht des Bösen (auch als vierte Bitte gezählt), meint ursprünglich die Gefahr des Abfalls, das Herausfallen aus der Jüngerschaft. Diese beiden Bitten sind in fse nicht eigens erschlossen (vgl. LP).

In fse sind für ein erstes Kennenlernen die Anrede (**fse 10/11**), die Brot- (**fse 12/13**) und Vergebungsbitte (**fse 14/15**) näher erschlossen; eine abschließende Bildseite (**fse 16/17**) veranschaulicht, was es heißen könnte: Das Reich Gottes (die Herrschaft Gottes), sein Wille verwirklicht sich auf der Erde.

## Literatur

Gnilka, Joachim, Das Matthäusevangelium, 1. Teil, Freiburg 1986, S. 212-232

Das Vertrauen einem Menschen gegenüber ist eine wesentliche Voraussetzung dafür, dass sich Sch im Vertrauen an Gott wenden. Zunächst müssen Sch die Erfahrung machen, sich jemandem anvertrauen zu können, mit dem sie über ihre Sorgen und Nöte und über freudige Ereignisse sprechen können, der ihnen zuhört und sie annimmt, so wie sie sind. Wenn Kinder vom Anfang ihres Lebens an bei (einer) festen Bezugsperson(en) Liebe und Geborgenheit erfahren, dann entwickelt sich ihr Urvertrauen, das zur Grundlage werden kann für die soziale und auch religiöse Erziehung.

In seinen Worten und in seinen Taten lässt Jesus für die Menschen einen Gott erfahrbar und spürbar werden, der wie ein guter Vater/eine gute Mutter für alle ist, z. B. „Euer Vater (im Himmel) weiß, was ihr braucht, noch ehe ihr ihn bittet" (Mt 6,8). Das Vertrauen in die Nähe Gottes kommt zum Ausdruck im Vaterunser, das Jesus seine Freunde lehrt, als sie ihn darum bitten. Wenn Sch vertrauen können, wenn sie sich verlassen können, schwinden Ängste. An ihrer Stelle wachsen Sicherheit und Zuversicht, Selbstvertrauen und Ich-Stärke. Dieses Vertrauen können sie festmachen an Erfahrungen in ihrer unmittelbaren Umgebung von Schule (Lehrerin ist zur Stelle, wenn ein Sch nicht mehr zurechtkommt, Schulbusfahrer kommt pünktlich und fährt sicher, vgl. **fse 10**). Dieses Vertrauen wird verkörpert vor allem in der Person eines guten Vaters und in der Person einer guten Mutter. Die beiden Texte über „Muttis Arm" und „Vatis Hand" **fse 10** wecken viele Erinnerungen an Geborgenheit und Urvertrauen in der Nähe guter Eltern. Dieses Vertrauen wird auch Gott entgegengebracht.

### Mary Cassatt (1844-1926)

Mary Cassatt gilt als eine der berühmtesten impressionistischen Malerinnen des 19. Jahrhunderts. Sie wurde 1844 in Pennsylvania, USA, geboren. Von 1861 bis 1865 nahm sie Unterricht an der Kunstakademie Pennsylvania. Ab 1865 unternahm sie ausgedehnte Reisen in Europa und setzte ihre Studien in Paris, Rom und Madrid fort. 1874 ließ sie sich endgültig in Paris nieder.

1877 machte Cassatt die Bekanntschaft von Edgar Dégas (1834-1917), aus der sich eine lebenslange Freundschaft entwickelte. Dégas führte sie in den Kreis der Impressionisten ein. In den Folgejahren nahm sie regelmäßig an den Ausstellungen der impressionistischen Künstler teil und förderte durch ihre Beziehungen zu den USA entscheidend die Verbreitung impressionistischer Kunst, z. B. von Eduard Manet (1832-1883), Claude Monet (1840-1926), Degas, Auguste Renoir (1841-1919), Camille Pissarro (1830-1903) u. a. in den Vereinigten Staaten. In ihren letzten Lebensjahren musste sie die Malerei aufgrund eines Augenleidens aufgeben. Sie starb 1926.

Ihr Werk war zwar von Degas beeinflusst, sie entwickelte jedoch bald einen eigenen Stil und rückte das Alltagsleben in den Mittelpunkt ihres künstlerischen Interesses. Dabei galt ihre Aufmerksamkeit weniger sozialen oder städtischen Themen als vielmehr dem Bereich des Privaten. Hauptmotive ihrer Malerei waren junge Frauen bei Alltagsbeschäftigungen und das Thema Mutter mit Kind, wie auch auf dem Gemälde **fse 11** „Mütterliche Fürsorge", das um 1907 entstand.

## 2. Einsatzmöglichkeiten im RU

### Was Vertrauen bedeuten kann

- Was du erwarten kannst! Worauf du vertrauen kannst! – Sch erzählen zu den beiden Bildern **fse 10** Geschichten und lassen dann die betroffenen Kinder den angefangenen Satz vollenden: Ich vertraue darauf, dass ... mir die Lehrerin hilft, ... dass der Schulbus pünktlich kommt, ... dass der Fahrer mich nicht übersieht ...
- Wenn es nicht so wäre!
- Weitere Szenen aus dem Tagesablauf eines/r Sch werden mit Gegenständen, Geschichten oder Bildern dargestellt und versprachlicht: Wenn der Wecker nicht läutet ...; Wenn meine Freundin nicht auf mich wartet ...; Wenn die Schule nicht geheizt ist ...; Wenn die Glocke in der Schule nicht läutet

# Vater und Kind

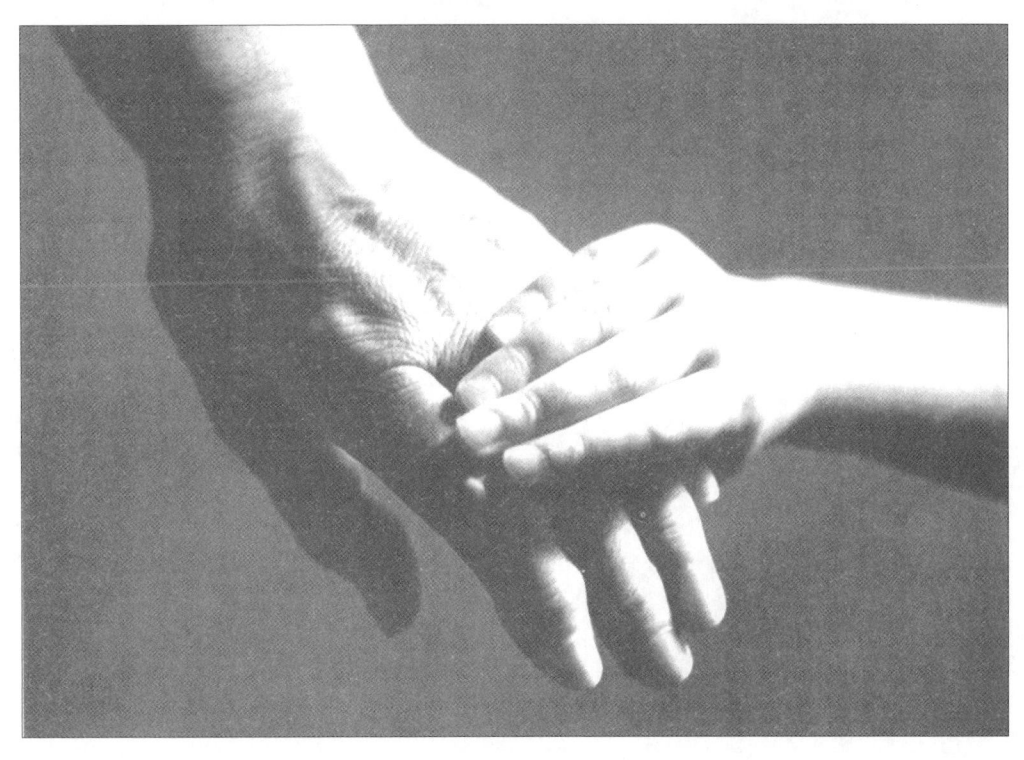

...; Wenn mein Bruder/meine Schwester mich nicht abholt ...; Wenn meine Mutter nicht für mich sorgen würde ...; Wenn mein Vater nicht mit mir spielen würde ...;
- Zu den Wenn-Geschichten werden die Gegensätze formuliert: Ich vertraue darauf, ich verlasse mich darauf, dass der Wecker klingelt ...; dass meine Mama für mich sorgt ...
- Sch zeichnen Situationen, in denen sie besonders auf Mutter und Vater angewiesen sind. Das können sie auch in Bilderfolgen tun und dazu erzählen.
Jede/r Sch erhält einen leeren Streifen, der mit Bildern gefüllt werden kann, z. B. Kind ist krank, Kind wird im Auto mitgenommen, das Rad des Kindes wird repariert.

**Im Gemälde das Vertrauen von Mutter und Kind erspüren**

Das Bild ist als Folie Nr. 11 in der Schatzkiste 1/2 enthalten, vgl. Arbeitshilfen S. 19.
- Sch betrachten das Bild schweigend bei Musik, z. B. Antonio Vivaldi: Frühling aus den Vier Jahreszeiten. Sie achten auf die Farben (kalt – warm; ernst – heiter).
– Schau auf die Hände von Mutter und Kind. Die Hände können „sprechen".
– Schau in die Gesichter. Der Mund der Mutter und des Mädchens sind geschlossen. Trotzdem kannst du viel „hören".
– Wenn ich das Kind wäre ...
  Wenn ich die Mutter wäre ...
– Führe den Satz weiter: Ich schmieg mich an, so fest ich kann und ...
– Gib dem Bild viele Titel.
- Alternative oder Ergänzung: Sch betrachten ein weiteres Bild von Mutter und Kind: z. B. die Kohlezeichnung von Käthe Kollwitz: Mutter und Kind bzw. das Foto der palästinensischen Mutter mit Kind **AB 2.1.7, Arbeitshilfen S. 65**.
Der Satz **fse 10** wird ergänzt: Ich brauche meine Mutter besonders, wenn ...
- Zu den Gedanken „Vatis Hand, vertraut, bekannt ..." eignen sich Fotos von **AB 2.1.8, Arbeitshilfen S. 67**.
Es sagte einmal die kleine Hand (der Kinder) zur großen Hand (von Papa): „Du große Hand, ..." (ich brauch dich, weil ...). Und es sagte die große Hand (von Papa) zur kleinen Hand (der Kinder): „Du kleine Hand, ..."
Der Satz von **fse 10** wird ergänzt: Ich brauche meinen Vater besonders, wenn ... Ebenso der Satz: Ich brauche ... einen Freund, ... jemanden zum ..., auf jeden Fall einen ...

# Wie groß ist Gottes Liebe?

T: Rolf Krenzer
M: Detlev Jöcker
aus: „Viele kleine Leute" © Menschenkinder Verlag und Vertrieb, Münster

1. Wie groß, wie groß, wie groß ist Gottes Liebe? So groß wie der höchste Turm. So groß, so groß, so groß ist Gottes Liebe und immer, immer ist sie da.

2. Wie hell, wie hell, wie hell ist Gottes Liebe?
   So hell wie der Sonnenschein!

3. Wie tief, wie tief, wie tief ist Gottes Liebe?
   So tief wie das große Meer!

4. Wie weit, wie weit, wie weit ist Gottes Liebe?
   So weit, wie der Himmel ist!

5. Wie stark, wie stark, wie stark ist Gottes Liebe?
   So stark wie ein Fels im Sturm!

6. Wie zart, wie zart, wie zart ist Gottes Liebe?
   So zart wie ein leichter Wind!

## Jakob erfindet ein Gebet

*(Im Garten neben dem Haus. Jakob auf der Schaukel.)*

*Jakob (schaukelt, murmelt vor sich hin):* Ich bin da. Du bist da. Wir beide sind da. *(Er steigt herunter und hüpft auf einem Bein)* Ich bin da! Du bist da. Wir beide sind da. Hm! *(Er setzt sich an die Hauswand und probiert Stillsitzen).* Und wenn ich gar nichts tu – wenn ich ganz still bin ... Ich bin da. Du bist da. Wir beide sind da. *(zufrieden)* Es stimmt immer. *(Geht wieder schaukeln)* Ich bin da, du bist da –

*Vater (kommt vom Büro heim):* Na, da bist du ja, Jakob.

*Jakob (lässt sich nicht stören):* Grüß dich. – Lieber Gott! Ich bin da, du bist da, wir beide sind da.

*Vater:* Ist das ein neuer Abzählreim?

*Jakob:* Nein. Das ist etwas ganz anderes. Das ist ein Gebet, das ich gerade erfunden hab.

*Vater:* Ein Gebet?!

*Jakob:* Weißt du, die Gebete im Kindergarten, die waren mir zu fad. Immer dieselben. Und manche Sprüche passen nur zum Essen oder nur zum Aufwachen in der Früh. Ich hab ein Gebet erfunden, das immer passt. Soll ich's dir sagen?

*Vater (lehnt sich an die Hauswand):* Bitte, sag's mir!

*Jakob: (schaukelt, aber mit einer gewissen Feierlichkeit):* Lieber Gott! Ich bin da. Du bist da. Wir beide sind da.

*Vater:* Ja, und wie geht's weiter?

*Jakob:* Gar nicht. Das war's schon. Genügt doch, oder?

*Vater:* Naja, das klingt ein bisschen ungewohnt für mich –

*Jakob:* Lieber Gott! – Wenn ich das sage, denkt sich der liebe Gott: Aha, der Jakob ruft mich. Da muss ich ihm zuhören. – Ich bin da. – Klar, nicht? – Du bist da. – Der liebe Gott, sagt die Mutti, ist nämlich immer da, überall.

*Vater:* Da hat sie Recht, die Mutti, natürlich.

*Jakob:* Na, und wenn ich da bin und der liebe Gott ist da, dann sind wir beide zusammen da – das ist doch schön, nicht? Und es stimmt überall. Beim Spielen, beim Essen, beim Trommeln, beim Bilderbuchanschauen, überall. Ich hab's ausprobiert.

*Vater:* So betrachtet hast du Recht, mein Sohn.

*Jakob:* Wenn es dir gefällt, mein Gebet, dann kannst du's haben. Ich schenk es dir.

*Vater (ein bisschen verlegen):* Oh, das ist, – hm – danke!

*Jakob:* Wir können es beide sagen, dieses Gebet. Jeder, wo er gerade ist. Meinst du, es passt auch fürs Büro?

*Vater:* Hm – na, warum denn eigentlich nicht?

*Jakob:* Und im Autobus?

*Vater:* Oja –

*Jakob:* Du, Vati, ich sag dir was: Probier mein Gebet morgen aus, überall, und sag mir am Abend, ob es gestimmt hat.

*Vater:* Gut, wenn du das möchtest. Ich werde einen – einen Test machen.

*Jakob:* Weißt du noch, wie's geht?

*Vater:* Lieber Gott, ich bin da, du bist da, wir beide sind da! *(Jakob schaukelt vergnügt.)*

**Gott als vertrauten Vater ansprechen**
- Ps 138,3.8 kennen lernen:
  *Du hast mich erhört an dem Tag/als ich zu dir rief /du hast mich stark gemacht./Der Herr kümmert sich um mich.*
- Ersetze das Wort Du im Psalmwort.
  Was hat ein Mensch erfahren, der so betet?
  Schau auf die letzte Zeile: Der Herr kümmert sich um mich wie ... ein guter Vater, eine gute Mutter.
- Male ein Bild zu diesen Sätzen auf ein Diaglas! Die Dias werden vorgeführt, wobei Sch einen Gedanken aus dem Psalm laut sprechen.
- Ein Mensch ist sich der großen Liebe Gottes sicher. Er singt und spricht davon in dem Lied: „Wie groß, wie groß, wie groß ist Gottes Liebe" **AB 2.1.9, Arbeitshilfen S. 69**. Sch entwerfen zu den einzelnen Strophen Bilder, z. B. in Reißtechnik aus farbigen Blättern.
- Weiterführung: Jakob erfindet ein Gebet. Er vertraut Gott ganz konkret: **AB 2.1.10, Arbeitshilfen S. 69.**
- Christen beten: Vater unser im Himmel, so reden sie Gott an (vgl. **fse 17**). Zusammenfassung von **fse 10/11**

## 3. Jahrgangsübergreifende Lerngruppe

- Eine gut funktionierende Lern- und Lebensgemeinschaft kommt ohne die Beachtung von Regeln und ohne gegenseitige Anerkennung bzw. wechselseitiges Vertrauen nicht aus. Daher bietet es sich an, Vertrauensspiele (z. B. Blindenführung, „sich fallen lassen und aufgefangen werden" in einer Dreiergruppe) mit Sch zu spielen.
- Außerdem kann das Sprungtuch der Turnhalle genutzt werden. Ein/e Sch legt sich auf die Mitte des liegenden Tuches, die anderen Kinder versuchen, das Tuch anzuheben und Sch zu tragen („getragen werden").

Bei allen Vertrauensspielen ist gegenseitige Hilfe für das Gelingen notwendig.

---

# Brot zum Leben haben
fragen – suchen – entdecken **12/13**

## 1. Hintergrund

„Brot zum Leben haben" ist verknüpft mit „Gott um das Lebensnotwendige bitten". Wasser und Brot sind Grundnahrungsmittel, ohne die Überleben unmöglich ist. Zum Leben selbst aber gehört mehr, damit es sinnvoll wird: Wohnung und Haus, um Schutz zu haben; Familie, um Rückhalt und Aufgehobensein zu spüren; Lob von Menschen, um Bestätigung zu erhalten; Freunde, um Stärke und Verständnis zu finden ... Je nach Situation sind die Antworten der Menschen sehr vielfältig, wenn sie danach gefragt werden, was für sie notwendig ist zum Leben. Die Familie aus Venezuela auf dem Foto, hat andere Erwartungen als der kleine Tobias, der einen Brief aus dem Krankenhaus schreibt. Nach diesen Beispielen finden Sch über den Liedtext „Was ist's, was die Menschen brauchen?" zu einer umfangreichen Aufzählung und Wertung alles Lebensnotwendigen. Darüber kommen sie natürlich zu ihrer eigenen Person. Dabei gilt es gerade auch den Mangel auszuloten „Es ist schlimm, wenn mir ... fehlt!"
Brot wird zum Zeichen für alles, was Lebensnot wendet, was Leben wertvoll macht. Es ist daher sinnvoll, am Anfang dieser Einheit Brot vielfältig wahrnehmen und erleben zu lassen und dabei zu erspüren, wie Brot zu einem Deutewort wird für alles, was Menschen täglich zum „richtigen" Leben brauchen. Diese Erfahrungen können dann in der 3. Jahrgangsstufe im Themenbereich 4 weitergeführt werden.
Im Lied **fse 13** oben wird zusammengetragen, was Menschen brauchen. Die Impulse **fse 13** unten leiten Sch an festzulegen, was sie brauchen. Das Lebensnotwendige zu haben kann dann Anlass zum Danken sein.

## 2. Einsatzmöglichkeiten im RU

**Brot mit allen Sinnen wahrnehmen**
- In der Mitte eines Sitzkreises liegt in Scheiben geschnittenes Brot zugedeckt in einer Schale. In der Schale liegt etwas Wertvolles. Trage sie vorsichtig und überreiche sie schweigend an jemanden aus dem Kreis. Jede/r im Kreis kommt dabei an die Reihe.
- Woraus Brot gemacht wird (Das Brot wird aufgedeckt).
  Weizen-/Roggenkörner werden in zwei Schalen weitergegeben durch den ganzen Kreis. Ein/e Sch hält die leere Schale auf, in die vom Nachbarn alle Körner aus der gefüllten Schale geschüttet werden.
- Was das Brot erzählen kann.
  Jede/r Sch formuliert einen Satz zum Brot:
  Viele Körner werden zu Mehl gemahlen ...; Der Bäcker formt den Teig ...; Im Ofen werde ich gebacken ...; Ich schmecke vielen Menschen gut ...; Ohne mich bleiben viele hungrig ...
  Wir erfinden eine solche Brot-Geschichte. Du überlegst eine Ein-Satz-Geschichte und alle Ein-Satz-Geschichten zusammen bilden die Geschichte vom Brot.

## „Brot" in 23 Sprachen

| | | | |
|---|---|---|---|
| LEIPÄ | Finnisch | PANIS | Lateinisch |
| хлеб | Russisch, Serbisch: chleb | pan | Spanisch |
| პური | Georgisch: puri | रोटी | Hindi: roti |
| pão | Portugiesisch | bukëa | Albanisch |
| ܠܚܡܐ | Syrisch: lahmo | ψωμί | Neugriechisch: psomi |
| нан | Kasachisch: nan | לֶחֶם | Hebräisch: lechem |
| mkate | Suaheli | pain | Französich |
| chlĕb | Polnisch | እንጀራ | Amharisch: injera |
| ዳቦ | Amharisch: dabbo | pîine | Rumänisch |
| pano | Esperanto | brood | Niederländisch |
| ኅብስት፥ | Geez: hebest | chléb | Tschechisch |
| kenyér | Ungarisch | | |

(Hinter dem Doppelpunkt steht, wenn nötig, die deutsche Aussprache)

## Gib uns heute unseren täglichen Reis

Vater, du weißt,
was wir zum Leben brauchen:
Dreimal täglich eine Schale Reis.
Das ist nicht viel,
aber es hält uns am Leben!

Segne du die Erde,
damit die Reispflanze wachsen kann.

Segne ihren Stängel
und jedes ihrer Körnchen.

Lass uns den Reis bedächtig essen.
Gib uns den Geist des Teilens,
damit niemand mehr hungern muss.

Mit dem Reis lässt du das Gras wachsen
und die Blumen am Feldrand.
Du schickst die Sonne,
den Regen und den Wind.

Gib uns heute Reis,
damit wir leben können!

Amen.

Gebet von Mungli und Marango

- Das Brot erzählt, wozu es gut ist:
  Ich vertreibe den Hunger ...; Helfe, dass die Menschen zu Kräften kommen ...; Dass es den Menschen gut geht in der Not ...
  **Mit mir** können Menschen lange durchhalten ...;
  **Ohne mich** ... bzw. Wenn es mich nicht gäbe ...
- Sch teilen das Brot miteinander. Gemeinsam in Stille essen, kauen, schmecken.
- Führe weiter: Ich bin ein Brot. Ich ...
  Jede/r, die oder der einen Satz gesprochen hat, holt sich eine/n weitere/n Sch und bildet die ersten Glieder einer Kette. Jede/r der gerufenen Sch sucht eine neue Aussage und ruft einen weiteren in die wachsende „Kette", bis alle Sch eine Brot-Kette durch das Klassenzimmer bilden.
- Brot haben ist wichtig.
  Was noch so wichtig wie Brot sein kann!
  ... ist wie Brot; ... ist wie Brot haben.

### Das Wort Brot in anderen Sprachen kennen lernen

- Die 23 Worte für Brot aus anderen Sprachen im Rahmen über die Doppelseite **fse 12/13** können die Neugier der Sch wecken. **AB 2.1.11, Arbeitshilfen S. 71**, verrät die Herkunft.
- Vielleicht kennst du ein Land, wo Brot so bezeichnet wird.
- Du kannst dich auch in deiner Familie erkundigen.
- Du kannst dir ein Wort suchen, zu dem ich dir das Land nenne ...
  *Hinweis*: In manchen Sprachen gibt es mehrere Worte für Brot. So bezeichnet das amharische Wort *injera* ein Fladenbrot, das mit Sauerteig und Teff-Mehl, einem besonderen Mehl, das z. B. in Äthiopien angebaut wird, in großen Pfannen auf traditionellen, gemauerten Herden gebacken wird. *Dabbo* besteht aus einer anderen Mehlsorte und unterscheidet sich von *injera* in Geschmack und Herstellung.
- *Weiterführung*: Gib uns heute unseren täglichen Reis, **AB 2.1.12, Arbeitshilfen S. 71**.

### Brot als Bildwort für alles Lebensnotwendige entdecken

- Sch gehen den Hoffnungen von Menschen nach, indem sie zum Foto **fse 12** oben die Geschichte der Menschen erzählen: Was sie erwarten ...; Worauf sie hoffen ...; Was sie wünschen ...; Was sie brauchen ...; Worum sie beten ...
- Lies und erzähle, was Tobias schreibt.
- Was haben das Foto und Tobias' Brief mit dem Thema Brot zu tun? Sch finden in PA Erklärungen.

### Familien in Not begegnen

Zusätzliche Erzählmöglichkeiten bietet **AB 2.1.13, Arbeitshilfen S. 73**. Worum bitten die Familie in Brasilien und die Familie von Hannah, wenn sie beten: Gib uns unser tägliches Brot?

### Das Lied „Was ist's ..." erlernen

- Sch erfinden nach den genannten Strophen **fse 13** zur Einleitungsfrage „Was ist's, was die Menschen brauchen?" eigene Strophen. Jeweils die erste Liedzeile wird gesungen, der Antwortteil gesprochen.
- Dieser Teil kann auch gezeichnet werden. Die übrigen Sch formulieren das Bild in Worte um.
- Sch legen für sich fest, was sie brauchen (Impuls **fse 12** unten). Sie beschränken sich auf fünf Begriffe und bringen diese in eine qualitative Reihung.
- Sch sammeln und gewichten entsprechend: Es ist schlimm, wenn mir ... fehlt!
- Evtl. greift L auf das Lied „Was ein Kind zum Leben braucht" aus der 1. Jahrgangsstufe zurück (**fse 1, 56**). Es ist als Lied Nr. 21 auf der CD Liederkiste 1/2 enthalten.

## 3. Jahrgangsübergreifende Lerngruppe

Sch bereiten hier ein gemeinsames Frühstück vor. Alle sind eingebunden und helfen bei der Vorbereitung.

- Sch dürfen dankbar sein, dass sie das haben, was sie unbedingt brauchen und es miteinander teilen. Ihren Dank können sie ganz persönlich mit Gott ins Gespräch bringen: Ich denke an ... und danke für ...

Das Tischgebet können Sch als Anregung zum Tischgebet in der Familie mitnehmen (Einführung des Gebetswürfels). Sch lernen so auch allgemeine Tischsitten und den Umgang mit Lebensmitteln (SU).

# Familien in Not begegnen

## Eine Familie in Brasilien

Vater Silvio, Mutter Sandra und ihre Kinder José, Manuel, Antonia und Paulo leben in Brasilien.
Eines Tages sagt Silvio zu Sandra: „Es geht nicht mehr so weiter! Heute habe ich auf dem Markt für den Mais und die Bohnen noch weniger Geld bekommen als beim letzten Mal. Wie sollen wir die Sch durchbringen? Wir müssen wegziehen. Vielleicht finde ich in der Stadt Sao Paulo Arbeit."
Viele Tage sind die Eltern und Kinder mit ihren Habseligkeiten unterwegs. Dann erreichen sie die Stadt. Zuerst müssen sie unter freiem Himmel schlafen. Vater Silvio geht auf Arbeitssuche. Vergeblich! Er baut eine Hütte aus Wellblech mit einem Raum für alle. Die Familie lebt in großer Not.

## Ein Kind erzählt

Ich heiße Hannah, bin acht Jahre alt und gehe in die zweite Klasse. Einen Bruder habe ich auch. Er heißt Christian und ist zwölf Jahre alt. Für uns sorgt unsere Mama. Sie ist immer sehr traurig und muss oft weinen. Es hat uns alle schlimm erwischt. Mein Vater ist vor kurzem wie jeden Tag mit seinem Auto zur Arbeit gefahren. An diesem Tag ist er abends nicht mehr nach Hause gekommen. Er ist bei einem Verkehrsunfall ums Leben gekommen.
Jetzt sind wir alle in großer Not ...

# Sich versöhnen

fragen – suchen – entdecken 14/15

## 1. Hintergrund

Jeder Mensch spürt, wie schön Versöhntsein ist: Da geht's einer oder einem gut, da hat man Kräfte frei für anderes, da ist man gut drauf; es stimmt einfach. Und dann muss man oft eingestehen, dass „man" selbst daran beteiligt ist, wenn es irgendwo nicht so stimmt. Sch erleben, dass sie oft nicht gut sein können. Es gelingt dann nicht, gut miteinander zu leben; man bleibt einander oft viel „schuldig"; vieles im Leben geht daneben. Auf der „hellen" Hälfte **fse 14** erleben Sch nach, was gut tut und was traurig macht. Viele Sch kommen ja mit tiefen „Verletzungen" in die Schule. Sie tragen die große Sehnsucht in sich nach Anerkennung, Umarmung, Geborgenheit, Angenommensein. Die „dunkle" Hälfte **fse 15** soll nicht ein „schlechtes Gewissen" machen. Sie soll auch nicht anregen, auf Defizitsuche zu gehen. Vielmehr sollen Sch sensibilisiert werden, bestimmte Situationen in ihren verschiedenen Facetten wahrzunehmen und unter verschiedenen Blickwinkeln zu betrachten. Es geht auf keinen Fall um ein kurzsichtiges und vorschnelles Finden von Schuld, sondern um ein reflektierendes Überdenken der Vorfälle innerhalb eines überschaubaren Zeitraumes, eines Tages. Konsequenz aus dieser Einheit wird deshalb nicht ein vordergründiges und unverbindliches „Entschuldigen" sein, sondern es soll die Bereitschaft verstärkt werden, zu einer Atmosphäre des Versöhntseins einen je persönlichen Beitrag zu leisten. Bei allem, was Menschen schuldig bleiben, dürfen sie um die vergebende Wiederannahme durch Gott bitten: Vater unser ... nimm uns an!

## 2. Einsatzmöglichkeiten im RU

### Worte und Sätze, die verletzen, finden

- Jemand verletzt uns – wir verletzen jemanden. Ausgangspunkt ist ein Folienbild von Relix **fse 14**, der sich die Ohren zuhält. Sch können sich eine Zeitlang hinter der Figur des Relix „verstecken": Was der alles nicht mehr hören will.
- In der Mitte des Arbeitsblattes **AB 2.1.14, Arbeitshilfen S. 75** sitzt Relix. Sprechblasen sind auf ihn gerichtet. Sch tragen verletzende Worte ein, die Relix nicht hören will. Die Sch-Äußerungen können Gesprächsanlass für das Thema Gewalt in der Sprache sein. Im zweiten Teil des Arbeitsblattes reflektieren Sch eigene Situationen ihres Tagesablaufes, in denen es ihnen vielleicht ähnlich wie Relix ergangen ist. Die Bilder dienen als Sprechimpulse. Sch bewerten die angenehmen und die traurigen Augenblicke ihres Tages.

### Versöhnung nachempfinden

- Bei geeigneter Musik hören bzw. lesen Sch, was für sie ein „Ohrenschmaus" ist: Ich halte trotzdem zu dir ...
  Sch überlegen, wo sie so etwas schon gehört haben und warum das gut getan hat.
- Sch spüren Versöhnt-Sein:
  Eine Hand, die ...; einen Arm, der ...; ein freundliches Gesicht, das ...; einen Satz, der ...; ein Lob, das ...; eine Person, die ...; einen Telefonanruf, der ...; eine Nachricht, die ...; eine Tür, die ...; eine Klasse, die ...; eine SMS, die ...; einen Freund, eine Freundin, der oder die ...; eine Lehrerin, ein Lehrer ...
- Wie das klingt: Wähle ein Instrument und stelle deine Stimmung dar: Versöhnt-Sein.

### Einen Tag in meinem Leben anschauen

- Sch gestalten selbst zu den einzelnen Impulsen **fse 15** ihre Bilderfolge. Dabei mag ihnen an einzelnen Szenen aufgehen, wie schnell auch durch sie Ärger entstanden ist – wie schön es ist, wenn andere ihnen wieder gut sind – wie notwendig es ist, auch selbst wieder auf andere zuzugehen.
- Lehrkraft leitet „Reise zu mir selbst" an: *Du gehst ins Kino. Es füllt sich immer mehr. Du suchst dir einen Platz, von dem aus du gut die Bilder sehen kannst. Dann gehen die Raumlichter aus und es erscheint ein Foto von dir. Was für eine Überraschung! Unter dem Foto steht dein Vorname. Dann hörst du: Ein Tag im Leben des, der ... Dein Foto verschwindet. Es erscheint ein leerer Bilderrahmen. Darunter steht: Das war heute schön ... Das tut mir Leid ... Das will ich besser machen ...*
  Anschließend gestalten Sch ihren Tagesablauf **AB 2.1.15, Arbeitshilfen S. 75**, entsprechend den einzelnen Impulsen wie „Das war heute schön" usw. und tauschen sich darüber aus.
- Diese Situationen können Anlass zu einem Gebet sein:
  Lieber Gott, es tut mir Leid ...; Es ist schön ...; Ich bin darüber traurig.
  Sch spüren: Wenn wir am Abend auf einen Tag zurückblicken, dann gibt es Gutes und weniger Gutes. Manchmal müssen wir jemanden um Verzeihung bitten.
- Christen beten/wir beten: Vater unser im Himmel ..., vergib uns unsere Schuld, wie auch wir vergeben.

# Worte und Sätze, die verletzen

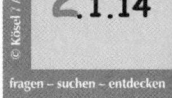

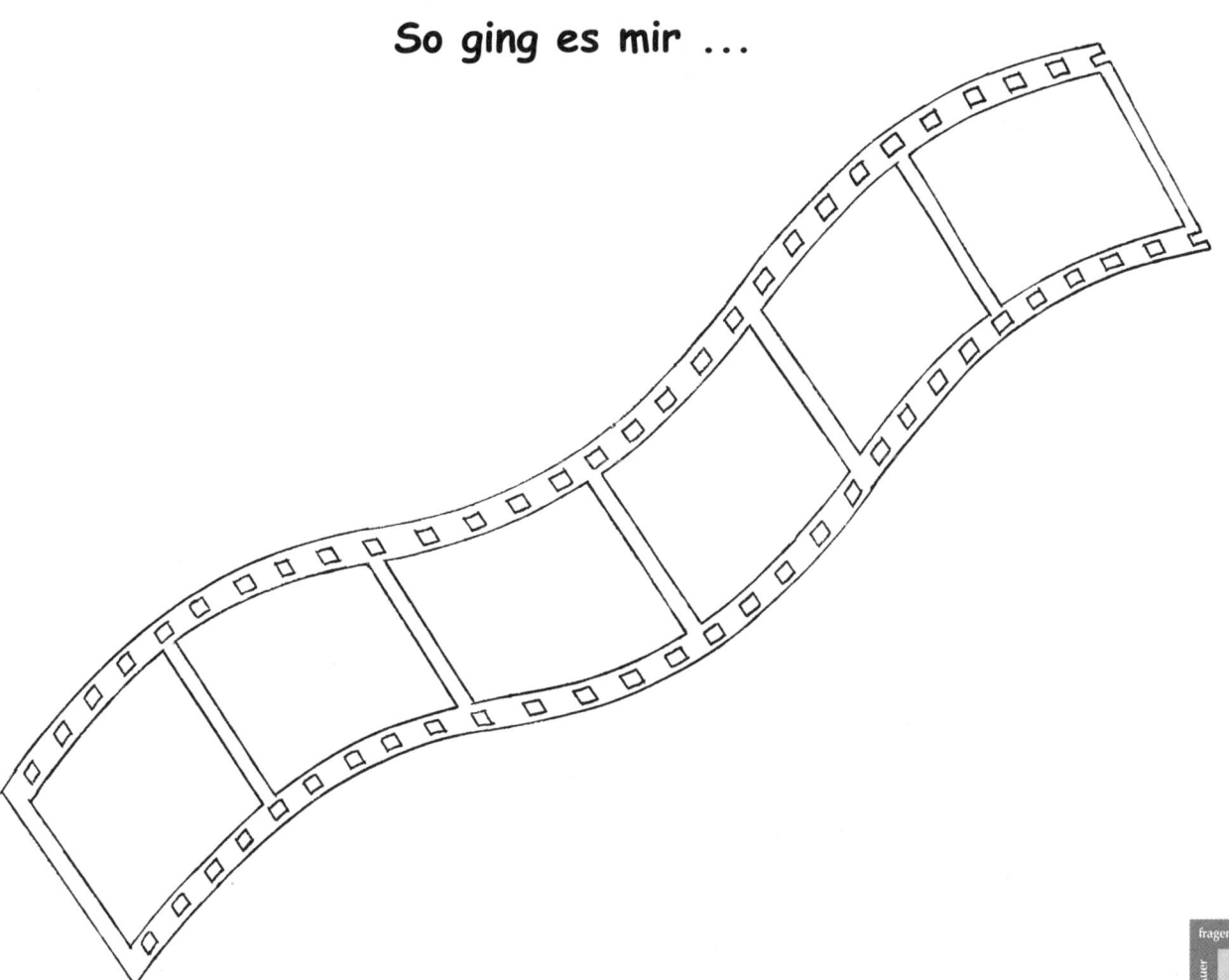

So ging es mir ...

### 3. Jahrgangsübergreifende Lerngruppe

- Die Sprechblasensätze auf **AB 2.1.14, Arbeitshilfen S. 75**, können vergrößert aufgeschrieben und in den Sitzkreis gelegt werden. Der Impuls „Hast du so etwas auch schon mal gehört ...?" dient im Deutschunterricht dem Bewusstmachen verletzender Sprache. Hier erinnern sich Sch an Alltagssituationen und schreiben auf, wie z. B. das Miteinander der Lerngruppe auch durch verletzende Worte überschattet wird.
- Der Schreibauftrag: „Es macht mich traurig, wenn ..." eröffnet jedem Kind die Möglichkeit, eigene Trauergeschichten zu schreiben. Die Texte werden mit schwarzem Karton hinterlegt. Im Verlauf der Einheit werden die Trauergeschichten wieder bei freien Gebetsformen aufgegriffen (Ich bringe meine Trauer vor Gott ...).

## Gott ist bei den Menschen

fragen – suchen – entdecken 16/17

### 1. Hintergrund

Gott um seine Nähe und Liebe bitten: Dein Reich komme! „...das Reich des Vaters ist der Bereich, in dem Gott herrscht, in dem Gott sich ‚durchsetzt'; der ‚gottdurchsetzte' Bereich" (Gruber, S. 46). Wo Gott sich durchsetzt, ist Leben. Gott ist ein Gott des Lebens. In Jesus, der das Kranke heilt und Dämonische besiegt, ist das Reich Gottes schon gekommen. Diese Gottesherrschaft ist getragen von Zuneigung und herzlichem Erbarmen. Wenn wir bitten „Dein Reich komme", dann wünschen wir uns, dass diese Liebe überall zum Durchbruch kommt, dass die Menschen im Sinne Gottes denken und tun. „Wer die Bitte um das Kommen des Reiches Gottes spricht, ist sich – bei allen ehrlich gutmeinenden und auch unerlässlichen Versuchen, zum Kommen des Reiches Gottes beizutragen – der eigenen Unzulänglichkeit bewusst und stellt die Erfüllung der Bitte demütig dem Vater anheim" (Quadflieg, S. 112).

Sch spüren, dass die Herrschaft Gottes dort nahe ist, wo Menschen in Not geholfen wird, wo Menschen getröstet werden. Sie spüren weiter, dass sich die Herrschaft Gottes dort „durchsetzt", wo Menschen sein Erbarmen leben. Gott soll unsere Welt immer mehr „durchwirken". Sein Reich kann wachsen (wie ein Senfkorn, Mt 13,31-32), wo die Menschen sich nach Gott ausrichten. Das sollen Sch auf **fse 16** entdecken.

### Literatur

Gruber, Elmar, Im Himmel auf Erden. Betrachtungen zum Vaterunser, München 2000
Quadflieg, Josef, Die Bibel für den Unterricht. Kommentar. Neues Testament, Düsseldorf 1998

### 2. Einsatzmöglichkeiten im RU

#### Die Herrschaft Gottes entdecken

- Sch erahnen in Bildern, wo das Reich Gottes anfängt.

Den Sch geht anfanghaft auf, dass Gottes Reich immer mehr wächst, wenn sich Menschen nach Gott richten, wenn Menschen füreinander da sind.

- Sch betrachten die vier Fotos auf **fse 16**. Schau die Fotos genau an! Schau, was dargestellt ist! – Suche ein Bild, das dich besonders anspricht!
- Erzähle zu deinem Bild und führe weiter: Gott ist bei den Menschen, die ... sich freuen, weinen, teilen, krank sind ...
 Gott vergisst das Kind nicht, das weint. Gott vergisst die Frau nicht, die schwer krank ist ...
 Gott ist bei den Menschen, die ... Freude bringen, weinende Kinder trösten, mit behinderten Kindern zusammenleben, sich um Kranke kümmern ...
 Wo Menschen trösten ..., ist das Reich Gottes anfanghaft da.
- Die Aussagen der Sch werden gesammelt und aufgeschrieben.
- Die einzelnen Fotos von **fse 16** und von **AB 2.1.16, Arbeitshilfen S. 77**, liegen in ausreichender Anzahl in DIN A5 bereit. Jede/r Sch wählt ein Foto aus, klebt es auf ein DIN-A3-Blatt und gestaltet ein Plakat (dicke Farbstifte) mit „Elementen", die dazu passen, entsprechend dem Auftrag: Zeichne einen „Gegenstand" (ein Symbol), das zum Reich Gottes passt! Z. B. Sonne, Blume, Licht, Herz ...
- Suche aus den bereitliegenden Duftsäckchen eines aus, das zum Reich Gottes stimmt.
- Christen beten: Vater unser im Himmel, dein Reich komme!

#### Das Vaterunser gestalten

Hinführung: Das Vaterunser ist ein besonderes Gebet. Jesus selbst hat es seine Jünger gelehrt. Christen auf der ganzen Welt beten dieses Gebet.

- Auf Folie wird das Gebet entsprechend den einzelnen Bitten nach und nach aufgeblendet. Sch decken auch im Buch nacheinander die Bitten auf. Sie sprechen dazu, was einzelne Bitten bedeuten.
- Sch schreiben das Vaterunser auf (in das Gebets-Heft bzw. Ich-Buch) und verwenden für die ver-

# Gott ist bei den Menschen, die ...

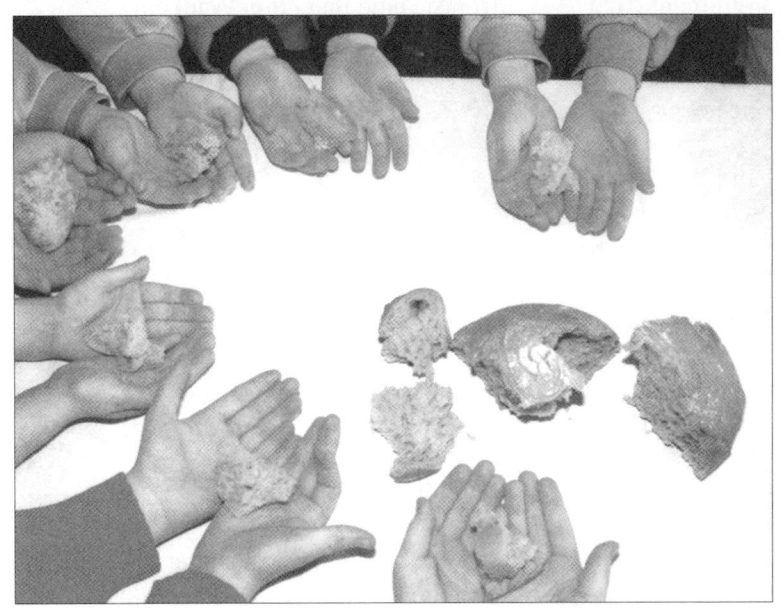

2.1.16

schiedenen Bitten unterschiedliche Farben. Sie gestalten einen schönen Rahmen um das Gebet.
- Sch wählen eine Bitte, wählen ein Instrument dazu und spielen zu ihrer Bitte eine Melodie.
Das Gebet wird gesprochen. Nach jeder Bitte spielen der Reihe nach Sch, die diese Bitte gewählt haben.
- Sch überlegen eine besondere Geste oder Bewegung für eine Vaterunser-Bitte. Sch führen schweigend ihre Gebete vor und lassen die übrigen Sch die Bitte dazu finden. Die ganze Klasse macht dann diese Geste nach bzw. Sch verteilen sich in der Klasse und vollziehen während des Gebets zu den einzelnen Bitten ihre Geste. Anregungen für L bietet **AB 2.1.17, Arbeitshilfen S. 79**.
- Eine Gruppe von etwa drei Sch wählt eine Bitte und gestaltet auf DIN-A3-Blättern aus buntem Papier ein Bild dazu. So entsteht ein buntes Klassen-Vaterunser.
- Sch gestalten Teile des Vaterunsers mit Gebärden zu dem Lied **AB 2.1.18, Arbeitshilfen S. 81**.
- Sch fertigen eine Medaille aus Ton/Efaplast mit einer Vaterunser-Bitte an. Auf der Vorderseite ritzen sie ein: Vater unser im Himmel. Auf der Rückseite ritzen sie eine Bitte ihrer Wahl ein.

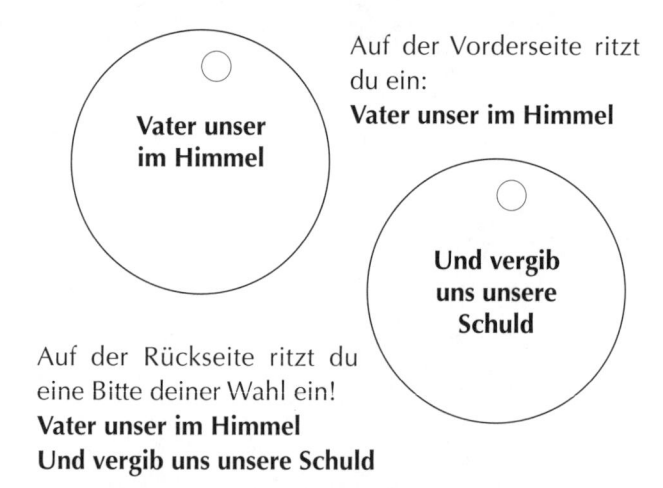

Auf der Vorderseite ritzt du ein:
**Vater unser im Himmel**

**Vater unser im Himmel**

**Und vergib uns unsere Schuld**

Auf der Rückseite ritzt du eine Bitte deiner Wahl ein!
**Vater unser im Himmel**
**Und vergib uns unsere Schuld**

- Sch können das bewegte Vaterunser (**AB 2.17, Arbeitshilfen S. 79**) auch zum Vaterunser-Lied von **AB 2.1.18, Arbeitshilfen S. 81,** ausführen.

---

## Wie Menschen anderer Religionen beten   fragen – suchen – entdecken 18/19

### 1. Hintergrund

Auf den vorhergehenden Seiten haben Sch christliches Gebetsverständnis entdeckt und mit dem zentralen Gebet des Vaterunsers vertieft wahrgenommen. Das Anliegen des Lehrplans für die Grundschule, Menschen anderer Kulturen und Glaubensüberzeugungen mit Achtung und Ehrfurcht zu begegnen, wird nun auf dieser Doppelseite **fse 18/19** aufgegriffen. Jede Religion kennt ihre eigenen Gebetsformen und Gebetstexte, die sich auch aus den heiligen Schriften, z. B. dem Alten Testament oder dem Koran, ableiten lassen. Die Fotos zeigen Muslime und Juden in ihrer je eigenen Gebetshaltung. Die Texte greifen zentrale Gebete der jeweiligen Glaubensgemeinschaft auf.
**fse 18** führt hin zum Gebetsleben des Islam. Der Islam kennt wie alle großen Religionen viele Arten des Gebetes, z. B. Bitt- und Dankgebete, Gebete aus dem Koran usw. Charakteristisch sind allerdings die rituellen Gebete, die fünfmal täglich zu verrichten sind. Bei der Durchführung des Gebetes muss die Reinheit des Ortes beachtet werden. Ein Gebetsteppich wird verwendet und die Beter/innen ziehen ihre Schuhe aus als Zeichen der Ehrfurcht vor Gott. Darüber hinaus müssen verschiedene Voraussetzungen erfüllt werden:
– Die Zeit des Gebetes muss gekommen sein, sie richtet sich nach dem Stand der Sonne. Man betet morgens, mittags, nachmittags, abends und nachts. Dienst des Muezzins, des Gebetsrufers ist es, den genau richtigen Zeitpunkt des Gebetes auszurufen.
– Die eigene Absicht zu beten muss formuliert sein.
– Die rituelle Reinheit muss gegeben sein. Die Reihenfolge der Waschungen ist genau festgelegt.
– Die Richtung des Gebetes – in Richtung Mekka – muss festgestellt sein. Dazu wird auch ein Kompass verwendet.
Das Foto rechts oben zeigt Muslime beim Gebet. Sie folgen den vorgeschriebenen Gebetszyklen:
– aufrechte Anfangsstellung,
– die Hände in Höhe des Gesichtes erhoben;
– Vorbeugung des Oberkörpers, die Hände flach auf den Knien;
– zweifaches Niederwerfen, die Hände auf den Gebetsteppich gelegt;
– zurück in die aufrechte Position.
Die betende Muslima ist in der vorgeschriebenen Kleidung zu sehen. Lange weiße Kleider, die die ganze Gestalt verdecken und vor heißem Klima schützen, werden von den Muslimen bevorzugt. Der Schleier der Frauen, der das Haar vollständig verdeckt, ist ein Zeichen für die Unantastbarkeit der Person.
Die Haltung des Mädchens drückt großes Gesammeltsein und innere Hingabe aus. Ihr ruhiges Sitzen, die Haltung der Hände und der nach innen gekehrte Blick zeigen ihre Achtung und Ehrfurcht vor Gott.
Das kalligrafische Schriftzeichen ist die *Basmala*, eine religiöse Formel, die im Alltag eines jeden Muslims

# Bewegtes Vaterunser

**1 Vater unser im Himmel** – Aufrecht stehen, Arme geöffnet nach oben halten.

**2 geheiligt werde dein Name** – Die Arme werden von der seitwärts geöffneten Haltung als Zeichen der Sammlung (Ez 36,23 f.) durch Gott zum Körper herangeführt.

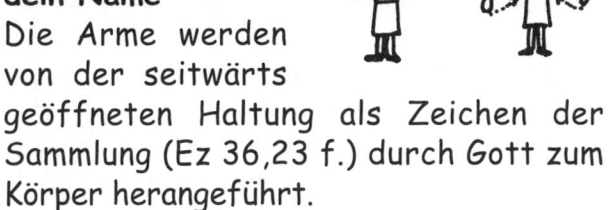

**3 Dein Reich komme** – In einer großen Armbewegung soll die ganz-machende Fülle des Reiches Gottes ausgedrückt werden: Die Arme drücken sowohl in der Horizontalen wie Vertikalen um den Körper herum wie in einem Kreis oder einer Kugel die Ganzheit aus.

**4 Dein Wille geschehe** – Sich mit gefalteten Händen verneigen (Handflächen aneinander legen).

**5 wie im Himmel, so auf Erden** – Schritt, einen Arm hoch, dann den anderen tief führen (Himmel und Erde).

**6 Unser tägliches Brot gib uns heute** – Stehen, Hände als offene Schale nach oben halten und dann zur Mitte heranführen.

**7 und vergib uns unsere Schuld** – Sich nach vorne neigen, die Arme über der Brust gekreuzt.

**8 wie auch wir vergeben unseren Schuldigern** – Die Arme seitwärts ausstrecken und mit den Handflächen nach außen die der Nachbarn berühren und Vergebung weitergeben.

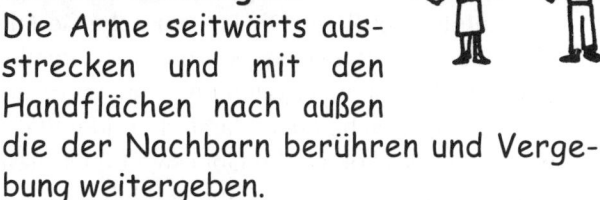

**9 und führe uns nicht in Versuchung** – Ausfallschritt, mit der erhobenen rechten Hand nach vorne und mit der abweisenden linken nach hinten abwehren.

**10 sondern erlöse uns von dem Bösen** – Als Zeichen der Erlösung und Befreiung die freie, geöffnete Armhaltung nach oben.

**11 denn dein ist das Reich** – Die geöffneten Arme wie bei der zweiten Bitte um den Körper führen.

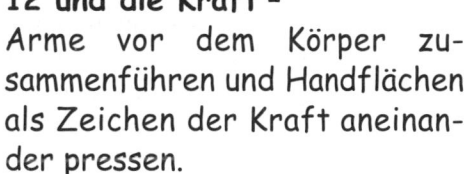

**12 und die Kraft** – Arme vor dem Körper zusammenführen und Handflächen als Zeichen der Kraft aneinander pressen.

**13 und die Herrlichkeit in Ewigkeit** – Geöffnete Armhaltung wie zu Beginn.

**14 Amen** – Hände zur Sammlung vor dem Körper falten.

präsent ist. „Im Namen Gottes, des Erbarmers, des Barmherzigen", das sind die Worte, die alle Suren des Korans – außer der neunten – eröffnen. Mit diesen Worten beginnen die Gläubigen viele ihrer Handlungen, die sie unter Gottes Schutz stellen wollen, z. B. den Antritt einer Reise. Die kalligrafische Gestaltung dieser Formel verspricht Segen. Sowohl in öffentlichen Räumen als auch im privaten Bereich findet man die *Basmala* als Zeichen der islamischen Identität. Sch werden an das koranische Gotteswort über die *Basmala* herangeführt. Einen Jungen lehrt man ihre Worte, wenn er vier Jahre, vier Monate und vier Tage alt ist (vgl. Miehl, S. 25).

### Der Koran

Das heilige Buch des Islam enthält die Worte Allahs. Es wird überliefert, dass ein Engel sie dem Propheten Muhammad offenbart hat. Weil Muhammad nicht schreiben konnte, lernte er die Worte auswendig. Freunde haben sie dann für ihn aufgeschrieben. Die Sprache des Koran ist arabisch und soll nicht verändert werden. In so genannten Koranschulen lernen die Kinder den Koran in arabisch zu lesen und zu schreiben.

### Kalligrafie

Im Koran und in den Moscheen gibt es keine Bilder; Allah kann nicht abgebildet werden. Die wichtigen Worte werden dafür umso kostbarer und schöner geschrieben, gemalt, als Mosaik gestaltet ... und verzieren Bücher und Wände.

**fse 19** führt ein in die Gebetspraxis des Judentums, der ältesten monotheistischen Religion. Es ist die Religion Jesu, in ihr liegen die Wurzeln des Christentums und des Islam. Als Beispiele für die jüdische Gebetspraxis zeigen die Fotos **fse 19** einen Juden in traditioneller Gebetskleidung und Betende vor der Klagemauer in Jerusalem als besonderer Stätte des Gebetes der Jüdinnen und Juden. Zettel mit Bitten und Dank sind in die Mauerritzen gesteckt.

Die Anleitung zum Gebet und für die Kleidung finden die Juden in der Tora, das ist der wichtigste Teil des Alten Testamentes, die Heilige Schrift der Juden, und im Talmud, ihrem Gesetzes- und Religionswerk, das Kommentare zur Tora enthält. Die Tora enthält die fünf Bücher Mose und wird beim Gottesdienst in der Synagoge vorgelesen. Als gemeinsamen Gebetsschatz haben Juden und Christen vor allem die Psalmen. Zum Gebet hüllt sich der gläubige Jude in den Gebetsmantel, den *Tallit*. Das ist ein rechteckiger, weißer Schal, der von schwarzen, blauen oder mehrfarbigen Streifen durchzogen wird. In den Stoff kann der Name Gottes oder ein Segensgebet eingewebt sein. An den vier Ecken sind die Schaufäden, die *Zizit*, befestigt. Die vier Fäden werden so verknüpft, dass die Anzahl der Knoten und Umwicklungen der Zahl nach dem Gottesnamen JHWH entsprechen. „Im Stoff der uns umgebenden Wirklichkeit den Namen Gottes lesen zu können" (Ouaknin, S. 16), das steckt als Bedeutung hinter diesem Ritus. Das „Sh´ma Israel" – „Höre Israel, Jahwe, unser Gott, ist einzig" ist das wichtigste Gebet der Juden, ähnlich wie die *Basmala* den Muslimen. Im Buch Deuteronomium sind diese Worte aufgeschrieben, ebenso wie das Gebot, sie den Kindern weiterzuerzählen, sie als Zeichen um das Handgelenk und um die Stirn zu binden und sie am Türpfosten eines Hauses aufzuschreiben (vgl. Dtn 6,4-9). So trägt der betende Jude die *Tefillin*, kleine lederne Gehäuse, die mithilfe schmaler Lederriemen an der linken Hand und an der Stirn befestigt werden. Mit der Kleidung zeigt ein Jude seine Gebetseinstellung: Er ist von Gott umgeben und beschreitet im Gebet den Weg zu Gott. Ein weiterer verpflichtender Brauch im Alltag ist die *Kippa*, ein Häkel- oder Stoffkäppchen, das die Männer immer auf dem Kopf tragen. Der Mensch setzt eine symbolische Grenze auf sein Haupt, um auf seine Endlichkeit hinzuweisen (vgl. Ouaknin, S. 118). Ein gläubiger Jude ist überzeugt, dass Gott seine Gebete überall hört. Ein ganz besonderer Gebets-und Wallfahrtsort ist jedoch die einzige Mauer, die noch vom alten Tempel in Jerusalem erhalten ist, die Westmauer oder Klagemauer. In den Ritzen und Spalten des Mauerwerks stecken viele Zettel, auf denen Menschen ihre Gebete und Anliegen aufgeschrieben haben. Sie können so leichter glauben, dass Gott ihre Gebete nicht vergisst (vgl. Self, Nr. 10).

## Literatur

Chebel, Malek, Symbole des Islam, Augsburg 2000
Miehl, Melanie, 99 Fragen zum Islam, Gütersloh 2001
Ouaknin, Marc-Alain, Symbole des Judentums, Augsburg 2000
Self, David, Jugendhandbuch Weltreligionen, Gießen 1998

## 2. Einsatzmöglichkeiten im RU

### Gebetsformen und -haltungen aus anderen Religionen kennen lernen

- Sch entdecken auf den Fotos Menschen von anderem Aussehen und in anderer Umgebung beim Gebet.
- Vorwissen, z. B. durch Auslandsreisen oder die Begegnung mit Muslimen und Juden im eigenen Lebensumfeld, wird eingebracht.
- Sch beschreiben die Haltungen der betenden Menschen, vollziehen sie andächtig nach und vergleichen sie mit den ihnen vertrauten Gebetshaltungen: Wenn Christen gemeinsam beten, dann stehen sie

# Vaterunser-Lied

T: Liturgie / M: Peter Janssens
© Peter Janssens Musikverlag, Telgte-Westfalen

Vater unser im Himmel, geheiligt werde dein Name.
Dein Reich komme,
Dein Wille geschehe, wie im Himmel, so auf Erden,
Unser tägliches Brot gib uns heute,
Und vergib uns unsere Schuld, wie auch wir vergeben unsern Schuldigern.
Und führe uns nicht in Versuchung,
sondern erlöse uns von dem Bösen.
Denn dein ist das Reich und die Kraft und die Herrlichkeit in Ewigkeit.
Amen. Amen.

fragen – suchen – entdecken

2.1.18

oft, etwa bei unserem Schulgebet am Morgen. Christen kennen auch das Sich-Niederknien vor Gott und das Sich-Verneigen. Vgl. auch die Geschichte „Mesut" **AB 2.1.19, Arbeitshilfen S. 83**.
- Sch vergleichen auch **fse 6**: Tanz und Bewegung als besondere Gebetsformen.

**Wie Muslime beten**
- Muslimische Kinder in die Klasse einladen. Sie bitten, von ihrem Glauben und vom Gebet in ihrer Religion zu erzählen. Oder mit der katholischen Lerngruppe vorher Fragen gemeinsam formulieren und in den Klassenunterricht einbringen.
- Sch lassen sich von der Kunst der Kalligrafie anregen und gestalten den ersten Buchstaben des Vaterunsers, z. B. mit den im Islam häufig verwendeten Farben blau, gold, grün: **AB 2.1.20, Arbeitshilfen S. 83**.
- Mit Sch anderer Religionen zusammen wird eine multireligiöse Morgenfeier vorbereitet und durchgeführt: **AB 2.1.21, Arbeitshilfen S. 84 f**. („Die 99 schönsten Namen Gottes", **AB 2.1.22, Arbeitshilfen S. 87**, dienen nur zur Hintergrundinformation für L; ein Angebot zur Auswahl durch Sch enthält **AB 2.1.21**).

**Jüdische Gebetsformen entdecken**
- Sch beschreiben die Gebetskleidung des Mannes **fse 19**. L erklärt die Bedeutung von Gebetsschal und Gebetsriemen (vgl. Arbeitshilfen S. 80).
- L erzählt von dem besonderen Gebetsort der Jüdinnen und Juden, der so genannten Klagemauer.
- Im Klassenzimmer gestalten Sch eine Pinnwand o. Ä. als „Klagemauer": Sch schreiben ihre Anliegen auf kleine Zettel und heften sie verdeckt (Rückseite nach vorne) an. Die Gebete werden in einer gemeinsamen Feier anonym vorgelesen.
- Sch lernen das Wort „Schalom" als wichtiges hebräisches Wort kennen, mit dem sich Juden nicht nur Frieden, sondern ein Leben in Zufriedenheit und Wohlergehen und Heil für Körper und Seele wünschen.
- Sch lernen dazu ein Lied in hebräischer Sprache: Hewenu schalom alejchem, übersetzt: Wir bringen Frieden für alle: **AB 2.1.23, Arbeitshilfen S. 87**.
- Sch besuchen eine Synagoge oder einen jüdischen Friedhof (falls möglich).
- Ein jüdischer Mitbürger/eine jüdische Mitbürgerin wird in den Unterricht eingeladen.

## loben und danken

fragen – suchen – entdecken **20**

## 1. Hintergrund

Ingo Baldermann zeigt in seinem Buch „Wer hört mein Weinen – Kinder entdecken sich selbst in den Psalmen" sehr ausführlich einen Weg, mit Kindern die eher belastete Bedeutung des Wortes „loben" neu zu entdecken. Es geht im biblischen Sinne nicht um „ein pädagogisches Loben von oben herab, sondern in umgekehrter Richtung, von unten nach oben" (Baldermann, S. 82).

Kinder das Loben zu lehren gelingt nur, wenn „wir sie zunächst für die Schönheit und Kostbarkeit des Lebens sensibilisieren. Das erste Wort des Lobes ist das der Freude am Leben ... Schon das Wortfeld des Lobens führt uns nachdrücklich vor Augen, was hier eigentlich geschieht: Die dazugehörigen hebräischen Verben sprechen vom Singen und Spielen, vom Jauchzen und Jubeln, vom Lachen und von der Freude. Dies alles gehört konstitutiv zum Loben hinzu. Das andere gehört freilich auch dazu: danken und bekennen, erzählen und verkünden, Gott rühmen und groß machen" (a. a. O., S. 90). Die Aussage eines Zehnjährigen bringt es eigentlich schon auf den Punkt: „Loben – das ist doch wie lieben. Wenn man was liebt, dann lobt man das!" (a. a. O., S. 83) Wenn also das Lob die Sprache der Freude und der Liebe ist, dann geht es darum, unseren Sch Anlässe zur Freude an der Welt und am Leben zu zeigen: Ein Sonnenauf- oder -untergang kann es sein, der das Herz bewegt und spontanes Lob hervorruft, weil hier spürbar werden kann, dass die Schönheit der Welt uns geschenkt ist von einem „Herrn, der erhaben ist über alle Völker" (Ps 113,4). Alle Anlässe zum Staunen über die Schöpfung, die wir mit den Sch finden, können ebenso Anlässe zum Loben und Danken werden. Der Ausdruck der Freude geschieht nicht nur im gesprochenen Wort, Freude drängt vielmehr zum Singen und Spielen, zum Tanzen und Klatschen.

So vereint diese letzte Seite **fse 20** des Kapitels über das Beten drei Elemente: das Foto im Hintergrund von einem Sonnenuntergang im Meer; den Text aus Psalm 113 und seine Vertonung in einem Lied, das zu Bewegung und Tanz auffordert. Dass Beten ein ganzheitliches Geschehen ist, wird noch einmal ganz deutlich.

## 2. Einsatzmöglichkeiten im RU

### Über die Schönheit der Welt staunen
- Verschiedene Naturfotos, evtl. Kalenderbilder oder Postkarten zur Auswahl: Sch wählen ein Foto, das sie anspricht. Im Stuhlkreis werden die Fotos prä-

## Mesut, der Neue in der Klasse

Seit zwei Tagen ist ein Neuer in der Klasse von Alex und Jule: Mesut, ein türkischer Junge. Er ist schon seit mehreren Jahren in Deutschland und spricht sehr gut Deutsch. Mesut ist ein fröhlicher Kerl, der bei jedem Spiel mitmacht, besonders beim Fußball in der Pause.
Heute ist in der dritten Stunde Religionsunterricht. Mesut geht wie selbstverständlich mit den anderen Kindern. Doch für Frau Moll ist es gar nicht selbstverständlich, dass er am Religionsunterricht teilnimmt. „Weißt du, Mesut", sagt sie, „von mir aus kannst du gerne bei uns mitmachen, aber ich weiß nicht, ob deine Eltern einverstanden sind. Du musst sie zuerst fragen. Für heute aber bist du unser Gast." Und so sitzt Mesut zwischen Jule und Peter und hört zu, was Frau Moll bespricht. „Wir können Gott nicht so mit unseren Augen sehen, wie wir einen Schrank oder den Nachbarn sehen. Aber wir können ihn spüren, besonders wenn wir beten." Die Sch erzählen, wann sie beten.
Plötzlich fragt Jule den Neuen: „Mesut, betest du auch?" – „Der kann doch nicht beten, der glaubt doch nicht an Gott", sagt Peter schnell dazwischen. „Doch." Mesut schaut ihn böse an. „Natürlich glauben wir an Gott, wir sagen Allah zu ihm. Und wir beten oft. Kinder brauchen es noch nicht, aber ich bete manchmal zusammen mit meinem Vater. Er betet jeden Tag fünfmal, morgens früh das erste und abends spät das letzte Gebet. Und er lässt das nie aus." – „Fünfmal am Tag beten", Alex ist ganz erstaunt, „das tun wir nicht. Ich bete abends im Bett. Und manchmal vor der Klassenarbeit. Und in der Schulmesse. Manchmal vergesse ich es auch." Mesut erzählt weiter: „Jeden Freitag treffen wir uns mit vielen anderen Türken. Alle glauben an Allah, alle beten zu ihm. Das finde ich toll, wenn wir uns miteinander vor Gott verneigen. Und danach verbeugen wir uns auch voreinander, weil wir Frieden wollen." –
„Das ist so ähnlich wie bei uns Christen der Friedensgruß vor der Kommunion im Gottesdienst", sagt Frau Moll. „Vielleicht können wir uns mit diesem Gruß heute voneinander verabschieden: 'Der Friede Gottes sei mit euch.'" „As – salâmu ´alaikum", antwortet Mesut.

*Hermann-Josef Frisch*

## Kalligrafie erproben

Muslime verwenden für ihre Zierschrift oft die Farben gold, blau und grün.
Wir lassen uns anregen von der Schönschrift und gestalten den ersten Buchstaben des Vaterunsers in diesen drei Farben.
Schreibe einen Satz aus dem Vaterunser in einer besonders schönen Schrift!

# Bausteine für eine

In Klassen, in denen Sch auch anderer Religionen während des Religionsunterrichts anwesend sind, könnte hin und wieder die Woche mit einer kleinen gemeinsamen Feier begonnen werden, die Anliegen aufgreift, die in allen Religionen wichtig sind und auf ihre je eigene Weise thematisiert werden, z. B. Frieden, Bewahrung der Schöpfung, Erfahrung von Leid. Auch jüngeren Sch kann schon bewusst gemacht werden, dass eine solche Feier nur möglich ist in der Anerkennung der Unterschiede, die z. B. in der Auffassung der Intention eines Gebetes liegen, und im Entdecken des Gemeinsamen. Es geht bei einer gemeinsamen Feier nicht um das Verwischen von Unterschieden, sondern um die Erfahrung: Trotz unserer Unterschiede kommen wir gut miteinander aus. Deshalb übernehmen wir nicht einfach Gebetsformen und Haltungen der anderen oder machen sie nach, sondern wir feiern multireligiös, d.h. einer wohnt in Achtung und Ehrfurcht dem Gebet der anderen bei.

Die Feier findet in einem Steh- oder Stuhlkreis statt, in dessen Mitte eine Kerze brennen kann. Auf die Präsentation von liturgischen Gegenständen oder religiösen Zeichen wird bei dieser Form selbstverständlich verzichtet.

- Eröffnung der Feier mit einem **Lied, das Zusammengehörigkeit ausdrückt**, z. B. „Ich gebe dir die Hände."

T: Rolf Krenzer
M: Ludger Edelkötter

1. Ich gebe dir die Hände und schau dir ins Gesicht. Dass wir so ganz verschieden sind, das stört uns beide nicht. Ich gebe dir die Hände, da kann es jeder sehn, dass du und ich, dass ich und du, dass wir uns gut verstehn.

Kehrvers La-la-la-la-la-la-la-la-la-la-la-la-la-la-la-la-la-la-la-la-la-la-la-la-la-la-la-la-la-la-la-la.

2. Wir bauen eine Brücke
vom Mensch zum Menschen dann
mit Liebe und mit Zuversicht.
Vertraue dich mir an!
Wir halten uns die Hände
und wolln die Brücke baun,
dass du und ich, dass ich und du
einander stets vertraun.

3. So stark wird diese Brücke
vom Mensch zum Menschen sein.
Und wenn wir fest zusammenstehn,
dann stürzt sie niemals ein.
Wir halten uns die Hände
und wolln die Brücke baun,
dass du und ich, dass ich und du
einander stets vertraun.

# multireligiöse Morgenfeier

- Je ein/e Sch der verschiedenen Religionen, die vertreten sind, spricht ein **Morgengebet** in der eigenen Sprache und in der entsprechenden Gebetshaltung. Die anderen Sch stehen andächtig dabei.
- Wir können **Gott ansprechen** mit vielen verschiedenen Namen:

Vorbereitend dazu wählen muslimische Sch aus der Aufzählung unten 3 (oder 5) Anreden aus, die sie besonders ansprechen. Sie sind eine Auswahl aus der im Islam bekannten Litanei der 99 schönsten Namen Gottes.
Die christlichen Sch wählen 3 (oder 5) Anreden für Gott aus, die sie besonders ansprechen. Sie stammen aus einer Namen-Gottes-Litanei (z. B. GL 763).
Die Anrufungen können so eingeleitet werden:

*Gott, Menschen sind auf der Suche nach dir. Dabei finden sie immer wieder neue Namen für dich. Jeder Name erzählt eine Geschichte, die Menschen mit dir erlebt haben. So rufen wir dich jetzt an:*

*z. B. muslimisch:*
*Allah,*
*Erbarmer, König, Heiliger, der Friede ist, der Gute, der Freund und Beschützer, der Leben schenkt, das Licht, der Barmherzige, der Große, der die Gebete erhört*
*...*

*z. B. christlich:*
*Gott,*
*dein Name werde geheiligt, wir rufen dich:*
*Du Höchster, Lebendiger, Vater, Herr, Schöpfer der Welt, Heiliger, Anfang und Ende, Licht, Fels, Burg, König, Hirt, Gott im Himmel, Gott in unserer Mitte ...*

- Aktion:
- Anzünden von Lichtern für den Frieden in unseren Familien, Klassen, Städten, auf der Welt.
- Es eignen sich auch verschiedenste Naturmaterialien zur Gestaltung:
  z. B. mit Steinen Wege zueinander legen,
  oder: mit Steinen, die weiße Linien haben, einen gemeinsamen Steinkreis legen,
  oder: mit Blüten Wünsche für den Tag aussprechen,
  oder: Lebenszeichen in eine Schale mit Sand zeichnen (Sonne, Haus, Baum ...),
  oder: in zwei Schalen einander Wasser weitergeben: Ein Sch hält die leere Schale, ein anderer Sch füllt aus seiner vollen Schale Wasser hinein (ausgedrückt wird damit, dass wir füreinander wie Wasser sein können),
  oder: Brot miteinander teilen.

- Zum Abschluss der Feier formuliert L eine **Friedensbitte**,
  z. B. *Gott, begleite uns an diesem Tag und hilf uns, in Frieden miteinander zu leben.*
  Die Sch reichen sich die Hände und sprechen einander den Frieden zu.

sentiert mit den Satzanfängen: Ich freue mich an, über, dass ...; Auch mir gefällt ...
- Mit Psalmworten beten: Psalmsätze von **fse 8/9** werden aufgegriffen und den Fotos zugeordnet.
- Zusätzlich bietet **AB 2.1.24, Arbeitshilfen S. 88**, Sätze aus den Lobpsalmen. Sch ordnen sie den Naturfotos zu.
- Die Fotos und die Psalmsätze werden zu einem Klassengebet zusammengefügt und im Zusammenhang als eigener Psalm gebetet.

### Mit dem ganzen Körper beten
- Entsprechend dem Impuls **fse 20** zeigen Sch mit ihrem Körper den Sonnenauf- und -untergang. Sie finden Gesten des Lobes (vgl. auch **fse 7**).
- Sch tanzen zum Lied **fse 20**. Die Tanzanleitung bietet **AB 2.1.25, Arbeitshilfen S. 89**.
Das Lied kann auch mit folgender Textvariante gesungen werden:
„Vom Aufgang der Sonne bis zu ihrem Untergang sei gelobet der Schöpfer der Welt."
Einen schönen Effekt gibt es, wenn Sch zum Tanz gelbe oder orangefarbene Krepppapierbänder oder Chiffontücher um die Handgelenke binden.

## 3. Jahrgangsübergreifende Lerngruppe

### Gebetserziehung soll Unterrichtsprinzip während des ganzen Schuljahres sein:
- Eine Gebetskerze für die Klasse gestalten.
- Eine Gebetsecke im Klassenzimmer einrichten oder um das Kreuz eine jahreszeitliche Gestaltung anbringen.
- Einen Gebetswürfel mit den schönsten Klassengebeten basteln.
- Je nach Jahreszeit ein Mandala aus Naturmaterialien legen.
- Einen Gebetskalender basteln: **AB 2.1.26, Arbeitshilfen S. 89**.
- An einer Pinnwand bringen Sch ihre Wünsche, Fragen, Gebete an. Von Zeit zu Zeit werden die Zettel Gegenstand des Unterrichts.

## Literatur

### zum Thema Gebet
Both, Daniela/Bingel, Bela, Was glaubst du denn?, Münster 2000
Brown, Alan/Langley, Andrew, Woran wir glauben. Religionen der Welt – von Kindern erzählt, Lohr 1999
Korherr, Edgar, Beten lehren – Beten lernen. Ein Grundkurs der Gebetspädagogik, Graz 1991
Rendle, Ludwig, Zur Mitte finden. Meditative Formen im Religionsunterricht, Donauwörth 2002
Weidinger, Norbert/Straßmann, Kirsten, Die allerschönsten Kindergebete, Augsburg 2000
Steinwede, Dietrich/Ryssel, Ingrid (Hg.), Weltreligionen erzählen und verstehen, Gütersloh 1999

### zu den Psalmen
Baldermann, Ingo, Wer hört mein Weinen? Kinder entdecken sich selbst in den Psalmen, Neukirchen-Vluyn 1986
Oberthür, Rainer, Kinder und die großen Fragen. Ein Praxisbuch für den Religionsunterricht, München $^5$2003, bes. In Bildworten der Bibel sich selbst entdecken. Umgang mit einer „Psalmwort-Kartei" in Religionsunterricht und freier Arbeit: S. 81-94
ders., Worte der Psalmen – Sich selbst, das Leben und Gott entdecken, in: F. W. Niehl (Hg.), Leben lernen mit der Bibel. Der Textkommentar zu „Meine Schulbibel", München 2003, S. 326-341

### zu den Weltreligionen
Chebel, Malek, Symbole des Islam, Augsburg 2000
Miehl, Melanie, 99 Fragen zum Islam, GTB 1203, Gütersloh 1998
Ouaknin, Marc-Alain, Symbole des Judentums, Augsburg 2000
Schimmel, Annemarie, Dein Wille geschehe. Die schönsten islamischen Gebete, Kandern 2000
Self, David, Jugendhandbuch Weltreligionen, Gießen 1998

### Medien
Bolliger, Max/Zavrel, Stevan, Jakob der Gaukler, Zürich 1992 (Bilderbuch und Dias; Beten mit den Fähigkeiten, die man hat)
Steyl-Tonbild: Du verstehst mich, lieber Gott (einzelne Gebete und Bilder zum situativen Einsatz)
Veit, R./Köck-Scholz, Beten, eine Diathek. Impulsstudio Hildesheim (Dias und Gebetsbeispiele)

# Hebräisch vom Frieden singen

He - we - nu scha - lom a - lej - chem, he - we - nu scha - lom a - lej - chem, he - we - nu scha - lom a - lej - chem, he - we - nu scha - lom, scha - lom, scha - lom a - lej - chem.

Wir brin - gen Frie - den für al - le, wir brin - gen Frie - den für al - le, wir brin - gen Frie - den für al - le, wir brin - gen Frie - den, Frie - den, Frie - den für die Welt.

## Die 99 schönsten Namen Gottes

der Erbarmer – der Barmherzige – der König – der Heilige – der Friede ist – der Treue – der wache Berater – der Mächtige und Prächtige – der ganz Starke – der Großartige – der Hervorbringer – der Gestaltende – der Schöpfer – der stets Vergebende – der in allem Vorherrschende – der stets Gebende – der Verteiler (aller Güter) – der Öffnende und Offenbarende – der Allweise – der beengt – der weitet (das Leben und die Brust der Diener) – der erniedrigt – der zu Würden erhebt – der Ehren und Macht verleiht – der demütigt – der Allhörende – der Allsehende – der Richter – der vollkommen Gerechte – der Wohlwollende – der Kluge, Verstehende – der Gütige – der Herrliche, Mächtige – der Vergebende – der Dankbarkeit beantwortet – der Hohe – der Große – der starke Bewahrer – der Ernährende – der Rechenschaft fordert – der Majestätische – der Großmütige – der genaue Beobachter – der gütig Erhörende (der die Gebete erhörte) – der Weise – der Allgegenwärtige – der Allerliebevollste – der Glorreiche – der aus dem Tod zum Leben ruft – der Zeuge – der Wahre – die Wahrheit – der alles mit Vollmacht tut – der Starke – der unerschütterlich Zuverlässige – der Freund und Beschützer – der Preiswürdige – der Aufzeichner allen Geschehens – der den Anfang setzt – der Leben aus dem Tod zurückbringt – der Leben schenkt – der Lenker des Todes – der Lebendige – der in sich selbst Bestehende – der Finder – der Verherrlichte – der Eine und Einzige – der Ewige – der Mächtige – der Bestimmende – der näherbringt – der aufhält – der Erste – der Letzte – der Sichtbare – der Verborgene – der Herrschende – der Erhabene – der gerechte Wohltäter – der Reue annimmt und zu ihr führt – der Rächer (der die Ungehorsamen züchtigt) – der Nachsichtige (der die Sünden auslöscht) – der Nachsichtige, Freundliche – der König aller Königreiche – der Herr der Majestät und der Freigebigkeit – der jedem Gerechtigkeit gibt – der Versammler – der sich selbst Genügende – der Reichmachende – der Geber – der Zurückhaltende – der Heimsuchungen schickt – der Förderung schenkt – das Licht – der Führer und Leiter – der Unvergleichliche – der Ewige ohne Ende – der alles Erbende – der auf den geraden Weg führt – der Allergeduldigste

# Aus den Lobpsalmen

Gott, mein Gott,
groß bist du!
Du hüllst dich in Licht
wie in ein Kleid.
*Ps 104,1 f.*

Da ist das Meer,
so groß und weit.
*Ps 104,25*

Du lässt die Quellen
hervorsprudeln in den Tälern.
Sie eilen zwischen den Bergen
dahin.
Alle Tiere trinken daraus.
*Ps 104,10 f.*

In den Bäumen
bauen die Vögel ihr Nest.
*Ps 104,17*

Du lässt Pflanzen
für den Menschen wachsen,
die er anbaut,
damit er Brot gewinnt.
*Ps 104,14*

Dir gehört der Tag
und auch die Nacht.
Sommer und Winter
hast du geschaffen.
*Ps 74,16 f.*

Ich will jauchzen
und mich freuen.
*Ps 9,3*

Ich will dem Herrn singen,
solange ich lebe.
*Ps 104,33*

# Tanz: Vom Aufgang der Sonne

| | | |
|---|---|---|
| Aufstellung: | Alle stehen in einem Kreis mit dem Gesicht zur Mitte oder in zwei bis vier konzentrischen Kreisen. Die Hände sind in V-Haltung durchgefasst. |  |
| Vom Aufgang der Sonne | Langsam die Arme nach oben führen. |  |
| bis zu ihrem Niedergang | Langsam die Arme absenken. |  |
| sei gelobet der Name des Herrn, | Mit zwei Schritten in Tanzrichtung gehen. Zur Mitte gewendet nach rechts-seit und links-seit wiegen. | 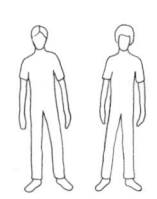 |
| sei gelobet der Name des Herrn. | Mit zwei Schritten in Tanzrichtung gehen. Zur Mitte gewendet rechts-seit und links-seit wiegen. | |

# Wir basteln einen Gebetskalender

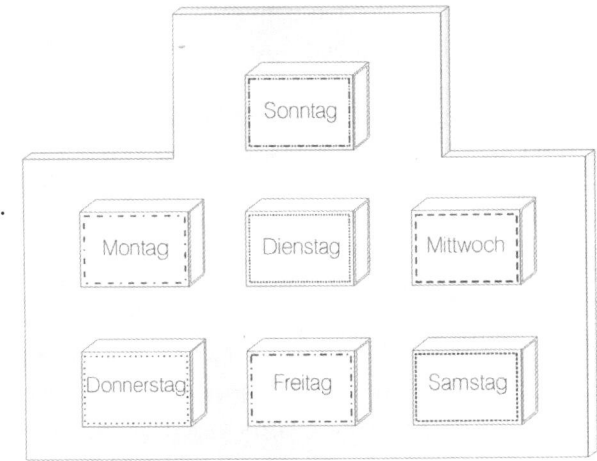

Was ihr braucht:
ein Stück Karton, farbiges Papier, sieben kleine Zettel, sieben Streichholzschachteln, Schere und Klebstoff

Und so geht's:
Teilt euch in sieben Gruppen, jede für einen Wochentag. Einigt euch auf ein Gebet, das ihr schön findet und gerne betet. Schreibt es in schöner Schrift auf einen der kleinen Zettel.
Verziert eure Streichholzschachtel mit Buntpapier; beschriftet die Schachtel mit „eurem Wochentag". Dann legt ihr den Gebetszettel hinein. Vielleicht müsst ihr das Papier falten oder zusammenrollen.
Klebt nun eure Streichholzschachtel auf den Karton, so wie die Abbildung es zeigt.

So nutzt ihr den Gebetskalender:
An jedem Schultag holt eine/r von euch ein Gebet aus der Schachtel und betet es vor. Die Gebetszettel könnt ihr ab und zu erneuern. Wenn du einen Gebetskalender für zu Hause bastelst, kannst du auch die Sonntags-Schachtel öffnen!

# 2 Miteinander leben

## 1. Religionspädagogische und theologische Hinweise

### Miteinander leben

Das Zusammenleben der Menschen kennt zahlreiche Facetten. In diesem Themenbereich stehen die Beziehungen der Sch innerhalb ihrer Familien und ihres Freundeskreises im Mittelpunkt. Anhand der Josef-Geschichte werden diese Beziehungen exemplarisch ‚durchgearbeitet'. Es geht dabei vor allem um die Anbahnung grundlegender sozialer Kompetenzen: sich in andere Personen hineinversetzen, Gefühle und Beziehungen ausdrücken, über Konflikte nachdenken.

Sch können sich in der Josef-Geschichte mit ihren Ängsten und Träumen wiederfinden und sich mit Fragen auseinander setzen, die für sie wichtig sind. Die Identifikation mit Josef, seinen Brüdern, auch mit dem Vater, ermöglicht es Sch, ihre eigene Lebenswelt auf einer anderen Ebene zu durchleben. Sie werden bereit, ihre eigene Geschichte mit der von Josef zu verweben, weil die Josef-Geschichte viele ihrer Grunderfahrungen, z. B. von Zuwendung und Neid, Versagen und Erfolg, widerspiegelt. Auf Josef können sie sich einlassen, weil er ihnen nahe ist und manches mit ihnen gemeinsam hat. So werden Sch zu eigener Reflexion und Praxiserprobung angeregt. Ihre Lebens- und Sinnentwürfe beruhen dann nicht auf bloßen Übernahmen und Vorgaben, sondern stellen aktive Interpretationsleistungen dar, die ein Kind jeweils für sich gefunden hat. Sie werden sensibel für soziale Situationen und lernen sich selbst besser einzuschätzen. In vielfältigen Formen praktischen Umsetzens und Handelns kann dieser Lernprozess Impulse für die Gestaltung des Miteinander-Lebens geben.

In theologischer Hinsicht geht es um die Erfahrung, dass Gott unter ‚gewöhnlichen, alltäglichen' Verhältnissen bei den Menschen ist. Ihre Friedensbemühung und Versöhnungsbereitschaft ist von ihm ‚gelenkt', auch und gerade dort, wo der Mensch nichts davon ‚spürt'. Sch werden ermutigt, wie Josef selbst ‚Versöhnungs- und Friedenswege' zu gehen. Gott wird dabei mit ihnen sein.

### Zur Josef-Erzählung

Die Josef-Erzählung in den Kapiteln 37 bis 50 der Genesis ist eine Familienerzählung, die zu den vorangehenden Vätererzählungen gehört und zur Weisheits- und Unterweisungsliteratur gezählt wird. Sie erzählt, wie es einem ergeht, „mit dem Gott ist". Es wird vermutet, dass große Teile der Josef-Geschichte aus den mündlichen Erzählungen über die Herkunft der israelitischen Diaspora in Ägypten entstanden sind. Sie wird oft auch als Scharnier zwischen den Büchern Genesis und Exodus bezeichnet. Im Genesisbuch ging es (ab Kapitel 12) vornehmlich um die Verheißungen, die Gott den einzelnen Patriarchen Abraham, Isaak und Jakob gegeben, und um den Bund, den er mit ihnen im Blick auf die Zukunft geschlossen hat. Im Exodusbuch wird man lesen, wie sich die Verheißungen erfüllt haben und wie schließlich der Bund mit den Vätern auf das Volk übergeht. Dazwischen steht Josef, den man noch zu den Patriarchen zählt, durch den aber am Ende seiner Geschichte schon „ein Volk" in Ägypten ansässig wird (vgl. Quadflieg, S. 103ff.).

In den Kapiteln 37 und 39 bis 45 bildet die Josef-Erzählung einen festen Zusammenhang, der durch seine beiden Schauplätze gegliedert ist: das Haus der Familie Jakobs und der ägyptische Königshof. Die Familienerzählung führt vom Streit zwischen den Brüdern zur Versöhnung. Das Wiedersehen kommt zustande, indem Josef, der in Ägypten Höhen und Tiefen erlebt, in ein hohes Staatsamt am ägyptischen Hof aufsteigt.

Die Beziehungsstrukturen der Josef-Geschichte sind somit auch für Grundschulkinder überschaubar: Am Anfang und am Schluss steht die Familie. Die familiären Beziehungen sind für Sch zentral und lebenswichtig. Mit ihrem eigenen Erfahrungshintergrund können sie die Ausgangssituation mühelos erfassen: Ein Vater hat eine Vorliebe für einen seiner Söhne, die Vorliebe bewirkt Hass bei den Zurückgesetzten (**fse 24/25** „Wie es bei Josef war").

Nach Claus Westermann wird klar, dass die Auseinandersetzung mit dieser Geschichte auch den Sinn für das Religiöse entfalten und die Frage nach Gott wach halten wird. Sch erleben, wie der Hass der Brüder zu Verbrechen und zu Leid von Unschuldigen führt (**fse 26/27** „Josef kommt nach Ägypten"). Josef wird ins Gefängnis geworfen, obwohl er unschuldig ist. Gerade aber in dieser Situation gelingt es ihm in das hohe Staatsamt am ägyptischen Hof aufzusteigen (**fse 28/29** „Josef wird Verwalter von Ägypten"). Seine Familie gerät ohne Schuld in eine Hungerkatastrophe. Die Hungernden kommen zu den Mächtigen, die Brot in Fülle haben (**fse 30/31** „Josefs Brüder kommen nach Ägypten"). Sie müssen sich vor ihnen niederwerfen um nicht zu verhungern, und sind ohnmächtig, wenn ihnen Unrecht geschieht. Dies alles ist verwoben mit einer Geschichte von Schuld und Vergebung, vom Zerreißen und Heilen in dem kleinen Menschenkreis, in dem das Ganze anfing. Da stellt sich unweigerlich die Frage, ob einer da ist, der alle Fäden in der Hand hält, im Großen und im Kleinen. Mit der Josef-Geschichte kann diese Frage angeregt werden ohne vorschnelle Antworten zu geben (vgl. Westermann, S. 9-14).

## 2. Das Thema im Lehrplan

Das zweite Kapitel in **fse** „Miteinander leben" legt den Schwerpunkt auf den ersten Themenbereich des LP 3.1 „Ich, die anderen, die Welt und Gott." Es wird verschränkt mit dem Themenbereich 3.3 „Das Wort Gottes und das Heilshandeln Jesu Christi in biblischen Überlieferungen." Durch die Auseinandersetzung mit dem Thema werden Sch ermutigt, nach sich selbst und nach Gestaltungsformen des Zusammenlebens und in diesem Zusammenhang nach Gott zu fragen. Anhand verschiedener Situationen (**fse 22/23** „Miteinander – gegeneinander") werden Sch auf positive und negative Formen des Zusammenlebens aufmerksam und bringen eigene Erfahrungen ein.

Bei der Begegnung mit den biblischen Gestalten der Josef-Geschichte (**fse 24-31** „Wie es bei Josef war") entdecken Sch, wie sich Beziehungen verändern und dass es nicht immer leicht ist mit anderen zu leben. In **fse** wird die Josefs-Geschichte in vereinfachter und gekürzter Form nur von der beginnenden Feindseligkeit der Brüder gegen Josef bis zum Wiedersehen seines Vaters in Ägypten erzählt. Die Erzählung konzentriert sich dabei auf die Hauptpersonen Josef, seinen Vater Jakob, seine Brüder, Potifar und den Pharao.

Mithilfe der Bilder von Ernst Alt können sich Sch in die Person des Josefs hineinversetzen und die Höhen und Tiefen erahnen, durch die Josef in seinem Leben geht. Das Josef-Lied, das den biblischen Text ergänzt, fasst wichtige Kernaussagen zusammen. Das, was zuvor ganzheitlich erlebt und mit eigenen Erfahrungen assoziiert wurde, verdichtet sich im Lied. Es kann sich durch häufiges Singen fest einprägen und in ein von Sch selbst gestaltetes Singspiel münden.

Dabei erfahren Sch auch, wie Josef Versöhnung und Frieden sucht und sich von Gott dazu bewegen lässt, weil er sich von ihm getragen und begleitet weiß. Die Befreiung und der Neuanfang, den Josef und seine Brüder erleben, kann Sch ermutigen, selbst Wege der Versöhnung und des Friedens zu suchen.

Im handelnden Umgang mit der Josef-Geschichte werden Sch angeregt, über sich selbst und ihre vielfältigen Beziehungen und Konflikte nachzudenken (**fse 32/33** „Die Geschichte von Josef – unsere Geschichten"). Das Lied „Halte zu mir, guter Gott" (**fse 34** „Gott lässt mich nicht allein") möchte ihnen helfen, ihren eigenen Lebensweg im Vertrauen auf Gott zu gehen.

## 3. Jahrgangsübergreifende Lerngruppe

Das Kapitel „Miteinander leben" bietet für Sch im ersten Lernjahr die Möglichkeit Erfahrungen aus dem Zusammenleben mit anderen aufzuspüren und einzubringen.

Dazu werden im Folgenden zu jeder einzelnen Lernsequenz Vorschläge für jahrgangsübergreifende Lerngruppen gemacht, die die Lernerfahrungen aus dem Kindergarten berücksichtigen und die oft noch geringen Schreib- und Lesefertigkeiten aufgreifen und für die gemeinsame Themenbearbeitung nutzen.

## 4. Verbindungen zu anderen Fächern

Viele Bezüge zu anderen Unterrichtsfächern ermöglichen eine Zusammenarbeit und die Vertiefung des Themas auch außerhalb des RU:

**EVANGELISCHE RELIGIONSLEHRE:** Gott begleitet auf dem Lebensweg; Miteinander leben; Gott sucht den Menschen, Menschen suchen Gott;

**DEUTSCH:** 1.1 Fähigkeiten und Fertigkeiten zur Orientierung in der Lebenswelt und im Umgang miteinander; 1.3 Sprachliches Selbstvertrauen, sprachliches Miteinander und gegenseitige Wertschätzung; 2.2 Sprachliches Handeln in herausfordernden Situationen; 3.1 Entwicklung einer Gesprächskultur, szenisches Spielen;

**KUNST:** 2.1 Das Wahrnemen weiter entwickeln; 3.1 Gestalten; 3.2 Auseinandersetzung mit Bildern und Objekten;

**MUSIK:** 3.1.1 Musik machen mit der Stimme; 3.2 Musik hören; 3.3 Musik umsetzen – sich zur Musik bewegen (Erntetanz);

**SACHUNTERRICHT:** 1.3 Achtung vor der Würde des Menschen und kritische Solidarität in der sozialen Gemeinschaft; 2.1 Lebenswirklichkeit der Sch; 3.4 Zusammenleben in der Schule und zu Hause.

## 5. Lernsequenz

| Planungsskizze | Überschriften in fse | Inhalte im Lehrplan |
|---|---|---|
| I. Vielfältige Beziehungen wahrnehmen, sich über Gemeinschaft freuen, über Konflikte nachdenken | Miteinander leben **fse 21**<br>Miteinander – gegeneinander **fse 22/23** | Miteinander leben in vielfältigen Beziehungen |
| II. Jakob und seine Söhne, Josef und seine Brüder, Josef als Sklave und Hausvorsteher, als Gefangener und Gefängnisaufseher, Josef rettet Menschen vor dem Hungertod | Wie es bei Josef war **fse 24/25**<br><br>Josef kommt nach Ägypten **fse 26/27**<br>Josef wird Verwalter von Ägypten **fse 28/29**<br><br>Josefs Brüder kommen nach Ägypten **fse 30/31** | 3.1 Ich, die anderen, die Welt und Gott<br><br>3.3 Das Wort Gottes und das Heilshandeln Jesu Christi in den biblischen Überlieferungen |
| III. Auf eigene soziale Erfahrungen aufmerksam werden, sie bildnerisch, szenisch und sprachlich ausdrücken | Die Geschichten von Josef – unsere Geschichten **fse 32/33**<br>Gott lässt mich nicht allein **fse 34** | Über Konflikte nachdenken, eigene Erfahrungen einbringen |

## 6. Lebensbilder 1/2

Folgende Fotos aus der Folienmappe Lebensbilder 1/2, vgl. Arbeitshilfen S. 19, sind für einen situativen Einsatz hilfreich: Nr. 4 Ich freue mich; Nr. 5 Ich bin ratlos; Nr. 9 Ich sorge für meine Familie; Nr. 13 Wir sind Freunde; Nr. 14 Wir vertragen uns.

---

## Miteinander leben

fragen – suchen – entdecken **21**

### 1. Hintergrund

Sch entdecken im Bild von Keith Haring das Mit- und Gegeneinander und können mit dem Bild spielerisch umgehen.

> **Keith Haring (1958-1990)**
> Der 1958 in den Vereinigten Staaten geborene und 1990 an Aids verstorbene Keith Haring ist ein Pop-Art-Künstler, dessen Bildersprache aufgrund ihrer Einfachheit, ihrer Bewegung und Klarheit auch Sch in besonderem Maße anspricht. Eine enge Freundschaft mit Andy Warhol hat den Stil Harings deutlich beeinflusst. Großflächige Bilder, comicartige Figuren und poppige Farben sind kennzeichnend für seine Werke. Viele seiner Bilder weisen narrative Elemente auf und erscheinen uns fast wie kleine Geschichten. Seine farbigen Skulpturen empfand Haring selbst als Spielzeug, mit dem man richtig spielen kann. Er verstand sich als Künstler, der mit seiner Art von Kunst eine breite Öffentlichkeit erreichen wollte, die über seine Bilder diskutieren und sich mit seinen Zeichnungen auseinander setzen sollte (vgl. Pröschel, S. 25).

**Keith Haring: „o. T.", 1981**
Das Bild zeigt in roter Farbe zwei Figuren mit Tierköpfen, die miteinander interagieren und vom Maler mithilfe weiterer roter Linien in Bewegung gesetzt wurden. In deren Umfeld hat Keith Haring mit grüner Farbe zahlreiche „Männchen" in unterschiedlichsten Körperhaltungen gemalt. Den Rest der Bildfläche füllte er mit freien, schwarzen Mustern aus, mit Ausnahme eines kleinen Männchens am linken unteren Bildrand. Die Hintergrundstruktur resultiert aus einer der ungewöhnlichen Oberflächen, die Haring gerne bemalte.

Das Bild lebt von der Bewegung und dem Durcheinander der vielen Figuren. Es kann Sch zum Nachdenken über ihre vielfältigen Beziehungen anregen.

Vielleicht erinnern die Tierköpfe (Hund, Wolf) auch an die Redensart „Da werde ich zum Tier …". Wenn Menschen miteinander leben, gibt es immer wieder Situationen, die Aggressionen erzeugen und in denen Beteiligte Verhaltensweisen annehmen, die wir eigentlich Tieren zuschreiben. Auch in der bekannten Zuschreibung „homo homini lupus – Der Mensch ist dem Menschen ein Wolf" kommt diese Dimension menschlichen Daseins zum Ausdruck.

Elmar Gruber schreibt: „In jedem Menschen leben

Miteinander leben

2.2.1

Wolf und Schaf, ein polares Kräftefeld, in dem jeder Mensch sich selbst und sein Leben zu verwirklichen hat. Aggression und Ergebung, Aktivität und Passivität, Durchsetzung und Anpassung, Antipathie und Sympathie sind das Kräftepotential, das uns zum Leben zur Verfügung steht. Unser Ich muss diese polaren Kräfte so steuern, dass Leben, Glück und Friede verwirklicht werden und dass ich selbst zur Zufriedenheit, zum Einssein mit mir selbst (Identität) gelange. Die Kraft des Glaubens an das absolute Geliebtsein hilft mir immer wieder zur Selbstannahme und zur positiven und kreativen Bewältigung meiner Konflikte, sodass „Wolf und Schaf zusammen wohnen" (vgl. Jes 11,6) (vgl. Elmar Gruber, Lass Schaf und Wolf zusammen in dir wohnen, München 1991, S. 8f.).

## 2. Einsatzmöglichkeiten im RU

### Ein Bild entziffern

Das Gemälde ist als Folie Nr. 12 enthalten in Schatzkiste 1/2, vgl. Arbeitshilfen S. 19.

- Spontane Wahrnehmung: erste Kontaktaufnahme mit dem Bild; ungelenktes Anschauen und Wahrnehmen (Farben, große und kleine Gestalten, Tiere, Bewegungen); nach einer Phase der Stille: spontane Äußerungen ohne Diskussion und Wertung.
- Analyse des Bildes: Was ist auf dem Bild zu sehen? Sch vermuten: Menschen oder Tiere?
  Sch zählen die grünen Männchen und beschreiben deren Haltung (z. B. krabbeln, laufen, fliegen, springen, stehen Kopf).
  Sch entdecken das kleine, schwarze Männchen am unteren Bildrand.
- Analyse des Bildgehalts: Was hat Keith Haring dargestellt?
  Sch betrachten Bildausschnitt (linke Bildhälfte: rote Figur und schwarzes Männchen):
  Da passiert gerade etwas ... (z. B. Der Große macht die Kleinen fertig, trampelt auf ihnen herum). Der Kleinere hat unter sich noch einen, der krabbeln muss. Was macht er? Beschützt er ihn oder macht er ihn auch fertig?
- Sch erzählen von Gewalt und Unterdrückung:
  - Situationen, die uns dazu einfallen (z. B. die Größeren und die Kleineren auf dem Schulhof, auf dem Schulweg).
  - Manchmal verhalten sich Menschen wie wilde Tiere ...
  - Als ich einmal wütend war ... (freies Schreiben).
  Sch singen oder hören das Lied „Manchmal" (**fse 23**).
- Aufdecken der rechten Bildhälfte, Sch vermuten: Vielleicht kommt da einer, der ... z. B. hilft (wem?), einschreitet, eingreift, dem anderen die Meinung sagt, den anderen jagt?
- Identifikation mit dem Bild: Wo könnte ich auf dem Bild sein?
  Jede/r Sch wählt für sich eine Figur aus und nimmt deren Haltung ein.
  Wenn die Personen sprechen könnten: Was würden sie sagen?

### Kreativ weiterarbeiten

- Sch schneiden die Figuren aus (**AB 2.2.1, Arbeitshilfen S. 93**, als Kopiervorlage verwenden) und spielen damit (z. B. davonlaufen, aufeinander zugehen, umringt sein, bedroht sein).
- Sch-Gruppen stellen eine Szene nach und sprechen darüber.
- Sch füllen die Sprechblasen auf **AB 2.2.1** aus und malen das Bild weiter.
- Welche Geschichte, welches Lied, welches andere Bild fällt mir zu dem Bild ein?

## 3. Jahrgangsübergreifende Lerngruppe

Sch aus der 1. Jahrgangsstufe erhalten die Figuren (**AB 2.2.1, Arbeitshilfen S. 93**) mehrfach und kleben damit nach dem gemeinsamen Spiel folgende Szenen: Davonlaufen, aufeinander zugehen, umringt sein, bedroht sein. Die Arbeiten werden an der Pinnwand veröffentlicht.

---

# Miteinander – gegeneinander

fragen – suchen – entdecken 7

## 1. Hintergrund

Diese Doppelseite führt das Thema des Titelbildes weiter. Folgende Aspekte werden betont:
Im *Lied* **fse 22** geht es um die Erfahrung der Gemeinschaft und was sie uns geben kann. Es greift die Sehnsucht nach Geborgenheit und Zusammenhalt einerseits auf. Das Kind in dieser Altersstufe möchte das Gefühl haben, nützlich zu sein und etwas gut machen zu können. Das gesunde Selbstwertgefühl etwas zu können wird bedroht, wenn die Erfahrung des Erfolgs ausbleibt oder wenn die ergriffenen Suchwege als unsinnig, überflüssig, dumm oder störend hingestellt werden. Dann kann das Kind kaum mehr unbefangen auf Neues zugehen und sich entfalten, sondern entwi-

# Menschenbrückenlied

T: Rolf Krenzer
M: Detlev Jöcker
aus: „Viele kleine Leute"
© Menschenkinder Verlag, Münster

Liederkiste 1/2  15

1. Gemeinsam hier in unserm Kreis kann jeder jeden sehn und jeder sieht und jeder weiß, dass wir zusammenstehn. Lai lai lai lai lai lai lai lai lai lai lai lai lai lai und jeder sieht und jeder weiß, dass wir zusammenstehn.

2. Wir reichen uns die Hände dann
   und können sicher sein:
   Fasst einer nur den andern an,
   ist keiner mehr allein.

3. Wir stehn nicht mehr alleine hier
   und jeder spürt es bald:
   Auf beiden Seiten finden wir
   im andern unsern Halt.

4. Fühl ich mich schwach und
   hoffnungslos,
   so halt ich dich doch fest.
   Wir werden stark, wenn einer bloß
   den andern nicht verlässt.

5. Wenn so ein Stück der Angst vergeht,
   weil jeder jeden schützt,
   dann weiß ich, dass ein Bund entsteht,
   der hält und der mich stützt.

6. Wenn immer mehr zusammengehn,
   ist keiner mehr allein.
   Der alte Bund kann so bestehn
   und neuer Anfang sein.

## Ich gebe dir die Hände

Ich gebe dir die Hände und schau dir ins Gesicht.
Dass wir so ganz verschieden sind, das stört uns wirklich nicht.
Ich gebe dir die Hände, dann kann es jeder sehn,
dass du und ich, dass du und ich, dass wir uns gut verstehn.

*Rolf Krenzer*

(vgl. auch M 2.1.21, Arbeitshilfen S. 84)

ckelt ein lähmendes Minderwertigkeitsgefühl (vgl. E. H. Erikson, Identität und Lebenszyklus, in: Baumgartner, Isidor, Pastoralpsychologie, Düsseldorf 1990). In diesem Sinne ermutigt das Lied einander Ansehen und Halt zu schenken und kann als Botschaft gegen Angst und Bedrohung gesungen werden.

Die *Bildgeschichte* **fse 22** weckt vielfältige positive Assoziationen: Erinnerungen an freudige Erlebnisse, Vorfreude auf bestimmte Ereignisse, Wünsche und Träume. Im Schutz der Bildgeschichte können Sch ihre eigenen Wünsche, Hoffnungen und Sehnsüchte ausdrücken. Dabei wird es interessant sein zu erfahren, mit welchen Personen diese Freude-Erlebnisse in Zusammenhang gebracht werden. Bei vielen Sch werden familiäre Beziehungen im Vordergrund stehen, aber auch die beste Freundin, der beste Freund gewinnt in dieser Altersstufe an Bedeutung. Dabei wird auch deutlich, dass Menschen einander helfen, glücklich und zufrieden zu sein. Vieles, worüber ich mich freue, kommt überraschend. Ich darf es mir schenken lassen.

Gleichzeitig erleben Sch in zunehmendem Maße, dass Beziehungen bedroht sind. Viele Familien zerbrechen und können kaum noch Geborgenheit und Schutz bieten. Auch die Beziehungen zu Gleichaltrigen, die im Grundschulalter an Bedeutung gewinnen, sind oft Anlass zur Sorge: Eifersucht, Neid, Missgunst, Cliquen-Bildung, Zugehörigkeitskämpfe, Minderwertigkeitsgefühle ... Motive, die auch in der Josef-Geschichte der folgenden Seiten eine Rolle spielen. Die Szenen **fse 23** greifen beispielhaft offene Konfliktsituationen auf, anhand derer Sch eigene Erlebnisse zur Sprache bringen können. In beiden Illustrationen geht es um die Störung der Gemeinschaft. In der ersten Szene verlässt ein Junge die Gruppe. Die anderen zeigen demonstrativ ihre Zusammengehörigkeit, sie tuscheln hinter seinem Rücken. Das zweite Bild zeigt eine physische Auseinandersetzung. Die beiden zuschauenden Sch stecken ihre Hände in die Taschen und zeigen damit ihre Gleichgültigkeit. Der Angegriffene schlägt nicht zurück. Ist er zu schwach, zu klein oder weigert er sich, sich provozieren zu lassen?

Das Lied „Manchmal" zeigt nochmal verschiedene Aspekte im Umgang miteinander auf. Dabei stehen das ‚Ich' und seine Befindlichkeit im Mittelpunkt. Die erste Strophe thematisiert das Alleinsein und regt zum Nachdenken über mögliche Gründe an. In der zweiten Strophe geht es um selbst verursachtes Alleinsein und um die Hilfe, die ich dann brauche. Die dritte Strophe lenkt den Blick auf die Ängste und psychischen und physischen Schmerzen der Sch. Die Auseinandersetzung mit diesem Lied fördert die Sensibilität der Sch für soziale Situationen und steigert ihre Empathiefähigkeit.

## 2. Einsatzmöglichkeiten im RU

### „Menschenbrückenlied" singen

Das Lied ist als Nr. 15 auf der CD Liederkiste 1/2 enthalten, vgl. Arbeitshilfen 19.

– Ein Sch nach dem anderen reicht seinem Nachbarn mit Blickkontakt die linke Hand, die von Herzen kommt; so bilden wir einen Kreis und schenken einander Ansehen und Halt;
– Sch singen den Kehrvers mehrmals und verbinden sich am Ende jeweils in unterschiedlicher Weise: sich die Hände geben (den Händedruck spüren), aufspringen und sich unterhaken (Vorstellungen des Verbundenseins, z. B. Mauer, Kette), sich gegenseitig die Hände auf die Schultern legen (spüren, wie unsere Arme sich ausruhen können, wie wir die Arme unseres Nachbarn tragen; sich vorstellen, ein Stromkreis zu sein, wie Kraft und Energie im Kreis fließen), sich mit den kleinen Fingern zu einer feingliedrigen Kette verbinden (sich erinnern, dass jede/r Einzelne als Glied und alle zusammen als Kette ganz kostbar und fein sind);
– Sch singen die Strophen: **AB 2.2.2, Arbeitshilfen S. 95**;
– Sch assoziieren anhand von Satzanfängen eigene Erfahrungen (evtl. Plakate mit je einem Satzanfang im Klassenzimmer auslegen):
 • Ich brauche einen, der mir die Hand reicht, wenn ...
 • Ich fühl mich schwach und hoffnungslos, wenn ...
 • Es ist keiner mehr allein, wenn ...
 • Wenn wir zusammenhalten, dann ...

### Eine Sensibilisierungsübung versuchen: „Miteinander da sein"

– Sch setzen sich paarweise gegenüber und vereinbaren, wer beginnen soll. L leitet die Übung an: *Öffne deine Hände. Dein Partner legt seine Hände in deine geöffneten Hände. Schließt nun die Augen. Befühle die Hände deines Partners ... die Innenseite ... die Außenseite ... die Finger. Fühle warme Stellen ... kalte Stellen ... fühle, wie du Wärme weitergeben und empfangen kannst. Spüre, wie der andere da ist und du ihn ganz vorsichtig festhalten kannst* (dann Rollentausch und Wiederholung der Übung).
– Sch halten sich an den Händen, schauen einander an und hören den Text „Ich gebe dir die Hände" **AB 2.2.3, Arbeitshilfen S. 95**, als Gedicht oder Lied, evtl. mehrmaliges Wiederholen und Nachsprechen.

### Zu einer Bildgeschichte erzählen: „Da freu ich mich ..."

– Sch decken die Geschichte schrittweise auf und erzählen.
– Sch vermuten: Das Kind freut sich. Vielleicht ...

# Weißt du, wie's mit Josef war?

T/M: Robert Haas

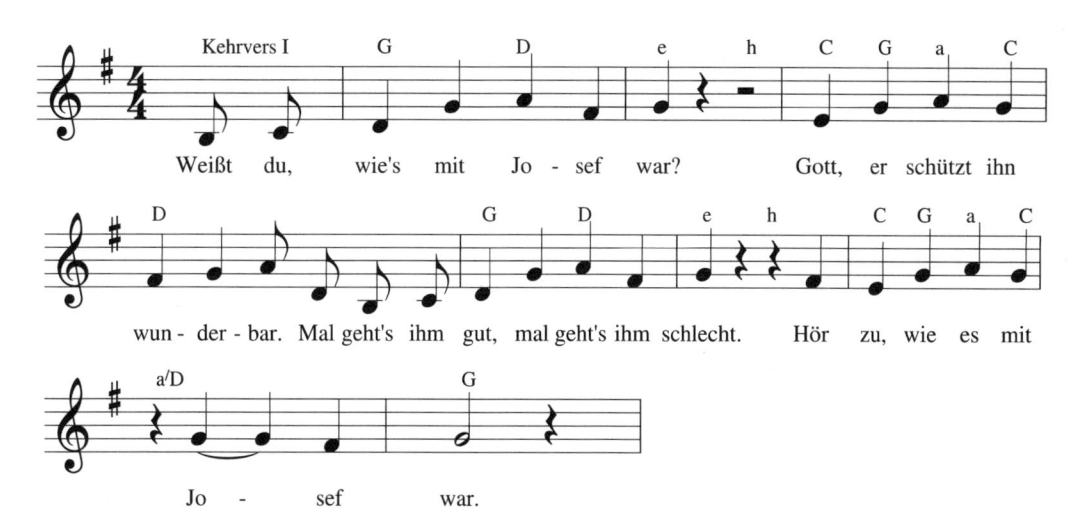

Liederkiste 1/2 23

*Kehrvers I*
Weißt du, wie's mit Josef war? Gott, er schützt ihn wunderbar. Mal geht's ihm gut, mal geht's ihm schlecht. Hör zu, wie es mit Josef war.

1. Ja, Vaters Lieblingskind ist er,
   am bunten Rock könnt ihr es sehn.
   Er träumt von Sonne, Mond und Stern.
   Die Brüder sehn das gar nicht gern.

2. Und weil die Brüder wütend sind,
   bestrafen sie das Lieblingskind.
   Tief fliegt es in den Brunnen rein,
   verkauft an Händler, wie gemein!

3. Und Josef wird ein treuer Diener
   im Haus des mächt'gen Potifar.
   Wird Verwalter, muss sich wehren,
   landet im Gefängnis gar.

4. Dem Pharao, dem großen König,
   deutet Josef dessen Traum.
   Da macht der ihn zum mächt'gen Mann.
   Das Volk legt Vorratskammern an.

5. In Jakobs Land herrscht große Not,
   auch Josefs Brüder brauchen Brot.
   So betteln sie vor Josefs Thron
   und merken nichts - doch Josef schon!

6. Da zeigt sich Josef als ihr Bruder,
   teilt mit ihnen und verzeiht.
   Sie gehn, Gott lobend, ganz geschwind
   und bringen Jakob zu dem Kind.

*Kehrvers II*
Jetzt weißt du, wie's mit Josef war. Gott, er schützt ihn wunderbar.
Mal ging es auf, mal ging es ab. Doch Josef hat's mit Gott geschafft.

## Grundmodelle der Liederarbeitung

Das Singen von religiösen Liedern gehört zur Bildungs- und Erziehungsarbeit des RU. Dazu ist es notwendig, dass L die Lieder mit Bedacht auswählt und ihren Einsatz im Unterricht im Hinblick auf didaktische Intentionen sorgfältig reflektiert.

Hier lassen sich ausgewählte Schwerpunkte analysieren, die differenzierte Anliegen von Liedern im RU aufgreifen. Diese werden im Sinne der Zieltransparenz im RU bewusst in den Blick genommen und auf mögliche Vernetzungen miteinander erhellt. In fse und den *Arbeitshilfen* werden viele Lieder vorgestellt, die sich diesen Schwerpunkten zuordnen lassen:

- Lieder als Ausdrucksform des Glaubens, als Gebet (gestaltete, emotionale Sprache)
- Lieder als Erzählung, als Vermittlung der Überlieferung (Bibel, Erlebnisse)
- Lieder zur Meditation, als Anregung zum vertieften Nachdenken (bewusstes Hören)
- Lieder als gemeinschaftsförderndes Miteinander / als Tanz (gemeinsames Tun)
- Lieder als eigenes Kulturgut (Kirchen-, Gemeindelieder)
- Lieder zur Ritualisierung (Unterrichtseinstieg, -ausklang)
- Lieder, die in der jeweiligen eigenen Gemeinde gesungen werden, können themenentsprechend zusätzlich im RU erarbeitet werden.
- Für die Liederarbeitung ist es hilfreich, wenn sich L die Intention des ausgewählten Liedes für den Unterricht bewusst macht und einen für diese konkrete Lernsituation (thematische Anbindung, Lernvoraussetzungen, Zielsetzung) geeigneten Erarbeitungszugang auswählt.
- Für alle Liederarbeitungen ist es unerlässlich, dass L das Lied selber auswendig, beherzt und hoch genug singen kann. Die Melodie sollte in der Grundschule nicht unter das c´ sinken. Sch mit gesunden Stimmen singen am leichtesten im Bereich f´ bis f´´.
- Das Mitsingen zu Tonträgern ist zwar für viele zum Einstieg eine gute Hilfe, sollte aber nach einer Weile durch freies Singen ersetzt werden.

Es gibt eine Vielzahl methodischer Zugänge zur Liederarbeitung. Hier einige Beispiele:

### Zugang über den Liedtext

1. Lesen und Verstehen der Strophentexte
2. Nacherzählen des Inhalts (Was erzählt uns dieses Lied?)
3. Markieren der wichtigsten Textstellen
4. Rhythmisches Sprechen der wichtigsten Textstellen entsprechend der Notation
5. Vorsingen/-spielen des Liedes
6. Mitsprechen/Mitsingen der hervorgeholten „wichtigen Textstellen"
7. Singen des ganzen Liedes
   Sinnvoll, wenn Lieder eine Erzählung zu einem Bibeltext aufgreifen oder ein Erlebnis erzählen, das Thema des Unterrichts ist.
   Beispiele aus fse: „Bartimäus sitzt am Weg" (**AB 1.2.16, Arbeitshilfen S. 95**), „Ein Mann hat viele Schafe" (**AB 1.2.20, Arbeitshilfen S. 101**).

### Zugang über die Melodie

1. Hören der Melodie (instrumental, gesummt, Tonträger)
2. Nachdenken über die Stimmung, die diese Melodie ausdrückt (Woran denke ich? Welches Gefühl passt zu dieser Melodie? ...)
3. Hören des Liedes mit Textvorlage
4. Nachdenken über Intention des Komponisten und Texters
5. Singen des ganzen Liedes
   Musik übermittelt etwas, das Sprache nicht ausdrücken kann. Lieder mit getragenen Melodien haben diese Ausdruckskraft.
   Beispiele aus fse: „Halte zu mir guter Gott" (**fse 2, S. 34**), „Tragt in die Welt nun ein Licht" (**AB 1.3.7, Arbeitshilfen S. 127**).

### Zugang über eigene Texte

1. Aufschreiben eines eigenen Gedankens oder Meditationssatzes zum Thema des RU
2. Nachdenken über Musik (Wie müsste die passende Musik zu deinem Satz klingen?)
3. Melodie zum eigenen Satz ggf. instrumental erproben (Glockenspiel, Flöte ...)

**Zugang über eigene Texte**
4. Vorlesen, Mitlesen des Liedtextes
5. Nachdenken über eine dazu passende Melodie
6. Hören des Liedes
7. Gespräch über Beziehung zwischen Musik und Text
8. Singen des Liedes
   Hier wird deutlich, dass viele Lieder vertonte Gebete oder wichtige Gedanken sind, denen der Dichter durch Musik eine besondere Ausdruckskraft geben wollte.
   Beispiele aus fse: „Jesus ist auferstanden" (**fse 1**, S. 69), „Gott hält das Leben in der Hand" (**AB 1.6.7, Arbeitshilfen S. 223**), „Du gabst mir Augen" (**AB 1.6.10, Arbeitshilfen S. 215**).

**Zugang über Liedbausteine**
1. L singt einen ausgewählten und leicht zugänglichen Baustein (Refrain, Wiederholungsmotiv ...) des Liedes vor.
2. Sch singen nach, Baustein wird ggf. visualisiert.
3. L ergänzt sich verändernde Strophen oder Text, Sch singen bekannten Baustein mit.
4. Einzelne/r Sch oder Schülergruppe übernimmt L-Part, alle singen eingeübten Baustein mit.
5. Singen des ganzen Liedes
   Lieder, die vom Textinhalt Gemeinschaftsgefühl ausdrücken und eingängige Wiederholungselemente haben, lassen auch ungeübte Sänger leichter einsteigen.
   Beispiele aus fse: „Macht die Türen auf" (**AB 1.0.3, S. 27**), „Du hast uns deine Welt geschenkt" (**AB 1.6.6, S. 221**).

**Zugang über Tanz und Bewegung**
1. L spricht rhythmisch einzelne Abschnitte des Liedtextes
2. L übt mit den Sch Tanzschritte und Gesten zum rhythmischen gesprochenen Abschnitt
3. L singt zur Bewegung, Sch führen verabredete Bewegung aus
4. Wiederholen der Tanz- und Bewegungsmuster zum Lied, L singt (Sch konzentrieren sich anfangs nur auf die Bewegung)
5. Tanzen und Singen des Liedes
   Sch merken sich oft zuerst eine klare Geste oder die Bewegung des Körpers. Der mehrsinnige Zugang erleichtert auch das Verständnis der Liedstruktur. Üblicherweise konzentrieren sich Sch zunächst nur auf die Bewegung. L muss hier also sicher in der Stimmführung sein. Das gleichzeitige Singen und Bewegen folgt mit zunehmender Übung.
   Beispiele aus fse: „Ich grüße dich" (**AB 1.1.3, S. 52**), „Kommt ein Licht so leise" (**AB 1.3.1, S. 121**).

---

– Sch malen, wie es ihnen mit anderen Menschen gut geht.
- Sch stellen ihre Bilder vor und erzählen.
– Die Bilder werden zu einem Plakat zusammengefügt.
   **Alternative**: Hefteintrag unter der Überschrift „Schön, dass es dich gibt!", das Bild wird eingeklebt.
– Sch erinnern sich an einen Brief (e-mail, SMS), der sie sehr gefreut hat, und schreiben oder kleben ihn ins Heft oder in ihr Ich-Buch.

**Szenen ergänzen: „Wir freuen uns nicht immer ..."**
– Sch stellen Vermutungen an, was die Kinder miteinander gerne machen.
– Sch überlegen, was passiert sein könnte:
   Szene 1: Da geht einer aus der Gruppe fort. Warum? Wie verhalten sich die anderen?

Szene 2: Zwei Jungen greifen einen anderen an. Warum sind sie böse auf ihn? Wie verhalten sich die beiden Sch im Hintergrund? Was denken der Junge und das Mädchen?
● Sch sprechen die Gedanken und Fragen der beteiligten Personen aus
● und erarbeiten Vorschläge, wie es weitergehen könnte.
– Sch erzählen von ähnlichen Erlebnissen, z. B. in der Pause, auf dem Schulhof oder Schulweg.
– Weiterführung: L bringt Vorlesegeschichten ein als Ergänzung zu den Stichworten: Gewalt, Aggression, Ablehnung.

**Lied: „Manchmal fühl ich mich allein ..."**
– „Manchmal ..." Sch assoziieren.
– Gemeinsames Singen des Liedes.
– Sch suchen in Zeitschriften Bilder von Menschen, die sich alleine fühlen, die abseits stehen, die ein

böser Schmerz quält, und kleben sie in Gruppenarbeit zu einer Collage zusammen.
- **Alternative**: Sch erstellen einen Hefteintrag: „Wir freuen uns nicht immer ..."
- Sch sammeln „gute Worte" und schreiben sie zu den Bildern.

## 3. Jahrgangsübergreifende Lerngruppe

Sch der 1. Jahrgangsstufe collagieren ein Bild mit dem Titel: „Da freu ich mich." Als nächstes suchen sie weitere Fotos und Bilder zu dem Titel: „Wir freuen uns nicht immer."

## Wie es bei Josef war

fragen – suchen – entdecken 24/25

## 1. Hintergrund

Die alttestamentliche Josef-Geschichte thematisiert das menschliche Miteinander und die vielen Schwierigkeiten, die Menschen in ihren Beziehungen erleben.

### Der biblische Text

Der erste Teil der Geschichte „Wie es bei Josef war" **fse 24** nach Gen 37,1-11 hat Jakob, seine Söhne und ihre Beziehungen zueinander zum Thema. In vereinfachter und verkürzter Weise wird von den Vorlieben des Vaters, den Träumen Josefs und deren Auswirkungen erzählt. Dabei berechtigt die komplexe Entstehungsgeschichte des Textes mit vielen Einschüben und Ergänzungen durchaus zum Kürzen und Weglassen. Der Text wurde so vereinfacht, dass für Sch ein geradliniger Handlungsablauf erkennbar ist, ohne jedoch biblische Aussagen zu verfälschen.

### a) Die Vorliebe des Vaters für Josef und der Hass der Brüder

Ausgangspunkt der Erzählung ist die Vorliebe des Vaters für Josef. Heute empfinden wir diese Vorliebe oft als Ungerechtigkeit. Die Geschichte aber geht davon aus, dass das Verhältnis Jakobs zu seinem Sohn Josef ein besonderes war, einfach aus der besonderen Situation seines hohen Alters heraus, in dem ihm Josef geboren wurde. Erst das Geschenk an Josef, das die Vorliebe des Vaters öffentlich dokumentiert, löst ein Geschehen aus, in dem alle in irgendeiner Weise mitschuldig werden. Das schöne Gewand als Geschenk für das geliebte Kind übt in der Erzählung eine Funktion aus, die heute ein Kleidungsstück kaum noch haben könnte. Aber solche Geschenke als Ausdruck der Vorliebe haben in der Welt viel Tränen hervorgebracht und viel Blut gekostet. Das Gewand ist ein ausgezeichnetes Kleidungsstück, vergleichbar mit der Tracht eines Prinzen. Damit wird klar, dass Jakob dem Josef nicht nur ein schönes Geschenk macht, sondern ihn durch das Geschenk dieses Gewandes über seine Brüder hinaushebt und somit den Hass der Brüder hervorruft. Die Liebe des Vaters zu seinem Kind setzt eine Entwicklung in Gang, die zur Störung des Gleichgewichts und dann zum Zerreißen des Friedens in der Familie führt.

Dass der Friede in Jakobs Haus zerbrochen ist, zeigt sich durch die Weigerung der Brüder mit Josef freundlich zu sein. Denn in der Erkundigung nach dem Befinden beim Begrüßen und Verabschieden wurde sich der Einzelne ständig seines Dazugehörens in der Gemeinschaft bewusst. Die Verweigerung des Grußes ist deshalb eines der deutlichsten Zeichen einer abgebrochenen Gemeinschaft.

### b) Josefs Träume

Die Erzählung von Josefs Träumen bietet eine weitere Begründung für den Konflikt zwischen den Brüdern. Es wird nichts davon gesagt, dass Gott sich in diesen Träumen offenbart, und es ist ganz offenkundig, dass zunächst Josef selbst sich in diesen Träumen zeigt. Die Möglichkeit, dass Gott in diesen Träumen etwas zeigen will, bleibt offen und wird erst sehr viel später deutlich. Josef ist von seinen Träumen ganz erfüllt und es drängt ihn seinen Brüdern davon zu erzählen. Die Brüder hören hinter dem Traum einfach ihren Bruder, der sich groß tut, und sind wütend darüber. Für sie und auch für Jakob ist es ein Traum, aus dem Gott nicht gesprochen haben kann, weil es unerhört und die Zerstörung aller Ordnung wäre, sollten sich Vater und Brüder vor dem jüngsten Bruder verneigen. Dennoch beachtet Jakob den Traum, weil er weiß, dass Träume eine Bedeutung haben können. Damit wird auf die weitere Entwicklung verwiesen, in der tatsächlich eintrifft, was Josef hier am Anfang träumte (vgl. Westermann 18-25).

### Das Lied (Liederkiste 1/2, Nr. 23)

Das biblische Erzähllied, das von Robert Haas eigens für fse 2 getextet und komponiert wurde (**AB 2.2.4, Arbeitshilfen S. 97**), verdichtet wesentliche Aussagen der biblischen Erzählung. Der Kehrvers hat Aufforderungscharakter: Er stellt die Frage „Weißt du, wie's mit Josef war?" und fordert zum Zuhören und Antworten auf. Darüber hinaus weist er auf die Höhen und Tiefen hin, die Josef erlebt, und stellt das ganze Geschehen von Anfang an unter Gottes schützende Hand. Die erste Strophe fasst in wenigen Sätzen den ersten Teil der Geschichte zusammen: Vaters Vorliebe, der bunte Rock, die Träume und der Hass der Brüder.

# Knotenfiguren vorbereiten

**Hinführung:**
Für den Josef habe ich aus einem Tuch eine Figur geknotet. Im Orient tragen die Menschen weite Gewänder, die Körper und Kopf verhüllen. Weil das Gesicht dahinter nur zu erahnen ist, bleibt viel Raum für unsere Fantasie. Wenn ich erzähle, könnt ihr mitspielen!

**Anleitung:**
In Stoffreste, Taschentücher, Seiden- oder Chiffon-Tücher einen Knoten knüpfen, ein oder zwei Finger in den großen Kopfknoten stecken, den übrigen Stoff zurechtzupfen.

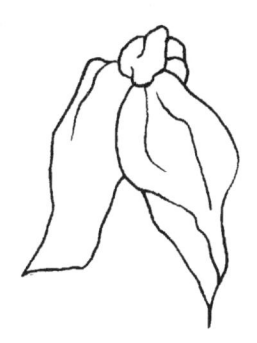

# Wie es bei Josef war

**Lehrererzählung Teil 1 nach Gen 37,1-11**

Wie es dazu kommt, dass Josef so ein schönes Gewand trägt ...
Josef (*bunte Knotenfigur*) lebt mit seiner Familie im Land Kanaan. Sein Vater heißt Jakob (*weiße Knotenfigur*). Josef hat elf Brüder (*braune/graue Knotenfiguren*): Ruben, Simeon, Levi, Juda sind einige der Namen. Alle sind sie älter als Josef, einer ausgenommen, das ist Benjamin. Jakob ist stolz auf seine Söhne: „Ihr seid meine Freude, meine Stütze, meine Hilfe." Besonders aber ist ihm Josef ans Herz gewachsen. Josef wurde geboren, als Jakob schon sehr alt war. So liebt der Vater diesen Sohn besonders. Deshalb schenkt er ihm dieses schöne, bunte Gewand, wie es nur Prinzen tragen.

*Kanon* — T/M: R. Hirschauer

*Kleid, Kleid, Kleid, ein wun-der-schö-nes Kleid! Da bist du was Be-son-de-res doch weckt es auch Neid! mit dei-nem schö-nen Kleid!*

Da merken die Brüder Josefs, dass der Vater Josef mehr liebt als sie. Deshalb hassen sie Josef und sind gar nicht mehr freundlich zu ihm. Josef erzählt ihnen auch seine Träume: „Sonne und Mond und elf Sterne gehen gleichzeitig auf. Sie versammeln sich um mich und verneigen sich tief." (*evtl. Bodenbild*)
Da hassen ihn die Brüder noch mehr: „Willst du etwa König über uns werden?"
Auch der Vater schimpft: „Sollen wir vielleicht, deine Mutter, deine Brüder und ich, dein Vater, kommen und uns vor dir verneigen?"
Josef fragt sich:

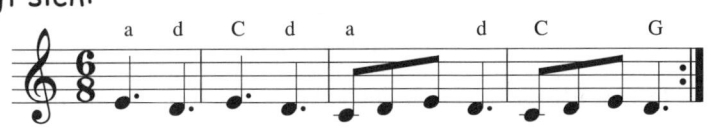

T/M: R. Hirschauer

*Träu-me, Träu-me: Was fang ich nur mit ih-nen an?*

### Ernst Alt (geb. 1935)

Ernst Alt, geboren 1935 in Saarbrücken, wo er als freischaffender Künstler tätig ist, arbeitet als Grafiker, Maler und Plastiker. Er bildete sich als Künstler durch intensive Studien der alten wie auch der modernen Meister. Während in seinem frühen Werk das Grafische vorherrschte, drückt er sich danach zunehmend in Malerei und Farbe aus.

Einige der Bilder in **fse 2** haben Tagebuchcharakter. In ihnen „schreibt" der Künstler nieder, was ihn im Augenblick innerlich bewegt und auf den Nägeln brennt. Bei aller Emotionalität und Spontaneität sind die Bilder von Ernst Alt aber gleichzeitig gekennzeichnet durch strenge Komposition, bewusste Farbwahl und Genauigkeit in der Zeichnung. Ein wichtiges Gestaltungsmittel ist die Hell-Dunkel-Komposition. Ernst Alt setzt sich mit den Grunderfahrungen menschlicher Existenz auseinander. Er versucht Lebenserfahrung und Traum, Anfechtung und Sehnsucht der Menschen ins Bild zu bringen. Auch mit den Bildern zur Josef-Geschichte möchte er die immer gleichen Grundanliegen der Menschen in den Horizont unserer Tage bringen (vgl. Ernst Alt, 24 Bilder, Kösel-Verlag, München 1978, Einleitung S. 3-5).

### Ernst Alt: „Josef, der Träumer", 2000

Ernst Alt malte dieses Aquarell im Juni 2000 als Tagebuchblatt „für Thomas Mann", der sich seinerseits von der Josef-Geschichte zu einem Roman hatte inspirieren lassen.

Das Bild **fse 25** zeigt Josef, den Träumer, im bunten Rock als „Traumtänzer". Die pastellen Farbtöne und die Körperhaltung verstärken den Eindruck, dass Josef „im siebten Himmel schwebt". Denn seine Träume sind völlig unerhört, ihnen fehlt jeder vernünftige Bezug zur Realität. Sein Gewand ist bunt und wirr – so verrückt wie seine Träume. Das Signet, das seine Brust schmückt – vielleicht ist es eine Sonne –, drückt Licht, Wärme, Geborgenheit aus, ist Zeichen für die besondere Liebe, die ihn mit seinem Vater verbindet und ihn für das, was ihm im Leben bevorsteht, wappnet.

## 2. Einsatzmöglichkeiten im RU

Die folgenden Anregungen enthalten Elemente aus der so genannten Kett-Methode. Hinweise in: Die Geschichte von Josef und seinen Brüdern. Arbeitsdoppelmappe zum Heft 1994/I, RPA-Verlag, Landshut.

### Wie es bei Josef war

Sch lernen die Erzählung „Wie es bei Josef war" (nach Gen 37,1-11) kennen.

– Sch entdecken eine biblische Landschaft (Folie bzw. Bodenbild mit Tüchern), dazu evtl. orientalische Musik.
– Josef wird anhand einer Knotenfigur vorgestellt: **AB 2.2.5, Arbeitshilfen S. 101**. Er trägt bereits sein schönes Gewand: L hat ein buntes Seidentuch verwendet und es mit einem gelben Tuch verknotet;
– Sch befragen Josef;
– Sch hören und singen den Kehrvers des Josef-Liedes (Liederkiste 1/2, Nr. 23);
– Sch erfahren, wie es dazu kam, dass Josef so ein schönes Gewand trägt: **AB 2.2.6, Arbeitshilfen S. 101**: Lehrererzählung nach Gen 37,1-11);
– Sch hören und singen die 1. Strophe des Josef-Liedes;
– Sch lesen die Geschichte **fse 24** nach.

### „Josef, den Träumer" betrachten

Das Aquarell von Ernst Alt ist als Folie 13 in der Folienmappe Schatzkiste 1/2 enthalten, vgl. S. 19.

– Spontane Wahrnehmung: erste Kontaktaufnahme mit dem Bild; ungelenktes Anschauen und Wahrnehmen; nach einer Phase der Stille: spontane Äußerungen ohne Diskussion und Wertung.
– Analyse des Bildes: Was ist auf dem Bild zu sehen? Sch beschreiben Josef und sein buntes Gewand, entdecken das goldene Zeichen auf seiner Brust.
– Analyse des Bildgehalts: Was hat der Maler dargestellt?
  Sch vermuten, was Josef tut: tanzen, schweben, träumen, sich freuen ...
  Was das goldene Zeichen auf Josefs Brust bedeutet ... Sch wählen je einen Satz, stellen sich unter das Bild, legen die Hand auf die Brust und sprechen den Satz aus, z. B. Ich habe ein schönes Gewand an, ich ... – Ich bin etwas ganz Besonderes. – Mir kann nichts passieren. – Mein Vater hat mich unendlich lieb. – Gottes Liebe ist wie die Sonne. – Ich bin Vaters Liebling. – Ich möchte für dich ein helles Licht sein. – Es wird nie mehr dunkel sein.

### Und die Brüder?

– In Form eines Rollenspiels: „Warum immer nur er?", setzen Sch sich mit Josefs wütenden Brüdern auseinander: **AB 2.2.7, Arbeitshilfen S. 103**.
– Sch spielen mit Knotenfiguren Josefs Brüder, sitzen am Abend um das Lagerfeuer (Tücher). L führt in das Geschehen ein und spielt Josef, Aussagen einzelner Sch können von allen wiederholt werden.

## 3. Jahrgangsübergreifende Lerngruppe

Sch der 1. Jahrgangsstufe erhalten ein stilisiertes Josefskleid. Sie gestalten es mit kleinen Stoffresten oder mit Farbstiften zu einem Prachtkleid.

## Rollenspiel: Warum immer nur er?
## Josefs Brüder werden wütend

*Der Tag war lang. Die Schafe sind versorgt. Nun sitzen die Brüder am Lagerfeuer und ruhen sich ein wenig aus. Nur Josef fehlt. Ist er zu Hause beim Vater? Nein, an diesem Abend kommt Josef um seine Brüder zu besuchen. Ganz stolz trägt er sein buntes Gewand.*
*Josef:* „Seht mal alle her, was ich heute neu von Vater bekommen habe! Das steht mir doch gut!"
*Sch assoziieren die Reaktionen der Brüder.*
*Josef:* „Ihr könnt ruhig lange Gesichter machen, Vater hat mich eben besonders lieb!"
*Spontaneinwürfe der Sch*

*Alle Brüder:* „Geh heim und lass dich hier bloß nicht wieder sehen!"
*Josef:* „Ich geh ja gleich, aber ich will euch noch erzählen, was ich geträumt habe: Die Sonne, der Mond und elf Sterne verneigen sich tief vor mir!"
*Spontaneinwürfe der Sch*
*Alle Brüder rufen erst leise, dann immer lauter:* „Vor dir verneigen wir uns nie, vor dir verneigen wir uns nie ..."
*Josef geht traurig nach Hause, die Brüder bleiben am Lagerfeuer zurück und unterhalten sich ganz aufgeregt: Sch spielen das Gespräch der Brüder.*

## Josef kommt nach Ägypten
### Lehrererzählung Teil 2 nach Gen 37,12-36 und Gen 39,1-20

Josefs Brüder (*braune/graue Knotenfiguren*) sind schon viele Tage mit ihren Herden unterwegs. Sie hüten ihre Tiere auf der Weide. Josef (*bunte Knotenfigur*) ist nicht bei ihnen, er blieb zu Hause beim Vater. Aber der Vater hat Josef losgeschickt um die Brüder zu suchen.
Seine Brüder sehen ihn schon von weitem kommen; sie schimpfen: (*... Spontaneinwürfe der Kinder*). Da sagen sie zueinander: „Da kommt er, dieser Träumer! Wir wollen ihn umbringen." Sie ziehen ihm sein Gewand aus und werfen ihn in die Zisterne (*buntes Tuch aus der Verknotung herauslösen*). Liedruf: „Manchmal bin ich ganz unten", vgl. 2.2.9 Arbeitshilfen S. 105.)
Nach einiger Zeit kommt eine Karawane mit Kaufleuten (*blaue Knotenfiguren*) vorbei. Da schlägt einer der Brüder vor: „Wir sollten Josef nicht töten. Er ist unser Bruder. Wir wollen ihn verkaufen, dann verschwindet er für immer aus unserem Leben." Die Brüder verkaufen Josef an die Kaufleute. So kommt Josef nach Ägypten.
Die Brüder aber beschmieren das Gewand Josefs mit dem Blut einer Ziege und lassen es zu ihrem Vater (*weiße Knotenfigur*) bringen: „Das Gewand meines Sohnes! Ein wildes Tier hat ihn gefressen!" Niemand mehr kann den Vater trösten. Liedruf: „Manchmal bin ich ganz unten", vgl. 2.2.9.
Die Kaufleute verkaufen Josef (*gelbe Knotenfigur*) in Ägypten an Potifar (*weiße Knotenfigur, evtl. goldenes Band hineinbinden*), er ist ein Hofbeamter des Pharao, der Oberste seiner Leibwache. Potifar ist nicht nur mächtig, er ist auch sehr reich. Er besitzt Felder und Wiesen, Scheunen, gefüllt mit Getreide, Keller mit Gewürzen und edlem Wein. Er hat viele Sklavinnen und Sklaven, die die Arbeit auf den Feldern, in den Scheunen und Häusern verrichten.
Auch Josef arbeitet hart und fleißig für Potifar. Was immer Josef anpackt, es gelingt. Unter seinen Händen gedeiht und wächst alles. Potifar sieht das mit Freude und vertraut dem Josef sein Haus und seine Felder an. Weil er selbst viel unterwegs ist, macht er ihn zum Aufseher und übergibt Josef die Schlüssel für das ganze Haus. „Auf Josef kann ich mich verlassen", denkt Potifar, „sein Gott ist mit ihm und segnet alles, was er tut, das kommt auch mir zugute." Doch eines Tages wird Josef ungerecht beschuldigt und Potifar lässt ihn voll Zorn ins Gefängnis (*schwarzes Tuch*) werfen. Liedruf: „Manchmal bin ich ganz unten", vgl. 2.2.9.

# Josef kommt nach Ägypten

## 1. Hintergrund

### Der biblische Text

Der folgende Teil der Geschichte „Josef kommt nach Ägypten" **fse 26/27** nach Gen 37,12-36 und 39,1-20 beschäftigt sich mit der Beseitigung Josefs durch seine Brüder, der Trauer des Vaters, dem Verkauf Josefs an Potifar und Josefs Aufstieg und unverschuldetem Fall.

### a) Beseitigung Josefs durch seine Brüder

Bruderstreit wird im Alten Testament als etwas Normales und sich aus mancherlei Verhältnissen Ergebendes angesehen. Es kommt nur darauf an, dass die Grenze jedes Streites darin respektiert wird, dass alle Brüder zu einem Ganzen gehören und dieses gemeinsame Dazugehören zum Ganzen nicht verletzt und zerstört werden darf. Als Josef vom Vater geschickt wird, um sich nach dem Wohlbefinden seiner Brüder und der Herden zu erkundigen, fassen die Brüder jedoch den Entschluss Josef umzubringen. Sie planen eine vorsätzlichen Mord, weil Josef ihnen etwas genommen hat, das ihnen auch gehört: die Aufmerksamkeit und Zuwendung des Vaters. Worum es den Brüdern geht, ist also etwas Gutes. Das Unrecht hat seinen Ursprung also eigentlich im fehlenden Vertrauen der Brüder zu ihrem Vater; denn sie wenden sich nicht an ihren Vater, von dem das Unrecht ausging.

Im Folgenden wird deutlich, wie sehr sich die Josef-Erzählung mit den verschiedenen Varianten des Bruderseins beschäftigt. Der älteste Bruder, der verantwortlich ist, weil er bei der Rückkehr der Gruppe auf die Fragen des Vaters antworten muss, tritt dazwischen.

Bei der Ankunft Josefs reißen ihm die Brüder zuerst das Gewand vom Leibe, das Geschenk des Vaters, Zeichen der Bevorzugung, das ihren Hass geweckt hat, dann werfen sie ihn in die trockene Zisterne. Mit der Karawane der Kaufleute bekommt die Erzählung einen realen Hintergrund. Die Karawane ist auf dem Weg nach Ägypten. Der älteste Bruder nimmt nun seine Verantwortung wahr und zeigt seinen Brüdern einen anderen Weg. Er bejaht das Anliegen seiner Brüder, lehnt aber ihren Weg ab. Es geht ihm darum, die Brüder für seinen Weg zu gewinnen. Die Händler kaufen also den Brüdern Josef ab. Dass Josef von seinen Brüdern als Sklave verkauft wird, ist für sich gesehen ein schweres Verschulden.

### b) Der Verkauf Josefs an Potifar

Die Kaufleute verkaufen Josef in Ägypten an Potifar, einen Hofbeamten des Pharao, den Obersten der Leibwache. Das Ausgangsmotiv in Kapitel 39 ist, dass Gott mit Josef ist. Jahwe ist auf seiner Seite und lässt seine Vorhaben gelingen. Potifar nimmt dieses Mitsein Gottes mit Josef wahr. Er sieht, dass Josef Erfolg hat und macht ihn zu seinem Verwalter. Dass Josef Jahwe auf seiner Seite hat und dass ihm so alles gelingt, wirkt sich auf das Haus des Potifar aus: Wo ein Gesegneter ist, da verbreitet sich Segen.

### c) Josefs unverschuldeter Fall

In der Treue zu seinem Herrn, Potifar, verweigert sich Josef dem Verlangen von dessen Frau. Die Sünde wider Gott wäre nicht die Unkeuschheit, sondern der Bruch des Vertrauens, das ihm sein Herr geschenkt hat. Der Vertrauensbruch wäre deshalb Sünde wider Gott, weil das Vertrauen ja Gottes Geschenk war. Als sich Josef weigert, wird wieder ein Kleid, das bei der Flucht Josefs zurückbleibt, zum Indiz. Hier wird dem Josef das Kleid abgerissen von der Frau, die ihn liebt und begehrt und die ihn mit diesem Indiz in die Tiefe stürzt. Jetzt erst erfährt Josef die ganze Härte seines Schicksals. Er ist Sklave und wird ins Gefängnis geworfen.

In der Erzählung wird nicht beantwortet, wie es nun mit dem Mitsein Gottes mit Josef ist. Das Fallenlassen wird mit keinem Wort begründet. Deshalb ist auch im Unterricht auf vorschnelle Antworten zu verzichten, wir müssen uns damit begnügen, dass Gottes Handeln weiter geht (vgl. Westermann, S. 25-42).

### Das Lied

Die Strophen 2 und 3 des biblischen Erzählliedes fassen Wesentliches zusammen: die Tat der Brüder, den Verkauf Josefs an die Händler, sein Dienst bei Potifar und die ungerechtfertigte Beschuldigung. Der Kehrvers (**fse 24**) kann auch an dieser Stelle Sch dazu anregen, das biblische Geschehen perspektivisch nachzuerzählen oder nachzuspielen.

### Ernst Alt: „Josef in der Zisterne", 1982

Vom inneren Erleben her kann dieses Bild von Ernst Alt (zum Künstler vgl. Arbeitshilfen S. 102) für beide Situationen stehen: für die Zisterne und das Gefängnis. Die dunklen Farben bezeichnen den Sturz in die Tiefe. Das Seil ist zugleich Fessel und letzte Verbindung nach oben, zur Gemeinschaft.

Der Erzähler der Josef-Geschichte verzichtet an beiden Stellen auf psychologisches Ausmalen: Man hört von Josef keine Klagen, er verzweifelt nicht, er fragt nicht einmal. Dies ist bewusste Stilisierung, die unserem heutigen Empfinden nicht mehr entspricht. Das Bild kann deshalb dazu anregen, über das nachzudenken, was die Tat der Brüder und die ungerechte Beschuldigung im Haus des Potifar bei Josef auslösen.

# Manchmal bin ich ganz unten

T/M: R. Hirschauer

Manch-mal bin ich ganz un-ten, manch-mal bin ich am Bo-den zer-stört. Manch-mal weiß ich nicht ein und nicht aus. Ach, helf mir doch je-mand he-raus! Ach, helf mir doch je-mand he-raus!

# Fantasieübung: In der Zisterne

Sch setzen sich bequem hin, schließen die Augen, legen evtl. Arme und Kopf auf die Bank (vgl. Hinweise zu den Stille-Übungen, Arbeitshilfen S. 22 ff. Die Hinweise in Klammern sind in der Regel nicht zu sprechen, sie geben die Richtung der Impulse an).

„Ihr seid wie Josef in einem Brunnen. Der Brunnen hat kein Wasser. Der Boden ist trocken. Hier unten ist es dunkel. Oben siehst du ein Stück Himmel. Du kannst nicht nach oben.
Du bist allein. Du bist traurig, hast Angst.
Wie komme ich da wieder heraus? Gedanken gehen dir durch den Kopf:
Ich möchte ... (nach oben, ins Freie, nach Hause, zu den Eltern, ...)
Ich werde doch nicht ... (den ganzen Tag, die ganze Nacht ...)
Ich höre mich rufen: ... (Zieht mich heraus; lasst mich nicht da unten ...)
Da kommt jemand ... Wer ist es?
Ein Seil wird heruntergelassen oder eine große Leiter.
Du lässt dich herausziehen/du kletterst nach oben.
Gott sei Dank! Ich bin wieder oben, sehe die Sonne, die Bäume.
Der/die dich herausgeholt hat, schließt dich in die Arme.
Es ist gut, dass mich eine/r aus dem Brunnen befreit hat.
Du reibst dir die Augen, öffnest sie, dehnst und streckst dich."

Sch äußern sich, was sie erlebt, empfunden haben, ... schreiben, ... malen.

## 2. Einsatzmöglichkeiten im RU

### Josef ganz unten erleben
Sch lernen die Episode „Josef kommt nach Ägypten" (nach Gen 37,12-36 und Gen 39,1-20) kennen.
- Sch entdecken den Schauplatz: eine Zisterne, gelegt aus einem braunen Tuch, mit Steinen eingefasst;
- Sch erfahren, was dem Josef widerfährt, und spielen mit Knotenfiguren mit: **AB 2.2.8, Arbeitshilfen S. 103**, Lehrererzählung nach Gen 37,12-36 und Gen 39,1-20;
- Sch hören und singen den Kehrvers und die 2. und 3. Strophe des Josef-Liedes (Liederkiste 1/2, Nr. 23);
- Sch lesen die Geschichte in **fse 26** nach.

### „Josef in der Zisterne" nachempfinden
Das Bild von Ernst Alt ist als Folie Nr. 14 in der Schatzkiste 1/2 enthalten, vgl. Arbeitshilfen S. 19.
- Spontane Wahrnehmung: erste Kontaktaufnahme mit dem Bild; ungelenktes Anschauen und Wahrnehmen; nach einer Phase der Stille: spontane Äußerungen ohne Diskussion und Wertung.
- Analyse des Bildes: Was ist auf dem Bild zu sehen? Sch beschreiben die Farben des Bildes und Josefs Körperhaltung, entdecken das verknotete Seil, das Josef fesselt, ihn hält, nach oben führt.
- Analyse des Bildgehalts:
- Sch ergänzen: Einer, der so dasitzt, ... Einer, der so dasitzt, fragt ...
- Sch erzählen das biblische Geschehen nach bzw. L-Erzählung (nach Gen 37,12-36, vgl. AB 2.2.8.), falls die Einheit mit dem Bild begonnen wird.
- Identifikation mit dem Bild: Sch stellen das Bild nach, nehmen diese Körperhaltung ein.
- Sch hören und singen das Lied „Manchmal bin ich ganz unten": **AB 2.2.9, Arbeitshilfen S. 105**.
- Sch drücken den Gehalt des Liedes mit Gesten aus.
- Sch ergänzen: Ich bin ganz unten, wenn ... Wenn ich ganz unten bin, frage ich ...
- L leitet eine Fantasieübung an: **AB 2.2.10, Arbeitshilfen S. 105**.
- Weiterer Umgang mit dem Bild:
- Sch sammeln (z. B. aus mitgebrachten Zeitungen oder als Hausaufgabe) oder malen Bilder von Menschen, die ganz unten sind.
- Sch zünden ein Teelicht an, stellen es zum Bild und beten für diese Menschen.

### Standbilder bauen
- Sch stellen in einer Elementarpantomime dar, „wie sich die Beziehungen zwischen Josef und seinen Brüdern verändern".
- Sch schneiden die Karten **AB 2.2.11, Arbeitshilfen S. 107**, in PA aus, wählen eine Karte, die zur Josef-Geschichte passt, suchen das Gegenteil und malen zu beiden Karten.
- Sch erproben die pantomimische Darstellung beider Begriffe, einigen sich mit dem Partner auf eine gemeinsame Haltung bzw. Bewegung. Dabei stellen Sch das Wesentliche übertrieben dar und führen die Bewegung in Zeitlupe aus, weil die geführte Bewegung den Ein- und Ausdruck intensiviert.

### Eine Fantasiereise unternehmen: „Angst vor Unbekanntem"
Als Josef nach Ägypten verkauft wurde, war er gezwungen sich auf das Unbekannte einzulassen. Das soziale und ökonomische Umfeld auch der Sch ändert sich häufig und bietet zu vielen Befürchtungen Anlass.
- Diese Fantasiereise kann Sch helfen sich auf Veränderungen in ihrem eigenen Leben einzustellen: **AB 2.2.12, Arbeitshilfen S. 107**.
- Im Anschluss an die Fantasierreise malen Sch ihre Eindrücke und schreiben sie auf.

### Die Schlüsselübergabe erleben
Diese Übung „Das hast du gut gemacht!" kann auch als Einschub innerhalb der L-Erzählung vorgesehen werden.
- Sch betrachten den Schlüssel, den Potifar an Josef übergibt (möglichst groß, kunstvoll geschmiedet, evtl. auf Flohmärkten suchen oder bei Restaurateuren nachfragen).
- Der Schlüssel wird von Sch zu Sch weitergereicht. Jede/r Sch spricht aus, was Potifar zu Josef bei der Schlüsselübergabe gesagt haben könnte (z. B. Dir gelingt alles; Du bist ein guter Diener; Ich vertraue dir alles an; Pass gut auf mein Haus auf).

### Sich in „Gefangensein" einfühlen
Für diese Einfühlungsübung legt L ein schwarzes Tuch mit einem Gitter aus Seilen, Sch assoziieren und bringen „Gefangensein" zum Ausdruck:
- klanglich, indem sie z. B. Steine, Hölzer aneinander schlagen, auf dem Xylophon eine entsprechende Tonfolge finden;
- leibhaft durch entsprechende Körperhaltungen; die Gruppe übernimmt, was einzelne Sch jeweils vorstellen;
- verbal, indem sie einen Satzanfang ergänzen: Einer, der gefangen ist, klagt ... (z. B. ... ich sehe den Himmel nur durch ein Gitter; Ich kann nicht gehen, wohin ich will; Ich bin im Finstern; Alles ist mir verschlossen).

## 3. Jahrgangsübergreifende Lerngruppe

Sch der 1. Jahrgangsstufe können die angeregten Möglichkeiten ebenso mittun. Im Anschluss an die Fantasiereise malen sie ihre Eindrücke auf.

# Wie sich die Beziehungen der Brüder verändern
## Karten für Elementarpantomime/Standbilder

| Schuld vertuschen | streiten | verzeihen | ausstoßen | wegschicken |
| --- | --- | --- | --- | --- |
| beschuldigen | aufnehmen | sich versöhnen | Schuld eingestehen | beschützen |

## Fantasiereise: Keine Angst vor dem Unbekannten

Setz dich aufrecht und bequem hin, stelle beide Füße auf den Boden und schließe die Augen. Nun stell dir vor, dass du an einem Platz bist, wo du dich wohl fühlst. Das kann bei dir zu Hause sein oder irgendwo draußen im Freien, an einem Platz, den du kennst oder den du dir wünschst. Stell dir genau vor, wie dieser Platz aussieht, und spüre, wie wohl und sicher du dich dort fühlst. Sei eine Weile an diesem Platz und bemerke, was du dort tust.

Stell dir vor, dass du ein Gewand trägst, in dem du dich ganz behaglich und sicher fühlst. Welche Farbe soll dieses schützende Gewand haben?

Jetzt erblickst du etwas, das vorher nicht an diesem Platz war. Es ist eine Tür oder ein Tor. Siehst du diese Tür oder das Tor ganz deutlich vor dir? Geh langsam auf die Tür zu und öffne sie. Du wirst irgendetwas Neues vor dir sehen, wenn du durch die Tür schaust. Und wenn du dann durch sie hindurchgehst, kommst du an einen Ort, an dem du noch nie im Leben warst ...

Bemerke dort alle Einzelheiten. Zum Glück trägst du dein Gewand mit der goldenen Sonne auf der Brust und so kannst du dich ganz sicher fühlen. Überlege einen Augenblick, was du an diesem neuen Platz tun möchtest. Vielleicht willst du auch etwas sagen oder eine Frage stellen?

Merke dir alles, was du entdeckt hast, und komm langsam mit deiner Aufmerksamkeit hierher zurück. Atme dreimal tief ein und aus und öffne deine Augen wieder.

# Josef wird Verwalter von Ägypten
## Lehrererzählung Teil 3 nach Gen 39, 22-23 und Gen 41

Josef (*gelbe Knotenfigur*) ist im Gefängnis (*schwarzes Tuch*). Es ist das Gefängnis für die Gefangenen des Königs. Josef ist einer von ihnen. Aber auch im Gefängnis ist Gott mit Josef. Der Gefängnisleiter (*blaue Knotenfigur*) merkt bald: Josef ist ein Besonderer! Er kann Streit schlichten. Er verteilt das Essen gerecht. Er kann Trost spenden und Mut machen (*Öllämpchen/Teelicht*). Alles, was Josef arbeitet: Gott lässt es ihm gelingen. So gewinnt der Gefängnisleiter Vertrauen zu Josef und vertraut ihm alle Gefangenen an (*Schlüssel*). Josef hört den Gefangenen zu. Oft erzählen sie ihm von ihren Träumen.

*T/M: R. Hirschauer*

Träu - me, Träu - me: Was fang ich nur mit ih - nen an?

Josef versteht die Träume und legt sie den Gefangenen aus. So wird er als Traumdeuter bekannt. Der Pharao (*weiße Knotenfigur, rotes und goldenes Band hineinbinden*), der von seinem Palast aus (*Bausteine, goldene Kugeln*) das fruchtbare Land Ägypten (*farbige Tücher*) regiert, hat eines Tages einen Traum:
  Sieben schöne, fette Kühe steigen aus dem grünen Nil.
  Sieben klapperdürre Kühe fressen sie mit Stumpf und Stiel.
  Nur noch die magern stehn im Gras.
  Pharao, was bedeutet das?
  Sieben volle, goldne Ähren schwanken hin und her im Wind.
  Sieben klapperdürre Ähren fressen die dicken Ähren geschwind.
  Nur noch die magern sind zu sehn.
  Pharao, Pharao, was wird geschehn?
Liedruf: Träume, Träume: Was fang ich nur mit ihnen an?
Die Wahrsager und Weisen des Landes können die Träume nicht deuten. Der Pharao ist voller Angst. Er kann die Träume nicht verstehen. Ob Gott ihn verlassen hat? Da erinnert sich ein Diener an den Traumdeuter Josef. Schnell lässt der Pharao Josef aus dem Gefängnis holen: „Ich habe gehört, du kannst Träume deuten." Josef sagt: „Mit Gottes Hilfe will ich dem Pharao die Träume deuten." Der Pharao erzählt Josef die Träume von den fetten und den mageren Kühen, von den vollen und den dürren Ähren. Josef lauscht aufmerksam den Worten des Königs: „Pharao, deine Träume bedeuten beide dasselbe. Sieben Jahre wird großer Überfluss im Lande sein. Dann aber werden sieben Jahre kommen, in denen große Hungersnot herrscht. Darum suche der Pharao einen Mann, verständig und klug, der in den Jahren des Reichtums allen Vorrat sammle und aufbewahre für die Jahre des Hungers und der Not." Der Pharao ist beeindruckt von der Weisheit Gottes, die aus Josef spricht: „Niemand ist so klug und weise wie du!" Deshalb macht der Pharao Josef zum Verwalter über ganz Ägypten. Er bekleidet ihn mit einem kostbaren Gewand (*buntes Tuch hineinbinden*) und legt ihm die goldene Kette um den Hals (*goldene Kette*).

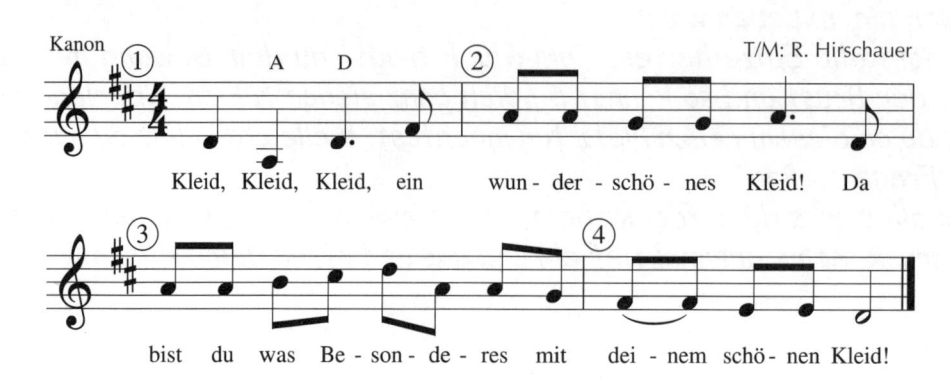

Kanon *T/M: R. Hirschauer*

Kleid, Kleid, Kleid, ein wun - der - schö - nes Kleid! Da

bist du was Be - son - de - res mit dei - nem schö - nen Kleid!

In den sieben Jahren, die reiche Ernte bringen, lässt Josef große Scheunen bauen und sammelt das Getreide *(Schale mit Getreide)*. In den sieben Jahren der Not hungern die Menschen überall im Land. Es gibt kein Korn mehr, weder zur Aussaat noch zum Mahlen. Die Menschen weinen und klagen in ihrer Not.

T/M: RPA-Verlag

Wir hun-gern, wir hun-gern, wir lei-den gro-ße Not. Wir sind ganz am En-de, wer gibt uns Korn und Brot? Wir sind ganz am En-de, wer ret-tet uns vor'm Tod?

Viele Menschen *(blaue Knotenfiguren)* kommen zum Pharao und bitten: „Gib uns Brot! Du bist doch unser König! Du musst uns helfen!" Der Pharao schickt die Menschen zu Josef: „Josef hat vorgesorgt. Er wird euch helfen." Josef öffnet die Kornspeicher. Er verkauft Getreide an die Hungernden. Die Leute danken Josef: „Du bist gut. Du sorgst für uns. Du gibst uns zu essen. Durch dich werden wir gerettet."

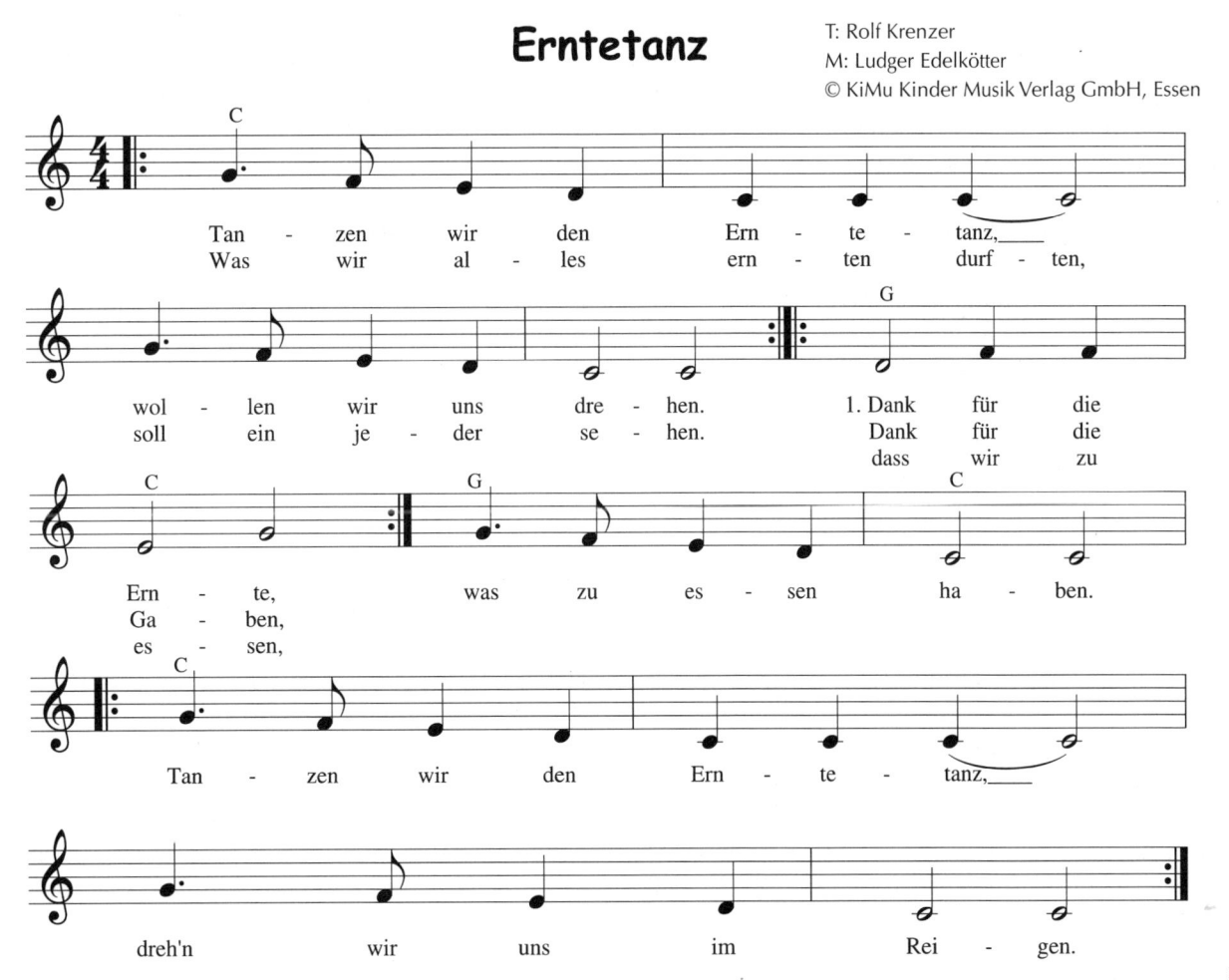

## Erntetanz

T: Rolf Krenzer
M: Ludger Edelkötter
© KiMu Kinder Musik Verlag GmbH, Essen

Tan-zen wir den Ern-te-tanz,
Was wir al-les ern-ten durf-ten,
wol-len wir uns dre-hen.
soll ein je-der se-hen. 1. Dank für die
dass wir zu
Ern-te, was zu es-sen ha-ben.
Ga-ben,
es-sen,
Tan-zen wir den Ern-te-tanz,
dreh'n wir uns im Rei-gen.

## Josef wird Stellvertreter des Pharao

### 1. Hintergrund

**Der Bibeltext**

Der nächste Teil der Erzählung (Gen 39,21-41,57) beschäftigt sich mit der Erhöhung Josefs im Gefängnis, den Träumen der Beamten des Pharaos und ihrer Deutung, den Träumen des Pharaos und deren Deutung durch Josef, der Einsetzung Josefs als Verwalter und die Abwendung der Hungersnot. Es wird erzählt, wie Josef als Gefängnisaufseher und später als Verwalter Verantwortung für andere übernimmt und Menschen vor dem Hungertod rettet.

**a) Josef im Gefängnis**

Auch im Gefängnis ist Jahwe mit Josef. So wie vorher Potifar, so vertraut ihm jetzt der Gefängnisbeamte alles an. Wieder gibt Gott ihm in all seinem Tun Gelingen. Wo einmal eine Geschichte Gottes mit einem Menschen oder mit einer Gemeinschaft angefangen hat, da geht sie weiter, auch wenn man auf lange Strecken nichts davon spürt.

Die nun folgenden Träume der Beamten des Pharaos und deren Deutung bedeuten im Ganzen der Erzählung eine Erweiterung. Deshalb wird auf die nähere Auslegung und Behandlung dieses Kapitels im Unterricht verzichtet.

**b) Josef deutet die Träume des Pharao**

Im folgenden Kapitel (Gen 41) liegt bis Vers 32 eine in sich geschlossene Erzählung von den Träumen des Pharao und ihrer Deutung durch Josef vor. In den Träumen von den sieben Kühen und den sieben Ähren zeigt sich die hohe Verantwortung des Königs für sein Volk und dessen Rolle als Verbindungsglied zwischen dem göttlichen Wirken und der Wirtschaft des Landes. Denn auch im antiken Ägypten konnten die Träume des Königs als göttliche Offenbarung gesehen werden. Da die ägyptischen Weisen den Traum nicht deuten können, wird Josef auf die Erinnerung des Obermundschenks hin zum Pharao gerufen. Was den Wahrsagern und Weisen Ägyptens nicht gelingt, das wird dem hebräischen Sklaven möglich, weil Gott mit ihm ist. Die Deutung des Traumes wird in Vers 16 ganz auf Gott zurückgeführt: „Nicht ich, Gott wird dem Pharao zum Heil antworten." Die Träume zielen auf eine Weisung, die tief in das geschichtliche Geschehen eingreift. Literarisch gesehen ist Josefs Deutung des Traumes erstaunlich eingehend und vielseitig. Offenbar liegt hier eine sehr frühe Verbindung von Traumdeutung und prophetischem Reden vor. Beide Träume haben den gleichen Sinn. Es ist Ankündigung dessen, was Gott tun wird. Durch solches Ankündigen wird es möglich, dem angekündigten Geschehen so zu begegnen, dass es vielen zum Heil wird.

**c) Josef wird Verwalter**

Die Weisung, die Josef anschließend in seinem Rat an den Pharao gibt, ist nun nicht mehr Gotteswort, sondern menschliche Überlegung. Aufgrund seiner Weisheit, die sich in diesem Rat zeigt, wird Josef vom Pharao zum Minister eingesetzt und mit der Durchführung der Vorratswirtschaft beauftragt. Diese „Planwirtschaft" steht in einem tiefen Zusammenhang mit dem Planen Gottes, der auch durch diese menschlichen Mittel das Geschehende so lenkt, dass viele Menschen am Leben erhalten werden. Durch den Traum des Pharao, den Josef zu deuten befähigt wurde, wird jener erste Traum, der das Verbrechen der Brüder bedingte, wider alle Erwartung der Erfüllung zugeführt. Durch den erhöhten Josef führt Gott seinen Plan der Bewahrung der Familie des Jakobs durch. Wenn der Erzähler dann von Josefs Söhnen und deren Namen berichtet, macht er deutlich, dass Josef, der sogar einen ägyptischen Namen und eine ägyptische Ehefrau erhalten hat, im Bereich seiner Familie unlösbar mit dem Gott seiner Väter und mit dem Wirken dieses Gottes verbunden bleibt (vgl. Westermann 42-68).

**Das Lied**

In wenigen Worten fasst die 4. Strophe des Erzählliedes die wichtigsten Aussagen des biblischen Geschehens zusammen. Hinzu kommt der eigentliche Traum des Pharaos, der im biblischen Text **fse 28** (Zeilen 10-21) in Versform gestaltet ist und mit dem Lied eine musikalische Gestaltungseinheit ermöglicht.

**Ernst Alt: „Josef in Ägypten", 1991**

Ernst Alt (zum Künstler vgl. S. 102) hat Josef in der prachtvollen Kleidung eines Ägypters dargestellt. In der feingliedrigen Ausgestaltung wird Josef zum Sinnbild für Fülle und Mangel. Im Hintergrund der oberen Bildhälfte sind die sieben fetten und die sieben mageren Kühe zu sehen. Die Darstellung der Träume des Oberbäckers und des Obermundschenks sind auf dem vorliegenden Bildausschnitt nicht mehr ganz zu erkennen.

Auf der Stirn Josefs taucht wieder das gelbe Zeichen auf, das auch Josef im bunten Rock zierte (**fse 25**). Es weiß Josef traumsicher zu rüsten gegen wachsenden Hunger: „Sieben reife Ähren, nicht die Peitsche, nicht das Schwert – der Hirtenstab sind ihm Zepter und Macht" (aus einem Brief E. Alts). Ernst Alt macht damit einmal mehr klar, dass Gott mit Josef ist. Dieses Mitsein Gottes wird wirksam sowohl in seiner Begabung Träume zu deuten als auch in der Weisheit Josefs, das heißt speziell in seiner politisch-wirtschaftlichen Tüchtigkeit, die mit dem Hirtenstab und den reifen Ähren angedeutet wird.

## 2. Einsatzmöglichkeiten im RU

### Josef in Ägypten erleben
Sch lernen die Erzählung „Josef wird Verwalter von Ägypten" kennen.
- Sch entdecken den Schauplatz, der aus zwei gegensätzlichen Bildern besteht: zum einen sehen sie das Gefängnis (dunkles Tuch, mit Seilen die Gitterstäbe symbolisieren, ein Schlüssel und ein Öllämpchen werden zum Zeichen für Josefs neue Rolle im Gefängnis); zum anderen das prächtige Land Ägypten mit den fruchtbaren Ufern des Nils (farbige Tücher) und dem Palast des Pharaos (Bausteine, goldene Kugeln).
- Sch erfahren, was dem Josef widerfährt, und spielen mit Knotenfiguren mit (**AB 2.2.13, Arbeitshilfen S. 108,** bietet eine Lehrererzählung nach Gen 39,22-23 und Gen 41).
- Sch hören und singen den Kehrvers und die 4. Strophe des Josef-Liedes (Liederkiste 1/2, Nr. 23), entdecken als Zeichen für Josefs hohes Amt eine goldene Kette und für die Vorräte eine Schale mit Getreide.
- Sch lesen die Geschichte in **fse 28** nach.

### „Die Träume des Pharaos" deuten
Diese musikalische Gestaltungseinheit lässt sich fächerverbindend mit MuE (2.1) planen.
- Liedruf „Träume, Träume: Was fang ich nur mit ihnen an?": **AB 2.2.13, Arbeitshilfen S. 108**; Vorspiel/Begleitung: C – D (4x) Metallophon, Triangel.
- Sch singen Kehrvers und 4. Strophe des biblischen Erzählliedes.
- Sch setzen den Sprechtext „Sieben schöne fette Kühe" aus dem biblischen Text **fse 28**, Zeilen 10-21 um: Dieser in Versform gestaltete Text eignet sich zur Ausgestaltung mit Rhythmus- und Effektinstrumenten:
- Begleitung einzelner Teile mit unterschiedlichen Klanggesten und Instrumenten;
- Variation des Ausdrucks durch Verändern der Stimme (z. B. Flüstern oder Betonen einzelner Teile);
- Begleitung mit Klanggesten (z. B. Schnalzen mit den Fingern, Klatschen der Hände, Patschen auf die Oberschenkel, Stampfen mit den Füßen);
- Übertragung der Begleitung auf Rhythmusinstrumente (hier besonders dumpfe Instrumente, z. B. Trommeln, und Instrumente, die „klapperdürr" klingen, z. B. Schlagstäbe, Holzblocktrommeln, Röhrentrommeln);
* Einsatz von Effektinstrumenten an ausgewählten Stellen (z. B. Kastagnetten, Guiros).
- Vorschlag für eine Kombination der verschiedenen Elemente:
Vorspiel Metallophon – Liedruf „Träume, Träume" (2x) – Sprechtext 1. Strophe „Sieben schöne fette Kühe" mit Rhythmus- und Effektinstrumenten – Zwischenspiel Metallophon – Liedruf „Träume, Träume" (2x) – Sprechtext 2. Strophe „Sieben volle, goldne Ähren" mit Rhythmus- und Effektinstrumenten – Zwischenspiel Metallophon – Liedruf „Träume, Träume" (2x) – Erzähllied 4. Strophe zuerst nur Melodie (z. B. Flöte oder Glockenspiel mit Gitarre), dann mit Text „Dem Pharao, dem großen König".

### Den „ägyptischen Josef" betrachten
Das Gemälde von Ernst Alt ist als Folie 15 in der Schatzkiste 1/2 enthalten, vgl. Arbeitshilfen S. 19.
- Spontane Wahrnehmung: erste Kontaktaufnahme mit dem Bild; ungelenktes Anschauen und Wahrnehmen; nach einer Phase der Stille: spontane Äußerungen ohne Diskussion und Wertung
- Analyse des Bildes: Was ist auf dem Bild zu sehen? Sch beschreiben die dargestellte Person (Pharao/Josef?), Sch schlagen bzgl. ägyptischer Kleidung im Kinderlexikon nach, Sch entdecken das goldene Zeichen auf seiner Stirn, die goldenen Ähren in seiner Hand, die Kühe im Hintergrund.
- Analyse des Bildgehalts: Was hat Ernst Alt dargestellt?
• Der Künstler gibt Josef einen Hirtenstab in die Hand. Sch ergänzen: Ein guter Hirte ...
• Sch formulieren Fragen, die Josef durch den Kopf gehen.
• Sch erzählen das biblische Geschehen nach.
• Sch hören und singen das Lied „Kleid, Kleid, Kleid" **AB 2.2.13, Arbeitshilfen S. 108**.
• Sch ergänzen: Jetzt bist du wirklich was Besonderes, denn du ...
- Identifikation mit dem Bild:
Sch deuten die Sonne auf der Stirn als Zeichen der Verbindung mit Gott. Sie lesen die vorbereiteten Sätze (auf gelben Tonpapier-Scheiben), jeder Sch wählt für sich einen Satz aus:
- Gott lässt dir alles gelingen.
- Mit Gottes Hilfe kannst du Träume deuten.
- Aus dir spricht die Weisheit Gottes.
- Niemand ist so klug und weise wie du.
Sch reichen einen Hirtenstab weiter oder legen einem Kind die goldene Kette um und sagen bei der Übergabe bzw. beim Umlegen den ausgewählten Satz.
- Weiterer Umgang mit dem Bild:
Sch gestalten gelbe Tonpapier-Scheiben mit eigenen Sätzen und Mustern (z. B. mit Getreidekörnern bekleben).

### Eine Anschauungsübung „Getreide"
In der Mitte steht eine Vase mit Ähren. Jedes Kind berührt mit seiner Hand die Spitzen der Ähren.

# Josefs Brüder kommen nach Ägypten
## Lehrererzählung Teil 4 nach Gen 42-45

Auch in Kanaan, wo Jakob und die Brüder Josefs leben, herrscht große Hungersnot *(braunes Tuch, Schale mit Korn, Spirale, leere Schale)*. Jakob *(weiße Knotenfigur)* sagt zu seinen Söhnen *(braune/graue Knotenfiguren)*: „Geht nach Ägypten und kauft Getreide, damit wir nicht verhungern müssen. Zieht alle fort, damit ihr auch genug heimbringt." Jakob lässt den Benjamin nicht mitziehen, denn er hat Angst, es könnte ihm ein Unglück zustoßen.

Jakobs Söhne kommen mit vielen Leuten in Ägypten an. So kommen sie zu Josef *(Knotenfigur)* und werfen sich vor ihm nieder: „Herr, wir bitten um Brot."

T/M: RPA-Verlag

*Wir hungern, wir hungern, wir leiden große Not. Wir sind ganz am Ende, wer gibt uns Korn und Brot? Wir sind ganz am Ende, wer rettet uns vor'm Tod?*

Josef erkennt seine Brüder, aber sie erkennen ihn nicht. Er sagt zu ihnen: „Spione seid ihr!" Die Brüder verteidigen sich und erklären, warum sie gekommen sind *(Spontaneinwürfe der Sch)*. Aber Josef will sie spüren lassen, wie es ist, wenn man jemandem ausgeliefert ist, so wie er es damals war, als sie ihn in die Zisterne warfen. Deshalb lässt er sie ins Gefängnis werfen. Juda, der älteste Bruder, beginnt zu grübeln: „Ging es nicht damals unserem Bruder genauso, als wir voller Neid und Bosheit waren? Er hat uns nichts getan, aber wir warfen ihn in die Zisterne. Er flehte uns um Erbarmen an, aber wir haben nicht gehört. Wir sind an unserem Bruder schuldig geworden. Jetzt müssen wir dafür büßen." Erst nach drei Tagen lässt Josef die Brüder frei und schickt sie mit Getreide nach Hause. Einer der Brüder muss in Ägypten bleiben und Josef verlangt: „Schafft mir Benjamin, euren jüngsten Bruder, herbei! So werde ich erfahren, dass ihr keine Spione, sondern ehrliche Leute seid. Dann lasse ich euren Bruder wieder frei."

Als sie zu Hause ankommen, klagt der Vater: „Jetzt ist Simeon auch nicht mehr bei mir!" Trotzdem will Jakob den Benjamin nicht mit den anderen nach Ägypten ziehen lassen um den Simeon zurückzuholen. Erst als alle Vorräte aufgebraucht sind und die Hungersnot wieder groß ist, sieht Jakob keinen Ausweg mehr. Die Brüder Josefs ziehen ein zweites Mal nach Ägypten. Josef empfängt sie freundlich: „Geht es eurem alten Vater gut? Lebt er noch?" Josef lädt seine Brüder zu einem Festessen ein, aber er gibt sich immer noch nicht zu erkennen. Sich versöhnen ist nicht so einfach: „Ob sie sich wirklich geändert haben?"

Um das herauszufinden, stellt Josef seine Brüder noch einmal auf die Probe. Vor der Abreise seiner Brüder lässt er in Benjamins Sack einen wertvollen Becher *(Becher aus Metall)* verstecken: „Was werden die Brüder tun, wenn in Benjamins Sack der Becher gefunden wird und Benjamin für den Diebstahl bestraft werden soll?"

Als die Brüder schon einige Zeit unterwegs sind, werden sie von Josefs Hausverwalter *(blaue Knotenfigur)* eingeholt: „Warum habt ihr den Becher meines Herrn gestohlen?" Die Brüder beteuern ihre Unschuld *(Spontaneinwürfe der Kinder)*. Aber der Becher wird in Benjamins Sack gefunden – also muss Benjamin als Sklave in Ägypten bleiben. Die Brüder sind außer sich vor Schrecken, sie können es nicht glauben: „Unser Bruder hat nichts Böses getan!" Sie merken: „Wir dürfen unseren jüngsten Bruder jetzt nicht im Stich lassen." Deshalb kehren sie alle gemeinsam um. Es ist ein schwerer Weg, den sie gehen müssen: „Was wird jetzt in Ägypten aus uns werden?" Sie werden zu Josef gebracht und fallen vor ihm nieder. Juda, einer der Brüder, ist bereit, alles zu tun um Benjamin zu retten: „Wenn wir ohne Benjamin heimkommen, wird unser Vater vor Trauer und Gram sterben. Ich könnte das Unglück nicht mit ansehen, das dann meinen Vater träfe. Ich nehme die Schuld auf mich und bleibe anstelle von Benjamin als Sklave hier."

Da merkt Josef, dass sich seine Brüder wirklich geändert haben. Josef beginnt laut zu weinen und sagt: „Ich bin Josef, euer Bruder, den ihr nach Ägypten verkauft habe. Habt keine Angst! Um das Leben vieler Menschen zu retten, hat mich Gott hierher geschickt." *(Evtl. Bildbetrachtung, fse 31)*

Josef lässt für seine Brüder Esel mit Korn und Geschenken beladen und sagt: „Erzählt meinem Vater, dass ich lebe. Sagt ihm auch, er soll kommen, er und alle Frauen und Kinder. Hier in Ägypten wird euch Gott alles geben, was ihr zum Leben braucht."

Zuerst ist Vater Jakob misstrauisch, er glaubt seinen Söhnen kaum. Aber dann, als er mit nach Ägypten zieht und seinen Josef in die Arme nehmen kann, ist die Freude groß.

## Meditationstext: Schuld eingestehen

Elf Söhne sind wir – einer fehlt.
Wir leben in Kanaan, ein fruchtbares Land. Aber der Regen bleibt aus.
Das Getreide auf den Feldern verdorrt. Einer schlechten Ernte folgt die nächste.
Wir hungern, unsere Familien leiden große Not.
Wir ziehen nach Ägypten, dort gibt es Getreide.
Wir verneigen uns und betteln: Herr, gib uns Brot!
Doch unsere Hände bleiben leer.
Ins Gefängnis wirft man uns! Warum? Was haben wir getan?
Doch dann kommt es uns in den Sinn:
Ging es nicht damals unserem Bruder genauso, als wir voller Neid und Bosheit waren?
Er hat uns nichts getan, aber wir warfen ihn in die Zisterne.
Er flehte uns um Erbarmen an, aber wir haben nicht gehört.
Wir sind an unserem Bruder schuldig geworden. Jetzt müssen wir dafür büßen.
Herr, hab Erbarmen mit uns.

Sch schließen die Augen: *Siehst du die Ähren, das große Ährenfeld? Es leuchtet goldgelb in der Sonne. Die Halme wiegen sich im Wind. Manchmal sehen wir Blumen zwischen den Ähren, rot und blau.*
Sch spielen mit dem ganzen Leib, wie eine Ähre wächst: *Das Korn in der Erde ist noch hart und fest. Durch den Regen wird es weich, es lässt sich los, verwurzelt. Es keimt, wächst nach oben, bricht durch die Erde und grünt. Der Sonne wächst es entgegen, strebt zum Licht, trägt eine Ähre, wiegt sich im Wind. Viele Körner werden reif. Die Ähre wird schwer, neigt den Kopf, wird geschnitten und heimgebracht in die Scheune.*
Sch erhalten Schälchen mit Korn und füllen es in eine Schale in der Mitte.
Sch lassen das Korn durch die Finger rieseln und sprechen einen Satz dazu.

### Einen Erntetanz tanzen
Diese musikalische Gestaltungseinheit „Erntetanz" mit instrumentaler Begleitung kann fächerverbindend mit MuE 2.1 durchgeführt werden, vgl. **AB 2.2.14, Arbeitshilfen S. 109.**
Stabspiel-Begleitung:
Kehrvers „Tanzen wir": Bordun C-G, rhythmische Begleitung ♩♩♩, z. B. mit Schlagstäben, Schellen.
Strophe „Dank für ...": D-G und C-G im Wechsel jeweils ein Takt, rhythmische Begleitung auf die eins, z. B. mit Triangel.
Sch ergänzen weitere Strophen: Dank für ...

### Wir feiern ein Erntefest
Sch sammeln Ideen und bereiten gemeinsam ein Ernte(dank)fest vor:
– kleine Fladenbrote backen, den Geschmack von Brot auskosten;
– mit Früchten einen Obstsalat zubereiten;
– die Tische mit Blumen, Gräsern, Ähren und Blättern schmücken, schöne Muster legen;
– mit Kartoffel-Stempeln und Wasserfarben Platzdeckchen bedrucken.
Alternative: Das Fest kann auch am Ende der Sequenz als „Versöhnungsfest" gefeiert werden.

## 3. Jahrgangsübergreifende Lerngruppe

Sch der 1. Jahrgangsstufe schneiden für jedes Kind eine Sonne aus Goldfolie aus. In die Mitte kleben sie ein Weizenkorn. Anschließend drehen sie dazu aus leuchtend gelber Wolle eine Kordel und stellen eine „Gott ist mit dir"-Kette her.

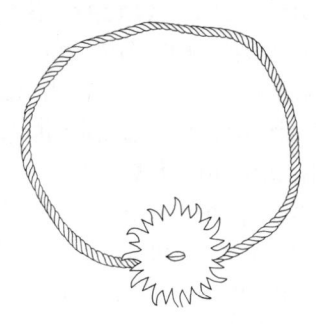

---

# Josefs Brüder kommen nach Ägypten
*fragen – suchen – entdecken* **30/31**

## 1. Hintergrund

### Der Bibeltext
In den Kap. 42 bis 44 des Buches Genesis folgen nun die ausführlichen Berichte über die erste und zweite Reise der Brüder nach Ägypten und den Vorfall mit dem Becher in Benjamins Sack. Erst in Kap. 45 gibt sich Josef zu erkennen und verzeiht seinen Brüdern. Der Vorfall mit dem Becher in Benjamins Sack wird in **fse 2** nicht erzählt. Der Einbezug der Benjamin-Episode liegt demnach im Ermessen der Lehrkraft.

**a) Die erste Reise der Brüder nach Ägypten: Josef erkennt sie und klagt sie an**
In der Hungersnot fordert Jakob seine Söhne auf nach Ägypten zu ziehen um dort Getreide zu kaufen. Ein neuer Konflikt – ähnlich der Ausgangssituation – zeichnet sich ab. In Ägypten werfen sich die Brüder mit ihrer Bitte um Brot vor Josef nieder. Josef erkennt sie und denkt an die Träume, die jetzt in Erfüllung gegangen sind. Er lässt die Brüder die ganze Härte des Ausgeliefertseins durchleben. Der Erzähler sagt damit, dass ein Verzeihen an dieser Stelle, unmittelbar nach der Ankunft der Brüder, nicht zu einer wirklichen Lösung hätte führen können. Mit den folgenden Maßnahmen will Josef seine Brüder ihrerseits zum „Erkennen" bringen, zum Erkennen des Unrechts, das sie begangen haben. Deshalb klagt er sie als Spione an, fordert ihre Legitimierung, wirft sie für drei Tage ins Gefängnis und verlangt, dass einer der Brüder als Pfand bleiben und der jüngste Bruder, Benjamin, herbeigeschafft werden muss. An dieser Stelle erkennen die Brüder ihre Schuld. Dieselbe Erbarmungslosigkeit, der sie jetzt ausgeliefert sind, haben sie selbst einmal ihrem Bruder gegenüber gezeigt. Das Bekenntnis der Schuld hat eine befreiende Wirkung und eröffnet neue Möglichkeiten. Josef hört ihnen zu und beginnt zu weinen. Dieses Weinen bezeugt, dass nun etwas in Bewegung kommt und sich etwas gewandelt hat. Trotzdem bleibt Josef noch hart. Bei ihrer Abreise müssen die Brüder den Simeon zurücklassen.

# Was Menschen zueinander sagen

- Warum immer nur er?
- Das werden wir dir heimzahlen!
- Gott sei Dank!
- Das hast du gut gemacht!
- Ich verzeihe dir!
- Warum glaubt mir denn keiner?

# Eine Geheimschrift entziffern

Kannst du die ägyptischen Schriftzeichen entschlüsseln?

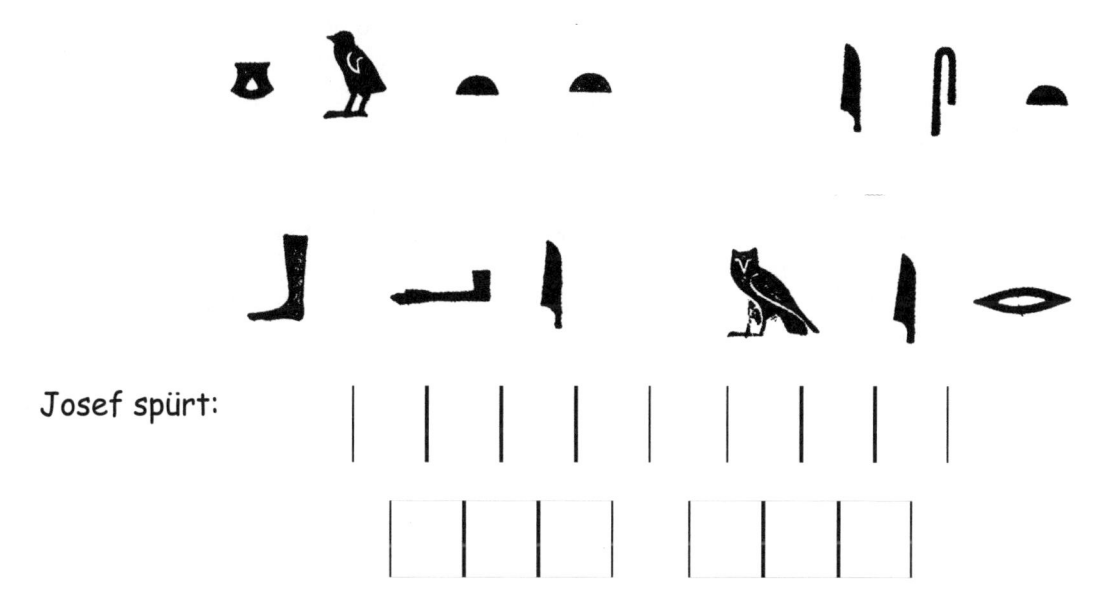

Josef spürt:  | G | O | T | T |   | I | S | T |

| B | E | I | M | I | R |

Trage die Lösungsbuchstaben in die Kästchen ein:

- 𓃀 – B
- 𓅓 – M
- ◠ – T
- 𓎼 – G
- ◇ – R
- 𓅱 – O
- 𓇋 – I
- 𓊪 – S
- 𓃂 – E

**b) Die zweite Reise der Brüder:
Josef stellt sie auf die Probe und gibt sich zu erkennen**

Die Hungersnot zwingt Jakob, seine Söhne ein zweites Mal nach Ägypten zu schicken. Sie drängen den Vater, Benjamin mitziehen zu lassen. In der Hoffnung, dass Gott es schaffen kann, den mächtigen Ägypter gnädig zu stimmen, willigt er ein. Bei ihrer Ankunft in Ägypten werden sie freundlich aufgenommen. Als sie vor Josefs Haushalter ängstlich ihr Anliegen vorbringen, erfahren sie Trost und Zuspruch. Die nun folgende Begrüßung durch Josef gehört zu den schönsten Szenen der ganzen Erzählung. Josef erkundigt sich nach ihrem Ergehen, ob der Vater noch lebe und ob es ihm gut gehe. Schließlich wendet er sich dem jüngsten Bruder zu. Wenn Josef an dieser Stelle dem Weinen nahe ist und schnell hinausgehen muss, damit es die Brüder nicht merken, dann weist diese Bewegung deutlicher als viele Worte auf das hin, worum es geht: das Heilsein einer Gemeinschaft und was sie für die bedeutet, die ihr angehören. Das gemeinsame Mahl, das nun folgt, bewirkt und erhält Gemeinschaft, auch wenn der tiefe Bruch dadurch noch nicht geheilt werden kann.

Josef stellt seinen Brüdern eine Falle um ihre Reaktion herauszufinden. Auf dem Weg in die Heimat werden sie des Diebstahls beschuldigt. Der Becher wird in Benjamins Sack gefunden. Der älteste Bruder erkennt, dass es nicht mehr entscheidend ist, dass die Brüder in diesem Fall unschuldig sind. In dem von ihm gesprochenen Schuldbekenntnis realisiert er den Zusammenhang mit ihrer alten Schuld und bekundet seine Bereitschaft, die Strafe auf sich zu nehmen. Er übernimmt mit seinen Brüdern die Verantwortung für das Geschehen und gibt eindeutig zu erkennen, dass sich etwas gewandelt hat. Josef, der das wahrnimmt, schickt alle Ägypter hinaus und gibt sich seinen Brüdern zu erkennen. Nun sind Vergebung und Versöhnung möglich geworden. Josef spricht das lösende Wort.

Das ganze Gewicht ist auf die Worte gelegt, die dem Handeln der Brüder das Handeln Gottes gegenüberstellt. Der Erzähler der Josefs-Geschichte zeigt: Gottes Walten will das Leben der Menschen erhalten. Es kann das menschliche Planen und Handeln völlig verwandeln und selbst aus Bösem Gutes bewirken. Mit dieser Botschaft schickt Josef die Brüder zum Vater zurück. Jakob wird sein Kind wiedersehen und darin das Heilsein seines Lebenskreises erfahren, sodass er in Frieden sterben kann. Mit der Reise Jakobs nach Ägypten, dem Wiedersehen mit seinem Sohn Josef, dem Sich-Niederlassen in Ägypten, dem Tod und Begräbnis des Vaters und schließlich Josefs Tod kommt das äußere Geschehen der Erzählung zum Abschluss (vgl. Westermann, S. 69-100). Dieser letzte Teil ist in **fse 2** nicht mehr vorgesehen.

**Das Lied**

Das umfangreiche biblische Geschehen wird in der 5. und 6. Strophe des Erzähllieds zusammengefasst. Der Autor spricht dabei auch das Lob Gottes an, das in Josefs Reden zum Ausdruck kommt. Das Lob ist die einfache Sprache der Freude. In der hebräischen Sprache gibt es kein Wort für „danken". Der Dank ist im Lob ganz selbstverständlich und ursprünglich mit enthalten. Das Lob, die Äußerung der Freude, richtet sich an den, von dem wir alles haben. Wenn das Danken – losgelöst vom Lob – zur Pflicht wird, dann verkümmert es zur geschuldeten Äußerung. Die Situation der Versöhnung kann ermutigen, die ursprüngliche Sprache der Freude und des Lobes wiederzuentdecken (vgl. Ingo Baldermann, Einführung in die biblische Didaktik, Darmstadt 1996, S. 53).

**Ernst Alt: „Erkennendes Wiederfinden", 2000**

Das Gemälde „Josef–Benjamin: Erkennendes Wiederfinden" wurde von Ernst Alt im Jahre 2000 eigens für **fse 2** geschaffen. Es ergänzt stilistisch, farblich, vor allem aber spirituell und psychologisch die Reihe der Josef-Bilder. Auf diesem Versöhnungsbild „herzt" Josef seinen Bruder Benjamin. Die Traumsequenz des Knaben Josef – Sonne, Mond und Sterne – vollendet sich mit der Verneigung der Brüder unter der kosmischen Verbindung von Sonne und Mond im Kranz der Sternenbilder. Es ist ein Bild tiefer Ankunft und erschütternder Heimfindung. Der Becher – in Herzhöhe vom Bruder dem Bruder gehalten – wird zum Zeichen der Versöhnung.

## 2. Einsatzmöglichkeiten im RU

**Mit „Josefs Brüdern nach Ägypten kommen"**
Sch lernen die Episode nach Gen 42-45 kennen.
- Sch gestalten den Schauplatz, eine Scheune (braunes Tuch); eine Schale mit Korn wird hineingestellt. Sch versuchen verschiedene Wege zum „Kornspeicher" in der Mitte zu gehen. Den längsten Weg, die Spirale, legen sie mit Seilen aus. Eine leere Schale am Ende des langen Weges symbolisiert die Hungersnot.
- Sch erfahren, was Josef und seine Brüder erleben, und spielen mit Knotenfiguren mit: (**AB 2.2.15, Arbeitshilfen 112 f.:** Lehrererzählung nach Gen 42-45).
- Sch hören und singen den Kehrvers und die 5. und 6. Strophe des Josef-Liedes und den neuen Kehrvers von **fse 33** (Liederkiste 12, Nr. 23).
- Sch lesen die Geschichte in **fse 30** nach.

**„Schuld eingestehen"**
Diese Meditation folgt den Gedanken der Brüder, vgl. Gen 42,21-22: **AB 2.2.16, Arbeitshilfen S. 113**.
- Sch erhalten einen Klumpen Ton und formen die-

# Stationenlernen: Meine Geschichte

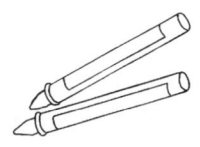

*Station: Bilder*
In welcher Situation hast du diesen Satz schon einmal gehört? Male ein Bild, klebe deine Sprechblase an die passende Stelle!

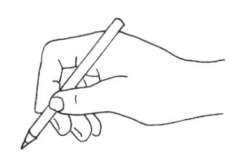

*Station: Geschichten*
Was könnte passiert sein, dass jemand diesen Satz spricht? Schreibe eine Geschichte!

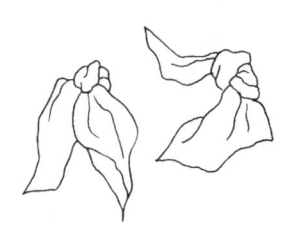

*Station: Rollenspiele*
Was könnte geschehen sein, dass jemand diesen Satz zu einer oder einem anderen sagt? Spiele mit den Figuren, was die beiden Menschen miteinander tun und reden!
Du kannst auch andere Kinder bitten, mit dir mitzuspielen.

*Station: Düfte*
Wähle für deinen Satz, dein Bild, deine Geschichte einen passenden Duft aus! Wonach riecht es? Woran erinnert dich dieser Duft?

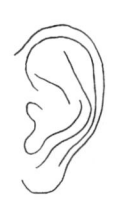

*Station: Klänge*
Wähle für deinen Satz, dein Bild, deine Geschichte ein passendes Instrument! Sprich den Satz und spiele mit deinem Instrument dazu!

sen völlig frei, während L den Meditationstext, evtl. mit passender Musik untermalt, vorträgt. Erfahrungsgemäß formen viele Sch den Ton mit sehr viel Gefühl, er wird ein Stück von ihnen. Deshalb ist es sinnvoll, die Skulpturen brennen zu lassen.
– Alternativ malen Sch meditativ mit Farben, wie es den Brüdern geht.

### Einen Spiraltanz tanzen

Für diese Bewegungsübung stellen Sch sich im Kreis auf, fassen sich bei den Händen und gehen zu ruhiger, evtl. melancholischer Musik (L wählt ein Stück aus, das sich vom Rhythmus her gut zum Gehen eignet) in der Schrittfolge: rechts vor, links vor, rechts vor, links zurück.
L lässt die rechte Hand los und beschreibet nun die Form einer Spirale nach innen.
*Ich bin unterwegs. Ich lebe. Ich schaue nach vorne. Vieles gelingt mir. Ich gehe immer weiter. Manchmal komme ich in die Enge. Es geht nicht mehr weiter. Was ist zu tun?*
Sch verweilen eine Weile still und bewegungslos in der Enge.
*Ich muss mich umschauen. Ich muss mich umdrehen, umkehren, umdenken.*
Sch drehen sich um, der letzte Sch führt nun die Gruppe an und beschreibt die Form der Spirale nach außen.
*Ich bin umgekehrt. Ich kann wieder weitergehen. Ich kann in die Weite gehen. Es geht weiter. Es geht voran. Ich bin unterwegs. Ich lebe. Gott sei Dank.*

### Beschützt den Benjamin!

Dieses Bewegungsspiel eignet sich für die fächerverbindende Zusammenarbeit mit dem Sportunterricht.
– Ein Sch spielt den Soldaten des Pharao, er ist der Fänger. Alle anderen Sch sind die Brüder. Sie bilden eine Schlange, Benjamin hängt am Ende, keiner darf den Vorder"mann" loslassen. Der Soldat will Benjamin fangen, die Brüder versuchen ihn zu beschützen. Wenn Benjamin gefangen ist, werden die Rollen getauscht.
– Wie gelingt es am besten, Benjamin zu beschützen? (Wenn ihn die Brüder in Form einer Spirale einwickeln.)

### Josef – Benjamin: Erkennendes Wiederfinden

– Spontane Wahrnehmung: erste Kontaktaufnahme mit dem Bild; ungelenktes Anschauen und Wahrnehmen; nach einer Phase der Stille: spontane Äußerungen ohne Diskussion und Wertung.
– Analyse des Bildes: Was ist auf dem Bild zu sehen? Sch erkennen zwei Brüder, die sich umarmen und den Becher halten, zehn sich verneigende Brüder, Sonne und Mond, den Sternenkranz.
– Analyse des Bildgehalts: Was hat Ernst Alt dargestellt?
• Sch geben dem Bild eine Überschrift – mit einem, mit zwei, mit drei Wörtern.
• Sch erinnern sich an die Träume des Knaben Josef (evtl. Bodenbild) und vergleichen mit dem Bild von Ernst Alt.
• Sch erzählen das biblische Geschehen nach.
– Identifikation mit dem Bild:
• Sch denken darüber nach, was es bedeutet, mit jemandem aus einem Becher zu trinken: Das mache ich nur mit ...
• Sch hören drei bis vier verschiedene, von L ausgewählte Musikbeispiele.
• Sch wählen das Musikstück aus, das ihrer Meinung nach am besten zum Bild passt.
• Sch bewegen sich zum ausgewählten Musikstück (die Mehrheit entscheidet) im Raum, spielen mit ausgewählten Instrumenten dazu.
– Weiterer Umgang mit dem Bild:
• Sch gestalten zum Musikstück meditativ ein Versöhnungsbild: mit Farben (Wachsmalkreiden) und Zeichen, ohne Personen, je nach Zeit auf DIN-A5- oder A4-Papier.
• Sch kleben die Versöhnungsbilder auf farbig passendem Tonpapier auf, legen sie im Kreis aus, betrachten sie, indem sie zur ausgewählten Musik herumgehen.
• Alle Versöhnungsbilder können zu einem Buch zusammengefasst werden.

### Einen Weg mit Höhen und Tiefen erinnern

Diese Gestaltungsmöglichkeiten erlauben am Ende der Unterrichtssequenz die Josefserzählung zu rekapitulieren.
– Sch wiederholen anhand der Bilder, die sie zu den einzelnen Szenen gemalt haben, wichtige Stationen und ordnen die Bilder als Wegfolge an. Die „erfreulichen" Erzählungen werden mit hellem Tonpapier, die „schlimmen" Erfahrungen mit dunklem Tonpapier unterlegt. Dazu hat L Textstreifen vorbereitet, z. B.: Das schöne Gewand Josefs; Der Traum Josefs; Josef in der Zisterne; Josef bei Potifar; Josef im Gefängnis; Josef als Traumdeuter; Josef als Stellvertreter des Pharao; Josefs Brüder in Ägypten.
– Das Josefs-Lied und die Folien bzw. eine Farbkopie der Ernst-Alt-Bilder als weitere Strukturierungshilfe verwenden.
– Am Ende eine gemeinsame Überschrift überlegen, z. B.: Gott war mit Josef; Gott hat alles zum Guten gewendet o. Ä.

### Josef in die Mitte stellen

Für dieses Mittespiel zur Josefs-Geschichte wird ein größerer Raum benötigt: Foyer der Schule, Aula, Meditationsraum, Schulhof.

# Bildbetrachtung: „Halt die Hände über mich!"

Halte zu mir, guter Gott,

guter _____

_____

Guter Gott, halte zu den Menschen,

die _____

_____

L zeichnet einen Kreis von 1 bis 2 m Durchmesser. Davon gehen Strahlen aus entsprechend der Anzahl der Sch. Jedes Kind ist „Josef" und steht zunächst am Ende des Strahls. L gibt die einzelnen Stationen vor, die Josef durchlebt hat. Bei einem freudigen Ereignis im Leben Josefs gehen Sch einen Schritt oder mehrere zur Mitte, bei einem traurigen Ereignis einen oder mehrere zurück. Am Ende stehen alle in der Mitte und singen gemeinsam den Kehrvers 2 **fse 33**. Sie gehen an das Ende ihres Strahls zurück und wiederholen den Kehrvers oder sprechen den letzten Satz der Erzählung **fse 33**: Gott hat alles zum Guten gewendet.

Stationen:
- Josef bekommt vom Vater ein schönes Gewand.
- Josef träumt von Sonne, Mond und Sternen, die sich vor ihm verneigen.
- Josefs Brüder sind wütend und werfen ihn in eine Zisterne.
- Sie verkaufen ihn nach Ägypten.
- Josef wird ein Sklave.
- Josef wird Hausverwalter bei Potifar.
- Josef wird ungerecht beschuldigt und muss ins Gefängnis.
- Josef wird an den Hof des Pharao geholt und deutet die Träume des Pharao.
- Josef wird der Stellvertreter des Pharao.
- Josef legt Vorratskammern an und sorgt für die Menschen.
- Josefs Brüder kommen nach Ägypten um Getreide zu kaufen.
- Josef lässt sie ins Gefängnis werfen.
- Er lässt sie nach Hause gehen, reich mit Getreide beladen.
- Die Brüder kommen ein zweites Mal nach Ägypten.
- Josef gibt sich zu erkennen und feiert mit ihnen ein Fest.

(nach einer Anregung von A. Krautter, Arbeitshilfe Religion. Grundschule 1. Schuljahr, S. 134.)

## 3. Jahrgangsübergreifende Lerngruppe

Sch der 1. Jahrgangsstufe entdecken mit Sch der 2. Jahrgangsstufe gemeinsam den weiteren Verlauf der Josef-Geschichte. Dort wo das eigene Schreiben angeregt ist, können Sch mithilfe der Anlauttabelle schreiben oder ihre Eindrücke durch farbliche Gestaltung zum Ausdruck bringen.

## Die Geschichte von Josef – unsere Geschichten — fragen – suchen – entdecken 32/33

# 1. Hintergrund

Diese Doppelseite zielt darauf ab, auf eigene Erfahrungen im Zusammenhang mit der Josef-Geschichte aufmerksam zu werden. Sie will Möglichkeiten eröffnen diese bildnerisch und szenisch auszudrücken und in Sprache zu fassen.

Nur ein Mensch, der einen Zugang gefunden hat zu seinen Gefühlen, der seine Enttäuschungen zum Ausdruck oder ins Bild gebracht hat, der seiner Angst einen Namen geben konnte, wird auf Dauer in Frieden und Versöhnung leben können. Wer Sch einen Gott nahe bringen möchte, der zu Versöhnung und Frieden bewegt, wird also nicht mehr in erster Linie darum bemüht sein, theologische Inhalte und Glaubensaussagen zu vermitteln, sondern er wird Hilfen zur Lebensbewältigung anbieten, die sich das Kind auf der Basis seiner je eigenen Erfahrungen, Vorstellungen und Fragen aneignen kann. Denn gerade im Religionsunterricht hat jedes Kind ein Recht darauf, sich in seiner Entwicklungsphase zu bewegen. Dieses Anliegen erfordert Individualisierung und Differenzierung. Das Kind entwickelt aufgrund seiner persönlichen Erlebnisse und Erfahrungen eine ganz eigene Deutung seines Lebens, seiner Vorstellungen von Gott und der Welt. Vielfältige, häufig sich ändernde Beziehungen prägen den Lebensweg, den das Kind beschreitet. Worte, die es entlang dieses Weges gesagt bekommt, können entscheidend sein, ob es zuversichtlich seine Fähigkeiten entfaltet oder ob es ein Minderwertsgefühl entwickelt, das die positive Bewältigung von Konflikten als Grundlage für Versöhnung und Frieden blockiert.

Die Josef-Geschichte ist ein aktuelles Erfahrungsmuster menschlichen Lebens. Die Sätze entlang des Weges **fse 32/33** könnten in derselben Formulierung in der Josef-Geschichte vorkommen. Sie kommen aber auch im Leben der heutigen Menschen vor. Wenn das Kind in der biblischen Erzählung vorkommt, dann ist Aktualisierung keine Phase am Ende des Unterrichts, sondern dann kann biblisches Erzählen so gestaltet werden, dass sich Sch in allen Phasen mit den Handlungen bzw. den Personen identifizieren und diese für sich aktualisieren können und wollen. Anhand der Sätze **fse 32/33** werden die zahlreichen persönlichen Assoziationen der Sch aufgegriffen und einem individuellen bildnerischen, szenischen oder sprachlichen Ausdruck zugeführt. Sie eröffnen Schreib- und Malanlässe, die das Kind anregen sich individuell zu äußern und das auszudrücken, was es wirklich bewegt. Dieser methodisch-didaktische Weg verzichtet darauf, Sch zu nötigen, allgemeingültige Glaubensaussagen zu formulieren. Dann dürfen auch Widersprüche stehen und Fragen offen bleiben.

## 2. Einsatzmöglichkeiten im RU

### Assoziationen aussprechen
In dieser Assoziationsübung erproben Sch „Was Menschen zueinander sagen": **AB 2.2.17, Arbeitshilfen S. 115.**
- Sch lesen die wörtlichen Reden **fse 32/33** vor, erproben die Betonung, spielen die Sätze mit Mimik und Gestik vor, stellen die Sätze in einem Standbild („eingefrorene" Bewegung) dar.
- Sch assoziieren spontan Situationen, in denen so gesprochen wird.
- Sch suchen in **fse 2** oder in einer von L bereitgestellten Sammlung Bilder, die zu den einzelnen Sätzen passen: Auf ... ist jemand/ein Junge/ein Mädchen, der/die vielleicht sagt ... z. B.

**fse 10** links oben: „Das hast du gut gemacht!"
**fse 16** rechts oben: „Warum glaubt mir denn keiner?"
**fse 23** Mitte: „Das werden wir dir heimzahlen!"
**fse 31**: „Ich verzeihe dir!"
**fse 38**: „Warum glaubt mir denn keiner?"
**fse 41**: „Gott sei Dank!"
**fse 64** links unten: „Warum immer nur er?"

### Meine Geschichte darstellen
Zur Planung und Durchführung dieses Stationenlernens dient **AB 2.2.18, Arbeitshilfen S. 117.**
- Jedes Kind wählt bei ruhiger Musik für sich einen Satz aus, schreibt ihn in eine vorbereitete Sprechblase und arbeitet nun nur noch mit diesem Satz weiter.
- An verschiedenen Stellen des Klassenzimmers liegen Arbeitsaufträge bereit. Für alle Kinder werden zu Beginn der Arbeit die Arbeitsaufträge an den Stationen vorgestellt. Anhand derer beschäftigen sich Sch individuell mit ihrem eigenen Satz.
- Station: Bilder malen
  Material: Papier, Wachsmalkreiden;
  Arbeitsauftrag: In welcher Situation hast du diesen Satz schon einmal gehört? Male ein Bild, klebe deine Sprechblase an die passende Stelle!
- Station: Geschichten schreiben
  Material: linierte Blätter, evtl. mit Schmuckrahmen;
  Arbeitsauftrag: Was könnte passiert sein, dass jemand diesen Satz spricht? Schreibe eine Geschichte!
- Station: Rollenspiel
  Material: verschiedenfarbige Tücher für Knotenfiguren vgl. **AB 2.2.5, Arbeitshilfen S. 101**;
  Arbeitsauftrag: Was könnte geschehen sein, dass das jemand zu einem anderen sagt? Spiele mit den Figuren, was die beiden Menschen miteinander tun und reden! Du darfst auch andere Sch bitten, mit dir mitzuspielen.
- Station: Düfte
  Material: vorbereitete Duftsäckchen mit Düften verschiedenster Art, evtl. in verschiedenen Farben, damit Sch im Gespräch darauf Bezug nehmen können: Der Duft im grünen Säckchen passt zu meinem Satz, es riecht nach ...;
  Arbeitsauftrag: Wähle für deinen Satz, dein Bild, deine Geschichte einen passenden Duft aus! Wonach riecht es?
- Station: Klänge
  Material: verschiedene Rhythmus- und Effektinstrumente;
  Arbeitsauftrag: Wähle für deinen Satz, dein Bild, deine Geschichte ein passendes Instrument! Sprich den Satz laut und spiele mit deinem Instrument dazu!
- Sch betrachten im Spielkreis gemeinsam ihre Ergebnisse, erzählen von ihren Bildern, Geschichten und Düften, spielen ihre Klänge und Rollenspiele vor.

### „Die Geschichte von Josef" in Gruppen spielen
- Jede/r Sch sucht in **fse 24/26/28/30** die Stelle in der Josef-Geschichte, wo der eigene Satz vorkommt, jeweils zwei oder drei Sch mit der gleichen Stelle bilden eine Gruppe.
- Sch erzählen sich in der Gruppe gegenseitig den Teil der Josef-Geschichte, der zum Satz passt, und spielen ihn mit Knotenfiguren nach.
- Gruppen, die ihr Rollenspiel der Klasse präsentieren wollen, stellen sich im Spielkreis in chronologischer Reihenfolge auf und spielen ihre Szenen vor, dazwischen singt die Klasse jeweils den Kehrvers des Josef-Liedes bzw. die jeweils passende Strophe, mögliche Reihenfolge (Sch ordnen die Sätze innerhalb der Josef-Geschichte vielleicht aber auch anderen Stellen zu): Kehrvers Y Rollenspiele: Warum immer nur er? Y 1. Strophe, Kehrvers Y Rollenspiele: Das werden wir dir heimzahlen! Y 2. Strophe, Kehrvers Y Rollenspiele: Warum glaubt mir denn keiner? Y 3. Strophe, Kehrvers Y Rollenspiele: Das hast du gut gemacht! Y 4. Strophe, Kehrvers Y Rollenspiele: Ich verzeihe dir! Y 5. Strophe, Kehrvers Y Rollenspiele: Gott sei Dank! Y 6. Strophe, Schlussvers.

### „Unser Josef-Buch" gestalten
- Jede/r Sch malt zur der Stelle der Josef-Geschichte, in dem der eigene Satz vorkommt, ein Bild.
- Sch ordnen alle Bilder in der richtigen Reihenfolge und fassen sie zu einem Josef-Buch zusammen.

### „Die Geschichte von Josef" als Standbilder
- Die einzelnen Strophen des Josef-Liedes werden auf sechs arbeitsteilige Gruppen verteilt.

- Jede Gruppe entwickelt für ihre Strophe ein Standbild/Foto („eingefrorene" Bewegung).
- Aufführung im Spielkreis: jeweils Kehrvers Y Strophe Y Standbild. Es kann hilfreich sein, das Standbild mit einem einheitlichen Klangteppich, z. B. Metallophon Bordun G-D ♩♩♩ zu unterlegen, um die „peinliche" Stille zu überbrücken.

### Ein Singspiel gestalten

Aus den Gestaltungselementen des gesamten Kapitels, den Liedern, Geschichten, Standbildern, Rollenspielen, kann ein Singspiel entwickelt werden, das Sch im Rahmen einer Schulveranstaltung oder in einer liturgischen Feier aufführen.

## 3. Jahrgangsübergreifende Lerngruppe

Sch der 1. Jahrgangsstufe wählen einen Satz aus. L schreibt ihn für sie in die Sprechblase. Sch lernen ihren Satz auswendig. Dann arbeiten sie individuell an den Stationen zu ihrem Satz.

**Alternative:** Station „Geschichte schreiben", Material: Aufnahmegerät; Arbeitsauftrag: Was könnte passiert sein, wenn jemand diesen Satz spricht? Erzähle deine Geschichte und nimm sie auf!

# Gott lässt mich nicht allein

fragen – suchen – entdecken **34**

## 1. Hintergrund

Bei der Beschäftigung mit dem Lebensweg Josefs wurden Sch darauf aufmerksam, wie Gott Menschen in ihrem Leben begleitet. Mit dem Lied „Halte zu mir, guter Gott" werden Sch nun ermutigt, ihren eigenen Lebensweg im Vertrauen auf Gott zu gehen. Im gemeinsamen Gesang wird das Kind in seiner Ganzheit angesprochen und aktiviert. Melodie und Harmoniefolge unterstützen die Aussage des Textes und fördern das gefühlsmäßige Empfinden. Gesten und Gebärden, die Sch selbst finden können, nehmen den ganzen Körper in das Erleben mit hinein. Die Beobachtung von Sch im Alltag zeigt, dass sie durch das Singen oft Stimmungen und Befindlichkeiten auszudrücken versuchen. Das Singen oder Summen einer Melodie oder eines Liedes trägt dazu bei, im Kind eine Übereinstimmung zwischen seiner Innenwelt und der erfahrenen Außenwelt zu schaffen. Erfahrene Disharmonien können ansatzweise aufgearbeitet und in Harmonien überführt werden.

So kann das Lied „Halte zu mir, guter Gott" aus kindlicher Angst in eine Grundstimmung der Geborgenheit, zu Gelassenheit und Entspannung führen und eine Klasse das ganze Jahr über als Morgenlied begleiten (vgl. Gerhard Krombusch/Ludger Edelkötter, Weil du mich so magst. Religionsunterricht/Katechese im Spiegel religiöser Kinderlieder, Drensteinfurt 1989, S. 6).

## 2. Einsatzmöglichkeiten im RU

### Eine ägyptische Geheimschrift entziffern

Sch erhalten **AB 2.2.19, Arbeitshilfen S. 115**, und lösen das Geheimschrift-Rätsel „Gott ist bei mir".

### Lied: „Halte zu mir, guter Gott!"
- Sch singen das Lied.
- Sch finden eine Gebärde zum Kehrvers und zu den Strophen, je Textzeile maximal eine Gebärde.
- Sch wählen aus dem Lied einen Satz aus, der zur Josef-Geschichte passt, schreiben ihn ins Heft und gestalten ihn kunstvoll.

### Ein Bild zum Sprechen bringen
- L zeigt Bildfolie „Halt die Hände über mich!" des **AB 2.2.20, Arbeitshilfen S. 119**.
- Sch assoziieren, L schreibt Tunwörter auf Overlay – Folie um das Bild herum:
  *Das Kind sagt: Ich brauche eine Hand, ... Der Erwachsene sagt: Meine Hand ... (z. B. halten, auffangen, beschützen, streicheln, trösten).*
- Sch ergänzen: Josef spürt: Gott ist wie eine Hand, die ...

### „Halte zu mir, guter Gott!" beten
- Sch ergänzen auf **AB 2.2.21, Arbeitshilfen S. 119**, Gebetssätze: „Halte zu mir guter Gott, wenn ...", „Guter Gott, halte zu den Menschen, die ..."
- Sch zünden Teelichter an, tragen ihre Gebete vor und singen dazwischen den Kehrvers des Liedes.

## 3. Jahrgangsübergreifende Lerngruppe

- Sch der 1. Jahrgangsstufe wählen aus dem Lied einen Satz aus, der zur Josef-Geschichte passt. L vergrößert den Satz mit dem Kopierer. Sch gestalten ihn kunstvoll.
- Sch ergänzen mündlich die Gebetssätze und tragen sie zwischen den Kehrversen des Liedes vor.

# Literatur und Medien

## Zur Auslegung der Josef-Geschichte

Berg, Horst Klaus, Die Erzählungen von Josef, in: Lachmann, R. u. a., Elementare Bibeltexte, Göttingen 2001, S. 71-76 (knappe Einführung)

Lux, R., Josef. Der Auserwählte unter seinen Brüdern, Leipzig 2001 (für eine intensive Auseinandersetzung)

Quadflieg, Josef, Die Bibel für den Unterricht – Kommentar Altes Testament, Düsseldorf 1996

Westermann, Claus, Die Josef-Erzählung. 11 Bibelarbeiten zu Genesis 37-50, Stuttgart 1990

## Anregungen für die Praxis

Berg, Horst Klaus, Josef entdeckt das Leben, in: ru 28 (1998) H. 2, S. 71 f. (Deuteworte zur Josefserzählung)

Josef und seine Brüder. Religionspädagogische Praxis 19 (1994) H. 1; RPA Verlag, Landshut

Krautter, A./Olbrich, Chr., Arbeitshilfen Religion. Grundschule 1. Schuljahr, Stuttgart 1993, S. 113-134

Niehl, Franz W. (Hg.), Leben lernen mit der Bibel. Der Textkommentar zu „Meine Schulbibel", München 2003

Pokrandt, Anneliese, Elementarbibel, Lahr 1998, S. 49-80

Pröschel, Susanne, Picasso & Co., Band 1, Donauwörth ²2001

Wullschleger, Ruth und Otto, Die Josephsgeschichte. 24 Unterrichtsentwürfe für die Primarschule/Grundschule, Zürich 1994

## Medien

### Lieder

Watkinson, G., 9 x 11 neue Kinderlieder, Lahr 1973, Nr. 9-27

Lorenz, G., Singen und spielen, Stuttgart 1988, S. 134 (Medienzentrale)

### Bilder

HAP Grieshaber, Die Josefsgeschichte, in: Jörg Zink, Dia Bücherei Christliche Kunst, Bd. 15, Eschbach 1998

Guy, John, Die Ägypter (Wissen der Welt), München 2001

Rehberg, Silke, Die Bilder aus „Meine Schulbibel". 30 Farbfolien, München 2003

Reichardt, Hans, Pyramiden (Was ist was?, Bd. 61), Nürnberg ¹²1997

### Film

Josef und seine Brüder. Ein dreiteiliger Zeichentrickfilm (Medienzentrale)

### Kassetten

Krenzer, Rolf (Hg.), Josef und seine Brüder, studio Union Limburg MC SU 1216

Verlag Junge Gemeinde (Hg.), Die Josephsgeschichte, Stuttgart, Nr. VJG 31302

# 3 Träumen, wünschen, hoffen

## 1. Religionspädagogische und theologische Hinweise

Religionspädagogisch stehen wir bei dem Weihnachtsthema vor der schwierigen Aufgabe, ein kommerziell belegtes Fest von den vielen Verfremdungen und Irreführungen zu befreien und den theologischen Gehalt des Weihnachtsfestes freizulegen.

Trotz aller Kommerzialisierung lässt sich bei der ungebrochenen Popularität des Weihnachtsfestes feststellen, dass es mit seiner Botschaft vom Kind des Friedens und des rettenden Heils religiöse Sehnsüchte anspricht. Aus diesem Grunde sollen auch gemäß Lehrplan Sch aufmerksam gemacht werden, dass Christen die Sehnsucht nach Gott und seinem Friedensreich im Advent in den unterschiedlichen Formen zum Ausdruck bringen.

Daher können L die Advents- und Weihnachtszeit in einer Art **„didaktischen Schatzsuche"** (Rainer Lachmann) nutzen, um die mehr oder weniger deutlich mit Weihnachten verbundenen religiösen Sehnsüchte, Erwartungen und Erfahrungen, aber auch Ängste, Enttäuschungen und Empörungen auf Seiten der Sch aufzuspüren und mit den Weihnachtserfahrungen in der biblischen Tradition und Wirkungsgeschichte in Beziehung zu setzen. Die Kapitelüberschrift „Träumen, wünschen, hoffen" signalisiert, dass hier Schülererfahrungen und biblische Zeugnisse konvergieren. Hoffnungen auf „Heil" und „Rettung" ziehen sich wie ein roter Faden durch die Geschichte der Menschen, der biblischen Überlieferung wie auch durch die Biografie eines jeden Menschen. Mit der Geburt von Jesus Christus verbindet sich für viele Menschen der damaligen Zeit die Erfüllung ihrer Sehnsüchte, Träume und Wünsche.

Unter diesem Blickwinkel ist diese Unterrichtseinheit zu betrachten und entsprechend zu behandeln. Es ist darauf zu achten, dass die biblischen Geschichten nicht als historische Berichte, sondern als **Glaubenszeugnisse** gelesen und behandelt werden; und zwar nicht „idyllisierend", sondern in ihrer verheißungsvollen Intention auch für das Leben heutiger Kinder und Erwachsener.

Die biblische Weihnachtsgeschichte des Lukas-Evangeliums spricht bereits die wichtigsten Themen, Motive und Intentionen des nachfolgenden Evangeliums an. Diese kreisen alle um die Menschwerdung Gottes, die sich in der Niedrigkeit und Armut der Geburt des Kindes in der Krippe vollzieht, das schon das Zeichen des Kreuzes in und an sich trägt und dennoch von den Engeln und den Hirten als der gekommene „Retter", „Messias" und „Herr" verkündet wird. In diesen Hoheitstiteln wird die einzigartige Bedeutung des Jesuskindes zum Ausdruck gebracht. Darin gründet das „Fürchtet euch nicht!" der weihnachtlichen Freudenbotschaft an die Hirten, die als erste den mit dem neugeborenen Kind in die Welt gekommenen himmlischen Frieden empfangen, erfahren und weitersagen. Als Symbolfiguren sowohl messianischer Erwartung wie beruflicher Verachtung und Armut werden die Hirten zu Augenzeugen für das Kommen Gottes zu den Menschen in der Niedrigkeit der Geburt Jesu.

Unter weltgeschichtlichem Aspekt demonstriert Lukas mit seiner Geburtsgeschichte das alles umwertende Kontrastgeschehen, das die Geburt des kindlichen Herren in der Krippe in der Kleinstadt Betlehem bedeutet und bewirkt: Nicht der Kaiser in Rom bringt das Friedensreich, sondern das Kind in der Krippe mit dem Frieden der Gottesherrschaft. Wie schon im Magnifikat bedeutet das „Umkehr" der Machtverhältnisse und Befreiung aus Angst, Armut und Unterdrückung mit der heilsamen Folge, den von Gott geschenkten Frieden im Glauben an das Kind in der Krippe und den Herrn am Kreuz gegen alle lebensfeindlichen Verhältnisse in unserer Welt wirkmächtig werden zu lassen. Gott wird dort Mensch, wo Menschen durch Menschen Freude und Trost entsprechend der biblischen Botschaft erfahren und dies nicht nur an und vor Weihnachten. Damit dies gelingen kann, braucht es sicherlich auch das adventliche und weihnachtliche Brauchtum. Dadurch können die Kinder Geborgenheit und Beheimatung erfahren.

## Literatur

Berg, Horst Klaus, Hinweise zur Auslegung der Kindheitsevangelien, in: Berg, Sigrid, Arbeitsbuch Weihnachten für Schule und Gemeinde, Stuttgart/München 1988

## 2. Das Thema im Lehrplan und in fragen – suchen – entdecken

Kein anderes christliches Fest dürfte den Sch vertrauter sein als Weihnachten. Das Thema Weihnachten – Jesus wird geboren (LP 3.4.) will Sch für die Freude des Weihnachtsfestes sensibel werden lassen und

# Träumen – wünschen – hoffen

## Natur-Elfchen

1 Weiß
2 Der Schnee
3 Er glitzert schön
4 Ich freue mich sehr
5 Winter

⇨ Lies das Elfchen und male ein Bild dazu!

⇨ Ordne das Elfchen unten und klebe es hier auf!

| 1 | |
|---|---|
| 2 | |
| 3 | |
| 4 | |
| 5 | |

## Himmel und Meer

⇨ Schreibe ein Elfchen zum Bild in fse Seite 35!

Mein Elfchen:

1
2
3
4

✂ ✂

| Schön | Dort ein Baum | Ausblick |
|---|---|---|
| | Ich genieße die Natur | Die Hütte |

dazu anregen, sich für den christlichen Sinn der Advents- und Weihnachtszeit zu öffnen. Ausgangspunkt in **fse 36/37** sind alltägliche Träume und Wünsche der Schüler/innen. Der Text „Wunschzettel" soll Sch anregen, Träume und Wünsche weiterzuentwickeln, „verrückte Träume und Wünsche" zu träumen, anfanghaft nach sich selbst und eigenen Lebensträumen zu fragen – Ausschau zu halten. Das Foto von Pedro weitet den Blick und bringt den Alltag, die Sorgen und Freuden von Kindern aus aller Welt, aber auch, welche Träume und Wünsche sie haben, mit herein. Bei der Begegnung mit den Visionen des Jesaja, die den Traum und Wunsch nach einem Leben in Fülle und nach Gerechtigkeit für alle Menschen ausdrücken (**fse 38/39** „Hoffnungsgeschichten"), kommen Sch dem Traum von Gottes Reich auf die Spur und setzen ihre eigenen Erfahrungen und Fragen dazu in Beziehung zum biblischen Text (vgl. Oberthür, Rainer, Kinder und die großen Fragen, München ³1998, 121 f.). Das Magnifikat und das Bild der indischen Künstlerin Lucy D'Souza **fse 40/41** lassen Maria (im Bild zusammen mit Elisabet) träumen von Gottes kommender Gerechtigkeit und ein Loblied darauf singen. Denn Gott wird sich den Niedrigen, den Hungernden, denen, die keine Nahrung für sich und ihre Familie finden, denen, die ausgenützt werden an Leib und Seele, und all denen, die unten sind, zuwenden. Sch werden darauf aufmerksam, dass mit der Geburt Jesu die Visionen von einem besseren Leben für alle sich erfüllen werden. Gott selbst lässt Maria durch den Engel Gabriel verkünden, dass sie ein Kind bekommen wird, das diese Träume verwirklichen wird. Die Geburt Jesu (LP 3.3) bedeutet schließlich den Beginn neuen Lebens für alle (**fse 42/43**). Mit Simeon und Hanna (**fse 44/45**) lernen Sch zwei Menschen kennen, deren Lebenstraum sich erfüllt hat, denn ihre Augen schauen das Heil. Rembrandts Bild „Simeons Lobgesang" bringt zum Ausdruck, dass es zum Sehen des Entscheidenden die Augen des Glaubens braucht. So bedarf es im RU immer wieder der „Schulung" des Stillewerdens und der Wahrnehmungsübungen. Einen guten Ansatzpunkt für diese „Arbeit" bietet das Titelbild „Ciel et mer" (**fse 35**) mit den dazu vorgeschlagenen Methoden. Das Hirtenspiel (**fse 46/47**) will die Freude des Weihnachtsfestes praktisch und erlebbar werden lassen, zum einen für Sch selbst, ihre Eltern und die Schulen, wo sie gleichsam zu Hause sind. Zugleich soll die Frohe Botschaft für jene erfahrbar werden, die vielleicht mit denen in der Weihnachtsgeschichte vergleichbar sind, weil sie viel Schlimmes erlebt haben. Schließlich hören Sch davon und können es vielleicht auch miterleben, wie es möglich wird, den Traum von einer besseren Welt heute zu verwirklichen.

# 3. Jahrgangsübergreifende Lerngruppe

„Advent und Weihnachten erleben" wird im 3. Kapitel von fse 1 ausführlich behandelt. Die Themen „Warten ... warten auf das Licht", „Licht kommt in die Welt", „Jesus ist geboren", „Der Stern zeigt den Weg", „Wir feiern Weihnachten", „Stern über Betlehem", bahnen die Weihnachtsbotschaft vom Licht und der Hoffnung für die Welt in **fse 2** an. Anknüpfungspunkt ist das Stichwort Licht.

# 4. Verbindungen zu anderen Fächern

**EVANGELISCHE RELIGIONSLEHRE:** Gott kommt zu den Menschen (Lk 2,1-20 und Mt 20,1-12);
**DEUTSCH:** 3.1 Mündliches Sprachhandeln, verstehendes Zuhören, gezielt zuhören und nachfragen, zu anderen sprechen, szenisches Spielen – Geschichten szenisch umsetzen, Spielformen kennen lernen, Regeln für das Sprechen und Zuhören entwickeln und einhalten; 3.3. Umgang mit Texten: handelnd mit Texten umgehen;
**SACHUNTERRICHT:** 3.5. Ich und andere: Sitten, Gebräuche und Sprachen unterschiedlicher Nationalitäten und Ethnien kennen lernen und akzeptieren; 3.4. Regeln des Zusammenlebens in der Schule;
**KUNST:** 3.2. Auseinandersetzung mit Bildern; Bilder lesen; Bedeutung und Wirkung verstehen, Zeichen und Symbole aufdecken, Verstehensprozesse reflektieren, eigene Wahrnehmungen äußern und reflektieren;
**MUSIK:** 3.1 Lieder lernen, Lieder zu verschiedenen Festen kennen lernen, verschiedene Zugänge zu Liedern gewinnen.

# Wovon ich träume

Manchmal träume ich, ich bin

Ein verrückter Traum von mir ist

Ich möchte gern einmal

## 5. Lernsequenz

| Planungsskizze | Überschriften in fse | Inhalte im Lehrplan |
|---|---|---|
| **I.** „Verrückte Träume" der Sch<br><br>Visionen des Jesaja: Leben in „Fülle" | Träume und Wünsche **fse 36/37**<br><br>Hoffnungsgeschichten **fse 38/39** | 3.3 Aus den Büchern der Geschichte des Volkes Gottes – aus den Büchern der Propheten |
| **II.** Maria träumt von Gottes Gerechtigkeit: Magnifikat<br><br>Die Ankündigung des Engels: Maria wird ein Kind bekommen, das diese Träume verwirklichen wird.<br><br>Geburt Jesu: Verwirklichung des Beginns<br><br>Verkündigung an die Hirten: Der Traum des Magnifikats beginnt sich zu verwirklichen<br><br>Hanna und Simeon: Freude über die Geburt Jesu | Der Traum einer Frau **fse 40/41**<br><br>Mehr als ein Traum **fse 42/43**<br><br><br><br><br><br>Ein Lebenstraum wird wahr **fse 44/45** | Kindheitserzählungen aus dem Lukasevangelium: Erzählungen um die Geburt Jesu |
| **III.** Sch geben ihre Freude weiter | Ein Hirtenspiel **fse 46/47**<br><br>Der Traum von einer besseren Welt **fse 48** | 3.4 Rituale und gemeinsame Feste, Feste im Kirchenjahr, Weihnachten – Jesus wird geboren, Einsatz für andere am Beispiel der Sternsingeraktion |

## 6. Lebensbilder 1/2

Folgende Fotos aus der Folienmappe Lebensbilder 1/2 vgl. Arbeitshilfen S. 19, sind für einen situativen Einsatz hilfreich: Nr: 1 Ich bin da; Nr. 3 Ich verkleide mich; Nr. 5 Ich bin ratlos; Nr. 17 Wir spielen zusammen; Nr. 19 Auf der Straße leben; Nr. 30 Mädchen vor Kerzen; Nr. 34 Stufen nach oben; Nr. 36 Luftballons über der Brücke

## So träumt Pedro

**Ich wünsche mir, dass**

**Ich träume, dass**

**Wovon Kinder dieser Welt träumen**

Stell dir vor, es gibt keinen Streit mehr.
Stell dir vor, alle können lesen.
Stell dir vor, keiner lacht den anderen aus.
Stell dir vor, alle sind satt.
Stell dir vor, ...
Stell dir vor, ...

Träumen, wünschen, hoffen — fragen – suchen – entdecken 35

## 1. Hintergrund

### Nicolas de Staël (1914-1955)

Nicolas de Staël wurde als Sohn einer aristokratischen Familie, die nach der russischen Revolution 1917 gezwungen war, ins Exil zu gehen, in St. Petersburg geboren. Nach dem Tod seiner Eltern siedelte de Staël nach Brüssel über, wo er bis 1933 an der Académie des Beaux-Arts und der Académie Staint Gilles studierte. Als Mitglied der Französischen Fremdenlegion nahm er von 1939 bis 1940 am Zweiten Weltkrieg teil. 1940 ließ er sich in Nizza nieder, wo er die Bekanntschaft von wichtigen Vertretern der abstrakten Kunst machte, z. B. von Robert Delaunay (1885-1941) und George Braque (1882-1963). Aus dieser Zeit stammen die ersten erhaltenen Bilder des Künstlers. Braque führte de Staël in die Kunstszene ein und stellte den Kontakt zu Kunsthändlern in Paris her, die de Staël unterstützten. Von 1942 an arbeitete er als freier Künstler und konzentrierte sich zunächst auf die abstrakte Malerei. Seine späteren Arbeiten waren beeinflusst durch das Werk von Henri Matisse, bis de Staël in seinen letzten Lebensjahren zu einem eigenen Stil fand. Die Abwendung von der abstrakten Kunst, die Reduzierung der Formen und der außerordentlich pastose Auftrag leuchtender Farben charakterisieren seinen Malstil. Thematisch konzentrierte er sich auf Landschaften und Stillleben. Nicolas de Staël lebte zuletzt in Antibes, wo er sich 1955 das Leben nahm.

### Nicolas de Staël: „Ciel et mer", 1954

Diese Arbeit, „Himmel und Meer", aus der letzten Phase seines Schaffens dokumentiert den eigenständigen Stil, zu dem de Staël seit etwa 1952 gefunden hatte. Der erste Eindruck wird durch das intensive Blau des Meeres geprägt, das nahtlos mit den durchscheinenden Blautönen des Himmels verschmilzt. Die Grenzen zwischen Himmel und Erde, die Grenzen der Welt verschwimmen und öffnen den Raum des Bildes. Beim Betrachten können wir in dieses grenzenlose Blau „eintauchen", den Gedanken, Wünschen und Träumen freien Lauf lassen. Die einzige Begrenzung ist durch den schmalen Streifen Land vorgegeben: fester Boden, der den Träumenden die Rückkehr in die reale Welt sichert und sie davor bewahrt, sich in ihren Träumen zu verlieren. Die horizontale Linienführung, die nicht nur an der Linie des Strandes, sondern auch in der horizontalen Pinselführung beim Farbauftrag sichtbar wird, lässt trotz Weite und Freiheit dennoch den Eindruck von Strenge entstehen. Die deutliche und scharfe farbliche Absetzung des Landstrichs in hellen Braun- und Grautönen von der satten, dunklen Farbigkeit des Meeres unterstreicht die Verschiedenheit der „zwei Welten": auf der einen Seite die Auflösung der Grenzen in der Fantasie, auf der anderen die Begrenzung auf den engen Raum der Realität. Der Farbverlauf vom pastosen Farbauftrag in beinahe Schwarz bis zu lasierenden hellen Blautönen umschließt dabei auch eine bräunliche Fläche, die sich wie eine Wolke zwischen Meer und Himmel bewegt. Die Wiederholung der Erdfarbe bietet den Menschen einen Ort an, den sie mit ihren Träumen erobern können und der konkret werden kann, wie der Landstrich, der das gesamte Bild gleichsam trägt. Die Stimmung des Bildes schwankt zwischen dieser träumerischen Hoffnung und einer Melancholie, die durch das Fehlen jeglicher figürlichen Darstellung am Strand hervorgerufen wird und auf Einsamkeit und Leere hinweist. In dieser Hinsicht stellt das Bild eine Fortführung und Steigerung des bekannten Gemäldes „Mönch am Meer" von Caspar David Friedrich (1774-1840) dar.

### Elfchen

Warum Gedichte schon in der 2. Klasse? Gedichte helfen Kindern, zu sich zu kommen und zu sagen, was aus ihrer Mitte kommt.
Der Bauplan eines Elfchens ist so leicht zu verstehen und anzuwenden, dass bereits Schüler einer ersten Klasse erfolgreich eigene Gedichte schreiben können. Ein Elfchen ist kurz und leicht zu schreiben. Dennoch bewirkt gerade die notwendige Reduktion auf wenige, aber treffende Wörter sehr persönliche und ausdrucksstarke Texte. Dazu trägt auch die Ich-Formulierung der vierten Zeile bei. Es macht den Kindern großen Spaß, eigene Gefühle und Erlebnisse auf so einfache und gleichzeitig prägnante Weise aufzuschreiben. Das Schreiben von Elfchen ist in einer Einführungsstunde vorzubereiten, evtl. in Kooperation mit Deutsch.
Elfchen bestehen aus elf Wörtern aufgeteilt in 5 Zeilen. Die Wörter verteilen sich auf die Zeilen wie folgt: 1-2-3-4-1.
Als Hilfestellung geben wir z. B. vor:
1. Zeile: eine Farbe oder Eigenschaft
2. Zeile: ein Gegenstand oder eine Person mit dieser Farbe bzw. Eigenschaft
3. Zeile: Wo und wie ist der Gegenstand; was tut die Person?
4. Zeile: etwas über sich selbst, beginnend mit „Ich"
5. Zeile: ein „abschließendes Wort"

# Hoffnungsgeschichten

Was sagt uns das Kind?

**Was ich dem Kind gerne sagen möchte**

*Liebe ...*

**Wie der Prophet Jesaja dieses Kind trösten würde**

## Literatur

Hiebl, Petra/Stopfel, Caroline, Elf Wörter brauchst du nur. Kinderleichte Gedichte, in: Grundschulmagazin 3/1998, Deutsch, praxis compact, S. 11-12

Stanik, Dieter, „Elfchen" – Kinder schreiben Lyrik, in: Grundschulunterricht 40 (1993) 11, S. 26-29

## 2. Einsatzmöglichkeiten im RU

### Mein eigenes Traumbild malen

Das Gemälde ist als Folie Nr. 16 in der „Schatzkiste 1/2" enthalten.

- Sch betrachten das Bild in Ruhe.
- Sie äußern spontan ihre Eindrücke und Wahrnehmungen.
- Sie geben dem Bild einen Titel.
- L hat Farbkopien des Bildes in etwa 10 Stücke zerschnitten. Jede/r Sch erhält ein Stück des Bildes, klebt es ins Heft und gestaltet mit Farben, Goldpapier und buntem Papier ein eigenes Traumbild.
- Wenn auf größerem Papier gearbeitet wird, geben Sch ihrem Bild einen „Traum-Rahmen".
- **Alternative**: Sch gestalten einen Rahmen aus den Wörtern „Himmel" und „Erde".

### Musik zum Träumen

- Sch hören unterschiedliche Musikstücke und überlegen, welche für sie zum Bild passen.
- Sch finden selbst eine Melodie für das Bild: mit einer Triangel, einem Glockenspiel ...

### Ein Elfchen dichten

- Zum Kennenlernen von Elfchen erhalten Sch **AB 2.3.1, Arbeitshilfen S. 125**.
- Sch erzählen frei zum Bild von Nicolas de Staël.
- Sch schreiben ein Elfchen zum Bild „Ciel et mer", AB 2.3.1, und lesen ihre Elfchen vor.

## 3. Jahrgangsübergreifende Lerngruppe

- Sch ergänzen, was ihnen auf dem Bild „Ciel et mer" fehlt, z. B. Menschen, die Sonne, Vögel, vielleicht ein Schiff usw.
- Sch gestalten eine Schwarz-weiß-Kopie dieses Gemäldes mit Farben als ihr eigenes Bild.
- Ältere Sch übernehmen die Textarbeit (Elfchen), um sich gegenseitig dann die Elfchen vorzulesen.
- Die gesamte Lerngruppe gestaltet das Bild von Nicolas de Staël als Wandbild.

---

# Träume und Wünsche

## 1. Hintergrund

Die Doppelseite hilft, unterschiedliche Wünsche und Träume zu unterscheiden.

Der „Wunschzettel" von Max Bolliger **fse 36** beschreibt irreale Kinderträume, die der Fantasie entspringen. Kinder nehmen dabei eine Position ein, die sie über alles erhebt und ihnen ungeteilte Bewunderung zuteil werden lässt.

Auf der Illustration oben äußern Kinder sehr unterschiedliche Wünsche, sie reichen von unsinnigen („zweimal im Jahr Geburtstag haben") bis zum existenziell wichtigen Wunsch „meine Eltern vertragen sich wieder".

Von ganz anderer Art sind Pedros Wünsche und Träume. Sie sind so elementar, dass sie bei den anderen Kindern schon längst in Erfüllung gegangen sind. Auf fse 1 Arbeitshilfen S. 76 ist ein Arbeitsblatt „Was Straßenkinder brauchen" zusammengestellt, das in abgewandelter Form auch für Pedro Gültigkeit haben kann.

Mit Hilfe dieser Doppelseite stehen die Träume und Wünsche der Sch im Mittelpunkt. Das Gedicht „Wunschzettel" ist sozusagen eine „Lockerungsübung"; denn alles scheint möglich. Es verdichtet alltägliche Träume und Wünsche und macht den Sch Mut, sich selbst zu entdecken und kennen zu lernen. Geschichten und Gedichte können helfen Träumen und Hoffnungen Sprache zu geben. So kann das dichte Wort eine religiöse Erfahrung ermöglichen (vgl. Gisela Beschorner, Das schönste Lied erklingt. RU in der Grundschule mit Geschichten von Max Bolliger, DKV, München 1999, S. 3 ff.).

Sch fragen: Was möchte ich gerne einmal tun? Wo würde ich gerne hingehen? Was möchte ich einmal werden? Eine Sammlung von Kinderfragen aus dem 2. Schuljahr belegt, dass Sch sehr wohl schon recht früh über sich und Probleme des Zusammenlebens nachdenken und fragen (vgl. Oberthür [3]1998, S. 13-16). So kann die Illustration **fse 37** mit den beiden Kindern und den vorgegebenen Wünschen Sch dazu anleiten, zunächst ihre alltäglichen Träume und Wünsche zu nennen. Des Weiteren finden sie Fragen dazu, z. B. nach der Erfüllbarkeit dieser Wünsche. So fragte ein Mädchen im Unterricht, wann endlich ihr seit Monaten gehbehinderter Bruder wieder gesund werden würde. Die Not des Mädchens – es fühlte sich durch die Krankheit in den Hintergrund gestellt – kam nicht nur durch die Worte, sondern auch durch ihren Klang zum Ausdruck (eigene Unterrichtserfahrung).

# Was Angst macht – was tröstet

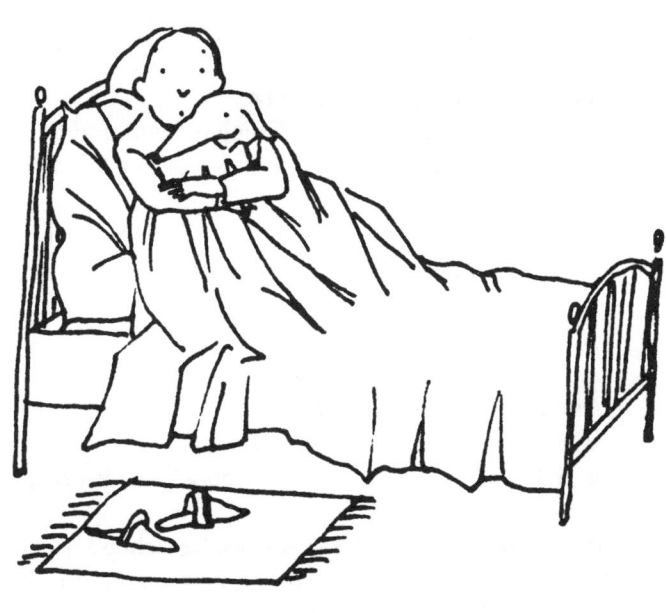

⇨ Wähle ein Bild aus, betrachte dieses Bild, versetze dich in dieses Bild hinein!
⇨ Welche Gedanken und Fragen fallen dir zu diesem Bild ein?
  Erzähle zu diesem Bild eine Geschichte!

„Auf dem Rücken der Kleinsten" ist der Titel einer Informations- und Arbeitsmappe zum Thema „Kinderarbeit in Guatemala und Kolumbien". Pedro **fse 37** bildet das Titelbild dieser Mappe. Es findet sich dort mit weiteren Bildern zum Thema als Folie.

## 2. Einsatzmöglichkeiten im RU

### Tina und Uli haben Wünsche
- L hat die Illustration auf Folie gezogen und deckt sie abschnittweise auf: Sch finden eigene Wünsche und Träume.
- Sch erzählen diese einander in PA und sprechen sie vor der Klasse aus, wenn sie es wollen.
- Sch finden Fragen, die sich zu den Wünschen und Träumen ergeben (erfüllbar? sofort? später?).

### Gedicht: „Wunschzettel"
- Sch lesen reihum jeweils einen Satz.
- Jede Zeile wird mit einem „Symbol" oder Wort dargestellt;
- nochmaliges betontes Lesen des Gedichtes.
- Sch schreiben einen Satz aus dem Gedicht in ihr Ich-Buch und malen ein passendes Bild dazu.
- Sch finden eigene Träume und Wünsche, wenn möglich in Gedichtversen: **M 2.3.2, Arbeitshilfen S. 127**. L leitet das Nachdenken an: Du hast sicher einen Lieblingsort. Schließ die Augen und mach dich in Gedanken auf den Weg dorthin! (Hier wäre auch eine ausgedehntere Traumreise möglich!)
- Sch sprechen betont ihren Traum oder Wunsch aus oder sie lassen dies die Handpuppe Relix tun – so kann ein eigenes Gedicht der Kinder entstehen (alternativ ein Bild).

### Mit Pedro träumen
- Spontane Wahrnehmung: nach einer Phase der Stille freie Äußerungen; L erzählt kurz von Pedro: Woher er kommt und wie er lebt.
- Sch erhalten vorbereitete Wunsch-Denkblasen und lassen Pedro träumen: **AB 2.3.3, Arbeitshilfen S. 129**.

### Wir fassen zusammen
- Sch erfassen, wie schon angegeben, das Kindergedicht: Stell dir vor ... L gibt die Zeilen des Gedichtes nur teilweise vor (Gerüsttext).
- Sch schreiben ein Gedicht zum Thema: Wovon Kinder dieser Welt träumen: **AB 2.3.4, Arbeitshilfen S. 129**.

## 3. Jahrgangsübergreifende Lerngruppe

- Sch bereiten einen Wortgottesdienst zum Thema „Wünschen" vor.
  Im Anschluss daran schreiben sie die eigenen Wünsche auf eine Postkarte, hängen sie an einen Gasballon und lassen diesen steigen.
- Sch bauen eine Klassenkorrespondenz auf und tauschen die Wünsche aus (Schreibanlässe im Fach Deutsch).

# Hoffnungsgeschichten  fragen – suchen – entdecken 38/39

## 1. Hintergrund

Bilder von Kindern: Die Illustrationen zeigen Kinder in verschiedenen Gemütslagen. Sie drücken ihre alltäglichen Erfahrungen aus. Kinder in diesem Alter erzählen viel und gerne von sich. Im Schutze der illustrierten Kinder können Sch von Erlebnissen erzählen, die sie von anderen gehört oder die sie auch selbst schon erlebt haben.

### Hoffnungs- und Sehnsuchtsworte des Propheten Jesaja

Der Prophet Jesaja aus Jerusalem (etwa 740-701 v. Chr.) hat mit seiner Verkündigung den Grundstock des Buches geschaffen, das seinen Namen trägt. Die Worte Jesajas, die in den Kapiteln 1-39 überliefert sind, wurden von seinen Schülern und anderen vielfach kommentiert und beträchtlich erweitert. Dem Propheten kam es vor allem darauf an, die Menschen zu Glauben und Vertrauen gegenüber Gott aufzurufen, der mit Weisheit die Geschicke seines Volkes lenkt. Für das NT und die christliche Verkündigung sind in besonderer Weise die messianischen Texte wichtig (z. B. Kapitel 9,1-6; 11).

In eine andere Welt versetzen uns die Kapitel Jes 40-55 (Deuterojesaja). Hier befindet sich Juda im babylonischen Exil; zu ihm spricht ein Prophet, der den Auftrag erhält, Gottes rettendes Eingreifen zu verkünden. Jahwe wird sein Volk nach Zion heimführen. Hier finden sich auch die Gottesknechttexte. Der Erwählte Jahwes wird mit Aufgaben für Israel und die Völker betraut und aus Leiden und Todesnot errettet und schließlich verherrlicht. Die neutestamentliche Urgemeinde nahm die Texte auf und sah sie im Wirken und im Weg Jesu erfüllt.

# Marias Loblied

Voll Freude singe ich Gott, meinem Retter.

Er ist groß.

Er gibt Brot denen, die Hunger haben,
und die Reichen lässt er leer ausgehen.

Auf mich hat er geschaut.

Er ist gut, er steht immer auf der Seite der Armen.

Jetzt werden all die vielen zu mir sagen:
„Gott hat dir geholfen."

Die Unterdrückten richtet er auf
und die Mächtigen bringt er zu Fall.

Immer ist Gott auf der Seite der Armen.

Wie er es gesagt hat:

In Jes 56-66 (Tritojesaja) wechselt die Situation wieder. Hier sind verschiedene Texte zusammengestellt, die sich an die Heimgekehrten richten. Der Prophet erhebt seine Stimme (Kap. 60-62), der sich durch Gottes Geist zur Verkündigung einer frohen Botschaft gesandt weiß. Mit dem Blick auf den neuen Himmel und die neue Erde (Kap. 66) schließt das Jesajabuch.

Die **fse 39** verwendeten Verse spiegeln elementare Erfahrungen, Hoffnungen und Träume von Menschen wider. Ähnliche Lebenssituationen kennen auch die Sch. So wie die Worte Jesajas immer wieder in veränderten Situationen neu gedeutet wurden, um Menschen in Not und Elend wieder Hoffnungen zu geben, so sollen auch Sch diese Hoffnungsvisionen als lebensbedeutsam erkennen.

- Den Elenden wird er helfen (Jes 11,4).
- Gott, der Herr, wischt die Tränen ab von jedem Gesicht (Jes 25,8b).
- Mutlose brauchen sich nicht mehr zu fürchten (Jes 35,4a).
  Gott verlässt niemanden (Jes 41,17b).
- Ihr sollt euch ohne Ende freuen und jubeln (Jes 65,18a).
- Nie mehr hört man lautes Klagen und Weinen (Jes 65,19b).
  Weitere mögliche Worte Jesajas:
- Es wird hell werden für alle, die Angst haben (Jes 9,1b).
- Gott heilt alle kranken Herzen (Jes 61,1a).

## Literatur

Die Bücher der Propheten, Das Buch Jesaja, in: Die Bibel, Altes und Neues Testament, Einheitsübersetzung, Stuttgart 1980

Zenger, Erich u. a., Einleitung in das Alte Testament, Stuttgart ⁴2001, S. 293-318: Propheten

## 2. Einsatzmöglichkeiten im RU

### Sich in die Kinder einfühlen

- Sch betrachten die Bilder.
- Sie ahmen die Körperhaltungen der dargestellten Kinder nach und versuchen zu empfinden, was das dargestellte Kind mit seiner Körperhaltung ausdrückt.
- Sie wählen eines der dargestellten Kinder aus.
- Sch erhalten entweder Kopien für einen Hefteintrag oder **AB 2.3.5, Arbeitshilfen S. 131**. L kann die dort schon vorgesehene Illustration auf einem Teil der Kopien durch Illustrationen der anderen Kinder **fse 37** ersetzen.
- Sch schreiben auf, was das dargestellte Kind empfindet, fragt, denkt usw.

- Sie verfassen einen kurzen Brief, in dem sie dem dargestellten Kind mit seinen Fragen und Sorgen helfen, es aufmuntern oder trösten.
- Sch lesen die Prophetenworte auf **fse 39**, wählen ein passendes aus und schreiben es in einer schön verzierten Schrift zu dem ausgewählten Kind.
- **Alternative**: Sch erhalten **AB 2.3.6, Arbeitshilfen S. 133**, und erzählen Geschichten zu den Situationen.

### Sich Hoffnungsworte des Propheten Jesaja einprägen

- Sch wählen für die ausgewählte Situation oder für sich von **fse 38** ein Hoffnungswort des Propheten Jesaja aus und kommen damit in den Stuhlkreis. Sch lesen ihre Sätze vor und erläutern sie evtl.
- Sch setzen ihre Vornamen vor den Satz und prägen sich die Hoffnungsworte ein. L gibt ein Beispiel: Gott spricht zu jeder und jedem von uns, wenn wir traurig sind oder Angst haben: z. B. Monika, Gott, der Herr, wischt die Tränen ab von jedem Gesicht. Im Kreis tragen Sch ihre Hoffnungssätze vor.
- Sch gestalten ihren ausgewählten Satz auf von L bereitgestelltem Fotopapier.
- **Weitere Möglichkeiten** zum Vertiefen und Einprägen der Hoffnungsworte finden sich bei Oberthür, Rainer, Kinder und die großen Fragen. Ein Praxisbuch für den Religionsunterricht, München ³1998, S. 121-136. Die Sprache der Hoffnung kann bei den Kindern Eingang finden, nicht durch ein Auswendiglernen, sondern ein inwendiges Vergegenwärtigen.

## 3. Weiterführende Anregung

### Hoffnung vertiefen

- Intensive Düfte riechen

Im Klassenzimmer oder besser in einem noch größeren Raum werden Düfte (Vanille, Mandarine, Rose ...) in hoher Verdünnung (je ein Tropfen in einem Wasserbecher) bereitgestellt. Zunächst nehmen Sch die Düfte für sich wahr.

- Im Stuhlkreis erzählen sie davon (angenehme und unangenehme Eindrücke).
- Die Hoffnungsworte liegen ebenfalls auf gestalteten Plätzen im Raum für alle Sch bereit. Zu den Düften bzw. zu den geäußerten Eindrücken suchen sich Sch das entsprechende Jesaja-Wort und begründen evtl. ihre Wahl.
- Sie verfassen dazu Sätze: Der Duft (Vanille) ist süß, weil Gott gut ist. Der Duft ist wie ...
- Alternativ werden Duftsäckchen bereitgestellt, die Sch am Schluss der Stunde mitnehmen.

# Ein Engel

# Der Traum einer Frau

## 1. Hintergrund

### Der biblische Text

Das Lied der Maria (Lk 1,6-55) ist einer der Schlüsseltexte des christlichen Glaubens. Programmatisch und poetisch verkündet es, worauf es dem biblischen Gott ankommt: Heil und Gerechtigkeit für alle Menschen. Das Preislied der Maria gehört zur lukanischen Kindheitsgeschichte Jesu. Die beiden ersten Kapitel stimmen die LeserInnen auf die Heilstaten Gottes in Jesus ein, und sie stellen Johannes' Rolle als Vorläufer Jesu klar. Maria und Johannes' Mutter Elisabet erfahren am eigenen Leibe Gottes „unmögliches Wirken"; die eine ist im hohen Alter schwanger, die andere ohne Mann. Gott wird Mensch – und sorgt dafür, dass die geltenden Ordnungen und Machtverhältnisse umgestürzt werden, dass neues Leben für alle beginnen kann. Das Magnifikat lädt uns heute ein, Visionen einer besseren Welt zu träumen und Interesse und Engagement zu entwickeln für die, die unten sind.

Die lateinische Übersetzung des Hymnus beginnt mit dem Wort „Magnifikat" (er sei hochgepriesen); nach diesem ersten Wort wird das ganze Gebet benannt. Der Text ist voller Anklänge an das Alte Testament, greift das Danklied der Hanna (1 Sam 2,1-10) auf und zitiert aus den Psalmen. Trotzdem ist das Magnifikat nicht einfach eine Zitatensammlung, sondern es ist eine neue, in sich gerundete Einheit.

Neben den vielen Zitaten fallen die Verben der Vergangenheit auf. Die Betende dankt für erfahrene Begleitung oder Rettung. Der Dank im Magnifikat bezieht sich auf das schon geschehene Handeln Gottes an Maria.

Gott hat die Niedrigkeit seiner Magd angesehen. Mit der Niedrigkeit ist ein wichtiges Thema des Evangeliums angeschlagen. Gerade im Lukasevangelium nimmt Jesus sich der Niedrigen und Verachteten an (7,36-50; 15,4-10.11-32; 18,9-14; 19,1-10), gerade hier werden die Armen selig gepriesen (6,20), weil Gott selbst es ist, der Not wendet und Unterdrückte befreit. Die Niedrigkeit der Magd hat realen Klang und es deutet sich schon an, dass das Lied über die eine Person und das bisherige Handeln Gottes hinausgeht.

Damit gewinnt das Magnifikat am Anfang des Evangeliums eine programmatische Funktion: Gott hat in der Geschichte Israels gehandelt und wird weiter handeln, über Israel hinaus an allen, die an ihn glauben. Wie er das tun wird, zeigt der Zusammenhang. Das Danklied einer Frau, die ein Kind erwartet, verweist darauf, dass dieses Kind Gottes erbarmendes Handeln zur Vollendung bringen wird. Es wird ein Handeln nicht nur an der einen, sondern an den vielen sein und es wird sich als Zuwendung zu den Geringen und Niedrigen zeigen. Weil aber Menschen gerne auf ihren eigenen Thronen sitzen, bedeutet die Zuwendung Gottes für den Niedrigen zugleich das Gericht an den Selbstherrlichen (vgl. Lk 6,24-26).

Der auf **fse 40** abgedruckte Text basiert auf einer Übersetzung von armen LandarbeiterInnen, Campesinos in Peru, die die ganze Heilsgeschichte und also auch die Geburt des Retters als Befreiungsgeschichte deuten, die in ihrem Alltag selbst befreiend wirkt (vgl. Equipo Pastoral de Bambamarca (Hg.), Vamos Caminando, Freiburg/Münster 1983, S. 1-3).

---

**Lucy D'Souza**

Die Künstlerin des Misereor-Hungertuches „Biblische Frauengestalten", aus dem das Bildmotiv **fse 41** stammt, wurde am 22.9.1949 an der Westküste Indiens geboren. Nach dem Studium arbeitete sie als Lehrerin, später als Sozialarbeiterin in einem Dorf der Erzdiözese Delhi auf dem Gebiet der Aus- und Weiterbildung für Frauen und Kinder. 1983 trat sie in die Indian School of Art for Peace ein, um von dem indischen Künstler und Christen Shri Jyoti Sahi zu lernen. Sie lebt heute dort in einer Gemeinschaft von Künstlern und Theologen. Lucy D'Souza: „Für mich bedeutet Malen mein Sadhana, mein Gebet" (Hungertuch).

---

### Lucy D'Souza: „Maria und Elisabet – Gewaltige stürzt er vom Thron"

Die Künstlerin zeigt eine ungewöhnliche Darstellung der Begegnung zwischen Maria und Elisabet. Maria im blauen Sari, der ein Symbol für den Himmel ist, lobt den Herrn und freut sich mit Leib und Seele, mit der Ganzheit ihrer Person. Ihr Fuß auf dem Baumstumpf bringt zum Ausdruck, dass Gott die Stolzen zu Fall bringt. Gleichsam versinnbildlicht der Baum den Wurzelstock Jesse, aus dessen Stumpf Isais Reis hervorwächst (Jes 11,1), den der christliche Glaube in Jesus Christus bekennt. Elisabet, deutlich als Schwangere erkennbar, tanzt auf Maria zu und blickt auf sie. Hinter Elisabet bricht aus einem Samenkorn eine grünende Pflanze hervor, Sinnbild ihrer Fruchtbarkeit. Elisabets orangefarbener Sari symbolisiert die Erde (vgl. ebd.).

## Literatur

Das Misereor-Hungertuch „Biblische Frauengestalten – Wegweiser zum Reich Gottes", Dr. Erwin Mock, Misereor Aachen, Text 8, CD-ROM: Seht, Gott im Menschen, Die Misereor-Hungertücher 1976-1996

… und erhöht die Niedrigen. Zugänge zum Magnifikat (Materialbrief RU 3/97), DKV München 1997, S. 3-7

# Der Traum einer Frau

## Stimme, Körper, Instrument

### Musikalische Ausdrucksformen im RU
Singen, Spielen und Musizieren schafft im RU eine Atmosphäre, die den Boden für die Botschaft des Glaubens bereiten kann. Das Spiel mit der Stimme, mit dem eigenen Körper und mit Instrumenten fördert das gemeinsame Erleben und schafft Raum für individuelle Assoziationen.

Alle Ausdrucksformen, die in einen gemeinsamen musikalischen Kontext eingebunden sind, befreien Sch zum Bewegen und Sprechen, weil sich die Aufmerksamkeit der Mitspielenden nicht mehr auf das einzelne Kind richtet. So können Sch unter dem Schutz des Instrumentes und der gemeinsamen musikalischen Gestaltung eigene Erfahrungen, Gefühle und Gedanken einbringen.

### Spielregeln und Instrumente
Damit das gemeinsame Spielen und Musizieren die gewünschte Wirkung erzielen kann, empfiehlt es sich, von Beginn an Spielregeln zu etablieren und auf deren Einhaltung zu achten, z. B.
- sich gleichmäßig im Raum verteilen, niemanden berühren,
- die Füße beim Gehen heben, nicht losrennen.
- So klingt ein „erzogenes" Instrument: Es tönt nicht unkontrolliert und auch nur dann, wenn es die Situation erfordert.
- Für die Vorstellung von Ergebnissen aus der Gruppenarbeit empfiehlt sich eine einheitliche Präsentationsform:
  - Die Abfolge der GA und eventuelle Zwischenspiele werden vorher festgelegt.
  - Ein akustisches Signal (z. B. Gong, Triangel) kennzeichnet Anfang und Ende.
  - Während der Präsentation wird nicht gesprochen.
- Als Instrumente eignen sich nicht nur alle Orff-Instrumente, sondern auch selbst gebastelte Instrumente und alle Gegenstände, mit denen Geräusche erzeugt werden können (z. B. Küchengeräte). Es ist besonders interessant, wenn Sch zu einer bestimmten Thematik passende Instrumente bzw. Geräusche von zu Hause mitbringen.

*Hinweis*: Praktische Möglichkeiten der Liedeinführung vgl. fse 1 – Arbeitshilfen, S. 48.

Die methodischen Bausteine, die im Folgenden am Beispiel des Magnifikats vorgestellt werden, können problemlos auf andere Texte aus Bibel und Kinderliteratur übertragen werden. Die angebotenen Alternativen verstehen sich als Weiterführung und stellen einen höheren Anspruch an das soziale Miteinander. Sie setzen Vorübungen und die Einhaltung der Spielregeln voraus.

### Literatur
Akademie für Lehrerfortbildung und Personalführung, Dillingen, Referat Musik, Hannelore Baumann (Hg.), Praxisbausteine für Musik – Grundschule

Mechler-Schmitt, Renate/Gaul, Magnus, Musik machen (Akademiebericht 354), Dillingen 2001

Dies./Feigl, Marianne, Musik und Szene (Akademiebericht 363), Dillingen 2002

Hartl, Siglinde/Baumann, Hannelore, Musik erfinden (Akademiebericht 364), Dillingen 2002

## 2. Einsatzmöglichkeiten im RU

### Meine Seele lobt
- L führt Sch ein: *Überlege, worüber du dich heute schon gefreut hast oder was dir Sorgen gemacht hat. Für was kannst du dankbar sein?*
- Sch lernen den Text des Magnifikats kennen:
  - Textpuzzle: Die einzelnen Sätze sind auf Streifen geschrieben (**AB 2.3.7, Arbeitshilfen S. 135**) und liegen in unterschiedlicher Reihenfolge vor den Sch. In GA ordnen Sch sie in eine sinnvolle Reihenfolge.
  - Pantomime: Die GA spielt den Text ihres Satzstreifens pantomimisch vor. Nacheinander wird so das Magnifikat „ohne Worte" gespielt und gesehen.
  - L legt die einzelnen Sätze des Magnifikats auf Streifen geschrieben im Raum aus. Sch gehen im Raum umher und lesen für sich bei meditativer Atmosphäre die einzelnen Sätze; Sch wählen einen der Sätze aus und prägen sich diesen ein – im Stehkreis erzählen sie einander. Auf die Gestaltung der Mittel sollte Wert gelegt werden, z. B. mit farbigen Tüchern, Blumen, einem Marienbild und einer Kerze.

# Marias Loblied

T: Rolf Krenzer
M: Detlev Jöcker
aus: „Sei gegrüßt, lieber Nikolaus"
© Menschenkinder Verlag, Münster

Liederkiste 1/2 16

1. Ich preise den Herrn und ich freue mich über Gott, meinen Retter, der sich für mich entschieden hat. Er nahm mich an! So gering, wie ich bin, seine Dienerin. Der mächtige Gott hat Großes an mir getan. Kv: Heilig ist sein Name! Niemals endet sein Erbarmen. Er hält uns in seinen Armen. Heilig ist sein Name.

2. Er streckt seinen Arm aus und weggefegt
   sind die Pläne der Stolzen, die sie gehegt.
   Die Mächtigen stürzt er vom Thron.
   Er macht Hungrige satt,
   dass ein jeder hat.
   Die Reichen schickt Gott
   mit leeren Händen davon.

3. Gott hält sein Versprechen für alle Zeit.
   Was er Abraham sagte, hat Gültigkeit!
   Erinnert hat Gott sich daran.
   Und er richtet uns auf!
   Wartet nur darauf!
   Der mächtige Gott
   hat Großes an uns getan.

fragen – suchen – entdecken

2.3.10

### Vertiefung und Aneignung durch eine kleine Lernstraße

L stellt das Material bereit:
- Sch ordnen Bilder und Überschriften aus Zeitungen und Zeitschriften den einzelnen Satzstreifen des Magnifikat zu (**AB 2.3.7, Arbeitshilfen S. 135**).
- Sch gestalten ein Leporello und malen Bilder zu Marias Lied.
- Sch bemalen Dias mit Folienstiften zu einzelnen Sätzen.
- Sch schreiben einzelne Sätze des Gebetes farbig in ihr Ich-Buch.
- Sch erhalten das Konturenbild **AB 2.3.8, Arbeitshilfen S. 137**, und kolorieren mit Wachsmalkreiden oder Wasserfarben.

### Das Bild betrachten

- L stimmt Sch mit einer Stille-Übung ein: Klangschale, Meditationsmusik ...
  Erste Kontaktaufnahme mit dem Bild; ungelenktes Anschauen und Wahrnehmen; spontane Äußerungen ...
- L: Auf dem Bild ist viel zu sehen!
- Schau auf die beiden Frauen! Achte auf ihre Bewegungen, auf ihre Füße und Hände! Schau auf ihre Kleider – und in ihre Gesichter!
- Was könnten die beiden Frauen erlebt haben, dass sie sich so freuen? Lass sie erzählen!
- Identifikation mit dem Bild: Nimm die Körperhaltungen ein! Achte auf die Hände! Vollzieht ihre Gebärden nach (vgl. **fse 6**, Gebärde 3).
- Sprich einen Satz dazu, der so beginnen könnte: Ich freue mich, wenn ... Ich bin froh, dass ...
- Was kannst du noch auf dem Bild sehen? L erklärt, dass der Baumstumpf den Wurzelstock Jesse versinnbildlicht, aus dessen Stumpf ein Reis hervorwächst (Jes 11,1), den der christliche Glaube in Jesus Christus bekennt; bei Sch werden Erinnerungen an das Aufblühen einer Knospe geweckt.

### Das Loblied der Maria gestalten

Das Lied ist als Nr. 16 auf der CD Liederkiste 1/2 enthalten.

- Sch sitzen mit geschlossenen Augen im Kreis. L spielt die Melodie des Liedes auf einem Instrument, singt sie vor oder spielt sie von der Liederkiste 1/2 ein und gibt Impulse zur Bewegungsgestaltung: Die Hände ‚tanzen' zur Musik, die große Zehe, die Nase, der Kopf. Allmählich singen Sch von selbst die Melodie mit.
- L erzählt den Inhalt des Liedes oder trägt den Text vor. Sch machen Bewegungen/Gesten dazu. Da viele Sch gleichzeitig agieren, kann sich jede/r Sch mit den eigenen gestalterischen Fähigkeiten einbringen, ohne sich vor der ganzen Klasse exponieren zu müssen.
- Alternativen:
- Sch experimentieren, den Text begleitend, spontan mit Instrumenten dazu.
- Sch üben an ausgewählten Stellen (z. B. *Er nahm mich an./Er hält uns in seinen Armen./Er richtet uns auf.*) Berührungen ein. Im Schutzraum des Liedes können so sanfte Berührungen gemeinsam geübt und überhaupt erst möglich werden, ohne als unangenehm oder peinlich empfunden zu werden.
- Sch gestalten das Lied mit einfachen Akzenten.
- Sie einigen sich auf Instrumente, die der Stimmung des Liedes entsprechen, z. B. beim Kehrvers hell klingende Instrumente, die zart gespielt werden können.
- Alle Kinder üben die Begleitung mit Klanggesten ein (z. B. Klatschen, Schnippen, Patschen, Stampfen). In den Pausen schwingen die Hände im Takt mit.
- Dann werden die Gesten auf die Instrumente übertragen, die reihum durchgewechselt werden.

| | | | | |
|---|---|---|---|---|
| *Geste* | Patschen | Schnalzen | Klatschen | Klatschen |
| *Instrument* | Glockenspiel C | Finger-Zimbel | Triangel | Triangel |
| *Text* | Heilig ist sein | Name! | Niemals endet sein | Erbarmen. |
| *Geste* | Klatschen | Klatschen | Patschen | Schnalzen |
| *Instrument* | Triangel | Triangel | Glockenspiel C | Finger-Zimbel |
| *Text* | Er hält uns | in seinen Armen. | Heilig ist sein | Name! |

# Ein gotisches Weihnachtsbild

2.3.11

### Den „Traum einer Frau" ins Bild bringen

Sch gestalten das Umrissbild **AB 2.3.9, Arbeithilfen S. 139**, mit Farben, die zum Traum Marias passen, und zeichnen oder kleben darum herum Bilder (z. B. aus Zeitungen/Zeitschriften), die zum Ausdruck bringen, wovon Maria träumt und wo der Traum anfanghaft Wirklichkeit werden kann.

### Ein Standbild einfrieren („freeze")

- Sch verteilen sich gleichmäßig im Raum (Vorstellung eines Floßes, das bei einseitiger Belastung kippen würde) und schreiten zu ruhiger Musik oder singen Marias Loblied. Beim Pausieren der Musik bzw. am Ende des Liedes bleiben sie stehen und stellen eine bestimmte Stelle des Textes bzw. ein Gefühl, eine Eigenschaft, die zuvor vereinbart bzw. von L angesagt wird, als Standbild dar (verzauberter/versteinerter Zustand, „freeze"), z. B. gestürzt sein, erhöht sein, beschenkt sein, leer ausgehen.
- **Alternative**: Beim Pausieren der Musik bleiben Sch paarweise zu einem „Schnappschuss" stehen.

### Liedrufe zum Magnifikat gestalten

- Sch singen Marias Loblied, Liederkiste 1/2, Nr. 16. **AB 2.3.10, Arbeitshilfen S. 141**.
- Sch sitzen im Kreis und patschen in halben Noten (auf die Schläge 1 und 3) leise auf ihre Oberschenkel, während L die Melodie summt.
- Sch spielen eine Begleitung mit Basstönen D E G C (z. B. Xylophon, Gitarre). Sie verwenden dabei die Bass-Töne entsprechend den Akkordbezeichnungen im Notentext, z. B. beim Kehrvers des Liedes *Heilig ist sein Name* 3 x C D G E , 1 x C G D G. Sch sitzen im Kreis, üben zunächst die Schlagbewegung durch Patschen auf die Oberschenkel und singen dazu.
- Diese grobmotorische Bewegung wird auf die feinmotorische Anschlagtechnik am Instrument übertragen. Vor der Übertragung auf die Instrumente sind längere Übungsphasen auf dem Körperinstrument notwendig (vgl. Übersicht S. 140).

| *3 mal:* | | | | |
|---|---|---|---|---|
| Oberschenkel | 2. Nachbar links | 4. eigener links | 3. eigener rechts | 1. Nachbar rechts |
| Hand/Schlägel | 2. links | 4. links | 3. rechts | 1. rechts |
| Stäbe | D | E | G | C |
| Text | 2. ist sein … | 4. -me | 3. Na- | 1. Heilig / 1. Niemals |
| *1 mal:* | | | | |
| Oberschenkel | 3. Nachbar links | | 2./4. eigener rechts | 1. Nachbar rechts |
| Hand/Schlägel | 3. links | | 2./4. rechts | 1. rechts |
| Stäbe | D | E | G | C |
| Text | 3. Na- | | 2. ist sein / 4. -me | 1. Heilig |

### Ausdrucksspiele spielen

- Stell dir vor, du bist auf einer Entdeckungsreise, auf dem Weg in den Bergen von Judäa entdeckst du etwas Besonderes. Wenn die Musik aufhört, zeigst du uns pantomimisch, was du Besonderes entdeckt hast. Achte darauf, dass wir beim Betrachten deiner Gesten erkennen können, wie groß der Gegenstand ist und ob du deine Entdeckung schön, hässlich, unangenehm oder seltsam findest.
- Wähle aus dem Text ein Wort aus, das dich traurig/nachdenklich stimmt. Sprich das Wort beim Gehen zur Musik aus und bewege dich dazu.
- Mächtige begegnen uns im Leben immer wieder. Wir hören ihre Angeberei und ihre lauten Befehle. Gehe zur Musik ruhig im Raum und mache dich innerlich auf die Suche nach Sätzen von Mächtigen. Sprich sie so aus, wie du sie schon einmal gehört hast. Wähle ein passendes Instrument aus und spiele dazu.
- Wähle aus dem Text ein Wort aus, das dich freudig/hoffnungsvoll stimmt. Wähle ein Tuch in der passenden Farbe aus. Sprich das Wort beim Gehen zur Musik aus, tanze mit dem Tuch dazu.

**Glasfenster gestalten**

2.3.12

- Stell dir vor, du bist Maria, die gerade die Größe des Herrn preist. Bewege dich so zur Musik, dass man merkt, wie begeistert du bist.
- Maria hat einen unglaublichen Traum. Sie sehnt sich nach Gerechtigkeit für die Niedrigen und Hungernden. Jede und jeder von uns hat solche Träume. Gehe zur Musik ruhig im Raum umher und mache dich innerlich auf die Suche nach deinen Träumen: *Ich träume davon, dass ...* Sprich die Sätze so aus, dass man deine Sehnsucht merkt. Gehe weiter im Raum umher, bewege dich dazu.
- **Alternative** (ohne Hintergrundmusik): Wähle ein passendes Instrument und spiele dazu (möglicher Ablauf: gemeinsames Vorspiel/Liedruf, Sätze mit Instrumenten untermalt im Kreis reihum bzw. gleichzeitig durcheinander, gemeinsames Nachspiel/Liedruf).

### Eine Textstelle vertonen

- Eine ausgewählte Textstelle wird mehrfach wiederholt, z. B. *Die Hungernden beschenkt er mit seinen Gaben.* L begleitet schließlich jede Silbe gleichmäßig mit einem Ton der vorgegebenen pentatonischen Tonreihe g, a, h, d, e (passend zum Lied in G-Dur; die Töne, die sich nicht in der Tonreihe befinden, werden mit beiden Händen aus dem Stabspiel herausgenommen). Sch sprechen den Text mit.
- In GA erfinden Sch eigene Melodien zu dem gesprochenen Vers. Die Tonfolgen ergeben sich dabei aus den verbliebenen Klangstäben in den vorbereiteten Instrumenten. In jeder Gruppe sollte sich jeweils ein Stabspiel befinden.
- Sch singen den Text auf ihre Melodie in der GA und stützen den Gesang gleichzeitig mit ihrem Stabspiel. Anschließend stellt jede Gruppe ihre Komposition vor.
- **Alternative**: Eine Gruppe beginnt, eine weitere stößt dazu.

Da alle erarbeiteten Melodien aus demselben Tonvorrat schöpfen, führt das gleichzeitige Singen und Spielen der Melodien zu einem Aha-Erlebnis: Kein Sch kann ‚falsch' spielen, da alle ‚störenden' Töne aus dem Stabspiel entfernt wurden. Die Töne der pentatonischen Tonreihe lassen im Zusammenklang ein homogenes Klangbild entstehen. Der Kehrvers des Liedes kann als Zwischenspiel gesungen oder gespielt werden.

## 3. Jahrgangsübergreifende Lerngruppe

Sch aller Altersstufen können alle Schritte mittun.

---

**Mehr als ein Traum**     fragen – suchen – entdecken **42/43**

## 1. Hintergrund

### Der Engel kommt zu Maria (nach Lukas 1,26-38)

Dieser Text ist nicht primär mit dem Blick auf Maria, sondern auf Jesus zu lesen. Das Haus Marias in Nazaret ist der Schauplatz der Erscheinung des Engels. Im Gegensatz zum Ort der Verheißung der Geburt des Johannes – dem Tempel – ein sehr bescheidener Raum. Es begegnen sich zwei Welten: der Himmel und die Erde.
Der Engel ist ein Bote des Himmels für einen Menschen: Maria. Jesus ist das Kind beider Welten, das Kind der Erde (durch Maria) und das Kind des Himmels (durch den Heiligen Geist). Wenn die zwei Welten sich treffen, öffnet sich die Welt der Gnade: Jesus ist die Begegnung zwischen Gott und den Menschen. Der Engel hat eine Botschaft Gottes mitzuteilen. Maria wird ein Kind bekommen, das „Sohn Gottes" genannt werden wird. Um das Kind geht es hier eigentlich. Es wird groß sein, Gott wird ihm den Thron Davids geben, es wird als „Sohn Gottes" in Ewigkeit herrschen. Marias Bereitschaft, an dem Plan Gottes mitzuwirken, schenkt der Welt das Kind der Gnade: Jesus.

Lukas stellt das Außergewöhnliche und Ungeheuerliche der Menschwerdung Gottes als eine Jungfrauengeburt dar, ein übliches Bild in der Vita auch anderer Religionsstifter oder antiker Herrscher. Damit wird die Einzigartigkeit Jesu, der allein von Gott gewollt ist, betont. Die Jungfräulichkeit Marias ist keine Bedingung für die Gottessohnschaft Jesu. Sie ist ein Hinweis darauf, dass die Gottessohnschaft allein dadurch bedingt ist, dass Jesus von Gott kommt.

### Jesus wird geboren (nach Lukas 2,1-14)

Die Weihnachtsgeschichte des Lukas ist dreigliedrig. Sie erzählt zunächst die Geburt Jesu in Betlehem (2,1-7), schließt daran die Botschaft der Engel auf dem Hirtenfelde an (2,8-14) und endet mit der Verkündigung der Hirten (2,15-20). Lukas entwirft für die Geburt Jesu einen Rahmen, der auf den ganzen Erdkreis bezogen wird. Dieser Erdkreis entspricht damals dem Imperium Romanum. Mit der Nennung des Kaisers verfolgt der Evangelist das Anliegen, die Jesusgeschichte in die Weltgeschichte einzugliedern. Der Zensus – alle Bewohner sollen sich in Steuerlisten eintragen lassen – dient als Anlass, der zur theologisch bedeutsamen Geburt in Betlehem führt. Betlehem ist

# Engel brauchen keine Flügel

Seht den Engel auf dem Felde,
wie er steht im hellen Licht
und von Frieden, Freude kündet
und von Gottes Liebe spricht.

Hirten nachts auf dunklem Felde
hat die Botschaft einst berührt,
haben wir in diesen Tagen
Gottes Worte neu gespürt?

Treffen wir noch heute Engel
in dem Dunkel unsrer Nacht?
Schrecken wir vorm Glanz des Himmels,
den der helle Stern entfacht?

_____

_____

_____

Boten brauchen keine Harfen,
keinen heilgen Ort.
Boten brauche offne Hände,
auf den Lippen Gottes Wort.

_____

_____

_____

*Barbara Cratzius*

hochbedeutsam als die Davidsstadt, aus der der Messias verheißen ist.

Nach der Geburt wickelte Maria ihn in Windeln und legte ihn in eine Krippe. Die Windeln sind ein Zeichen ordentlicher Pflege. Das Neugeborene war erwartet, es wurde alles getan, um es angemessen zu versorgen. Es ist ein wirkliches Kind. Auffallend bleibt die Futterkrippe. Begründet wird der Vorgang mit dem Platzmangel in der Herberge. Solche Krippen oder Tröge waren als Nischen in der Wand am Rande des erhöhten Wohnbereichs im palästinensischen Haus oder aber bei den Tieren auf der ebenen Erde üblich (vgl. AB 1.2.26, fse 1-Arbeitshilfen, S. 113).

Die Hirtengeschichte beginnt mit einem neuen Schauplatz und mit einer neuen Personengruppe. Hirten wurden seinerzeit den verachteten Personengruppen zugerechnet. Sie erinnern zudem an den Hirten David.

Der Engel beginnt mit dem „Fürchtet euch nicht", das immer eine Begegnung eröffnet, deren göttliche Dimension den Menschen überwältigen kann. Darauf verkündigt er „eine große Freude", die den Hirten und allem Volk gilt. Das verheißene Heil ist in Jesus zum „Heute" geworden. Er ist der Retter, der Messias und Herr aus der Stadt Davids. Die Herrlichkeit Gottes erstrahlt in einem Kind.

Die Erscheinung erweitert sich noch: Plötzlich war beim Engel des Herrn „eine große himmlische Schar", die die verkündigte Botschaft abschließt, indem sie in einem Hymnus die universale Bedeutung des proklamierten Ereignisses feiert. Mit den „Menschen seiner Gnade" ist Gottes Volk gemeint (vgl. Halbfas 1986, S. 247-255).

### Engel

Wer die Engel-Literatur der letzten zwei Jahrzehnte zur Kenntnis nimmt, der kann von einer „Wiederkehr der Engel" sprechen. Nach dem Religionspädagogen Rainer Lachmann sollte man sich theologisch dabei vor zwei Gefahren hüten: „Einmal davor, Engel als eigenständige Wesen mit Gott gleichzusetzen bzw. sie so wesentlich zu gewichten, dass ihnen eigene religiöse Verehrung und Anbetung zukommt – eine Gefahr, die besonders im esoterischen Umgang mit den Engeln gegeben ist. Zum andern gilt es dem gefährlichen Missverständnis zu wehren, als gäbe es die Engel im Sinne historischer Wahrheit und – objektivem Denken zugänglicher – Gegenständlichkeit" (Rainer Lachmann, Engel, in: Lachmann/Adam/Ritter, Theologische Schlüsselbegriffe, Göttingen 1999, S. 59).

Nach dem biblischen Befund lassen sich zwei Gruppen himmlischer Wesen unterscheiden: einmal die hymnischen Himmelswesen um den Thron Gottes, zum andern die dem Bereich der geschichtlichen Führung durch Gott zugehörigen meist menschengestaltigen Engel als Boten, Vertreter und Gesandte Gottes. Klaus Westermann lässt das „Sein" der Engel ganz in ihrem Auftrag, ihrem Wirken und ihrer Funktion als Gottes Boten „aufgehoben" sein: „Der Engel kommt ins Sein mit seinem Auftrag, er vergeht mit der Erfüllung seines Auftrages, denn seine Existenz ist Botschaft" (Klaus Westermann, Gottes Engel brauchen keine Flügel, Stuttgart 1978, S. 9). Danach lassen sich Engel zwar nie objektiv feststellen, sehr wohl aber erleben und erfahren, wovon nicht nur die Engelsgeschichten der Bibel vielfältiges Zeugnis ablegen. Nehmen wir das ernst, sind wir aufgefordert, von Engeln weniger in Kategorien des Seins als vielmehr in Kategorien der Begegnung, Erfahrung und botenmäßigen Kommunikation zu denken und zu reden. In diesem Sinne kann es geschehen, dass Menschen eine Begegnung erleben, in der ihnen die Wirklichkeit Gottes auf spürbare Weise so nahe kommt, dass sie innewerden, dass ihnen auf leibhaftige Weise das Wirken Gottes zuteil geworden ist. Der Bote, durch den dies geschieht, mag im Traum begegnen, in einem Bild, einem Musikstück oder in einem Menschen in Fleisch und Blut oder in einer Gestalt, die in die alltägliche Erfahrung überhaupt nicht einzuordnen ist.

Das Reden von Engeln bedeutet immer zugleich „Durchstoß durch eine geschlossene entsakralisierte-säkulare Vorstellungswelt" und – damit verbunden – „Wiederentdeckung der Transzendenz", die „auf den Spuren der Engel" (P. L Berger) mitten im Leben Erfahrungen machen lässt, in denen in unserer scheinbar so gottlosen Welt das Transzendente aufscheint und sich zu Wort meldet. Im RU darf das Reden von Engeln deshalb nicht kurzschlüssig und oberflächlich antirational geführt werden, sondern verlangt genauso ständige erfahrungsmäßige Vertiefung.

Im Sinne ästhetischer Bildung bietet sich dabei als Wahrnehmungs- und Ausdrucksschulung der phänomenologische Ansatz an, der vom Vorkommen und den Erscheinungsweisen von Engeln in unserer Lebenswelt ausgeht, sie wahr- und ernst nimmt und nach bestimmenden Motiven und leitenden Interessen hinterfragt.

Hier geht es vor allem in der Weihnachtszeit um die Menge der Engel in Kunst, Kitsch und Kommerz. Hier zeigt sich, dass Engel Konjunktur haben und dass sie gerade deshalb im RU über das Wahrnehmen und Beschreiben hinaus der kritischen Beleuchtung bedürfen. Der RU wird hier deshalb den Bezug zum biblischen Engelglauben suchen, der als Anstoß, Korrektiv, Deutehilfe zum Weiterdenken und klarer Sehen dienen kann. Engel sind für

# Das Adventslicht

*Ob sie das vielleicht mit nach Haus nehmen dürfte, fragte sie und hielt den kleinen Kerzenständer aus Stanniol, der auf ihrem Tisch gestanden hatte, in ihren alten, zittrigen Händen. Die Kinder hatten die Kerzenständer für die Altenfeier im Pfarrsaal gebastelt und die Kerze darin war fast heruntergebrannt.*

*Frau Heldmann nickte ihr freundlich zu. Dann wandte sie sich wieder der Arbeit zu, die sie mit anderen Frauen heute Nachmittag übernommen hatte. Sie legte die übrig gebliebenen Kuchenstücke zusammen auf einen Teller und stellte dann die Kaffeetassen ineinander. Eine Stunde würden sie noch brauchen, bis alles wieder gespült und aufgeräumt war.*

*Die alte Frau verpackte den Stanniolständer mit dem winzigen Kerzenrest sorgsam in ihrer Handtasche und ging dann mit müden Schritten dem Ausgang zu. Man hatte ein Taxi für sie bestellt, damit sie sicher und bequem nach Hause käme.*

*Später stellte sie das kleine Licht dort zu dem Platz, an dem sie nun seit über drei Monaten allein ihr Essen einnahm. Sie kochte sich einen Tee und zündete die kleine Kerze wieder an, bevor sie sich davor setzte. Eigentlich hatte sie in diesem Jahr mit Advent und Weihnachten nichts im Sinn gehabt. Seitdem ihr Mann im Herbst gestorben war, war ihr ihre Einsamkeit von Tag zu Tag schmerzlicher bewusst geworden. Die Kinder waren weit weg. Sicher würden sie sie zu Weihnachten einladen. Aber sie war sich nicht sicher, ob sie diese Einladung annehmen würde. Sie war Weihnachten noch nie von zu Hause fort gewesen. Und der Schmerz war noch zu groß. Damit wollte sie Weihnachten niemanden belasten. Hier zu Hause hatte sie nichts vorbereitet, was auf Advent oder Weihnachten hindeutete. Nein, sie wollte möglichst wenig von der vorweihnachtlichen Zeit mitbekommen um das Alleinsein nicht noch härter zu empfinden. Nur zögernd hatte sie die Einladung der Kirchengemeinde zur Altenfeier angenommen. Und das auch erst, nachdem sie zweimal bei ihr gewesen waren und sogar das Taxi versprochen hatten.*

*Jetzt blickte die alte Frau in die fast ausgebrannte Kerze und erinnerte sich daran, wie schön der Nachmittag doch gewesen war. Seit langer Zeit hatte sie wieder einmal gelacht, als die Kinder das Spiel von der verlorenen Nikolausmütze gespielt hatten. Sie hatte sich an Zeiten erinnert gefühlt, als ihre eigenen Kinder noch klein waren, als sie noch eine richtige Familie waren. Als ihr bewusst wurde, dass die Kerze ausbrennen wollte, stand sie schnell auf und suchte in einer Schublade nach einer anderen. Und als sie sie in den kleinen Ständer steckte und anzündete, da spürte sie deutlich, dass dieser Tag anders war als all die Tage vorher. Ein bisschen freudiger, hoffnungsvoller.*

*Später rief sie ihre Tochter in Hamburg an. Sie erzählte von der Adventsfeier, berichtete von dem Spiel der Kinder und von dem kleinen Kerzenständer, den sie mit nach Hause genommen hatte. Und als ihre Tochter sie fragte, ob sie nicht doch an Weihnachten zu ihnen kommen wollte, da wehrte sie nicht mehr ab, sondern fragte: „Wird es nicht zu eng bei euch, wenn ich komme?"*

*Rolf Krenzer*

Sch meist nur schmückendes Beiwerk oder sie gehören einer Märchenwelt an, von der sich Sch ab einem gewissen Alter distanzieren. Die Beachtung der äußerlichen Erscheinung der Engel und die Übertragung der einzelnen Elemente auf den Alltag hilft, ihre biblische Wirklichkeit ins Gespräch zu bringen, die der häufig verkitschten Darstellung entgegentritt.

### „Die Geburt Christi"

Das Motiv ist ein Teil aus dem Weihnachtsfenster im Chorhaupt der ehemaligen Klosterkirche Königsfelden, entstanden um 1315. Die Königsfeldener Gruppe zählt nicht nur zu den schönsten, sondern auch zu den charakteristischen Weihnachtsbildern der gotischen Kunst. Das beherrschende Motiv des Bildes, ja sein eigentlicher Inhalt sind das Beieinander und die enge Beziehung von Mutter und Kind. Das göttliche Kind wird nicht mehr, wie in älteren Darstellungen, in der Krippe liegend gezeigt, sondern auf den Knien Marias und ihr zugewandt.

Das Bild ist ganz auf das Kind hin komponiert. Sein Köpfchen erscheint genau in der Bildmitte. Andere Motive geben Hinweise auf die göttliche Natur des Neugeborenen: Da ist die Haltung Marias, die nichts von den Anstrengungen der Geburt erkennen lässt, obwohl sie auf einem Lager ruhend und den Kopf auf ein gemustertes Kissen lehnend dargestellt ist. Da ist die (in umgekehrter Perspektive gesehene) Krippe, deren Form an einen Altar erinnert. Da sind die beiden Tiere als die einzigen Zeugen der Geburt Christi. Nichts im Bild erinnert an den Stall von Betlehem. Die weiß gemauerten Pfeiler am Bildrand mit den goldenen Konsolen gehören zu einer rahmenden Tabernakel-Architektur, welche die links und rechts anschließenden Scheiben mit dem sitzenden Josef und der Verkündigung an die Hirten mit dem Bild **fse 43** zu einer Szene verbindet.

## 2. Einsatzmöglichkeiten im RU

### Der Engel kommt zu Maria (nach Lk 1,26-38)

- Sch finden auf der Landkarte Israel und einige wichtige Orte und Plätze; L zeigt Bilder dazu aus **fse 1, 32/33**, oder der Folienmappe Der Weg Jesu. Stationen seines Lebens und Wirkens, Stätten der Pilger. Folien, Farbbilder, Erklärungen, Text und Bildauswahl: Reinhold Then, hg. v. Religionspädagogischen Seminar, Regensburg 1997.
- Sch erschließen ein Bild über ein Haus in Israel: Sch erzählen, was sie sehen können, L gibt weitere Informationen, z. B. anhand AB 1.2.26, fse 1 – Arbeitshilfen, S. 113, oder Halbfas, Lehrerhandbuch 1, S. 356-359.
- Sch stellen Fragen zum Leben von Maria: Lebte Maria allein in einem solchen Haus? – Mit ihren Eltern? – Mit dem Kleinvieh? ...
  *Hinweis*: Es geht nicht um die Beantwortung der Fragen, vielmehr darum, dass die weltbewegende Botschaft „im Haus" ausgerichtet wird, in geradezu liebenswürdiger Intimität.
- Sch erzählen oder malen ein Bild, wann sie sich schon einmal gewünscht haben, dass ein Engel da ist. Sch schreiben ein Engel-Elfchen (zur Methode vgl. Arbeitshilfen S. 130). Beispiel:
  *hell*
  *ein Engel*
  *kommt zu mir*
  *ich höre eine Botschaft*
  *danke*

### Einen Retter erwarten

- Was erwarten die Menschen von einem Retter? (**fse 42**) Wann verwenden wir das Wort „Retter" oder „retten"?
  Wir kennen einen Rettungswagen, einen Rettungsschwimmer, manchmal werden in der Zeitung Menschen vorgestellt, die einen anderen bei einem Unfall oder im Wasser vor dem Ertrinken gerettet haben. Sie werden als Lebensretter ausgezeichnet. – Wenn Menschen in irgendwelcher Not sind, kommen manchmal andere ihnen zur Hilfe und retten sie.
- Sch erzählen, wann sie einmal aus einer Not gerettet wurden, oder malen ein Bild dazu.
- Auf **fse 39** verspricht der Prophet Jesaja dem Volk einen Retter. Was wird dieser tun?
  Er wischt die Tränen von jedem Gesicht. – Er hilft den Elenden. – Er verlässt niemanden.
- Auch die Hirten warteten auf einen Retter aus ihrer Not. Die Engel verkündeten ihnen, dass Jesus dieser Retter ist, den ihnen Jesaja in Aussicht gestellt hat.
  Welche Geschichten von Jesus kennst du, in denen er Menschen aus einer Not gerettet hat? (z. B. Bartimäus, Levi ...)
- Sch erhalten **AB 2.3.11, Arbeitshilfen S. 143**, kleben es in die Mitte eines DIN-A3-Blattes und umrahmen das Weihnachtsbild, indem sie die leeren Tafeln mit Geschichten ausmalen, bei denen Jesus Menschen gerettet hat.

### Glasfenster gestalten

- Sch gestalten die Umrisszeichnung **AB 2.3.12, Arbeitshilfen S. 145**. Sie erweitern das Bild um die beiden Flügel links und rechts und ergänzen es durch Darstellungen von Josef auf der linken Seite und auf der rechten Seite der Hirten – wie in der Klosterkirche Königsfelden.

**Einem Engel begegnen**
- Sch erhalten **AB 2.3.8, Arbeitshilfen S. 137**, die Kopie eines Engels aus der so genannten Beatus-Apokalypse. Sch werden unmittelbar den Engel erkennen. Die Elemente, die einen Engel kenntlich machen, werden im Einzelnen näher besprochen:
- Was sind Kennzeichen des Engels? Flügel, leuchtendes Gewand, Hände und Füße, Menschengesicht.
- Flügel: Auch im Alltag begegnen uns Flügel bei Vögeln. Was bedeuten für Vögel die Flügel? Was bedeuten dann Flügel für Engel?
- Leuchtendes Gewand: Warum ziehen wir manchmal schöne Gewänder an? Warum trägt der Engel ein leuchtendes Gewand?
- Menschliches Gesicht: Bestimmte Gesichter freuen mich. Wenn der Engel für mich ein Gesicht hat, wie sieht er dann aus?
- Hände und Füße: Wenn ein Engel Hände und Füße hat wie wir, dann kann er ...
- Heiligenschein: Der Heiligenschein erinnert mich an ... Die Sonne ist ein Symbol für Gott, sie schenkt uns ...
- Gestik: Besonders zur Weihnachtszeit wird der Deute-Gestus des Engels mit der linken Hand thematisiert. Worauf weist der Engel eigentlich hin?

## 3. Jahrgangsübergreifende Lerngruppe

- Sch gestalten den Engel nach ihrer Farbwahl bzw. wählen Farben, die sie mit Engelsdarstellungen in Verbindung bringen. Der Beatus-Engel sieht in Farbe folgendermaßen aus: Seine Flügelspitzen sind hellblau, der Rest der Flügel dunkelblau, sein Gewand ist in einem kräftigen Grün gehalten und nur sein linker Arm ist von einem leuchtenden Gelb bedeckt, das sich vom Ärmelbund über das Gewand nach hinten unten zieht. Sein Untergewand, das sich im Dreifaltenwurf über die Beine zieht, strahlt in einem zarten Lila, ebenso wie der Ärmel über dem rechten Arm. Seine Haut ist weiß und der Heiligenschein rahmt den Kopf in einem intensiven Rot.
  Es sei noch auf die ungewöhnliche Flügelhaltung hingewiesen. Sie erzählt uns auf anschauliche Weise, was die Engel sind – Zwischenwesen. Ein Flügel zeigt nach oben zu Gott, der andere zeigt auf die Erde, zu den Menschen. Die Engelflügel bilden eine Brücke zwischen Gott und Mensch und unter den Menschen. L betont den Ereignischarakter der Engel (vgl. Arbeitshilfen S. 148 f.).
- Zur Vertiefung gestalten Sch Weihnachtskarten mit ausgeschnittenen Flügeln aus Goldpapier, Federn und Engelshaar.
- Der Text von Barbara Cratzius: Engel brauchen keine Flügel, **AB 2.3.13, Arbeitshilfen S. 147**, wird gelesen. Auf den freien Linien gestalten Sch zwei Strophen, die sie besonders angesprochen haben, kalligrafisch.
- Schüler erschließen das Bild von Silke Rehberg in *Meine Schulbibel,* München 2003, S. 85 (Best.-Nr. 50663) und erkennen den wie aus Licht und Kristallen gestalteten Flügel. (Bilderschließung in: Hoeps, Reinhard (Hg.), Sehen lernen mit der Bibel. Der Bildkommentar zu Meine Schulbibel, München 2003, Best.-Nr. 50688).
- Sch betrachten Lebensbild Nr. 5 und finden Gründe für den ratlosen Blick.

# Ein Lebenstraum wird wahr

## 1. Hintergrund

### Der biblische Text

Maria und Josef tragen das Kind in den Tempel zu der einzigen damaligen Opferstätte, um es dem Herrn darzustellen. Nun lässt Gott Simeon in Jerusalem leibhaftig das Heil schauen, das für alle Menschen bestimmt ist; denn das Kind ist Licht für die „Heiden" und zugleich die wahre „Herrlichkeit für das Volk der Juden" (Kremer, S. 39). Nach Eugen Drewermann haben der Traum und die Sehnsucht – etwas, das der Geist Gottes selber in das Herz des Menschen eingepflanzt haben muss – Simeon durchhalten lassen daran zu glauben, dass er selbst, mit seinen eigenen Augen, das Heil für alle Menschen sehen werde.
Und Hanna fand trotz des frühen Todes ihres Mannes – und mit dem hörte in der Antike eine Frau zu leben auf – die Kraft, all ihre Lebenserwartung auf Gott zu richten. Sie glaubt und träumt und das hält sie wach und lässt sie leben. Sie, die auf das Heil hoffte, darf es sehen (vgl. Drewermann, S. 118). Und sie „pries Gott und sprach zu allen, die auf den Retter warteten".

### Der Liedtext

Den Text des Liedes schuf Friedrich von Spee († 1635), der unerschrockene Kämpfer gegen den Hexenwahn. Geprägt von der Not des Dreißigjährigen Krieges, aber auch vom Lebensgefühl des Barock und noch mehr von der typisch neuzeitlichen Frömmigkeit des Jesuitenordens, stellte er die persönliche Beziehung des Einzelnen zum Mensch gewordenen Gott in den Mittelpunkt seiner Lieddichtungen. Was in unseren

Ohren wie ein liebliches Weihnachtslied klingt, war damals und ist in Wahrheit ein Hoffnungslied für alle, die in Not geraten sind. Friedrich von Spee lebte aus der Grundüberzeugung, dass es trotz allem Auf und Ab in unserem Leben so etwas wie einen festen Punkt gibt, an den man sich halten kann. Mit Worten, wie sie nur aus dem Herzen erwachsen, besingt von Spee in seinen Weihnachtsliedern die Beziehung zwischen dem Kind in der Krippe und dem glaubenden Menschen.

Grundlage für den ganzen Liedtext ist der Satz „Zu Betlehem geboren ist uns ein Kindelein". Einmal nur wird hier von „uns" gesprochen, während im Weiteren das subjektive „Ich" gebraucht wird. Weil das Kind für alle geboren ist, ist es auch allen möglich, diesem Kind persönlich zu begegnen. Die Feier von Weihnachten und das Singen von Weihnachtsliedern ermöglicht eine wirkliche Begegnung mit dem Kind, weil die Feier des Weihnachtsfestes eine Wieder-(her)-holung der Geburt Jesu in aller Leben ist. Daher kann es in der zweiten Strophenhälfte von dem Kind heißen: „Das hab ich auserkoren, sein eigen will ich sein." Diese und alle weiteren wichtigen Aussagen werden jeweils bekräftigt und wiederholt. Die Wiederholung wird eingeleitet mit „Eja, eja!". Mit diesem Wortklang streichelt man auch Kinder. Es schwingt aber auch die Bedeutung von „Ja, so ist es!" mit, „So ist es gewiss!" – Der Ruf lässt sich nicht übersetzen. Man muss seinem Klang und seiner mehrfachen Bedeutungsrichtung nachspüren. Und das geht nur, wenn man ihn singt (vgl. Große-Jäger, Hermann/Egger, Klaus, Weihnachten im Lied, Innsbruck 1992). Bei diesem Lied gilt sicherlich, was Hubertus Halbfas in seinem Lehrerkommentar zum 4. Schuljahr zu bedenken gibt, wenn er dazu Heinrich Schütz zitiert: Die primäre Verwendung des Liedes besteht darin, dass es gesungen wird (nicht darin, dass es befragt wird), denn Vertonung bringt Sprache zum Erklingen und lässt das „Heute der Gnade" im Lied erklingen (vgl. Halbfas, S. 259).

### Rembrandt van Rijn (1606-1669)

Am 15. Juli 1606 wurde Rembrandt in Leiden geboren. Als Vorbereitung für eine klassische Ausbildung wurde er von seinen Eltern auf die streng calvinistische Lateinschule in Leiden geschickt. 1620 verließ Rembrandt die Universität, in der er sich eingeschrieben hatte, und ging in die Lehre bei mehreren angesehenen Malern. 1625 kennzeichnet den Anfang seiner Laufbahn als freier Künstler in Leiden. Rembrandts frühestes bekanntes Werk „Die Steinigung des Stephanus" trägt diese Jahreszahl. Bald machte er sich einen Namen als Porträtmaler (vgl. Hoekstra, S. 736).

### Rembrandt van Rijn: „Simeons Lobgesang" (1669)

Am 5. Oktober 1669, einen Tag nach Rembrandts Tod, hat man das Bild „Simeons Lobgesang" in seiner Werkstatt gefunden. Es ist sein letztes Bild, „mit letzter Kraft" gemalt. In diesem unvollendeten Gemälde konzentrierte er sich ganz auf das Wesentliche des Themas, das ihn sein ganzes Leben hindurch fasziniert hatte. Der Ort des Geschehens ist nicht mehr angedeutet; Josef fehlt und es gilt als fast sicher, dass die im Hintergrund gemalte Hanna nicht von Rembrandt stammt, sondern später von einem Schüler hinzugefügt wurde. Wichtig für Rembrandt ist nur der grauhaarige alte Mann, der das Kind in seinen steifen Armen hält (vgl. Hoekstra, S. 270).

Dieses Bild erzählt von zwei Männern. Zunächst von einem alten Mann, der Simeon hieß und sein Leben lang fest daran glaubte, dass Gott sein Volk erlösen werde. Jeden Tag geht der alte Mann in den Tempel. Er betet und wartet. Er weiß ganz sicher: Eines Tages wird hier der Erlöser, der Messias, in den Tempel kommen. Eines Tages kommen Maria und Josef mit ihrem Sohn in den Tempel. Sie bringen nur das Arme-Leute-Opfer dar: zwei Tauben. Plötzlich weiß Simeon: Dieses Kind, das mit seinen Eltern in den Tempel kommt, ist der Erlöser. Er nimmt das Kind und singt voller Freude: „Meine Augen schauen das Heil. Alle Menschen sollen es sehen. Das Kind ist das Licht" (**fse 44**). Die „zweite Geschichte" ist die eines alten Mannes, der Rembrandt hieß. Als Künstler wurde er hochgeschätzt. Aber er hatte auch viel Trauriges erlebt: den Tod von drei Kindern und seiner Frau, Geldnöte ... Kurz vor seinem Tod malte er den Lobgesang des Simeon. Und so sagt Rembrandt allen BetrachterInnen des Bildes: Das, worauf es ankommt, das Wichtigste, was Simeons Augen sehen und was sein Lobgesang zur Sprache bringt, das kann man mit den Sinnesorganen gar nicht wahrnehmen. Andere erblicken nur arme Leute und ein kleines Kind, aber Simeons Augen des Glaubens erkennen das Entscheidende: Dieses Kind ist der Retter der Welt (nach Fendrich).

## Literatur

Drewermann, Eugen, Dein Name ist der Geschmack des Lebens, Freiburg ³1986

Fendrich, Herbert, Bilderschließung, in: Wir sagen euch an: Advent, 1989/90, hg. v. Seelsorgeamt des Bistums Essen

Große-Jäger, Hermann/Egger, Klaus, Weihnachten im Lied, Innsbruck 1992

Halbfas, Hubertus, Lukas 2,1-20: Die Geburt Jesu, in: Religionsunterricht in der Grundschule, Lehrerhandbuch 4, Düsseldorf 1986

Hoekstra, Hidde, Rembrandt, Bilder zur Bibel, Augsburg 1990

Kremer, Jakob, Lukasevangelium, in: Die Neue Echter Bibel, Würzburg ²1992

Meine Schulbibel. Ein Buch für Sieben- bis Zwölfjährige, München 2003

## Zwiegespräch an der Krippe

Da besuchte der kleine Junge seinen Großvater. Er schaute zu, wie dieser die Krippenfiguren aufstellte. Als er ein wenig müde die Gestalten anschaute, merkte er, wie alle lebendig wurden. Und er war ganz erstaunt, dass er mit ihnen reden konnte. Und noch mehr: Hirten, Könige, Maria und Josef waren nicht mehr klein und er nicht mehr groß, sondern er ging mitten unter ihnen umher ohne aufzufallen. Und so ging er mit ihnen in den Stall von Betlehem hinein. Da schaute er das Kind an und das Kind schaute ihn an.

Plötzlich bekam er einen Schrecken und die Tränen traten ihm in die Augen. „Warum weinst du denn?", fragte das Kind. „Weil ich dir nichts mitgebracht habe", sagte der Junge. „Ich will aber gern etwas von dir haben", entgegnete das Kind. Da wurde der Kleine rot vor Freude. „Ich will dir alles schenken, was ich habe", stammelte er.

„Drei Sachen möchte ich von dir haben", sagte das Kind. Da fiel ihm der Kleine ins Wort: „Meinen neuen Mantel, meine elektrische Eisenbahn, mein schönes Buch mit den vielen Bildern?" „Nein", erwiderte das Kind, „das alles brauche ich nicht. Dazu bin ich nicht auf die Erde gekommen. Ich will von dir etwas anderes haben." „Was denn", fragte der Kleine erstaunt. „Schenk mir deine letzte Rechenaufgabe", sagte das Kind leise, damit es niemand anders hören konnte. Da erschrak der Kleine. „Jesus", stotterte er ganz verlegen und kam dabei ganz nah an die Krippe und flüsterte: „Da hat doch der Lehrer ungenügend darunter geschrieben." „Eben deshalb will ich sie haben", antwortete das Kind. „Aber warum denn?", fragte der Junge. „Du sollst mir immer das bringen, wo ungenügend darunter steht. Versprichst du mir das?" – „Sehr gern", antwortete der Junge.

„Aber ich will noch ein zweites Geschenk von dir", sagte das Kind. Hilflos guckte der kleine Junge. „Deinen Milchbecher", fuhr das Kind fort. „Aber den habe ich doch heute zerbrochen", entgegnete der Junge. „Du sollst mir immer das bringen, was du im Leben zerbrochen hast. Ich will es wieder heil machen. Gibst du mir auch das?" – „Das ist schwer", sagte der Junge.

„Aber nun mein dritter Wunsch", sagte das Kind. „Du sollst mir nun noch die Antwort bringen, die du der Mutter gegeben hast, als sie fragte, wie denn der Milchbecher kaputtgegangen sei." Da legte der Kleine die Stirn auf die Kante der Krippe und weinte: „Ich, ich, ich ..." Er weinte und sagte: „Ich habe den Becher umgestoßen; in Wahrheit habe ich ihn doch absichtlich auf die Erde geworfen." „Ja, du sollst mir immer alle deine Lügen, deinen Trotz, dein Böses, was du getan hast, bringen", sagte das Kind. „Und wenn du zu mir kommst, will ich dir helfen; ich will dich annehmen in deiner Schwäche; ich will dir immer neu vergeben. Willst du dir das schenken lassen?" Und der Junge schaute, hörte und staunte ...

*nach Walter Baudec*

## 2. Einsatzmöglichkeiten im RU

### Zu Betlehem geboren
- Sch erlernen und singen das Lied
- und begleiten es mit klingenden Instrumenten
- und mit Körperbewegungen und Gestik (mein Eigen: Arme zum Herzen nehmen; eja: Wiegebewegung). Vgl. Hinweise, Arbeitshilfen S. 140.

### Simeon begegnen
Rembrandts Bild ist als Folie Nr. 17 in der Schatzkiste 1/2 enthalten.
- Das Bild wird schrittweise aufgedeckt. Dazu wird Papier, das entsprechend der geplanten Arbeitsschritte gedrittelt ist, auf die Folie gelegt.
Simeon wird aufgedeckt:
- Sch äußern sich nach einer Phase der Stille frei.
- L: Schau einmal auf den Mund und die Augen des Mannes! An was könnte er denken? Wovon wird er vielleicht träumen?
Das Kind wird aufgedeckt:
- Sch beschreiben spontan, was sie sehen.
- L: Schau das Kind genau an! Was könnte es Simeon, dem „alten Mann" sagen? Denk an das, was du schon darüber gehört hast! Schau dazu auch auf **fse 39/40** nach!
- Was wird Simeon über das Kind sagen? – Sch vermuten: Es ist das Jesuskind. Gott ist bei den Menschen. Es ist der Retter.
- Lies dazu **fse 44** nach!

### Über „Heil" nachdenken
In der Geschichte von Hanna und Simeon kommen zwei wichtige Wort vor: „Heil" und „Licht".
- Denke dir eine Geschichte aus, in der das Wort „Heil" vorkommt!
- Das Wort „Heil" ist bei uns nicht sehr gebräuchlich, aber das Wort „heilen" ist den Kindern bekannt. Eine Wunde heilt. Was geschieht dabei? Wer eine Wunde hat, dem tut die Wunde weh, er hat Schmerzen und er wünscht nichts anderes, als dass sie möglichst bald heilt.
- Manchmal fügen wir anderen auch mit Worten oder durch unser Verhalten Wunden zu. Diese Wunden verheilen oft lange nicht, oft gar nicht mehr, auf jeden Fall so lange nicht, bis wir uns wieder mit den anderen versöhnen.
- Vielleicht erinnerst du dich daran, dass du einmal körperlich verwundet warst oder dass dir jemand seelisch sehr weh getan hat. Wie hast du die Schmerzen und die Heilung empfunden?
- In der biblischen Geschichte hat Simeon schon lange auf Heilung oder das Heil gewartet. Kannst du dir vorstellen, wem Jesus das Heil dann gebracht hat? Schau auf **fse 50** nach.

### Über „Licht" nachdenken
- Licht und Dunkelheit sind gerade in der Weihnachtszeit beeindruckende Gegensätze.
Dunkelheit bedeutet Unsicherheit, Orientierungslosigkeit, Bedrohung und Gefahr. Wir sehen nicht, was in der Dunkelheit auf uns lauert. Licht dagegen verbreitet Helligkeit, damit wir unsere Umgebung wahrnehmen können und bedeutet damit Sicherheit, Orientierung, manchmal auch Wärme.
- Sch spielen Blindenführung.
- Manchmal sind wir unsicher und orientierungslos, obwohl es hell ist. Erzähle von solchen Situationen. (Wenn du dich in der Stadt verirrt hast; Wenn aus deiner Familie jemand schwer erkrankt ist und auch die Ärzte nicht wissen, wie es weitergehen soll; Wenn ...)
- Was meint Simeon wohl, wenn er sagt: „Das Kind ist das Licht?"
- Wem hat Jesus Licht in sein Leben gebracht? (Jesus hat den Bartimäus von seiner Blindheit geheilt; wie hat Jesus dem Levi geholfen?)
- L erzählt die Geschichte vom Adventslicht **AB 2.3.14, Arbeitshilfen S. 149**. Sch überlegen und sprechen darüber, was das Licht der Kerze für die Frau bedeutet.
- Alternative: L erzählt vom Zwiegespräch an der Krippe **AB 2.3.15, Arbeitshilfen S. 153**. Sch überlegen, was der Junge sich schenken lassen soll und warum es in seinem Leben hell wird.

## 3. Jahrgangsübergreifende Lerngruppe

- Das Gedicht „Die Kerze von Betlehem" (**AB 2.3.16, Arbeitshilfen S. 157**) wird im Deutschunterricht von Sch erarbeitet und klanggestaltend geübt.
- Die gestaltete Mitte: eine Erdkugel aus Tonpapier, eine brennende Kerze, viele dunkle Kerzen, die auf der Weltkarte verteilt sind. Nach und nach entzünden Sch die Kerzen. L leitet Gespräch ein: Licht teilen und weitergeben heißt, es wird heller und damit bedeutet Licht auch Hoffnung.

# Ein Hirtenspiel

fragen – suchen – entdecken **46/47**

## 1. Hintergrund

Das Hirtenspiel kann im Klassenverband eingeübt und aufgeführt werden. Es bietet sich hier aber fast von selbst fächerverbindendes und projektorientiertes Lernen an, z. B. mit D 3.1 und 3.3. „Aufführungsorte" können sein: Altenheim, Altenclub, Kindergarten, eine andere Klasse ...
In religionsgemischten Klassen kann das Weihnachtsspiel ein Anlass für ein Gespräch über die je eigenen Feste oder für das gemeinsame Basteln eines interkulturellen Festkalenders sein. Der Deutsche Katecheten-Verein bietet hierzu Materialien auf seiner Internetseite an: www.katecheten-verein.de.

## 2. Einsatzmöglichkeiten im RU

### Bei den Hirten
- Sch äußern sich frei zur Grafik im Buch.
- Sch lassen die Hirten sprechen: Zunächst sprechen Sch deren Nöte und Sorgen aus. L erinnert weiterführend auch an die Jesaja-Worte (**fse 39**), also an das, was die Hirten sich wünschen und erhoffen könnten.
- Bei einer Aufführung können diese oder ähnliche Aussagen – auch frei formulierte Rufe – der Hirten dem eigentlichen Spiel vorausgehen.

## 3. Jahrgangsübergreifende Lerngruppe

### Ein Hirtenspiel aufführen
Das Hirtenspiel **fse 46/47** bietet der Lerngruppe die Möglichkeit eines altersgemäßen, handlungsbezogenen Zuganges zur biblischen Weihnachtsbotschaft. Die älteren Kinder können sich verstärkt um die Leserollen kümmern. Das gemeinsame Spiel stärkt die Gruppengemeinschaft, ermöglicht soziales Lernen in einem Theaterprojekt. Eine Aufführung in der Vorweihnachtszeit füllt das Schulleben mit Inhalt und leistet auch hier einen Beitrag zur Öffnung von Schule.

- Das Hirtenspiel bietet mit seinen zwei Szenen die Möglichkeit alle Kinder miteinzubeziehen.
- In größeren Klassen können die Hirtentexte und die Rolle des 1. Erzählers weiter aufgeteilt werden.
- Bei der Beschaffung der Utensilien (Hirtengewänder, Krücken, Lagerfeuer, Decken) für das Spiel helfen die Eltern zumeist bereitwillig mit.
- Mit der Vorbereitung und Planung sollte unbedingt am Anfang der Adventszeit begonnen werden. Bei fächerübergreifendem Lernen braucht es eine entsprechend längere Vorbereitungszeit.

# Der Traum von einer besseren Welt

fragen – suchen – entdecken **48**

## 1. Hintergrund

### Die Sternsinger-Aktion
Mitte der 50er Jahre entstand die Idee, dem Brauch des Sternsingens, dessen ursprünglicher Gehalt oft verloren gegangen war, einen neuen Sinn zu geben und zugleich wieder die Hilfe für Notleidende – und zwar für Kinder in der Einen Welt – in den Vordergrund zu stellen. An der ersten Aktion 1959 beteiligten sich Sternsinger in 100 deutschen Pfarrgemeinden und sammelten 90.000 DM. Seit 1961 beteiligt sich der Bund der Deutschen Katholischen Jugend (BDKJ) an der Aktion, die seitdem vom KINDERMISSIONSWERK „Die Sternsinger" und vom BDKJ gemeinsam getragen wird. Aus den bescheidenen Anfängen ist die weltweit größte Aktion von Kindern für Kinder gewachsen, an der sich derzeit jährlich ca. 500 000 Kinder und Jugendliche und rund 100 000 ehrenamtliche und hauptberufliche Mitarbeiterinnen und Mitarbeiter in über 90% der Pfarrgemeinden in Deutschland beteiligen. In den ersten 40 Jahren ihres Bestehens wurden durch die Aktion über 25.000 Projekte unterstützt und rund eine halbe Milliarde Mark gesammelt (www.sternsinger.de).

## 2. Einsatzmöglichkeiten im RU

### Informationen einholen
- Sch erzählen zu den Plakaten im Buch bzw. berichten von eigenen Erfahrungen. Die Plakate werden durch das jeweils aktuelle Jahresthema ergänzt.
- Sch informieren sich unter www.sternsinger.de, v. a. unter dem Punkt „Kinder", über die Aktion und wie anderen Kindern geholfen wird. Um die Aktionszeit herum gibt es dort immer auch ein Memory-Spiel zum Mitmachen und mit Gewinnchancen.
- Sch erkundigen sich zusammen mit L in der Pfarrgemeinde nach Möglichkeiten zum Mitmachen. Einige Pfarrgemeinden laden über Pfarrbriefe dazu ein.

- Sch erhalten das Opferkästchen. Dazu schreibt das Kindermissionswerk auf der obigen Internetseite: „Der ‚Weltmissionstag der Kinder' bietet den Kindern hier die Chance zu erfahren, dass alle Christinnen und Christen, große und kleine, eingeladen sind, Botschafterinnen und Botschafter der frohen Botschaft Jesu Christi zu sein. In der persönlichen Gabe wird die Solidarität mit den Kindern in Asien, Afrika, Lateinamerika, Ozeanien und Osteuropa konkret. Hier gilt wirklich: Kinder helfen Kindern. Aus vielen kleinen persönlichen Gaben erwächst die große Hilfe für Kinder in aller Welt."
- Eine Arbeitshilfe zur Aktion für Kindergärten, Schulen und Gemeinden zum Weltmissionstag der Kinder ist kostenlos beim KINDERMISSIONSWERK „Die Sternsinger" zu beziehen.
- *Hinweis:* Das Buch Charlie's House (siehe Literatur) ist sehr empfehlenswert: Charlie baut nahe seiner Wellblechhütte aus Matsch und Fantasie sein eigenes Traumhaus.
- Weitere gute und altersgemäße Informationen zum Thema „Sternsingen" bietet die Homepage der katholischen Jungschar Österreichs: www.sternsingen.at, z. B. zu den Punkten: Wem wird mit den Spenden geholfen? – Königlich Rätselhaftes – Rezepte aus „fernen Ländern" – Gebete für Sternsinger.

### E-Cards versenden

- Eine interessante und attraktive Möglichkeit ist das Versenden von E-cards auf der Homepage der österreichischen Sternsingeraktion. Dort kann beispielsweise ein zusammenfassender Text über die Sternsingeraktion per E-mail an Freunde versandt werden. Dazu bietet sich die Form der Wortpyramide an: ein Gedanke – zwei Wörter – drei – vier – fünf – ... Beispiel:
*Sternsinger*
*helfen Kindern*
*in aller Welt*
*ich helfe auch mit*
*viele Kinder können gut leben*

### Freude verschenken

- Sch schreiben und gestalten auf Verzierpapier ein Jesaja-Trostwort (**fse 39**) oder einen Satz aus einer der biblischen Erzählungen in **fse**.
- Sch können so etwas von der Freude der Weihnachtsbotschaft an Bekannte, kranke oder einsame Menschen weiterschenken.

### Licht von Betlehem

- L weist auf die weltweite Aktion „Das Licht von Betlehem hin". Sch, L und Eltern beteiligen sich an entsprechenden Gemeinschaftsangeboten (Ankunft des Lichtes, Gottesdienst, Lichtfeier, Weitergabe in den Familien).

## 3. Jahrgangsübergreifende Lerngruppe

- Sch töpfern eine Tonkrippe in Kooperation mit TAW.
- Gemeinsam wird eine Krippenausstellung in der Nähe besucht.
- Sch erforschen die Geschichte der Weihnachtskrippe (Lexikon, Internet).
- Sch und L unternehmen einen Unterrichtsgang zur Krippe in der Pfarrkirche.
- Sch bringen Naturmaterialien und Figuren für die Gestaltung einer Weihnachtslandschaft mit (Moos, Stroh, Heu, Stöckchen, Steine, Sand, Baumwurzel, Holz, Stall, Figuren, Tiere ...).
- Folgende Kinderbücher eignen sich besonders für eine Weggeschichte: Masahiro Kasuya, Der kleine Stern; Max Bolliger, Der Weg zur Krippe; Die Kinderbrücke; Hans Meister, Die Brücke von Bamba; Brigitte Weninger, Lumina.

## Literatur

Beckstein, Marga u.a., Advent und Weihnachten. Jahreszeitenbuch für einen integrativen RU in der Grundschule, Oldenburg ³1993

Berg, Sigrid, Arbeitsbuch Weihnachten für Schule und Gemeinde, Stuttgart/München 1988

Bischöfliches Hilfswerk Misereor, Hans Meister, Die Brücke von Bamba, Aachen 1986

Bolliger, Max, Der Weg zur Krippe, Zürich 1999

ders., Die Kinderbrücke, Zürich 1979

Cratzius, Barbara, Uns gefällt die Weihnachtszeit, Freiburg 1992

Halbfas, Hubertus, Lukas 2,1-20: Die Geburt Jesu, in: Religionsunterricht in der Grundschule. Lehrerhandbuch 4, Düsseldorf 1986, S. 247-260

Ders., Weihnachten, in: Religionsunterricht in der Grundschule. Lehrerhandbuch 1, Düsseldorf ³1988, S. 144-147

Jöcker, Detlev, Hört ihr alle Glocken läuten?, Münster 1993

Kasuya, Masahiro, Der kleine Stern, Hamburg o. J.

Krenzer, Rolf, Die schönsten Geschichten zur Advents- und Weihnachtszeit, Freiburg 1993

ders., Von Jesus will ich euch erzählen, Limburg 1988

ders., Wer geht mit nach Bethlehem?, Limburg 1992

Lorenz, G., Mit Kindern Weihnachten entgegengehen, Freiburg 1989

Meine Schulbibel. Ein Buch für Sieben- bis Zwölfjährige, München 2003

Niederberger Beate, Advent und Weihnachten mit Kindern feiern, Luzern/Stuttgart 1994

Pfister, Marcus, Die vier Lichter des Hirten Simon, Hamburg 1986

RPP 3/1993: Der Weg nach Bethlehem; 3/1992: Seht die gute Zeit ist nah, Gott kommt auf die Erde; 3/1988: Himmel und Erde freuen sich, heut ist Jesus geboren; 4/1985: Macht hoch die Tür, die Tor macht weit; 3/1978: Immer wenn es dunkel ist, warten wir auf Licht

Schermbrucker, Reviva, Charlie's House, Solidaritätsfond e.V., aus dem Englischen von Liz Kistner, Hamburg 1995

Schönwälder, Burkhard (Hg.), Wir sagen euch an ... Hausbuch zur Advents- und Weihnachtszeit, München 2003

Tschirch, Reinmar, Erzähl mir doch von Jesus, Gütersloh 1992

Weninger, Brigitte, Lumina, Hamburg 1997

Wierz, Jakobine, Kinder erleben Weihnachten mit großen Malern, München 2001

# Die Kerze von Betlehem

Kein Streichholz hat sie angezündet
und doch brennt sie im hellen Schein,
getragen von ganz vielen Menschen,
in unsere kalte Welt hinein.

Der Anfang lag in Betlehem,
ihr Licht beleuchtet tiefe Schmerzen,
denn Krieg beherrscht das ganze Land
und Trauer liegt in vielen Herzen.

Doch dieses kleine Licht begann,
die weite Reise anzutreten.
Und viele Menschen gehen mit.
Wer hat sie nur darum gebeten?

Es war der Glaube an das Licht,
an Freude, Weihnachtsglück,
den Frieden auf die Welt zu bringen
und dass die Hoffnung kehrt zurück.

Die Kerze hat ein schwaches Licht,
dir leuchtet sie voran.
Doch wenig nützt ihr heller Schein,
denn auf dein Herz, da kommt es an.

Dies kleine Licht, es leuchtet nun,
es brennt nicht nur bei mir.
Das Friedenslicht von Betlehem,
es scheint jetzt auch bei dir.

Nun macht die Kerze ihren Weg
und wandert fort und fort
und wenn es alle wirklich wollen,
brennt sie an jedem Ort.

So füllt das Licht von Betlehem
dein Haus mit Gottes Strahl.
Er hat sein Kind zu uns geschickt,
dass Weihnacht werde überall.

*Hans-Werner Kulinna*

# 4 Jesu Lebensweg

## 1. Religionspädagogische und theologische Hinweise

Der Inhalt des Kapitels befasst sich mit drei zentralen Themen zur Person Jesu. Es geht um die Botschaft Jesu und seine heilende Beziehung zu den Menschen. Der zweite Teil befasst sich mit den Gründen für die Ablehnung Jesu durch die Mächtigen und mit dem Ende des Lebens Jesu am Kreuz. Schließlich ermöglicht die überraschende und neuartige Begegnung mit dem Auferstandenen, dass die Jüngerinnen und Jünger neue Hoffnung schöpfen können und ihre Erfahrung mit dem Auferstandenen weitererzählen müssen.

Der Kern der Botschaft Jesu ist das nahe gekommene Reich Gottes (Mk 1,15 par) oder die Herrschaft Gottes, die in Jesus bereits angebrochen ist. In Wort und Tat wird exemplarisch etwas von dieser Herrschaft Gottes den Sch vorgestellt: zunächst in Sätzen aus der Bergpredigt (Mt) bzw. aus der Feldrede (Lk) **fse 50/51**. Nach Ingo Baldermann sollen dazu die Wahrnehmungen und Empfindungen von Sch zu den Texten im Gespräch deutlich werden. Ihre Wünsche und Träume werden durch die Sätze aus den Seligpreisungen angestoßen, vielfältig zur Sprache gebracht und treten mit diesen Sätzen in einen lebendigen Dialog.

Neben der Verkündigung Jesu, die deutlich macht, was Herrschaft Gottes unter den Menschen konkret bewirkt, steht die Bekräftigung eben dieser Botschaft durch seine heilenden Begegnungen mit den Menschen, vor allem den Armen und Kranken (**fse 52/53**). In der Heilung der hoffnungslos Kranken wird die Vision von der Herrschaft Gottes beispielhaft deutlich. Zugleich werden in der Verkündigung Jesu und seinem heilenden Tun die Erfahrungen und Wünsche der Sch weitergeführt zu einer Hoffnung auf eine veränderte Welt, in der nicht mehr menschliches Unglück und Krankheit, Angst und Ungerechtigkeit herrschen.

Das Für und Wider der Stellungnahmen der verschiedenen Gruppen zu diesem Jesus führt zum zweiten Schwerpunkt des Kapitels (**fse 54/55**). Hier geht es zunächst darum, dass Sch einige Bedingungen begreifen, die zum Tod Jesu führten. Sie erfahren etwas von der politischen und religiösen Ordnung, die die Mächtigen sichern wollten, sie erfahren von der Angst vor diesem Jesus, der die Liebe Gottes zu den Menschen an die erste Stelle setzte. Jesus geriet in die tödliche Auseinandersetzung mit den Mächtigen.

In der Passionsgeschichte wird das gewaltsame und grausame Ende des Lebens Jesu erzählt (**fse 56/57**). Der tiefen Angst und Verlassenheit Jesu geben die Klageworte des Psalms Ausdruck. Darin können Sch auch ihre eigenen Ängste wiederfinden und ihnen auf ihre Weise Ausdruck verleihen (vgl. Baldermann S.141). Mit dem Tod Jesu sterben zunächst auch die Hoffnungen, die Träume und Visionen, dass die Gottesherrschaft auf Erden Wirklichkeit werden könnte. Resignation, Angst und Verzweiflung dominieren.

Die Erfahrung von Jüngerinnen und Jüngern, dass Jesus lebt, lässt die Hoffnung auf die Herrschaft Gottes wieder neu entstehen und wachsen. Die überraschende Begegnung mit dem Auferstandenen macht aus Verzweifelten Mutige, die auf einmal die Botschaft Jesu öffentlich verkündigen (**fse 58/59**). Auch Sch werden den Wandel von Angst und Mutlosigkeit hin zu neuer Zuversicht in ihrem eigenen Leben entdecken und sich von der Auferstehungsbotschaft inspirieren lassen: Leid, Resignation und Hoffnungslosigkeit haben nicht das letzte Wort.

## Literatur

Baldermann, Ingo, Gottes Reich – Hoffnung für Kinder, Neukirchen-Vluyn ³1996

## 2. Das Thema im Lehrplan und in fragen – suchen – entdecken

Das Thema „Jesu Lebensweg" knüpft an vielfältige Lernerfahrungen an. Die Kinder in der 2. Jahrgangsstufe, haben bereits Jesus kennen gelernt und von Menschen gehört, die ihm vertrauten (Elisabeth von Thüringen, Leonardo Boff). Sie wurden darauf aufmerksam, dass für Christen Gottes Menschenfreundlichkeit und Liebe in Jesus konkret erfahrbar wird (die Geschichte vom guten Hirten, Jesus nennt Gott liebevoll „Vater", Jesus wendet sich Kindern zu) und dass die Beziehung zu Jesus das Leben von Menschen verändert (Bartimäus, Levi). Im Thema „Ostern feiern" begegneten Sch auch den Glaubenszeugnissen von Jesu Tod und Auferstehung.

Im ersten und zweiten Schuljahr ist das Wort Gottes und das Heilshandeln Jesu Christi in den biblischen Überlieferungen zentraler Bezugspunkt für alle Themen des RU. Das Kennenlernen von Jesu Leben in Worten und Taten, die Überlieferung von seinem Tod und seiner Auferstehung ist Grundlage dafür, dass die Kinder einen Zugang zum Verständnis für das Heilshandeln Jesu bekommen.

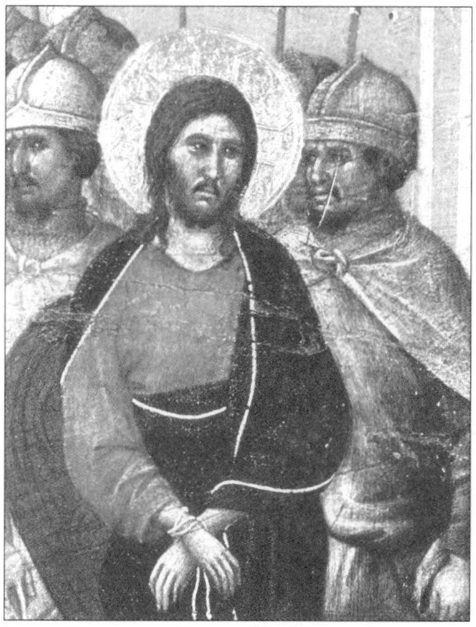

Der Kern der neutestamentlichen Überlieferung ist Jesu Botschaft vom Reich Gottes. Die Begegnung mit Geschichten des Evangeliums, mit biblischen Gestalten, Gebeten und Liedern regt Sch an, über sich selbst nachzudenken und Zugänge zur lebensdeutenden und befreienden Botschaft Jesu vom Reich Gottes zu finden. Die Seligpreisungen bringen auf elementare und für Kinder zugängliche Weise zum Ausdruck, was Jesus vom Reich Gottes verkündet. Diese hoffnungsvolle Botschaft wird bekräftigt durch die wunderbaren Zeichen, die Jesus tut, indem er heilt und hilft. Anhand ausgewählter Reaktionen der Menschen auf das Handeln Jesu werden Sch auf die Bedingungen aufmerksam, die zur Anklage Jesu und zu seinem Tod am Kreuz führten. Indem sie sich mit Glaubenszeugnissen von seinem Sterben und seiner Auferweckung und der Feier der heiligen Woche beschäftigen, können sie darin bestärkt werden, Lebensfreude zu entwickeln und hoffnungsvolle Perspektiven zu entdecken, wie Erfahrungen von Leid, Trauer und Tod bewältigt werden können.

## 3. Jahrgangsübergreifende Lerngruppe

Im Kapitel „Jesu Lebensweg" werden die unterschiedlichen Vorkenntnisse der Sch besonders deutlich. Sch, die im zweiten Lernjahr sind, haben bereits erste Kenntnisse von Jesu Lebensweg und von seinem Wirken unter den Menschen. Manche Sch haben vielleicht auch schon im Kindergarten einiges über Jesus erfahren, manche noch nichts. So bietet es sich hier an, immer wieder solche Lernsituationen zu schaffen, in denen Sch sich gegenseitig etwas erzählen von dem, was sie schon wissen. Fragen der Kinder, die dabei auftauchen, können sehr ergiebige Wegweiser für die weiteren Lernwege der gesamten Lerngruppe sein. Das Voneinander-Lernen und das Finden wichtiger Fragen bietet sich in diesem Kapitel besonders intensiv an.

## 4. Verbindungen zu anderen Fächern

„Jesu Lebensweg" steht im Bezug zum Kirchenjahr und fordert die Auseinandersetzung mit Texten, Erzählungen und Gesprächen. Auch Bilderaussagen werden in den Blick genommen. Daraus ergeben sich Bezüge zu weiteren Fächern.

**EVANGELISCHE RELIGIONSLEHRE:** Jesus lebt und verkündet das Gottesreich; Jesus Christus begegnen;
**DEUTSCH:** 3.1 Mündliches Sprachhandeln: verstehendes Zuhören; erzählendes Sprechen; 3.3 Umgang mit Texten und Medien; informierendes Lesen; interpretieren; 3.4 Sprache reflektieren; Reflexion mündlichen Sprachhandelns;
**KUNST:** 3.2 Auseinandersetzung mit Bildern; Wirkung wahrnehmen, versprachlichen und analysieren; Assoziationen erläutern; Zeichen und Symbole aufdecken;
**MUSIK:** 3.1 Musik machen; Lieder zu verschiedenen Themenbereichen lernen;
**SACHUNTERRICHT:** 3.5 Zeit und Kultur; Feste und Ereignisse im Jahreslauf kennen lernen; Sitten und Gebräuche kennen lernen und akzeptieren.

## 5. Lernsequenz

| Planungsskizze | Überschriften in fse | Inhalte im Lehrplan |
|---|---|---|
| I. Von Erfahrungen mit Jesus erzählen; Fragen, warum Jesus gefesselt ist, was er getan und gesagt hat | Jesu Lebensweg **fse 49** | 3.3 Von Jesu Leben in Worten und Taten |
| II. Jesus geht mit seinen JüngerInnen durch Galiläa und verkündet in Wort und Tat die frohe Botschaft vom Reich Gottes. | Menschen sind von Jesus begeistert **fse 50/51** Jesus heilt Menschen **fse 52/53** | 3.1 Erzählungen Jesu über Gott, den Vater 3.3 Worte Jesu vom Reich Gottes, Begegnungsgeschichten |
| Jesus erlebt Zustimmung bei den Armen und Ablehnung bei den Mächtigen. | Was Menschen über Jesus denken **fse 54/55** | 3.3 Umwelt und Menschen zur Zeit Jesu, Passionsgeschichten |
| Jesus wird von den Mächtigen angeklagt und stirbt am Kreuz. | Jesus geht seinen Weg bis zum Kreuz **fse 56/57** | |
| III. Bilder aus dem Leben Jesu gestalten, die heilige Woche mitfeiern, Ostern erleben: Jesus lebt! | Was Menschen nach dem Tod Jesu erfahren **fse 58/59** Sich an Jesus erinnern **fse 60/61** Ein Osterlied **fse 62** | 3.3 Auferstehungsgeschichten, der Weg nach Emmaus 3.4 Ostern – Jesus lebt |

# Seht nur her! Immer mehr ziehen hinter Jesus her

T: Rolf Krenzer
M: Martin Göth
© Lahn-Verlag, Limburg-Kevelaer

Liederkiste 1/2 [18]

Kehrvers: Seht nur her! Immer mehr ziehen hinter Jesus her. Seht nur her! Immer mehr ziehen hinter Jesus her. Seht nur her!

1. Es lädt der Herr zwei Fischer ein: Sagt, wollt ihr meine Freunde sein? Gott selbst wird mit uns gehn. Das werdet ihr verstehn und selber sehn.

2. Es lädt der Herr zwei Schiffer ein:
   Sagt, wollt ihr meine Freunde sein?
   Gott selbst ...

3. So lädt der Herr die Menschen ein:
   Sagt, wollt ihr meine Freunde sein?
   Gott selbst ...

Ergänzend zu Maria aus Magdala:
   So lädt der Herr Maria ein:
   Sag, willst du meine Freundin sein?
   Gott selbst ...

# Hört, wen Jesus glücklich preist

T: GL 916, 1. und 3. Strophe
M: GL 915

Hört, wen Jesus glücklich preist. Halleluja. Wem er Gottes Reich verheißt. Halleluja.

Wem hier großes Leid geschah.
Halleluja.
Dem ist Gottes Trost ganz nah.
Halleluja.

# Jesu Lebensweg

fragen – suchen – entdecken **49**

## 1. Hintergrund

### Duccio di Buoninsegna (1250-1319)

Duccio di Buoninsegna lebte in der italienischen Landschaft der Toskana. Er arbeitete in einer Zeit, in der im Nachgang zu den Kreuzzügen eine Gegenbewegung gegen den Missbrauch des Namens Christi erwuchs und sich eine Besinnung auf das Wesentliche im Glauben erhob. Die byzantinische Kunst erlebte eine neue Blüte und mündete in den Ausdrucksmöglichkeiten der Gotik. Duccio schuf mit seinen Tafeln eine gelungene Verbindung zwischen beiden Kunstrichtungen.

### Das Christusbild des Duccio

Eine Eigenheit seiner Christusbilder sei benannt, auch wenn sie aus dem vorliegenden Bildausschnitt nicht ersichtlich ist: Der Christus des Duccio ist auf allen Passionstafeln im Gegensatz zu den anderen Personen barfuß gemalt. Nach Jörg Zink (1981, S.14 ff.) ist damit vom himmlischen Christus die Rede, der die Erde berührt. Zudem mag der nackte Fuß erzählen, dass er nicht geschützt zu werden braucht, weil er letztlich unverletzlich ist. Diese Aussage entspricht alter byzantinischer Auffassung.

Christus trägt ein rotes Gewand und einen blauen Mantel als Hinweis auf seine ungebrochene Zuwendung zu den Menschen und auf seine Botschaft vom Vater im Himmel.

Duccio ist es wichtig, in seinen Bildern im leidenden Christus den Gottessohn aufscheinen zu lassen und Christus im roten und blauen Gewand als nicht von dieser Erde kommend darzustellen. Auch wenn Jesus eingerahmt von der sichtbaren Gewalt in Person der beiden Soldaten gezeigt wird, bewirkt die byzantinische Formenstrenge doch den Eindruck eines machtvollen Gottessohnes.

### Duccio di Buoninsegna: „Jesus vor Pilatus", 1308-1311

Am 9. Oktober 1308 erhielt Duccio den Auftrag, im Dom von Siena einen Altar zu Ehren der Muttergottes Maria herzustellen. Der Altar erhielt den Namen „Maestà" im Blick auf die thronende Maria. In diesem Kunstwerk sind 59 Tafeln zu einem großen Altarbild zusammengestellt. Schon am 9. Juni 1311 war das Werk abgeschlossen. Zu den zweiundzwanzig Tafeln der Passionsgeschichte gehört auch die Tafel mit dem Titel „Jesus vor Pilatus". Aus ihm stammt der eindrucksvolle Ausschnitt, der Jesus mit den beiden Soldaten zeigt.

Der Bildausschnitt zeigt eine „Nahaufnahme" Jesu. Zu sehen sind der gefesselte und damit scheinbar unterlegene Jesus und die Macht von Menschen, dargestellt in der Ausrüstung der beiden Soldaten. Der Blick Jesu und der Blick der Soldaten gehen in entgegengesetzte Richtungen: Verschiedene Interessen stoßen aufeinander. Die Soldaten verstehen Jesus nicht, der unglaubliche Ansichten von Gott erzählt. Ihr Blick geht auf Recht und Ordnung. Jesus sieht sich missverstanden und nimmt die Ablehnung in Kauf. Sein Blick geht auf die Menschen.

Bei Sch werden über die Begegnung mit dem Gemälde vor allem Fragen in folgende Richtungen ausgelöst: Warum wird Jesus überhaupt gefesselt? Warum wird er von Soldaten bewacht? Was hat er getan? Wenn jemand gefesselt ist, hat er ein Verbrechen begangen oder wird eines Verbrechens verdächtigt: Was wirft man Jesus vor?

An den Anfang dieses Themenbereiches ist bewusst ein Bild aus der Passion Jesu gesetzt. Die durch das Gemälde ausgelösten Fragen ziehen sich wie ein roter Faden durch den ganzen Themenbereich und lassen Sch etwas erahnen von der gespaltenen Stimmung, die unter den Menschen wächst angesichts des Redens und Handelns Jesu.

Das Gemälde bildet mit den Wahrnehmungen und Fragen der Sch gleichsam den „Schlüssel" zum Öffnen des Themenbereichs.

## Literatur

Zink, Jörg, Betrachtung und Deutung, DiaBücherei Christliche Kunst Bd. 2: Passion I, Eschbach 1981

### Maria aus Magdala als Identifikationsfigur auf Jesu Lebensweg

Es ist gut möglich in Verbindung mit der Einheit zum Titelbild „Jesus vor Pilatus" oder mit der Reich-Gottes-Botschaft **fse 50/51** Maria aus Magdala anhand des biblischen Textes von Lk 8,1-3 „Frauen im Gefolge Jesu" als Identifikationsfigur einzuführen.

Maria aus Magdala ist nach ihrem Herkunftsort Magdala benannt, einem Ort am westlichen Ufer des Sees Gennesaret. Dort blühte der Handel: Fischerei und Fischverarbeitung beschäftigten die Menschen und brachten Wohlstand. Wie Maria in die Nähe Jesu kam? Aus dem lukanischen Text lässt sich entnehmen, dass Maria durch Jesus Heilung erfahren hatte. Über ihre Krankheit lässt sich allerdings nichts Genaueres sagen. Sie war „besessen", wovon auch immer, und

# Menschen, die arm sind, die hungern, die traurig sind

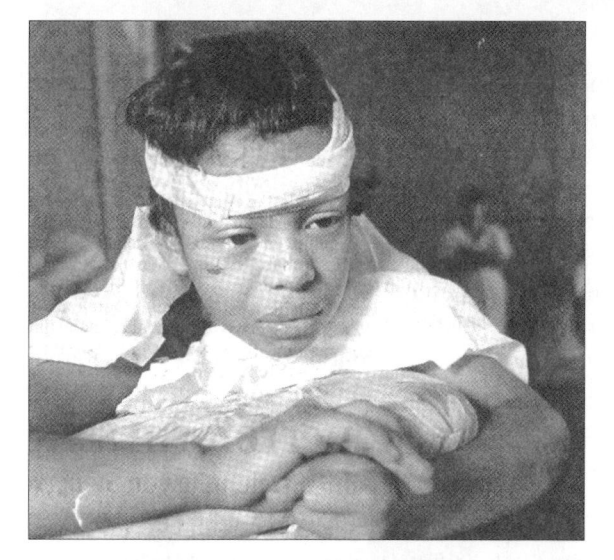

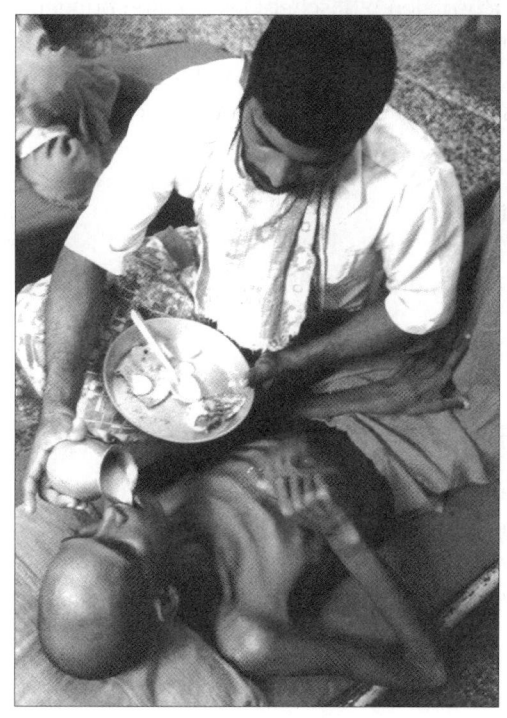

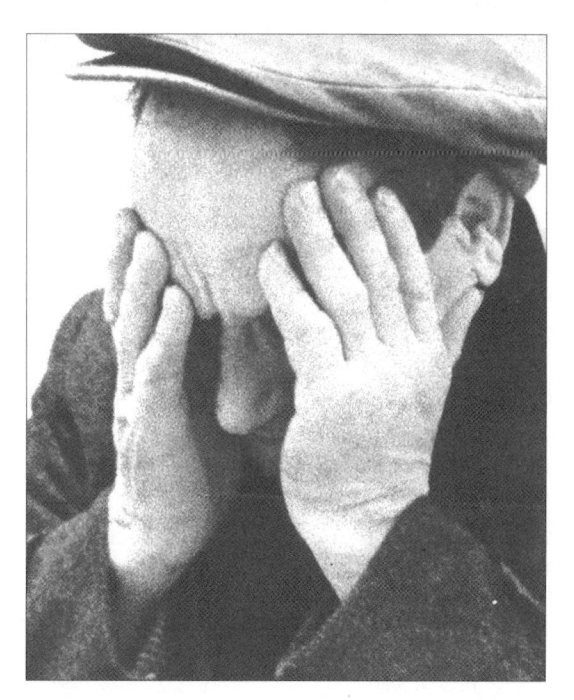

2.4.3

## Alternative Methoden: Arbeit mit Figuren und Rollenspiel

Im Zielblock des Themas „Jesus auf seinem Lebensweg begleiten" wird der Anspruch erhoben, dass Sch ein Gespür für die Freude und Hoffnung entwickeln, die von Ostern ausgehen. Dies kann dann gelingen, wenn wir Möglichkeiten der Identifikation schaffen und Sch anregen, sich in die Personen hineinzuversetzen, deren Gefühle und Beziehungen auszudrücken und sprachlich zu fassen. Dabei können sie über eigene Konflikte nachdenken und eigene Erfahrungen einbringen. In seiner Einführung in die biblische Didaktik (1996) legt Baldermann dar, wie Kinder ermutigt werden, frei und authentisch von sich selbst zu sprechen. Die Arbeit mit Figuren, Rollenspielen und ihren vielfältigen Vorformen ist bei diesem Vorhaben sehr hilfreich, weil Sch die Möglichkeit bekommen eine Rolle wahrzunehmen, mit der sie nicht ohne weiteres identifiziert werden können. Bereits aus einfachen Vorformen der Rollenübernahme wie „Vielleicht ist da einer ..." können Möglichkeiten erwachsen, sich selbst und andere besser zu verstehen. Beim genauen Hinhören merkt man, dass Kinder zu Worten und Bildern biblischer Geschichten nur das assoziieren, was sie selbst ähnlich erlebt haben.

Wenn Sch mit einer Puppe spielen, können sie freier agieren, weil sie hinter die Figur zurücktreten. Die Blicke aller Mitspielenden und der Zuschauer richten sich auf die Figur. Sie bietet Schutz und ermöglicht das Aussprechen und Zeigen von Gefühlen. Auch beim Er- und Nachspielen biblischer Geschichten bringen Sch ihre eigenen Erfahrungen und Gedanken ein. Das Geschehen kann sich nur so entwickeln, wie es dem Gefühl der Beteiligten entspricht. Dabei treten die Erfahrungen der Spielenden untereinander und zum Text in einen Dialog. Möglicherweise rührt das Spiel Sch so an, dass sie sich mit ihren Erfahrungen in den Menschen der Bibel wiederfinden.

### Methoden, die den Impuls zur Rollenübernahme beinhalten:
#### Arbeit mit Bildern
- Sch sprechen zum Bild (z. B. „Vielleicht ist da einer, der ..."/„Eine, die so dasitzt, ...").
- Sch ahmen die Gestik der dargestellten Personen nach.
- Sch lassen die Personen sprechen.
- Sch spielen die dargestellte Szene nach.

#### Spurenspiel
- Sch folgen den Fußspuren, die ein biblisches Geschehen hinterlässt.
- Sch legen und verschieben auf dem Boden die Fußspuren beteiligter Personen.
- Sch treten in die Spuren hinein.
- Sch sprechen als diese Personen oder erzählen perspektivisch nach.

#### Spiel mit Hand-, Finger- oder Stabpuppen
- Sch schauen die Figur an und kommen mit ihr ins Gespräch.
- Sch stellen Fragen an die Figur.
- Sch erzählen biblische Geschichten perspektivisch nach.
- Sch übernehmen im Rahmen einer Nacherzählung die wörtlichen Reden.
- Sch spielen Szenen des biblischen Geschehens nach oder befragen sich gegenseitig.
- Sch bringen beim Spiel mit beweglichen Figuren (z. B. Egli-Figuren, Regensburger Bibelfiguren) Gefühle und Haltungen zum Ausdruck.

#### Rollenspiele
- Sch erhalten vorbereitete Materialien (z. B. Tücher, Instrumente, Requisiten) und gestalten mit Legematerialien den Schauplatz.
- Sch gestalten mit Instrumenten eine akustische Kulisse.
- Sch sprechen im Rahmen einer L-Erzählung die Gedanken beteiligter Personen aus.
- Sch nehmen bestimmte Haltungen ein, entwickeln Gesten und Gebärden (z. B. Standbild).
- Sch bewegen sich im Raum (z. B. beim Singen eines Liedrufes).
- Sch ergänzen vorgegebene Texte (z. B. Sprechmotette).

## Ich-Briefe

Simon, genannt Petrus, aus Kafarnaum
Fischer am See von Galiläa

Ich warf gerade mit meinem Bruder die Netze aus. Da kam Jesus und sagte zu uns:
„Kommt her und folgt mir nach!
Ich werde euch zu Menschenfischern machen."
Seitdem bin ich ein Jünger von Jesus.

Maria aus Magdala

Ich bin Jesus in Galiläa begegnet. Er hat mich von schwerer Krankheit geheilt und mir vom Reich Gottes erzählt.
Seitdem bin ich seine Jüngerin. Ich begleite ihn von Anfang an. Wir sind einige Frauen, die mit ihm gehen. Wir sprechen mit ihm über Gott, wir kaufen das Essen ein, unterstützen die Jünger mit Geld und sorgen dafür, dass abends alle ein Nachtlager haben.

Johannes
Sohn des Zebedäus
Fischer am See von Galiläa

Ich richtete mit meinem Bruder im Boot die Netze her.
Da rief Jesus.
Wir verließen gleich das Boot und unseren Vater.
Jetzt folgen wir Jesus nach.
Ich bin immer in seiner Nähe.

## Stabfiguren

Figuren vergrößert auf Postkartenkarton kopieren, anmalen, ausschneiden und auf flache Holzstäbchen (z. B. aus der Apotheke) aufkleben.

wurde durch Jesus geheilt. Daraufhin folgte sie ihm nach. Sie hat erfahren, worauf es eigentlich ankommt: so zu leben, wie Gott denkt; die Maßstäbe Gottes - hörbar und sichtbar in den Worten und im Handeln Jesu – zu übernehmen. Was sie vor allem zusammen mit anderen Freundinnen Jesu tat: „Sie unterstützten Jesus und die Jünger mit dem, was sie besaßen" (Lk 8,3b).

Wenn Jesus Frauen in seinen Freundeskreis lässt bzw. holt, dann bricht er bewusst mit der damaligen Tradition: Frauen durften z. B. nach jüdischem Gesetz kein gerichtsgültiges Zeugnis abgeben. Und: Selbst die Jünger Jesu „wunderten sich, dass er mit einer Frau sprach" (Joh 4,27), der Samariterin am Jakobsbrunnen. Weitere Stellen, die von Maria aus Magdala erzählen:
Mt 27,56; Mk 15,40; Joh 19,25: Maria aus Magdala unter dem Kreuz
Mt 27,61; Mk 15,47: Maria aus Magdala beim Begräbnis Jesu
Mt 28,1; Mk 16,1.9; Lk 24,10: Maria aus Magdala geht mit anderen Frauen zum Grab um den toten Jesus zu salben
Joh 20,1: Maria aus Magdala am leeren Grab
Joh 20,1-17: Maria aus Magdala begegnet dem Auferstandenen
Joh 20,18: Maria aus Magdala verkündet den Freunden Jesu: Ich habe den Herrn gesehen.

## 2. Einsatzmöglichkeiten im RU

### Bildbetrachtung
Das Gemälde „Jesus vor Pilatus" (Ausschnitt) von Duccio di Buoninsegna ist auch als Folie 18 enthalten in der Schatzkiste 1/2(vgl. Arbeitshilfen S. 19).
- Sch betrachten gemeinsam das Bild am OHP oder im Buch.
- Sch beschreiben zunächst genau alle Einzelheiten des Bildes: Farben, Menschen, Gesichtsausdruck, Blickrichtung, usw.
- In GA sammeln Sch Fragen, die das Bild aufwirft (z. B.: Wer ist abgebildet? Warum ist der Mensch gefesselt? Was hat er getan? Was passiert mit ihm?) und schreiben sie auf einzelne Karten. Die entstandenen Fragen der Gruppen werden sortiert an einem Platz im Klassenraum veröffentlicht und bleiben während der ganzen Bearbeitung des Themas im Blick.

### Begegnung mit dem biblischen Text
- L erklärt, dass der Maler diesen biblischen Text mit seinem Bild darstellen wollte:
*Die Verhandlung vor Pilatus (Mk 15,1-5)*
*Gleich in der Frühe fassten die Hohenpriester, die Ältesten und die Schriftgelehrten, also der ganze hohe Rat, über Jesus einen Beschluss: Sie ließen ihn fesseln und abführen und lieferten ihn Pilatus aus. Pilatus fragte ihn: Bist du der König der Juden? Er antwortete ihm: Du sagst es. Die Hohenpriester brachten viele Anklagen gegen ihn vor. Da wandte sich Pilatus wieder an ihn und fragte: Willst du nichts dazu sagen? Sieh doch, wie viele Anklagen sie gegen dich vorbringen? Jesus aber gab keine Antwort mehr, sodass Pilatus sich wunderte.*

### Rollenspiel
- Sch treten als Personen auf, die Jesus gekannt haben (Bartimäus, Freund von Jesus, Kind, Geheilter, eine Frau, ...) und erzählen aus deren Sicht. Dabei bringen Sch ihre Vorkenntnisse zum Leben und Wirken von Jesus ein.
- In der anschließenden Reflexion kann deutlich werden, dass viele Menschen Jesus liebten und sehr verehrten (wie einen König). Warum wird Jesus verhaftet, wenn er so vielen Menschen Gutes tut? – ein zentraler Impuls, den dieses Bild aufwirft.
Der Gegensatz: Menschen verehren Jesus – Jesus wird von Menschen angeklagt, tritt hier markant hervor. Die Fragen, die hier angebahnt werden, sind bedeutsame Impulsgeber für die weitere Erarbeitung des folgenden Kapitels und sollten nicht zu schnell eine Antwort finden.
- Die Frage von Pilatus: „Willst du nichts dazu sagen?" kann als Überschrift über die entstandenen Fragekarten der Gruppen geschrieben werden. Im Verlauf der Arbeit mit diesem Kapitel kann immer wieder auf die Fragen Bezug genommen werden.

### Sch erweitern das Bild
- Schreibe deine Frage als Überschrift über das Bild (**AB 2.4.1, Arbeitshilfen S. 159**)!
- Welche Menschen schauen zu? Male das Bild weiter!

### Maria aus Magdala kennen lernen
Die Figur der Maria aus Magdala kann mit Hilfe einer Stabfigur eingeführt werden (vgl. zum Einsatz von Stabpuppen Arbeitshilfen S. 164).
- L berichtet von der Begegnung mit Maria aus Magdala:
Jesus hat Freunde, die ihn dauernd begleiten und mit ihm unterwegs sind. Wir nennen sie auch die Jünger von Jesus. Sie wandern mit ihm von Dorf zu Dorf und von Stadt zu Stadt. Zu Jesu Freundeskreis gehören auch Frauen. Ebenso wie die der Jünger kennen wir ihre Namen. Eine von ihnen ist Maria aus Magdala. Sie wird bei allen Aufzählungen der Freunde Jesu immer zuerst genannt, sie muss wohl besonders wichtig gewesen sein. Magdala ist ein Ort am See Gennesaret. Jesus hält sich in den Orten am See oft auf.
Wie und warum ist Maria aus Magdala zu Jesus ge-

# Das habe ich von Jesus gehört – Das denke ich über Jesus

Name:

Wohnort:

Eltern:

Klebe ein Foto ein oder zeichne dich!

Schule:

Klasse:                    Alter:

Zum ersten Mal erzählte mir

von Jesus. Ich habe erfahren, dass Jesus

Die Menschen sind wohl begeistert von Jesus, weil

Ich selbst denke über Jesus, dass

kommen? Das wissen wir nicht genau. In der Bibel steht: Sie ist durch Jesus von Krankheiten geheilt worden. Jetzt spürt sie: Bei Jesus ist es gut. Maria begleitet fortan mit anderen Frauen Jesus und unterstützt ihn und seine Jünger mit Geld. Sie sorgt für ihn. Sie ... (Kinder umschreiben die Ausdrücke „unterstützen" und „sorgen").

- Was uns Maria aus Magdala von sich erzählen kann!
  Die Stabfigur wird weitergegeben. Dabei erzählen Sch als Maria aus Magdala, wie sie zu Jesus kam, wie sie ihm begegnet ist, was sie für ihn tut.
- Maria aus Magdala geht mit Jesus.
  Was hat sie von Jesus gesehen? Was er getan hat!
  Was hat sie von Jesus gehört? Was er gesprochen hat!
  Was hält sie von ihm? Was sie von ihm glaubt!
  Mögliche Sprechhilfen: Jesus ist für mich ...; Ich glaube, dass Jesus ...
- Nach der Erschließung des Bildes „Jesus vor Pilatus" stellt Maria aus Magdala als Erzählfigur angesichts der Gefangennahme Jesu Fragen oder formuliert Satzstücke weiter: Ich verstehe nicht, dass ...; Ich wundere mich, dass ...; Ich kann nicht glauben, dass ...

## 3. Jahrgangsübergreifende Lerngruppe

- Sch aus dem ersten Lernjahr kennen bildliche Darstellungen von Jesus aus ihrer Kinderbibel, aus Meine Schulbibel (München 2003) oder einem Kindergebetbuch. Diese Abbildungen können sie mitbringen und mit dem Bild von Duccio di Buoninsegna vergleichen.
- Sch, die noch nicht schreiben können, stellen in eigenen Zeichnungen ihr Wissen über Jesus dar (z. B. Jesus wird im Stall geboren, Jesus hilft den Kranken, Jesus liebt die Kinder, ...).

– Diese Zeichnungen ergänzen die Fragekarten der Gruppen.
- Sch aus dem ersten Lernjahr malen ihr eigenes Bild: Jesus wird gefesselt.

---

**Menschen sind von Jesus begeistert**  fragen – suchen – entdecken 50/51

## 1. Hintergrund

Für diese Doppelseite ist der Anfang der lukanischen Seligpreisungen gewählt. Mit ihm kann entschieden darauf eingegangen werden, was die froh machende Botschaft ausdrückt und wovon das Reich Gottes erzählt. Auch die anderen angegebenen Stellen verkünden jeweils einen besonderen Akzent dieser Reich-Gottes-Hoffnung, die damals wie heute eine besondere Herausforderung darstellt oder Widerspruch provoziert.
In diesen Texten, einschließlich Lk 6,20-21, schwingt immer auch mit, dass die Worte und Heilungen Jesu sowohl Zustimmung als auch Ablehnung finden, entweder zu begeisterter Freundschaft oder unerbittlicher Gegnerschaft führen.

> **Seligpreisungen (Lk 6,20-21)**
> Mit den ersten drei Seligpreisungen aus der Feldrede des Lukas wird eine nahezu unglaubliche Beschreibung vom Reich Gottes, das mit Jesus kommt, gegeben: In diesem Reich gilt, dass Gott ohne Wenn und Aber auf der Seite der Benachteiligten steht: „Selig ihr Armen, denn euch gehört das Reich Gottes." Gott ist diesen Menschen uneingeschränkt nahe. Diese Aussage ist eine Umkehrung gegenwärtiger Zustände. Das soll aber kein billiger Trost sein in dem Sinne, dass die Armen wenigstens Gott nahe sind, wenn sie schon sonst nichts haben. Nein, wo Gott etwas zu sagen hat, finden solche Menschen höchste Aufmerksamkeit. Gott sieht die Not der Armen, ergreift Partei für sie und solidarisiert sich mit ihnen.
> Die Feldrede selbst ist keine zusammenhängende Rede Jesu. Sie ist vom Evangelisten so komponiert worden um zu verdeutlichen, worauf es Jesus im Wesentlichen ankommt.
> Am Anfang dieser Feldrede stehen die drei ursprünglichen Seligpreisungen der Armen, Hungernden und Trauernden. Erst später wurden von Matthäus in seiner Bergpredigt (Mt 5,3) daraus die „Armen im Geiste", die „Armen vor Gott", so formuliert zum Verständnis der Gemeinde, wobei Matthäus diese Seligpreisung nicht entschärft, sondern aktuell zuspitzt.

Aber die Kraft der Worte Jesu bleibt in der ursprünglichen Fassung des Lukas am deutlichsten erhalten. Gerade den Hungernden, Armen und Weinenden wird zugesagt, dass Gott ihnen ganz nahe ist. Und den Zuhörenden soll aufgehen, auf wessen Seite Gott steht. Die Maßstäbe, die unter den Menschen damals galten (und heute gelten), werden in Frage gestellt. Die Armen stehen vor Gott an erster Stelle. Und Jesus

# „Öffne dich!" (Mk 7,31-37)

> Danach blickte Jesus zum Himmel auf und sagte zu dem Taubstummen: „Effata!", das heißt: „Öffne dich!"

> Die Menschen, die dabei waren, staunten und sagten: „Jesus hat alles gut gemacht. Er macht, dass die Tauben hören und die Stummen sprechen."

> Einmal brachte man zu Jesus einen Mann, der taub war und nicht richtig sprechen konnte.

> Sogleich öffneten sich die Ohren des Mannes und er konnte hören. Auch die Zunge löste sich und er konnte klar und deutlich sprechen.

> Jesus legte die Finger in die Ohren des Mannes. Dann berührte er seine Zunge.

## Meine Hände können zaubern

Meine Hände sind lebendig,
zaubern können sie sogar,
fliegen fort in andre Länder,
wenn ich's sage. Das ist wahr.

Gestern nachmittag im Garten
malten sie mit Farben bunt
Tiere auf die weiße Hauswand:
Mäuse, Schlangen und 'nen Hund.

Abends tanzten sie im Schatten
einer Lampe zart und fein.
Zierlich spreizten sie die Finger,
wollten gerne Elfen sein.

Kurz darauf befahl ich ihnen,
Mutter schnell zur Hand zu gehn.
Gläser spülten sie und Teller,
schafften hurtig. Das war schön.

Als ich mich dann schlafen legte,
träumte ich, ich wär weit fort.
Meine Hände wurden Flügel,
trugen mich von Ort zu Ort.

Meine Hände spielen Geige,
streicheln sachte Mutters Haar.
Meine Hände sind lebendig,
können zaubern. Das ist wahr.

*Renate Schwab*

## Hände

T/M: Hanni Neubauer

1. Hän-de, Hän-de, Hän-de – Hän-de kön-nen ge-ben.
Hän-de, Hän-de, Hän-de – Hän-de hel-fen le-ben.
Kehrvers: Hän-de, die hast du und ich; Men-schen hel-fen sich!
Hän-de, die hast du und ich; Men-schen hel-fen sich!

2. Hände, Hände, Hände – Hände
können trösten.
Hände, Hände, Hände – können
auch erlösen.

3. Hände, Hände, Hände – Hände
können heilen.
Hände, Hände, Hände – können
bei dir weilen.

4. Hände, Hände, Hände – Hände
dich umarmen.
Hände, Hände, Hände – Hände
voll Erbarmen.

zeigt auch in seinen Heilungen, dass diese Worte nicht leere Zugeständnisse sind. Es gilt: Wo Gottes Denkweise zugelassen wird, dort wird „geheilt".
Der Evangelist verdeutlicht: Vor Gott, im Reich Gottes, gelten ungewöhnliche Sichtweisen, die im Widerspruch zu den gängigen Meinungen stehen. Hier wird eine Hoffnung gezeichnet, die alles verändert, ja ins Gegenteil verkehrt. Und die Evangelien erzählen von der Überzeugung, dass diese Veränderung mit Jesus begonnen hat, sie ist gleichsam mit Händen zu greifen. Wenn Gott in die Welt kommt, wenn sein Reich Wirklichkeit wird, dann sind alle anderen Leiden und Sorgen gleichsam aufgehoben. Von diesen Träumen der Menschen spricht Jesus in den Seligpreisungen.

Ein Wort zur Sprache: In der Bibel wird sowohl bei Matthäus als auch bei Lukas der Begriff „selig" verwendet. Es gibt viele Versuche, dieses Wort in die Sprachwelt der Kinder zu transformieren, z. B. „Zu beglückwünschen sind" oder „Zuallererst denen ... gehört Gottes Reich". Sicher ist die gewählte Form „Freuen dürfen sich alle, die ..." eine kindnahe verständliche Wiedergabe des Wortes.

## 2. Einsatzmöglichkeiten im RU

### Ein Lied erlernen
Sch singen das Lied „Seht nur her! Immer mehr ziehen hinter Jesus her" (**AB 2.4.2, Arbeitshilfen S. 161**). Es ist als Lied 18 enthalten in der Liederkiste 1/2, vgl. Arbeitshilfen S. 19.

### Jesus verkündet seine frohe Botschaft
Sch begegnen Menschen in verschiedenen Notsituationen.
- Fotos von armen, traurigen oder hungrigen Menschen (**AB 2.4.3, Arbeitshilfen S. 163**, und **fse16** rechts oben und unten) hängen an verschiedenen Stellen im Klassenzimmer. Aktuelle Bilder finden sich fast täglich in Zeitungen und Illustrierten, aber auch in den Veröffentlichungen von Hilfsorganisationen.
- Sch schauen sich schweigend die Fotos an und hören dabei in sich hinein, was die betroffenen Menschen ihnen erzählen könnten.
- Anschließend stellen sie sich unter das Foto, das gerade jetzt für sie wichtig und interessant ist, und erzählen ihre Gedanken: Es ist schlimm, wenn .../dass ...; Ich möchte nicht ..., weil ...
- Was Jesus dazu sagt
- Satzstreifen mit der Aufschrift „Freuen sollen sich alle, die ..." werden jeweils unter die einzelnen Fotos geklebt oder vor sie gestellt.

- Sch vollenden ihre Geschichte, z. B. Freuen sollen sich alle, die traurig sind; ... die weinen; ... die hungrig sind.
- Sch empfinden solche Sätze als Provokation und fragen, wie das zusammen passt. Wenn die Menschen auf dem Foto das hören!; Wenn einer das sagt, dann ...; Wer so etwas sagt, der ...
- L fordert Sch auf, ihre Fragen an Jesus zu richten, weil er es ist, der so zu seinen Zuhörern spricht: Jesus, wie kannst du so etwas sagen?
- Freuen sollen sich alle, die traurig sind/hungern/arm sind; denn Gott ist für sie da; denn Gott steht auf ihrer Seite; denn Gott ist ihnen ganz nah; denn sie werden satt; denn sie gehören zu Gott.

### Ein Lied zu den Seligpreisungen lernen
- Sch singen „Hört, wen Jesus glücklich preist", 1. und 3. Strophe (**AB 2.4.4, Arbeitshilfen S. 161**).
- Sch formulieren anhand der Bilder und Seligpreisungen weitere Strophen als Sprechtext. Dazwischen singen sie den Kehrvers „Hört, wen Jesus glücklich preist ...".

### Die Menschen auf fse 50/51 entdecken
- Sch betrachten die Illustration der Doppelseite. Wer kommt zu Jesus? Vielleicht kennst du sogar eine dieser Personen? Sch erzählen.
- Was sagt Jesus zu ihr?
  Unter diesen Menschen lebt Jesus. Er sagt ihnen immer wieder: Gottes Reich ist für euch. Gott lässt euch nicht im Stich. Darauf könnt ihr euch verlassen.
  Die Menschen spüren es und sagen (singen): Du bist da, wo Menschen leben, ... leiden, ... weinen, ... hungern, ... arm sind, ... krank sind, ... schwach sind, ... blind sind, ... lahm sind usw.
- Wer gehört deiner Meinung nach noch auf dieses Bild?

### Sich mithilfe von Stabfiguren mit den Jüngern identifizieren
- Sch hören und singen das Lied „Seht nur her! ..." (**AB 2.4.2, Arbeitshilfen S. 161**)
- Sch erhalten in arbeitsteiligen Gruppen Ich-Briefe der JüngerIn: **AB 2.4.5, Arbeitshilfen S. 165**. Nun kannst du einige Jünger und Jüngerinnen, die mit Jesus gehen, kennen lernen. Lies genau, präge dir die Informationen gut ein!
- Sch singen Kehrvers, L führt die Stabfiguren ein (**AB 2.4.6, Arbeitshilfen S. 165**): Das ist ... . Einige von euch wissen bereits, was sie/er uns alles erzählen kann.
- Sch nimmt Stabfigur in die Hand und erzählt in der Ichform, reicht sie evtl. an andere Sch seiner Gruppe weiter (vgl. zum Einsatz von Stabpuppen 164).

# Erzählrahmen

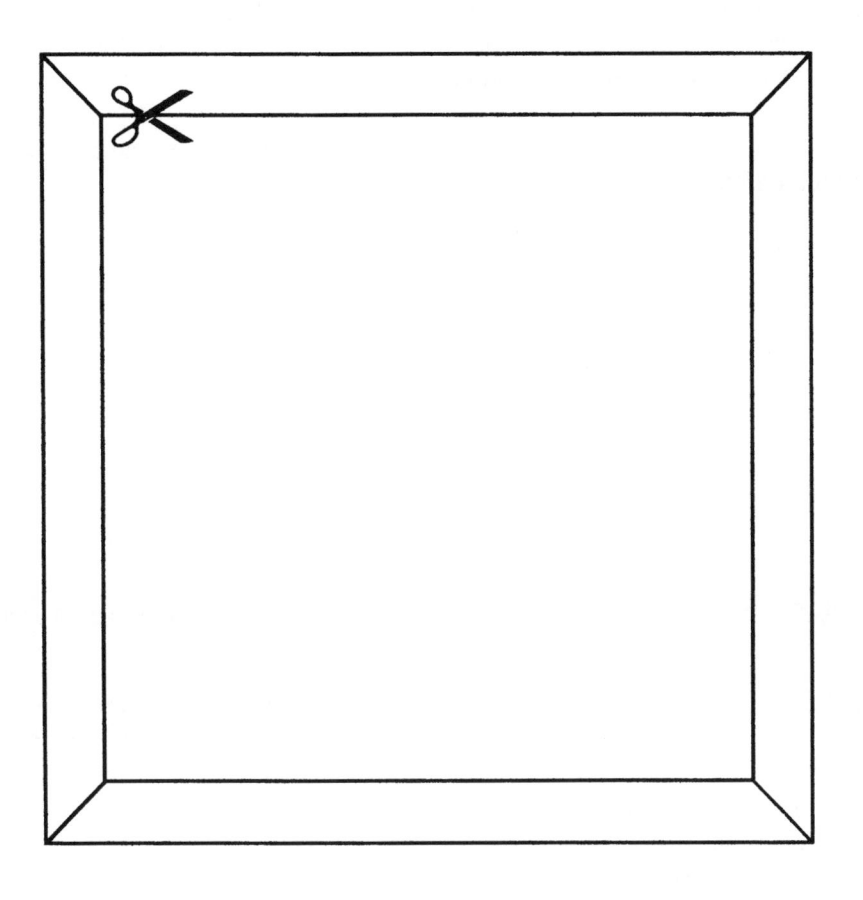

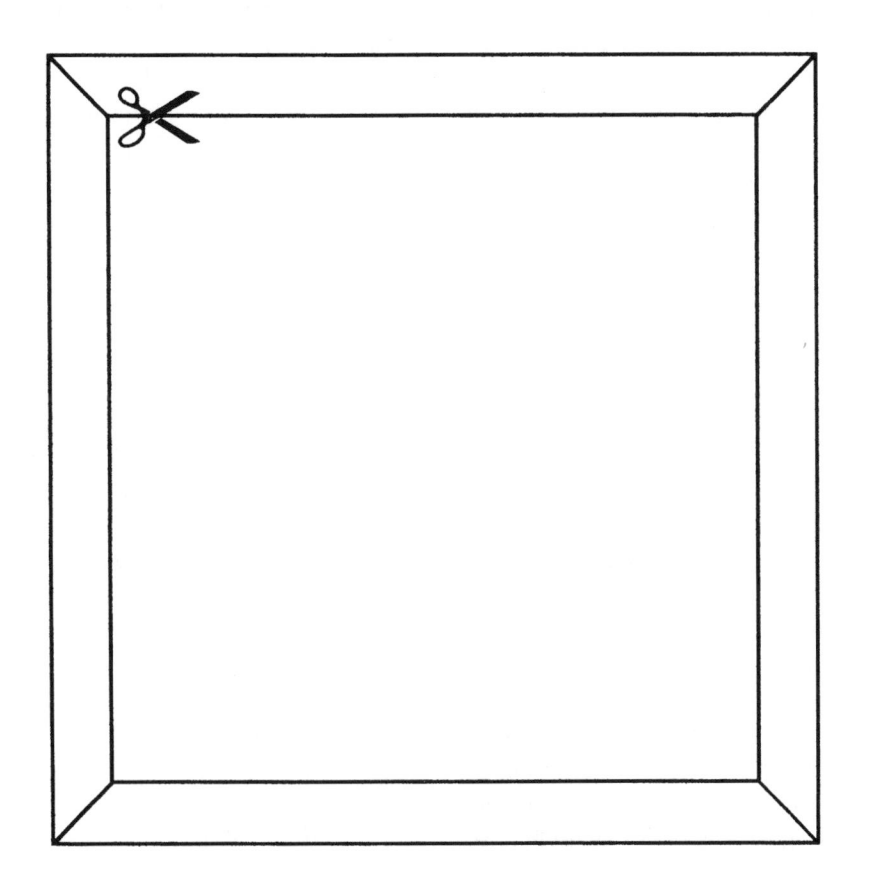

- Sch singen dann wieder den Kehrvers und stellen die weiteren Figuren vor.

**Als Maria aus Magdala sprechen**
Mithilfe der Stabpuppe erzählen Sch aus der Sicht von Maria aus Magdala. Sie formulieren, was Jesus vom Reich Gottes erzählt (vgl. zum Einsatz von Stabpuppen: **Arbeitshilfen S. 164** und **AB 2.4.6, Arbeitshilfen S. 165**).

**Was ich über Jesus denke**
Gespräch im Erzählkreis über Situationen, in denen im eigenen Alltag über Jesus gesprochen wird.
- Sch erzählen von ihren Erinnerungen daran:
  - Wer hat mir zum ersten Mal von Jesus erzählt?
  - Was habe ich über Jesus erfahren?
  - Warum sind die Menschen wohl von Jesus begeistert?
  - Was denke ich über Jesus?
- Sch bearbeiten **AB 2.4.7, Arbeitshilfen S. 167**.

## 3. Jahrgangsübergreifende Lerngruppe

- Sch aus dem ersten Lernjahr beschreiben einzelne Szenen **fse 50/51**, z. B.: Eine Frau hat ein schlafendes oder krankes Kind auf dem Schoß, ein Mann bringt auf einem Esel einen Kranken herbei, ein Hirte schaut von weitem neugierig zu Jesus herüber, ...
- Sch wählen eine Szene aus und malen dazu ihr eigenes Bild.
- Sch geben den dargestellten Menschen Namen.
- Sch malen Menschen in Not aus ihrer eigenen Lebensumwelt. Aus mehreren Bildern wird eine Collage hergestellt, die eine Fortsetzung des Bildes im Buch sein könnte.

---

**Jesus heilt Menschen**      fragen – suchen – entdecken **52/53**

## 1. Hintergrund

Jesus verkündet seine Botschaft nicht nur mit Worten, sondern auch durch Taten: Er hilft und heilt so, als wollte er sagen: Ihr Menschen dürft meinen Worten trauen. Schaut mir zu. Meine Worte werden bestätigt. Für viele unfassbar, bezieht er die Träume und Visionen des Jesaja 61,1-2 auf sich: „Der Geist Gottes, des Herrn, ruht auf mir; denn der Herr hat mich gesalbt. Er hat mich gesandt, damit ich den Armen eine gute Nachricht bringe; damit ich den Gefangenen die Entlassung verkünde und den Blinden das Augenlicht; damit ich die Zerschlagenen in Freiheit setze und ein Gnadenjahr des Herrn ausrufe" (Lk 4,18-19).
Zwei Heilungserzählungen in **fse** sind Belege für den Anspruch ‚Mit Jesus kommt Gottes Reich', so wie Jesus ihn in der Synagoge von Nazaret äußert: die Heilung des Taubstummen (Mk 7,31-37) und die Heilung eines Mannes am Sabbat (Mk 3,1-6).

### Die Heilung eines Taubstummen (Mk 7,31-37)
Diese Heilungserzählung ist eigentümlich, weil von der Heilungspraxis der üblichen Wundertäter die Rede ist, nämlich das kranke Organ mit Speichel zu berühren. In der Textvorlage **fse** ist dieser Aspekt ausgelassen. Auch die Anmerkung „er nahm ihn beiseite" ist ein Kennzeichen der zeitgenössischen Wundertäter, die durch diese Maßnahme ihre Heilpraxis geheim halten wollten. Dieser Aspekt wird nicht genannt, um die eigentliche Textaussage nicht zu verdunkeln: Durch Jesus wird alles gut. Er heilt die Menschen, sodass die Tauben hören und die Stummen sprechen können. Selbst Menschen, die in „heidnischen" Gebieten leben, erfahren: Jesus zeigt, worauf es Gott ankommt und wie sein Reich ausschaut: Menschen werden geheilt.

### Die Heilung eines Mannes am Sabbat (Mk 3,1-6)
Dieser Erzählung geht die wichtige Aussage Jesu in Mk 2,27 voraus: „Der Sabbat ist für den Menschen da, nicht der Mensch für den Sabbat." Der Satz steht gleichsam als Programm über der Heilung des Mannes mit der verdorrten Hand und der damit verbundenen Auseinandersetzung mit den Pharisäern und Schriftgelehrten. Es gibt für Jesus eine Priorität, nämlich das Heil der Menschen. Diese macht nicht Halt vor verpflichtenden Riten und Gesetzen, auch wenn sie Gott die Ehre geben sollen. Nach pharisäischer Auffassung war es am Sabbat nicht gestattet einem Kranken zu helfen, es sei denn bei drohender Lebensgefahr.
In seiner typisch knappen Beschreibung gibt Markus einen gut überschaubaren Einblick in die Szene: Jesus besucht die Synagoge und trifft auf den Mann mit der verkrüppelten Hand. Diese Begegnung scheint von den Pharisäern fast herbeigeführt worden zu sein. Zumindest ist sie für diese willkommener Anlass, Jesus zu verurteilen, denn er stellt sich gegen festgeschriebene religiöse Praxis und damit vermeintlich gegen Gott, dem diese Heiligung des Sabbats gilt.
Dagegen signalisiert Jesus den Menschen: Gott möchte das Heil für jeden Menschen; das kann nicht

durch die Vorschrift eines Gesetzes aufgehalten werden. Zwischen der Aufforderung an den kranken Mann sich in die Mitte zu stellen – was für eine Erhebung! – und dem Heilungswort, die Hand auszustrecken, stellt Jesus die Frage an die Schriftgelehrten: „Was ist am Sabbat erlaubt: Gutes zu tun oder Böses, ein Leben zu retten oder zu vernichten?" Diese Frage musste die Schriftgelehrten verwirren und schweigen lassen, denn sie kann in dieser Formulierung nicht so einfach beantwortet werden. Weil die Angesprochenen aber schweigen und nicht über ihren Schatten springen, schaut Jesus sie voll Zorn und Trauer an. Er lässt seinen Worten vom Hereinbrechen des Reiches Gottes in dieser Welt die Bestätigung durch die Heilung folgen.

Bei beiden Texten liegt der Schwerpunkt eindeutig auf dem heilenden Wirken Jesu. Für Sch wird die Gestalt Jesu immer lebendiger. Die Information über das Sabbatgebot spielt eine untergeordnete Rolle, soll aber natürlich Sch an die Umwelt der Bibel heranführen.

Biblische Erzählungen sollen von den Sch nicht bloß als Geschichten über Jesus wiederholt werden können, sondern als Geschichten mit Jesus erlebt werden. Deshalb ist die Erzählung ein wichtiges Medium, das Sch mit hineinnimmt in das Geschehen, sodass sie sich selbst als Betroffene fühlen können, z. B. erzählen sie aus der Sicht von Maria aus Magdala, die als Identifikationsfigur durch den Themenbereich begleitet.

Die Kinder sollen mit dem biblischen Text in Dialog treten und ihn für sich verfügbar machen durch kreative Formen der Aneignung und Verarbeitung.

### Sabbat

Der Sabbat prägt das Leben der gläubigen Jüdinnen und Juden zu allen Zeiten, in alttestamentlicher wie in heutiger Zeit.

Vielleicht geht der Sabbat tatsächlich bis in die ägyptische Zeit zurück. Darauf deutet die Formulierung in den zehn Geboten hin: „Gedenke, dass du den Sabbat heiligst." Sicher ist die Feier des Sabbats aufs Neue im Volk der Israeliten verankert worden durch die priesterschriftliche Schöpfungserzählung (Gen 1,1-2,4a), die eingebettet wurde in den Ablauf der Siebentagewoche. In ihr ist der siebte Tag ausdrücklich als der Tag Gottes ausgewiesen.

In der Zeit nach dem babylonischen Exil (nach 538 v. Chr.) entwickelte sich eine vielfältige Vorschriftensammlung um den Sabbat, die Anlass gab zur Auseinandersetzung zwischen Jesus und den Pharisäern. In Mk 2 und 3 sind zwei dieser Verbote aufgeführt: Es war am Sabbat weder erlaubt Ähren zum Essen abzureißen noch einen Menschen zu heilen.

## „Die Heilung des Mannes mit der verdorrten Hand"
### Buchmalerei, 1000-1020

Das Bild **fse 53** ist eine Buchmalerei aus dem Evangeliar der Äbtissin Hitda von Meschede aus der Schule von Köln, angefertigt in der Zeit um 1000-1020. Abstrakt ist die Erde dargestellt. Pflanzen sind angedeutet, ebenso ein blauer Horizont und das Profil eines Berges. Darüber erstreckt sich ein blauer Himmel. Die Darstellung zeigt eine deutliche Dreigliederung: auf der linken Seite ein übergroßer Jesus mit zum Segensgestus erhobener Hand, auf der rechten Seite direkt vor Jesus in gebeugter Haltung der Mann mit seiner unbrauchbaren Hand und dahinter, beobachtend, eine Gruppe von siebzehn Personen, gelehrte Pharisäer. Ihre Augen sprechen eine deutliche Sprache: Wird Jesus es tun oder nicht?

Es ist genau der Moment ins Bild gehoben, in dem die Fronten in etwa geklärt sind: Der kranke Mann steht schon in der Mitte zwischen den beiden Seiten, zwischen Jesus und den Pharisäern. Die Frage Jesu an die Pharisäer ist ohne Antwort geblieben. Der Aufforderung Jesu an den Mann, die Hand auszustrecken, ist Folge geleistet. Jesu Augen sind intensiv und seine rechte Hand ist segnend auf die verdorrte Hand gerichtet, so als wollten sie die Kraft der Erstarrung in die Schranken weisen und die Kraft der Bewegung lebendig werden lassen. In der linken Hand hält Jesus die Schriftrolle, die ihn als einen ausweist, der Gottes Wort kennt, es auslegen und verkünden kann. Die Augen des kranken Mannes sind auf die segnende Hand Jesu gerichtet.

Im Gegensatz zu den Menschen gegenüber, die mit festem Schuhwerk ausgestattet sind, geht Jesus barfuß; ein stilistisches Mittel der Maler des Evangeliums: Jesus steht zwischen Gott und den Menschen; er „schwebt" zwischen Himmel und Erde; Gott berührt in ihm die Erde und die Menschen. Die Aussage ist eindeutig: In Jesus will Gott die zerstörerischen Kräfte im Menschen bändigen; er will den Menschen heilen, nicht diskriminieren. Dieses göttliche Anliegen kann durch keine menschliche Verfügung, wie ein Sabbatgebot, eingeschränkt werden.

Die letzten Sätze der beiden biblischen Texte verdeutlichen, was den Sch bewusst aufgehen kann: Jesus erlebt Zustimmung und Ablehnung. In der Erzählung „Öffne dich" heißt es: „Die Menschen, die dabei waren, staunten und sagten: ,Jesus hat alles gut gemacht. Er macht, dass die Tauben hören und die Stummen sprechen.'"

In der Erzählung „Streck deine Hand aus" erfahren Sch: „Die Schriftgelehrten aber gingen hinaus und fassten den Beschluss, Jesus umzubringen."

## 2. Einsatzmöglichkeiten im RU

### Unterrichtsgespräche führen
Als Anschlussmöglichkeiten bieten sich an:
- **fse 39**: Wovon träumt Jesaja? Mit welchen Worten tröstet er die Menschen?
- **fse 50/51**: Welche Menschen kommen zu Jesus? Warum kommen sie zu Jesus? Was erzählt Jesus den Menschen Überraschendes?

### Hörübungen
Wie wunderbar mein Hörsinn geschaffen ist, weil ich Geräusche wahrnehmen und unterscheiden kann!
- Sch schließen die Augen. Wenn die Klangschale oder ein anderes bekanntes Signal ertönt, sollen sie zur Ruhe gekommen sein.
- Im Sitzkreis kann das auch mit dem Reifen inszeniert werden: Der Reifen wird gedreht; wenn er auf dem Boden ruht, soll es auch unter den Sch ruhig sein.
- L: Was kannst du immer noch hören, auch wenn es ganz still ist? Sch hören verschiedene Geräusche und benennen sie, z. B. Türe öffnen und schließen; Wasserhahn aufdrehen; mit Kreide an die Tafel schreiben.
- L greift ggf. auf die Hörübungen in Arbeitshilfen 1, S. 28-34, zurück.

### Erfahrungsübungen
Sch erleben über das Spielerische hinaus, wie hilfreich es ist, hören und sprechen zu können – statt taub und stumm sein zu müssen. Vor allem in Integrationsklassen – aber nicht nur dort! – wird L mit Hochachtung von den Fähigkeiten nicht oder schwer Hörender und in ihrer Sprache gehandicapter Sch sprechen, die diese zum Ausgleich erworben haben.
- Wenn ich nicht hören könnte ...! Als Impulse werden Begriffe auf Karten vorgestellt: Auto, Spiel, Eltern, ...:
- Wenn ich ein Auto nicht hören kann, dann bin ich gefährdet.
- Wenn Menschen nicht mehr aufeinander hören können, ...
- Warum Menschen nicht mehr hören können, ...
- Wenn ich nicht sprechen könnte, ...
- Wenn Menschen nicht mehr reden können, ...; Wenn ihnen die Worte ausgehen, ...
- Wo Menschen miteinander reden müssen!

### Sprechzeichnen
Für das Sprechzeichnen sind die einzelnen Szenen genau zu planen, die während des Erzählens an der Tafel entstehen sollen. Die Schwerpunkte sollen deutlich werden: Jesus hat Erbarmen und heilt. Die Menschen spüren: Gott sieht die Not und solidarisiert sich mit den Notleidenden.

„Öffne dich!" (Mk 7,31-73)
Maria aus Magdala erzählt:

Immer mehr Menschen kommen zu Jesus. Sie erleben: Er macht die Kranken gesund. Es geht ihnen gut, wenn sie bei Jesus sind. Von ihm hören sie: Gott lässt euch nicht im Stich. Sie hören: ...

Da führen Leute einen Mann herbei. Er kann nichts hören, er ist taub. Er kann nichts reden. Er ist stumm. *Die Begleiter bitten Jesus: „Berühre ihn und mach ihn gesund!"*

Jesus nimmt ihn beiseite. Die andern schauen zu. Was wird Jesus tun? Jesus berührt die Ohren des Mannes und die Zunge und sagt: „Effata! Öffne dich." *Sofort öffnen sich die Ohren. Der Mann kann hören. Auch die Zunge löst sich. Er kann sprechen.*

Die Menschen, die dabei sind, staunen und sagen: „Jesus hat alles gut gemacht. Er macht, dass die Tauben ... und die Stummen ...".

### Den Text Mk 7,31-37 erschließen
- Sch lesen den Text **fse 52** oben und schreiben die für ihr Verständnis wichtigsten Worte des Textes auf.
- Nachdenken über die Fragen:
  Was tut Jesus? Was sagt Jesus? Was tun die Menschen? Was sagen die Menschen, die dabei waren? Sch beachten die im Text verwendeten Verben.
- Was denken die Menschen über Jesus? Sch schrei-

## Jesus wird gefangen genommen

Jesus geht nach dem Mahl mit seinen Freunden in einen Garten, der Getsemani heißt; dort setzen sie sich nieder. Drei von ihnen nimmt er mit sich und geht ein Stück weit weg von den anderen, Petrus, Jakobus und Johannes; wahrscheinlich will er mit ihnen reden. Er merkt, wie müde er ist, wie die Angst nach ihm greift; und er sagt ihnen: „Meine Seele ist betrübt, zu Tode betrübt. Ich bitte euch, bleibt mit mir wach und wartet hier auf mich!" Aber auch die Freunde sind sehr müde. Jesus geht ein Stück weiter und dort, allein in der Nacht, kämpft er mit seiner Angst. „Sei nicht ferne von mir", betet er, „denn Angst ist nahe. Meine Seele will sich nicht trösten lassen. Vater, lass doch diese schreckliche Stunde an mir vorbeigehen. Doch nicht, was ich möchte, gilt jetzt, sondern was du willst."

Als er zurückkommt, findet er die drei Freunde eingeschlafen. Und er sagt zu Petrus: „Simon, du schläfst? Konntest du denn nicht noch diese eine Stunde wach bleiben?"

Und er geht wieder abseits, fällt mit dem Gesicht zur Erde und betet nochmal. Und als er zurückkommt, findet er die Jünger wieder schlafend. Er will mit ihnen reden, aber ihre Augen sind schwer vom Schlaf und sie wissen nicht, was sie sagen. Da geht er noch einmal fort und als er wiederkommt, zum dritten Male, findet er sie wieder schlafend und er sagt ihnen: „Wenn ihr nur schlafen und euch ausruhen könnt! Doch nun ist es genug, es ist so weit: Steht auf, lasst uns gehen! Der mich ihnen ausliefert – er ist schon da!"

Er hat das kaum gesagt, da sehen sie Judas kommen, mit vielen Leuten. Jene tragen Waffen. Noch ehe die Jünger richtig wach geworden sind, ist der Garten schon umstellt. Judas geht rasch auf Jesus zu, redet ihn an und sagt: „Meister!" Er umarmt ihn und küsst ihn. Das ist für die Bewaffneten das verabredete Zeichen: Sie kommen und packen Jesus wie einen Verbrecher, der fliehen will. Er sagt nur: „Ich war doch jeden Tag bei euch im Tempel und habe offen geredet; da habt ihr mir nichts getan! Jetzt aber ist es finster, das ist eure Stunde!"

Für die Jünger ist das alles wie ein böser Traum ...

Jesus sagt zu den Bewaffneten: „Ihr habt doch mich gesucht, dann lasst die anderen gehen!" Und tatsächlich lassen sie sie gehen, sie verfolgen niemanden mehr, sie haben ja ihn. Sie führen ihn ab zu dem Mann, der sie ausgeschickt hatte: Kaiphas heißt er und ist der Höchste im Tempel, der oberste von allen Priestern.

*nach: Ingo Baldermann*

ben einen Satz auf und hängen ihn zu den Fragen, die beim Bild „Jesus vor Pilatus" entstanden sind.
- L kopiert das Textpuzzle **AB 2.4.8, Arbeitshilfen S. 169**, entsprechend der Anzahl der Sch und bereitet für jede/n Sch einen Briefumschlag mit Textstreifen vor.
- Sch nutzen die Textstreifen zur Beantwortung der Fragen oder als Bildunterschriften.
- Sch ordnen die Textstreifen dem Sinn nach und nutzen sie als Erzählhilfe für die eigene Nacherzählung.

### Was Hände alles können
- Assoziationsübung
- Sch befühlen und beschreiben ihre Hände.
- Sch ergänzen: Meine Hände können ...
- Sch betrachten Bilder mit Händen und ergänzen: Diese Hände sagen ...
- Kannst du etwas mit den Händen sagen? Sch vollziehen Gesten und verbalisieren, was die Gesten ausdrücken.
- Gedicht
- L trägt das Gedicht „Meine Hände können zaubern" **AB 2.4.9, Arbeitshilfen S. 169**, vor und unterstützt die Sprachbilder durch Mimik und Gestik.
- Sch malen Bilder, was ihre Zauberhände noch alles können.
- Wer will eine Strophe auswendig lernen?
- Lied
Sch lernen „Hände, Hände, Hände – Hände können geben" **AB 2.4.9, Arbeitshilfen S. 169**.

### Die Heilung des Mannes mit der verdorrten Hand, Mk 3,1-6 – Bildbetrachtung
Das Bild ist als Folie 19 in der Schatzkiste 1/2 (vgl. Arbeitshilfen S. 19) enthalten.
- Sch betrachten gemeinsam das Bild am OHP oder auf **fse 53**. Sch beschreiben zunächst genau alle Einzelheiten des Bildes: Farben, Menschen, Gesichtsausdruck, Blickrichtung, z. B.: Jesus mit segnender Hand, mit Schriftrolle, barfuß, schaut mit entschlossenem Gesicht auf den Mann im Vordergrund. Dieser Mann mit einer „verdorrten"(= gelähmten) Hand, die scheinbar losgelöst vom Körper ist und von der gesunden Hand festgehalten werden muss, steht gebeugt da und schaut zu Jesus hinauf. Eine große Gruppe von Männern schaut mit kritischem Blick auf Jesus.
- In GA sammeln Sch Fragen, die das Bild aufwirft (z. B.: Wo geht Jesus mit der Schriftrolle hin? Warum schauen die Männer so misstrauisch? Warum verneigt sich der Mann vor Jesus? ...) und schreiben sie auf.

### Eine Pantomime gestalten
Als Vorbereitung ist es notwendig, die „Bühne" (z. B. durch Tesakreppstreifen) festzulegen und die Träger der einzelnen Rollen auszuwählen.
- L erzählt die Perikope; evtl. aus der Perspektive der Maria aus Magdala.
- Sch gestalten die Szene pantomimisch nach, entsprechend dem Fortgang der Erzählung durch L:
Jesus kommt in die Synagoge.
Dort sitzt ein Mann mit einer verdorrten Hand ...
Ein/e Sch betritt als Jesus die Szene.
Ein/e zweite/r Sch setzt sich in der Synagoge als Kranker nieder und hält den Arm demonstrativ fest.

### Ein Standbild aufstellen
Nach der Begegnung mit dem Bild aus dem Evangeliar und aus der pantomimischen Gestaltung heraus formieren sich Sch zu einem Standbild.
- Sie übernehmen schweigend die Rollen der Beteiligten und können sich gut in diese hineinversetzen. Wird das Standbild als Möglichkeit des persönlichen Nachlebens eingeführt, ist es am besten, auf eine bildliche Darstellung zurückzugreifen, z. B. das Bild aus dem Evangeliar.
- Sch übernehmen nach freier Wahl die Rollen von Jesus, von dem kranken Mann und von den beobachtenden Pharisäern. Auf ein akustisches Zeichen hin (z. B. Zimbel) nehmen sie jeweils einzeln in abgesprochener Reihenfolge Aufstellung wie auf dem Bild, nehmen die Haltung der dargestellten Personen ein und verharren ein paar Augenblicke als „lebendes Bild". Nach einem weiteren akustischen Zeichen löst sich das Standbild auf.
- Jetzt haben die DarstellerInnen Gelegenheit, über ihre Rollen zu sprechen. Ich war ...

### Den Text Mk 3,1-6 erschließen
- Sch lesen den Text **fse 52** unten und schreiben auf, welche Textstellen die Fragen aus der Bildbetrachtung beantworten.
- Was denken die Menschen über Jesus? Sch schreiben einen Satz auf und hängen ihn zu den Fragen, die beim Bild „Jesus vor Pilatus" entstanden sind.

## 3. Jahrgangsübergreifende Lerngruppe

Die Texterschließung zu **fse 52** wird von der Lerngruppe unterstützt.
- L oder Sch liest vor. Wörter, die schwierig sind, werden auf Karten geschrieben und gesammelt. Sch des zweiten Lernjahres versuchen, diese Wörter zu erklären (z. B.: stumm, taub, Effata, Synagoge, Schriftgelehrter, Sabbat, ...)

# Wortkarten zur Bildbetrachtung

| Trauer | Not | Licht | Auferstehung |
|--------|-----|-------|--------------|
| Gott | Schöpfung | Heil | Neubeginn |

Schneide die Wortkarten aus, ordne sie passenden Stellen im Bild zu!

# Kreuzweg-Stationen

4. Station: Jesus sieht seine Mutter

5. Station: Simon von Cyrene hilft Jesus

6. Station: Veronika reicht Jesus das Schweißtuch

8. Station: Frauen weinen um Jesus

- Sch malen ein Bild zum Textinhalt und fügen je nach Schreibfähigkeit Sprech- oder Denkblasen hinzu. Sch, die lesen können, fügen Textstreifen (**AB 2.4.8, Arbeitshilfen S. 169**) an.
- Sch des ersten Lernjahres beherrschen im Allgemeinen die genaue Bildbeschreibung.
- L deckt Bild abschnittsweise auf, um die Konzentration auf die drei handelnden Personen(gruppen) auszurichten.
- Die Fragen, die das Bild aufwirft, bearbeiten Sch des ersten Lernjahrs zeichnerisch. Welchen Teil des Bildes findest du besonders wichtig? Male dazu ein Bild. (Hand des Kranken, böse blickende Männer, Jesus segnet, ...)

## Was Menschen über Jesus denken

fragen – suchen – entdecken 54/55

## 1. Hintergrund

Im Laufe der Sequenz wird deutlich, dass Jesus den Weg der Liebe Gottes zu den Menschen konsequent geht. Mit seinen Worten und Taten zeigt Jesus, dass das Heilsangebot Gottes allen Menschen, besonders aber den „Armen" gilt. Das Liebesgebot ist für Jesus nicht die Summe der Einzelgebote, sondern jedes Einzelgebot ist ein Aspekt und eine Konkretisierung des Liebesgebotes. Jesus warnt vor einem formalen Gehorsam gegenüber dem Wortlaut des Gesetzes, der die Intention des Gesetzes, nämlich die Hinwendung zum ganzen Menschen, übersieht (vgl. Conzelmann/Lindemann, 1991, S. 407 ff.). Er setzt sich damit zum Teil über bestehende religiöse Ordnungen hinweg. Die wachsende Jesusbewegung beunruhigt aber nicht nur die gesetzestreuen Juden, sondern auch die römische Besatzungsmacht. Deshalb erfährt Jesus bei verschiedenen gesellschaftlichen Gruppierungen neben Zustimmung auch Ablehnung, die schließlich zur Anklage und zum Tod am Kreuz führt.

### Historisch-politische Grundlagen

Die politische und gesellschaftliche Situation Palästinas zur Zeit Jesu wurde durch das Verhältnis zu Rom bestimmt. Während Galiläa, der Heimat Jesu, unter Herodes Antipas von Rom eine gewisse Selbstständigkeit gewährt wurde, stand der Süden direkt unter römischer Verwaltung. Innerhalb der römischen Herrschaft gab es aber auch im Süden jüdische Selbstverwaltung, insbesondere das Recht der Juden, ihre religiösen und rechtlichen Angelegenheiten eigenständig zu regeln. Der Hohe Priester Kajaphas, der an der Spitze der jüdischen Selbstverwaltung stand, hatte damit einerseits die Aufsicht über den jüdischen Kult in Jerusalem und vertrat andererseits das Volk gegenüber Pontius Pilatus, dem römischen Statthalter in Judäa. Er war außerdem Vorsitzender des 70 Mitglieder umfassenden Hohen Rates, der sich aus Vertretern der Priester- und der Laienaristokratie zusammensetzte; hinzu kam noch die Gruppe der Schriftgelehrten.

Innerhalb des palästinensischen Judentums gab es Gruppen mit unterschiedlichen religiösen Vorstellungen und zum Teil gegensätzlichen politischen Plänen: Die Gruppe der **Pharisäer** setzte sich im Wesentlichen aus Laien zusammen. Sie hatten sich zusammengeschlossen in der Absicht, sich von der Menge des Volkes durch besondere religiöse Pflichterfüllung abzusetzen. Die Pharisäer erwarteten die Wiederherstellung Israels durch Gottes unmittelbares Eingreifen, nicht durch politisch-militärische Aktionen. Ähnlich verhielt sich die Gruppe der **Sadduzäer**. Sie hatte im Jerusalemer Adel und in den Priesterfamilien ihre Anhänger. Im Gegensatz zu den Pharisäern lehnten sie die mündliche Überlieferung ab und glaubten nicht an die Auferstehung der Toten. Gegenüber den Römern waren sie aufgeschlossen.

Die Gruppe der **Zeloten** bemühte sich ebenfalls in besonderem Maße um Gesetzestreue, aber damit verband sich ein politisches Programm, das schließlich zum Aufstand führte. Der Satz, dass nur Gott allein Herr über Israel sein dürfte, stand für sie in einem unüberbrückbaren Gegensatz zur römischen Besatzungsmacht (vgl. Conzelmann/Lindemann 1991, S. 161 ff.).

Im jüdischen Denken zur Zeit Jesu war damit sowohl die national-diesseitige Hoffnung auf die baldige Befreiung Israels bedeutsam (wobei es sich dabei um

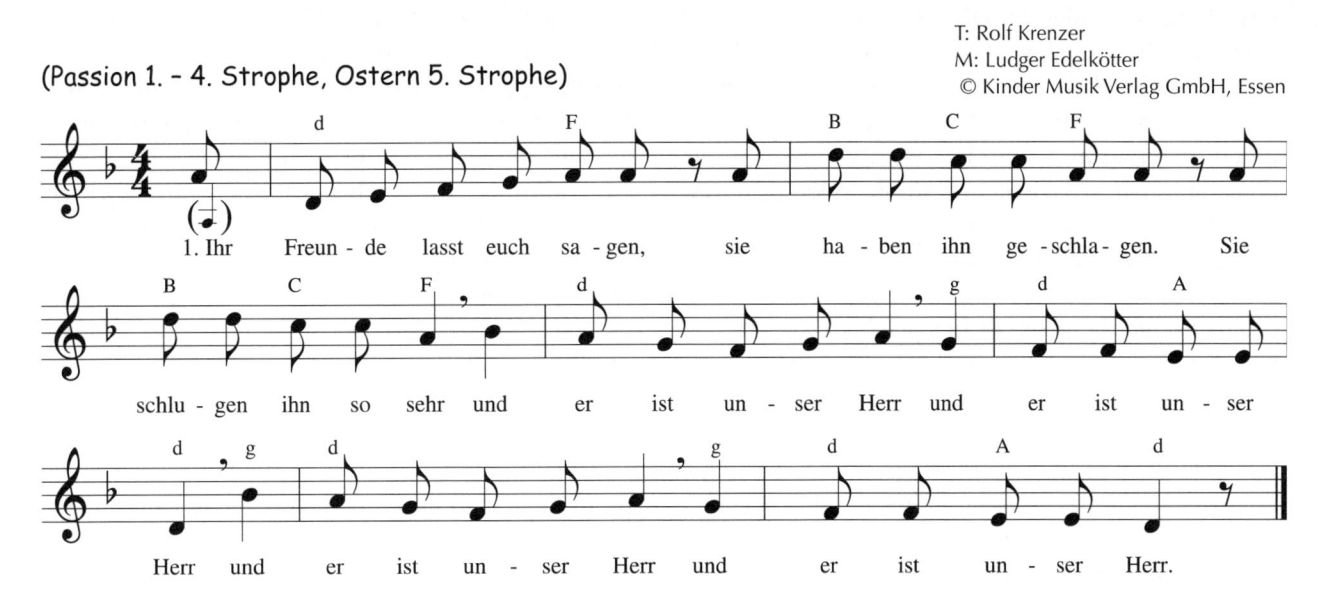

# Ihr Freunde, lasst euch sagen

(Passion 1. – 4. Strophe, Ostern 5. Strophe)

T: Rolf Krenzer
M: Ludger Edelkötter
© Kinder Musik Verlag GmbH, Essen

1. Ihr Freunde lasst euch sagen, sie haben ihn geschlagen. Sie schlugen ihn so sehr und er ist unser Herr und er ist unser Herr und er ist unser Herr und er ist unser Herr.

2. Ihr Freunde, lasst euch sagen: Er hat das Kreuz getragen.
   Uns ist das Herz so schwer und er ist unser Herr.

3. Ihr Freunde, lasst euch sagen: Er war ans Kreuz geschlagen.
   Das Kreuz war hart und schwer und er ist unser Herr.

4. Ihr Freunde, lasst euch sagen: Er hat den Tod ertragen.
   Uns ist das Herz so schwer und er ist unser Herr.

5. Ihr Freunde, lasst euch sagen: er hat den Tod geschlagen.
   Den Tod besiegte er. So stark ist unser Herr!

## Ich werde nicht sterben, sondern leben (Ps 118,17)

*Ich werde nicht sterben, sondern leben.*

Ich werde nicht _____ ,

sondern _____

eine Fortführung der alttestamentlich-prophetischen Heilsankündigung handelte) als auch die universale Erwartung des Endes der Welt, der Auferstehung der Toten und des Gerichts. Beide eschatologischen Hoffnungen sind nicht immer streng voneinander zu trennen und konnten sich mit der Erwartung einer besonderen Rettergestalt verbinden, etwa des Messias als dem nationalen davidischen König oder des vom Himmel kommenden „Menschensohnes", der im Auftrag Gottes Gericht halten wird (ebd., S. 183 f.).

### Biblische und religionspädagogische Aspekte

Die Aussagen, die Menschen verschiedener gesellschaftlicher Gruppierungen über Jesus treffen (vgl. **fse 54/55**), beziehen sich auf bereits thematisierte biblische Textstellen. Hinzu kommen die Texte vom Einzug in Jerusalem, in denen sowohl Zustimmung als auch Ablehnung deutlich wird:

Lk 6,19: Alle Leute versuchten ihn zu berühren; es ging eine Kraft von ihm aus, die alle heilte (**fse 50/51**).

Mk 7,37: Außer sich vor Staunen sagten sie: „Er hat alles gut gemacht!" (vgl. **fse 52**).

Mk 3,2.6: Sie gaben Acht, ob Jesus ihn am Sabbat heilen werde; sie suchten nämlich einen Grund zur Anklage gegen ihn ... Da gingen die Pharisäer hinaus und fassten zusammen mit den Anhängern des Herodes den Beschluss, Jesus umzubringen (vgl. **fse 52**).

Die Doppelseite „Was Menschen über Jesus denken" **fse 54/55** verdeutlicht die angespannte Situation in Jerusalem: „Als Jesus in Jerusalem einzog, geriet die ganze Stadt in Aufregung und man fragte: Wer ist das?" (Mt 21,10). Hier sind auf der einen Seite die Frauen und Kinder, die über Jesu Worte und Taten staunen und ihren Lobpreis zum Ausdruck bringen. Abgebildet ist auch ein fanatischer Mann, der von Jesus die Befreiung von der Herrschaft der Römer erwartet und Jesus als König proklamiert. Außerdem ist eine aufmerksame Beobachterin zu sehen, die sich in der angespannten Situation ängstigt.

Auf der anderen Seite sind Pharisäer und Schriftgelehrte dargestellt. Es sind diejenigen, die für den rechten Glauben zuständig sind und deshalb über Jesu gesetzeswidriges Verhalten debattieren. Ihre Vorwürfe und Kampfansagen gegen Jesus sind in allen Evangelien unüberhörbar. Die Schriftgelehrten stoßen sich immer wieder an Jesu Aussagen und Handlungen gegen das Sabbatgebot und andere religiöse Vorschriften. In Jerusalem, im religiösen Zentrum des Landes dringt Jesus direkt in den Machtbereich der Führer des jüdischen Volkes ein. Alle, die in Jerusalem Verantwortung tragen und Macht ausüben, erleben die Begeisterung des Volkes und sehen sich gezwungen, gegen Jesus vorzugehen. Es geht ihnen in erster Linie um die Sicherung ihrer Einflussmöglichkeiten und ihrer Macht. Dies kommt auch in den Aussagen der römischen Soldaten zum Ausdruck, die in der rechten oberen Bildhälfte abgebildet sind. Es ist ihre Aufgabe, in Jerusalem für Ordnung zu sorgen. Die Römer fürchten einen Aufruhr der Juden und betrachten Jesus als eine Gefahr für ihre Herrschaft in Palästina.

Der RU, der das Erleben der Sch ernst nimmt, darf nach der intensiven emotionalen Begegnung mit Jesus und seiner Frohen Botschaft vom Reich Gottes die Erklärung, warum Jesus sterben musste, nicht schuldig bleiben. Gleichzeitig aber sind einseitige Schuldzuweisungen, insbesondere antijüdische Tendenzen unbedingt zu vermeiden. Durch die Auseinandersetzung mit den unterschiedlichen Reaktionen auf das Handeln Jesu werden Sch angeregt, sich über menschenverachtende politische und religiöse Strukturen Gedanken zu machen. So können sie schrittweise verstehen, dass Jesus stirbt, weil er etwas verkündet, was bei den Mächtigen seiner Zeit auf Ablehnung stößt.

## 2. Einsatzmöglichkeiten im RU

### Jesus zieht in Jerusalem ein

- Sch betrachten **fse 54/55** und äußern sich dazu. Sie lernen Menschen kennen, die sich so auf die Ankunft Jesu in Jerusalem vorbereitet haben könnten:
  - ein Junge, der mit seinem Eselfohlen wartet;
  - die Leute, die Palmzweige vorbereiten;
  - der Mann, der Jesus zum König machen will;
  - Menschen, die auf Jesus hoffen;
  - eine Frau mit ihren Enkeln, die ein wenig ängstlich ist;
  - eine Frau mit einem Korb, die ihre Frage äußert;
  - Soldaten, die Jesus stoppen wollen, weil sie in ihm eine Gefahr sehen;
  - Soldaten, die den Streit gar nicht verstehen;
  - Pharisäer und Schriftgelehrte, die Jesu Verhalten als Übertretung der Gebote kritisieren.
- L legt der alten Frau (**fse 54**, sitzend im Hintergrund) in den Mund, was sie ihren Enkeln über das Pessach-Fest erklärt.
- Sch werden aktiv auf vielfältige Weise ins Geschehen einbezogen und können sich so mit den verschiedenen Personen identifizieren:
  - Mit Menschen, die freudig und gespannt auf Jesus warten.
  - Sch warten mit dem Jungen auf Jesus und ergänzen: Dort, wo Jesus ist ...
  - Sch gestalten mit Tüchern und Zweigen den Schauplatz für den Einzug in Jerusalem.
  - L erzählt, wie Jesus in Jerusalem einzieht.
  - Sch begrüßen Jesus in ihrer Mitte mit dem Lied „Du bist da, wo Menschen leben" (**fse 51**).
  - Sch bedenken das Schriftwort: „Siehe, dein König kommt zu dir. Er ist gerecht und hilft. Friedfertig reitet er auf einem Esel" (nach Sach 9,9).

# Freut euch alle, Jesu lebt!

T: Sr. C. Sillmann
M: H. Neubauer

Freut euch al - le, Je - sus lebt! Er ist hier bei uns!

Singt und tanzt und ju - belt Gott! Er ist hier bei uns!

Gott ist gut, ein Gott des Le - bens, er ver - lässt uns nicht.

Er be - freit aus Tod zum Le - ben, er ver - lässt uns nicht.

# Christus ist erstanden!

Christus resurrexit!
(lateinisch)

Kristus er oppstanden!
(niederländisch)

Christ est ressuscité!
(französisch)

Jesus Christ is risen!
(englisch)

Chrystus Zmartwychstal!
(polnisch)

Cristo è risorto!
(italienisch)

Christo ha resucitado!
(spanisch)

Христос воскрес
(russisch)

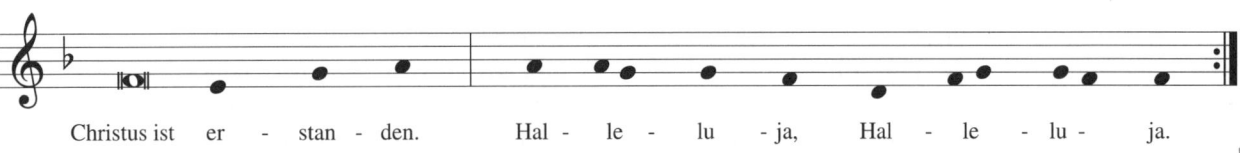

Christus ist er - stan - den. Hal - le - lu - ja, Hal - le - lu - ja.

– L bereitet Schriftrolle vor: auf einen Papier-Streifen das Schriftwort schreiben, an zwei Schaschlik-Spießen die Enden des Papier-Streifens festkleben, auf die vier Enden der Schaschlik-Spieße Holzperlen kleben, den Streifen einrollen und mit einem Band zusammenbinden:

> Siehe, dein König kommt zu dir.
> Er ist gerecht und hilft.
> Friedfertig reitet er auf einem Esel.

**Menschen lehnen Jesus ab**
- Sch betrachten die Pharisäer und Schriftgelehrten am Eingang zur Synagoge (**fse 55**) und vermuten, worüber sie sich unterhalten.
- Sch lesen den Text von der Heilung am Sabbat (**fse 52**).
- Sch ergänzen anschließend die Aussagen der Pharisäer und Schriftgelehrten (**fse 55**).
- Sch spielen das Gespräch der Pharisäer und Schriftgelehrten, evtl. ergänzt durch eigene Aussagen.
- Andere Sch kommen als Freunde und Jünger Jesu dazu, die das Verhalten Jesu verteidigen (**fse 54**).
- Weitere Sch kommen als römische Soldaten, die ein härteres Vorgehen gegen Jesus fordern (**fse 55**).

**Die Stimmung in Jerusalem aufschnappen**
Sch erzählen mit Hilfe von Stabfiguren: Petrus und Johannes wurden von Jesus in die Stadt geschickt, um das Mahl vorzubereiten. Da hören sie, was die Leute über Jesus reden und fragen: Hast du das gehört? ... (Vgl. zur Arbeit mit Stabfiguren Arbeitshilfen S. 164 und **AB 2.4.6, Arbeitshilfen S. 165**.)

### 3. Jahrgangsübergreifende Lerngruppe

- L bereitet für Sch des ersten Lernjahres einen kleinen Erzählrahmen zum Ausschneiden vor (Vorlage s. **AB 2.4.10, Arbeitshilfen S. 171**), der so groß ist, dass er die dargestellten Gruppierungen auf **fse 54** und **55** einzeln einrahmen kann (ca. 8 x 8 cm).
- Sch schieben den Rahmen von Gruppe zu Gruppe und beschreiben möglichst genau die einzelnen Szenen. Was haben die Menschen an? Was tun sie gerade? Was erzählt mir das Bild von ihnen? Was sagen sie vermutlich zueinander?
- Sch des ersten und zweiten Lernjahres arbeiten in PA an verschiedenen Szenen und setzen die angefangene Sprechblase fort oder ergänzen Sprechblasen.
- Schreibende/r Sch notieren das Gespräch der Szene.
- Sch aus dem ersten Lernjahr malen die Szene oder pausen sie ab.
- Geschriebener Sprechtext wird dazugehängt oder dazugeklebt.
- Präsentation der Partnerergebnisse an der Tafel oder einer Stellwand.
- Gemeinsamer Blick auf die Ausgangsfragen des Kapitels. Warum wird Jesus angeklagt?

## Jesus geht seinen Weg bis zum Kreuz
fragen – suchen – entdecken 56/57

### 1. Hintergrund

**Die Passionserzählung**
Die Doppelseite **fse 56/57** thematisiert die Zielbeschreibung: „Sie (Sch) sollen erkennen, dass Jesus den Weg der Liebe Gottes zu den Menschen konsequent bis zum Tod am Kreuz geht." Auf den vorherigen Seiten haben sie erlebt, wie Jesus durch seine Verkündigung vom Reich Gottes und durch sein Handeln einerseits große Zustimmung, andererseits unversöhnliche Ablehnung erfahren hat, die ihn schließlich ans Kreuz brachte. Die Passion Jesu soll von den Sch als Konsequenz seines Wirkens erkannt werden. Jesus selbst geht diesen Weg bis in die Metropole Jerusalem, in der die Entscheidung fällt. Durch das Erzählen und Nachsinnen erleben Sch die Passion Jesu. Jesus geht seinen Weg zu Ende bis zum Kreuz. Er bleibt nicht verschont von maßloser Angst und tiefer Verzweiflung wie jeder andere Mensch angesichts einer solch aussichtslosen Situation: Ecce home – Das ist der Mensch!

Der Text **fse 56** bietet eine für Kinder überschaubare Zusammenfassung des Passionsgeschehens, die in einzelnen Schritten von L ausgebreitet werden muss, z. B.:
Warum Jesus gefesselt wird (**fse 49**)
Beschluss, Jesus zu töten (**fse 52/53**)
Wie Menschen von Jesus denken (**fse 54/55**)
Jesu Gefangennahme am Ölberg

Anklage vor dem Hohen Rat
Verhandlung vor Pilatus, Verurteilung durch Pilatus
Kreuzweg und Kreuzigung Jesu (**fse 56/57**).
Dieser zusammenfassende Text wird begleitet von einzelnen Sätzen aus Psalm 22, die Jesus selbst am Kreuz in den Mund gelegt werden: vgl. Mt 27,46 und Mk 15,34. Die Worte, die Sch durchaus mit eigenen Erfahrungen verknüpfen, verbinden sie auch mit Jesus, der sie im Gebet verwendet.
Tonarbeiten aus dem Kreuzweg der St.-Simpert-Kirche in Augsburg setzen einzelne Szenen, wie die Verurteilung durch Pilatus, den Sturz unter dem Kreuz und den Tod Jesu am Kreuz, ins Bild.

### Der Kreuzweg

Den Kreuzweg zu gehen ist eine Andachtsform, bei der die Leidensstationen Jesu in (heute) 14 Stationen betrachtet werden, indem man andächtig die einzelnen Stationen mit Jesus „mitgeht". Der Inhalt der einzelnen Abschnitte folgt den Schilderungen der Evangelien; eine Station (Veronika reicht Jesus das Schweißtuch) ist legendär. Die Siebenzahl der römischen Stationskirchen führte zunächst dazu, sieben Leidensstationen zu meditieren. Im Mittelalter wurden zu den damals üblichen zwölf Stationen des Leidens noch die Kreuzabnahme und Grablegung hinzugefügt. Heute findet man manchmal auch eine 15. Station zur Auferstehung Jesu.
Ab dem 14. Jahrhundert besuchten Pilger die Gedächtnisstätten in Jerusalem. Das Anbringen von Kreuzwegbildern in Kirchen begann vermutlich erst Ende des 17. Jahrhunderts. Seither gibt es vielfältige Gestaltungen für das öffentliche und private Gebet: Schnitzereien, Gemälde, Skulpturengruppen, Hinterglasbilder, Illustrationen, Keramiken. Künstler der Gegenwart versuchen oft, die Stationen auf die wesentlichen Züge und die Figurenzahl zu begrenzen.

**Der Kreuzweg aus der Kirche St. Simpert in Augsburg**
Gerd von Stokar, Keramiker und Bildhauer aus Dachau, hat diesen Kreuzweg geschaffen und seine Frau Anneliese von Stokar hat ihn 1986 zu Ende geführt. „Es war sein (des Künstlers) lang gehegter Wunsch, einmal eine solche Arbeit schaffen zu dürfen. Einen Krankenhausaufenthalt nützte er, um nur anhand der Bibel sich in diese Aufgabe zu vertiefen. Anschließend schuf er die Skizzen für den Kreuzweg in der Einsamkeit einer Tiroler Berghütte. So entstand etwas wie ein Lebenswerk, in das er seinen ganz persönlichen Glauben und die tiefe Glaubenserfahrung seines Lebens hineingelegt hat. Er hat gerungen mit dem Material, um das darzustellen, was er am eigenen Leib tagtäglich erfuhr, das Geheimnis des Kreuzes, das ihm persönlich auferlegt war. Nach der 7. Station musste er das Werkzeug aus der Hand legen. Nach einem Schlaganfall starb er am 4. Mai 1986. ... Nun sprang seine Frau Anneliese von Stokar ein und vollendet nach dem Tod ihres Mannes seinen Kreuzweg."
„Die kleinen Würfel am Bildrand sind die Häuser der Menschen" (Kreuzweg Augsburg St. Simpert, S. 3 f.).
Die Kreuzweg-Darstellungen orientieren sich an der Passionserzählung gemäß dem Johannes-Evangelium. Während das Markus-Evangelium (**fse 56**) die Verlassenheit Jesu mit Rückgriff auf Psalm 38,12 („Freunde und Gefährten bleiben mir fern in meinem Unglück") darstellt – außer den römischen Schergen sehen nur die Frauen, die Jesus von Galiläa her gefolgt sind „von weitem zu"–, erzählt nur das Johannes-Evangelium von Maria, der Schwester Marias und dem „Jünger, den Jesus liebte" unter dem Kreuz.
Weitere Stationen des Kreuzwegs aus St. Simpert/Augsburg bietet AB 2.4.12, Arbeitshilfen S. 177.

## Literatur

Mit Kindern den Kreuzweg gehen, RPA-Verlag, Landshut 1986, H. 1
Birkle, Georg, Kreuzweg Augsburg St. Simpert, hg. v. Kath. Pfarramt St. Simpert, Augsburg o. J.

## 2. Einsatzmöglichkeiten im RU

**Die Passion Jesu kennen lernen**
L erzählt die einzelnen Abschnitte der Passion mit Hilfe von **AB 2.4.11, Arbeitshilfen S. 175**.

**Die Passion bildnerisch gestalten**
- Sch gestalten zu den einzelnen Abschnitten der Passion jeweils ein Bild, sodass im Heft eine „Bildergeschichte" entsteht,
- oder sie stellen ein Leporello her.
- Im Klassenzimmer entsteht ein Passionsweg aus einzelnen Stationsbildern.

**Die drei Bilder des Kreuzweges (fse 56/57) erkunden**
- 1. Station: Pilatus verurteilt Jesus zum Tode
– Was steht im Bild geschrieben? „Seht, welch ein Mensch." Pilatus meint, die Menschen mögen sich doch erbarmen. Er, Jesus, hat doch schon genug Strafe erlitten.
– „Kreuzigt ihn", heißt die Forderung des aufgebrachten Volkes.
– Was könnte Jesus beten? Wähle ein Psalmwort!
- 3. Station: Jesus bricht unter dem Kreuz zusammen
– Vergleiche die Größe des Kreuzes mit der Größe Jesu!

- Was spürt Jesus wohl?
- Oben links siehst du die Häuser der Menschen.
- Wo bricht Jesus zusammen?
- Was könnten die Menschen, was könnte Jesus beten?
• 12. Station: Jesus stirbt am Kreuz
  Was ruft Jesus? Lege ihm einen Gebetsruf in den Mund!
- Was denkt wohl seine Mutter Maria?
- Was kann sein Freund Johannes nicht begreifen?
- Wann sind Menschen wie angenagelt? Wann wissen sie nicht mehr ein noch aus?
- Warum beginnt ein grünes Bäumchen zu wachsen?
• Perspektivisches Nacherzählen: Maria aus Magdala und viele andere Frauen sehen von weitem zu und beobachten das unfassbare Geschehen:
- Woran erinnert sich Maria von Magdala?
- Was hält sie für unglaublich?
- Worauf weiß sie keine Antwort?
- Was würde sie jetzt wohl am liebsten tun?
- Was möchte sie den Menschen, die Jesus verurteilen, sagen?
- Worauf hofft sie?

**Assoziationsübung zu den Psalmversen fse 56**
zu 1. So fragt ein Mensch, der ...
zu 2. Wer mit Gott so redet, die oder der ...
zu 3. Das kann jemand sagen, wenn ...
zu 4. Schreibe diesen Ruf einfach weiter!
zu 5. Beginne weitere Sätze mit: Ich bin ...
zu 6. Stelle Fragen an den Menschen, der so betet!

**Weitere Kreuzweg-Stationen kennen lernen**
• Sch betrachten **AB 2.4.12, Arbeitshilfen S. 177**.
- und besprechen: Wem begegnet Jesus auf dem Kreuzweg? Wen trifft er?
  (4. Station: Jesus sieht seine Mutter; 5. Station: Simon von Cyrene hilft Jesus; 6. Station: Veronika reicht Jesus ein Schweißtuch; 8. Station: Frauen weinen über Jesus)
- Sch lassen die Personen am Weg erzählen.
- Sie finden eigene Überschriften für die Stationen.
• Sch gestalten gemeinsam einen Kreuzweg an der Wand im Klassenzimmer.
• Sch schauen den Kreuzweg in der Kirche an und vergleichen ihn mit den drei Stationen **fse 56/57**.

**Ein Passionslied erarbeiten**
• Sch singen „Ihr Freunde, lasst euch sagen" **AB 2.4.13, Arbeitshilfen S. 179**.
• „Ihr Freunde, lasst euch sagen: Jesus ..." – Sch erzählen aus der Passion.

## 3. Jahrgangsübergreifende Lerngruppe

• Sch des ersten Lernjahrs bearbeiten hier vorwiegend die erzählte Handlung.
  Sie beschreiben die Kreuzwegabbildungen auf **fse 56** und **57**.
• L besucht mit Sch den Kreuzweg der eigenen Pfarrkirche.
  Sch bringen Abbildungen zu Kreuzwegstationen mit, die sie in religiösen Kinderbüchern oder Kinderbibeln finden.
• L oder Sch des zweiten Lernjahrs sammelt Fragen. (Tut die Dornenkrone weh? Wie hält Jesus die Schmerzen aus? Wer hilft Jesus? ...)
- Beantwortung der Fragen in GA auf einem Lernplakat. Dazu notiert ein schreibender Sch die Frage in die Mitte. Gedanken und Antworten der Gruppe werden rundherum aufgeschrieben oder aufgemalt. Präsentation der Gruppenplakate für alle Sch.
  Sch malen eine ausgewählte Kreuzwegstation.

---

## Was Menschen nach dem Tod Jesu erfahren  fragen – suchen – entdecken 58/59

### 1. Hintergrund

**Die Erscheinungsgeschichten**
Hinsichtlich Erscheinungsgeschichten kennen die Evangelien eine Fülle verschiedener Erzähltraditionen. Das Erscheinen Jesu ist eine vielfach bezeugte, glaubensbegründende Erfahrung.
Das Johannesevangelium beschreibt in Kapitel 20,11-18 eindrucksvoll die Begegnungsgeschichte zwischen Jesus und Maria aus Magdala. In den ursprünglichen Erzählablauf (vgl. Joh 20,1) wurde die Erzählung von der Entdeckung des leeren Grabs durch Simon Petrus und den Jünger, den Jesus liebte, eingeschoben (Joh 20,3-10). Dann schildert der Text, wie Maria aus Magdala, die bei dem Kreuze Jesu stand (vgl. Joh 19,25), dem auferstandenen Jesus begegnet und damit erste Zeugin der Auferstehung wird. So wie ihre Liebe sie auch dann noch bei dem Sterbenden festhielt, als keine Hoffnung mehr war, so treibt sie sie auch sogleich am ersten Tag der neuen Woche zu dem Toten. So wie sie bei den letzten Zeugen des Sterbens war, so wird sie die erste Zeugin des Neuen, das nun beginnt.

Auch das Markusevangelium erwähnt die Erscheinung Jesu vor Maria aus Magdala (Mk 16,9); das Matthäusevangelium erzählt von der Erscheinung Jesu vor den Frauen (Mt 28,9-10). Alle Evangelien schildern die Erscheinung des Auferstandenen vor den Jüngern in Jerusalem. Besonders das Johannesevangelium erzählt eindringlich von der Situation der Jünger (vgl. Joh 20,19-21): Abend, Angst, verschlossene Türen. Unversehens steht Jesus mitten unter ihnen und sagt: „Friede mit euch!" Die nachösterliche Gemeinde hält auf diese Weise fest, wie die Erfahrung des Auferstandenen ihre Angst und das schlechte Gewissen derer überwindet, die ihn verlassen und verleugnet hatten.

Der fiktive Dialog zwischen Maria aus Magdala und Johannes (**fse 58**) bezieht sich auf diese biblischen Texte. Das Erzählen verzichtet auf den Begriff „erscheinen", um missverständliche Assoziationen zu Gespenstergeschichten, in denen die Geister von Toten erscheinen, zu vermeiden. Im Urtext des Neuen Testaments steht an diesen Stellen ein einfaches Perfekt des Wortes „sehen". Maria verkündet: „Ich habe den Herrn gesehen!" Deshalb muss sie davon reden und lässt sich nicht mehr zum Schweigen bringen: Den sie ins Grab gelegt haben, der ersteht wieder auf; den sie zerbrechen wollten, den hat Gott wieder aufgerichtet. Diese Begegnung hat für sie die Macht der Angst und des Todes und damit die Macht der Mächtigen zunichte gemacht (vgl. Baldermann ³1996). Indem sich Sch mit der Botschaft von der Auferweckung Jesu beschäftigen, können sie ein Gespür für die Hoffnung entwickeln, die von Ostern ausgeht. Das in die Trauer der Jünger hineingesprochene „Jesus lebt! Er ist auferstanden" begründet die Hoffnung auf einen neuen Himmel und eine neue Erde. Es gibt die Gewissheit, dass der Tod nicht das Letzte ist, weil Jesus Christus den Tod überwunden hat. Auch Kinder erleben, dass der Tod die Macht hat, schon im Vorhinein zu töten: den Mut, die Liebe, die Freude – durch Angst, durch Gewalt, durch Verzweiflung. Mit den Ostererzählungen können sie neue Hoffnungsmuster entwickeln, die ihnen helfen, diese Macht des Todes zu begrenzen (vgl. Baldermann 1996, S. 27, 198 ff.).

### Christi Himmelfahrt

Die Himmelfahrt Christi wird nur in Lk 24,50-53 und Apg 1,9 ff. erzählt und im kanonischen Mk-Schluss Mk 16,19 (aus dem 2. Jh.) kurz erwähnt. Lukas hat beide Szenen in Anlehnung an das antike Schema einer Entrückung gestaltet. Das Entschwinden Jesu vor den Augen seiner Jünger und die – nicht wahrnehmbare – Aufnahme in den Himmel werden erzählt. In Lk 24 ist die Himmelfahrt als Abschiedsszene gestaltet; in Apg 1 wird eher die Wiederkunft Christi (als endzeitlicher Richter) betont. Während in Lk 24 die Himmelfahrt anscheinend am Montag nach Ostern situiert wird, schließt sie in Apg 1 eine vierzigtägige Zwischenzeit ab, in der der Auferstandene sich seinen JüngerInnen als lebend erweist. Die „Himmelfahrt" muss als eindrucksvolle Illustration einer christologischen Erkenntnis – Jesus ist verherrlicht bei Gott – verstanden werden; sie ist nicht die Beschreibung eines historischen Ereignisses.

Etwa ab dem Ende des 5. Jh. ist in der christlichen Liturgie das Fest „Christi Himmelfahrt" verbreitet und wird 40 Tage nach Ostern als Vollendung der Auferstehung gefeiert. Das heutige Messformular betont neben der Erhöhung und Wiederkunft die bleibende Anwesenheit Christi in seiner Gemeinde (vgl. J. Nützel, Art. Himmelfahrt Christi, LThK 5, Freiburg 1996).

### Darstellungen der Himmelfahrt Christi

In der Bildtradition haben sich verschiedene Bildmotive ausgeprägt: Christus schreitet in den Himmel und ergreift die Hand Gottes; Christus schwebt mit ausgebreiteten Armen, in Orantehaltung, oder auf einer Wolke empor; Christus entschwindet: Nur die untere Körperhälfte, nur die Füße, nur Fußabdrücke sind zu sehen.

Der Impuls **fse 58** will vermeiden, dass solch gegenständliche Vorstellungen verstärkt werden und Sch historisierend malen. Ein Himmelfahrtsbild „nur aus Farben" ist eher geeignet, das endgültige Aufgehobensein bei Gott darzustellen. Das Himmelfahrtsbild kann daher dem „Osterbild" **fse 59** durchaus ähnlich sehen.

#### Robert Delaunay (1885-1941)

Der französische Künstler Robert Delaunay beschäftigte sich am Ende seiner Lehrzeit mit Farbtheorien und malte dann farbintensive, vom Kubismus geprägte Bilder. In den Jahren 1911/12 nahm er an den Ausstellungen der Künstlergruppe „Der blaue Reiter" in München teil. Delaunays 1912 entstandenes Bild „formes circulaires" (Kreisformen) gilt als das erste abstrakte Bild in der französischen Kunst.

In den Kreisformen spielt die Zerlegung von Licht in Farbe und Bewegung eine zentrale Rolle. Ausgehend von den Wahrnehmungen im modernen, durch Elektrizität dynamisierten Alltag, abstrahierte Delaunay das Gegenständlich-Figurative und übersetzte es in Farbe und Bewegung. Er gelangte dadurch auch zu einer kosmisch-universalen Beschreibung der Wirklichkeit und ermöglicht dem Betrachter neue Blickperspektiven aus der Ferne.

**Robert Delaunay: „formes circulaires-soleil",
1912**

Das Bild „formes circulaires-soleil" (Kreisformen – Sonne) gehört zur 1912 entstandenen Reihe von Bildern „formes circulaires". Aus dem Spiel von Farbe, Licht und Bewegung ergeben sich drei christliche Symbole: Kreis, Kreuz und Sonne.

Die Sonne – die Unvorstellbarkeit ihrer Entstehung, Größe, Hitze und Entfernung – hat die Menschen von jeher fasziniert. Während die Menschen in der Frühzeit der Geschichte sich der Sonne als einer ganz und gar unbegreiflichen Macht ausgeliefert sahen und sie staunend als Gott verehrten, stellt der atl. Schöpfungsbericht sie als geschaffen dar. Heute hat das Wissen um naturwissenschaftliche Hintergründe wohl die Angst, nicht aber das Staunen gemindert.

Die Sonnensymbolik ist sowohl in menschheitsgeschichtlich frühen Religionen als auch im Christentum von großer Bedeutung, weil sie in engem Zusammenhang mit der Gottesfrage steht. Die christliche Ikonografie kennt zahlreiche Bilder, die Christus im Symbol der Sonne, als „Sonne der Gerechtigkeit" und als „Licht der Welt" zeigen. Darüber hinaus hat die Sonne wie kaum ein anderes Symbol Eingang in die christliche Auferstehungssymbolik gefunden (vgl. z. B. Oberthür 1995, S. 49 ff.). Als Jesus starb, brach Finsternis über das ganze Land herein (vgl. Mk 15,33). Als die Sonne aufging, verkündete der Engel im leeren Grab die Botschaft (vgl. Mk 16,2).

In Delaunays Bild erstrahlt das Licht der Sonne im Zentrum des Kreuzes. Dort, wo sich die helle Verbindung von Himmel und Erde mit der horizontalen Ausrichtung unseres menschlichen Daseins kreuzt, beginnt etwas Neues, Lichtdurchflutetes – umgeben von den Farben des Regenbogens. Die Schatten des Dunkels, die in der Bildmitte hervortreten, können es nicht mehr vertreiben.

## Literatur

Meine Schulbibel. Ein Buch für Sieben- bis Zwölfjährige, München 2003
Niehl, Franz W. (Hg.), Leben lernen mit der Bibel. Der Textkommentar zu Meine Schulbibel, München 2003, S. 265ff.

## 2. Einsatzmöglichkeiten im RU

**Was Menschen nach dem Tod Jesu erfahren**
- Sch erzählen im Sitzkreis zu den Kreuzweg-Bildern und vergegenwärtigen sich die Situation der Jüngerinnen und Jünger: „Alles ist aus!"
– Eine Nachricht verbreitet sich: Sch spielen „Stille Post" mit Maria aus Magdala (evtl. Figur weitergeben): „Ich habe den Herrn gesehen!"
– Sch sprechen die Fragen und Reaktionen der Jünger aus.
– Sch erfahren, was Maria aus Magdala am Ostermorgen erlebt hat (Lehrer-Erzählung nach Joh 20,1.11-18, vgl. **fse 58**).
– Sch lesen nach, was Johannes einige Tage später erzählt (**fse 58**).
- Sch spielen das Gespräch zwischen Maria und Johannes frei nach und weiter (evtl. mit Stabfiguren, vgl. dazu Arbeitshilfen S. 164).

**Assoziationsübung „Ich werde nicht sterben, sondern leben!" (Ps 118,17)**
- Sch betrachten Bilder von traurigen, ängstlichen und leidenden Menschen (z. B. **fse 38**) und ordnen Klagepsalmen zu (z. B. **fse 57**).
- Sch formulieren Gegen-Worte des „Auf(er)stehens" vor dem Hintergrund der Erfahrung des Darniederliegens, z. B. Ich werde nicht liegen bleiben, sondern aufstehen. – Ich werde nicht weinen, sondern lachen (**AB 2.4.14, Arbeitshilfen S. 179**).
- Sch singen einen österlichen Liedruf (**AB 2.4.15, Arbeitshilfen S. 181**).

**„Christus ist erstanden!"**
- Sch hören und singen einen österlichen Liedruf: GL Nr. 237 Kehrvers.
- Sch schreiben und gestalten die Oster-Botschaft in verschiedenen Sprachen: **AB 2.4.16, Arbeitshilfen S. 181**.

**Bildbetrachtung**
- Sch betrachten das Bild „ Formes circulaires – soleil" (Kreisformen – Sonne) auf **fse 59** oder auf dem OHP. Es ist als Folie Nr. 20 in der Schatzkiste 1/2 enthalten.
– Sch nehmen das Bild spontan wahr; erste Kontaktaufnahme mit dem Bild; ungelenktes Anschauen und Wahrnehmen; nach einer Phase der Stille: spontane Äußerungen ohne Diskussion und Wertung.
– Sch analysieren das Bild: Was ist auf dem Bild zu sehen? Sch entdecken die Kreise, das Kreuz. Sch zählen Farben auf.
– Sch deuten das Bild: Was hat Robert Delaunay dargestellt? Was ist zu sehen? Was ist nicht zu sehen und trotzdem da? Sch interpretieren und verknüpfen ihre Wahrnehmungen mit eigenen Vorerfahrungen. L gibt Impulse, die eigene Lebenswelt einzubeziehen (Assoziationen zu Farben und Formen).
– Sch ordnen in PA die Wortkarten von **AB 2.4.17, Arbeitshilfen S. 177**, einzelnen Bildausschnitten zu und begründen ihre Anordnung.
– Sch erhalten Bild als Kopie oder als Farbausdruck, kleben es auf ein großes weißes Blatt, malen es weiter und lassen individuell ausgewählte Metaphern schriftlich oder bildnerisch einfließen.

# Auf dem Weg nach Emmaus

Am gleichen Tag waren zwei von den Jüngern unterwegs zu einem Dorf. Es hieß Emmaus und lag sechzig Stadien von Jerusalem entfernt. Auf dem Weg sprachen sie miteinander über alles, was geschehen war. Während sie so redeten, kam Jesus dazu und ging mit ihnen. Doch sie waren wie mit Blindheit geschlagen und erkannten ihn nicht.

Er fragte sie: „Was soll das bedeuten? Worüber redet ihr miteinander?"

Da blieben sie traurig stehen. Und der eine von ihnen, der Kleopas hieß, antwortete ihm: „Bist du der Einzige in Jerusalem, der nicht weiß, was gerade dort geschehen ist?" Er fragte sie: „Was denn?"

Sie antworteten ihm: „Das mit Jesus von Nazaret. Er war ein Prophet. Er lehrte und handelte voller Kraft vor Gott und dem ganzen Volk. Doch unsere Hohen Priester und Anführer haben ihn zum Tode verurteilen und ans Kreuz schlagen lassen. Wir aber hatten gehofft, er wäre gekommen um Israel zu erlösen. Und heute ist schon der dritte Tag, seitdem das alles geschehen ist."

Da sagte er zu ihnen: „Versteht ihr denn nicht? Wie mutlos sind doch eure Herzen. Warum glaubt ihr nicht, was die Propheten gesagt haben? Musste nicht der Messias all dies leiden, um so in seine Herrlichkeit zu kommen?" Und er fing an, ihnen aus den Büchern des Mose und den Büchern der Propheten zu erklären, was in der ganzen Schrift über ihn geschrieben steht.

So kamen sie in das Dorf, zu dem sie unterwegs waren. Jesus tat so, als wollte er weitergehen. Aber sie redeten ihm zu und sagten: „Bleibe bei uns, denn es will Abend werden und der Tag hat sich geneigt."

Da ging er mit ihnen hinein um bei ihnen zu bleiben. Und als er mit ihnen bei Tisch saß, nahm er das Brot. Er sprach den Segen, brach das Brot und gab es ihnen. Da gingen ihnen die Augen auf und sie erkannten ihn. Jesus aber verschwand vor ihren Augen.

Und sie sagten zueinander: „Brannte uns nicht das Herz in der Brust, als er unterwegs mit uns redete und uns die Schrift erklärte?"

Noch in derselben Stunde brachen sie auf und kehrten nach Jerusalem zurück. Sie fanden die elf Apostel und die anderen Jünger beisammen. Diese sagten ihnen: „Der Herr ist wirklich auferstanden. Er ist dem Simeon erschienen."

Da erzählten auch sie, was sie unterwegs erlebt hatten und wie sie Jesus erkannten, als er das Brot brach.

## Geh mit uns

T: Norbert Weidinger
M: Ludger Edelkötter
© KiMu Kinder Musik Verlag GmbH, Essen

Geh mit uns auf unserm Weg, geh mit uns auf unserm Weg!

**Der Weg nach Emmaus**
- L oder Sch liest Lk 24, 13-35 abschnittweise vor (**AB 2.4.18, Arbeitshilfen S. 187**).
- Sch malen Bilder zu den einzelnen Erzählabschnitten:
  - Jesus schließt sich den beiden traurigen, hoffnungslosen Jüngern auf ihrem Weg an.
  - Jesus nimmt am Mahl teil und bricht das Brot. Die Jünger erkennen/sehen den Auferstandenen.
  - Die beiden Jünger gehen mit neuer Hoffnung nach Jerusalem zurück.
  - Sie suchen Rat und finden Bestätigung durch die anderen Apostel.
- Sch bereiten in Gruppen zu einzelnen ausgewählten Textabschnitten ein Rollenspiel vor: z. B.
  - die Jünger auf dem Weg nach Emmaus gehen gebückt, traurig. Sie erzählen dem Begleiter die Passionsgeschichte.
  - Die Jünger erzählen in Jerusalem den Aposteln von ihrer Erkenntnis beim Brotbrechen.
- Sch unterstreichen im Text die Worte „mit Blindheit geschlagen", „da gingen ihnen die Augen auf" und schreiben in GA Assoziationen zu diesen Aussagen auf ein Plakat. Wann ist ein Mensch mit Blindheit geschlagen? Wann gehen einem die Augen auf?
- Sch schreiben die beiden Sätze: „Und als er mit ihnen bei Tische saß, nahm er das Brot. Er sprach den Segen, brach das Brot und gab es ihnen." aus dem Text ab und überlegen, ob sie diese schon einmal gehört haben. Unter den Satz malen sie ein Bild dazu.

**Ein Himmelfahrtsbild malen**
Sch gestalten ein Bild nur aus Farben, das der Freude darüber Ausdruck gibt, dass Jesus bei Gott ist. Dazu kann L farbiges Papier anbieten (vgl. Hinweise zur Bildtradition, Arbeitshilfen S. 185).

## 3. Jahrgangsübergreifende Lerngruppe

- Sch des ersten Lernjahres malen mit Wachskreiden das Bild **fse 59** ab. Die Bilder erhalten ein schwarzes Passepartout.
- Sch hören die Emmaus-Geschichte (Lk 24,13-35), malen ein Bild zu dem für sie wichtigsten Abschnitt der Geschichte und schreiben evtl. Sprechblasen und eine Überschrift dazu.

---

**Sich an Jesus erinnern**    fragen – suchen – entdecken **60/61**

## 1. Hintergrund

**Das Hungertuch**
Im Jahr 1976 griff die bischöfliche Aktion Misereor in Deutschland eine Tradition auf, die im Mittelalter in Europa weit verbreitet war und in einigen Kirchen Kärntens, Tirols und des westfälisch-niedersächsischen Raumes bis heute erhalten blieb. Ursprünglich wurden die Fastentücher während der 40-tägigen vorösterlichen Fastenzeit im Chor aufgehängt und verdeckten den gesamten Altarraum. Diese Trennung sollte den Gläubigen bewusst machen, dass sie sich durch begangene Sünden von Gott entfremdet hatten und sie deshalb nicht würdig waren, das Allerheiligste zu schauen. Man erlegte ihnen also in Ergänzung zum körperlichen zusätzlich eine Art seelisches Fasten als Buße auf.
Später benutzte man die Tücher auch um die gesamte Heilsgeschichte von der Schöpfung bis zum Jüngsten Gericht in zahlreichen aneinander gereihten Bildern darzustellen und so Besinnung und Umkehr der Gläubigen zu fördern.
Seitdem die Hungertuch-Idee von Misereor wieder aufgegriffen wurde, haben Künstler aus aller Welt Hungertücher zur Thematik der jährlichen Misereor-Fastenaktion gestaltet. In vielen Pfarreien werden in der Fastenzeit diese oder selbst gestaltete Hungertücher aufgehängt und in Gottesdiensten thematisiert.

Die Idee, mit den Sch ein Hungertuch anzufertigen, schließt an diese Tradition an. Es ist ein Versuch, die Heilsgeschichte Jesu, der seine Botschaft in Wort und Tat verkündete und den Weg der Liebe Gottes zu den Menschen konsequent bis zum Tod am Kreuz ging, bildnerisch darzustellen. Beim Malen fließen emotionale Erfahrungen und subjektive Erkenntnisse in die Gestaltung ein. Das persönliche Erlebnis mit der Geschichte wird in sichtbaren Bildzeichen festgehalten. Jede/r gestaltet dabei anders, abhängig von der eigenen Vorstellungsgabe, dem Ausdruckswillen und Darstellungsvermögen, aber auch vom aktuellen Befinden. Die Bilder können darüber hinaus der Kommunikation dienen, indem sie weitere Gedankenanstöße und neue Betrachtungsweisen eröffnen (vgl. Goecke-Seischab, 1993, S. 11).
Der Begriff „Malen" beinhaltet bei Kindern in der Regel alle Möglichkeiten, Assoziationen mit verschiedenen bildnerischen Mitteln sichtbar werden zu lassen. Einige Techniken eignen sich aber besonders um aus-

drucksstarke Bilder herzustellen. Deshalb ist hier dem freien, großformatigen Malen mit Pinsel und Farbe oder mit Kreide Vorrang einzuräumen. Besonders aussagekräftig und wertvoll wirken Bilder, die mit Deckfarben auf goldfarbenen Plakat-Karton gemalt werden. An vielen Stellen kann der goldene Untergrund wie auf einem mittelalterlichen Altarbild unbemalt bleiben, z. B. der Himmel. Wenn am Rand bewusst einige Zentimeter frei bleiben, wirkt das Bild kostbar in seinem Rahmen (ebd., S. 137).

### Der Jesus-Weg

Die christliche Tradition kennt zahlreiche Gebetsformen, die die Menschen auf ihr Unterwegs-Sein hinweisen. Bei Prozessionen, Bittgängen und Wallfahrten bringen Christen ihren eigenen Lebensweg vor Gott. Gleichzeitig stand auch immer das Bemühen dahinter, den christlichen Glauben in der Welt sichtbar werden zu lassen. Zahlreiche Wegkreuze, Kapellen, Kreuzwege, Hausaltäre und Heiligenfiguren zeugen davon.

Wichtige Stationen des Lebensweges Jesu werden auf **fse 60/61** thematisiert. Das Leben Jesu, sein Wirken in der Welt und in den Herzen der Menschen, wird beleuchtet. Jesus, der den Weg der Liebe Gottes zu den Menschen konsequent bis zum Tod am Kreuz ging, wird selbst zum Weg: „Ich bin der Weg, die Wahrheit und das Leben" (Joh 14,6).

Die Gestaltung eines Jesus-Weges eröffnet den Sch Möglichkeiten, individuelle Assoziationen, Erfahrungen und Vorstellungen, die sie bei der bisherigen Auseinandersetzung mit der biblischen Botschaft entwickelt haben, zum Ausdruck zu bringen.

## Literatur

Goecke-Seischab, Margarete Luise, In Farben und Formen. Biblische Texte gestalten. 60 Vorschläge, München 1993

## 2. Einsatzmöglichkeiten im RU

### Der Jesus-Weg: Gestaltungs-Varianten bedenken

Die einzelnen Gestaltungselemente lassen verschiedene Organisationsformen zu:
- Sch bearbeiten einzelne Gestaltungselemente arbeitsgleich im Klassenverband.
- Sch gestalten arbeitsteilig in GA verschiedene Elemente, die zum Jesus-Weg im Klassenzimmer zusammengesetzt werden.
- Sch arbeiten klassenübergreifend an einem Jesus-Weg im Schulhaus und laden andere Klassen zur Begehung des Weges im Rahmen einer liturgischen Feier ein.

### Ein Hungertuch entwerfen

- Sch betrachten ein Misereor-Hungertuch bzw. eine entsprechende Abbildung (sicher gibt es in der Pfarrei noch ein Hungertuch aus vorhergehenden Jahren!) und äußern ihre Gedanken. Der Begriff wird geklärt und das Vorhaben angekündigt, selbst ein Tuch anzufertigen.
- Sch überlegen: Was soll unser Hungertuch darstellen?
- Bearbeitung der Themen (**fse 60**) in GA, z. B.
  - Malen mit Deckfarben auf goldfarbenem Plakatkarton;
  - Gestaltung von Bildern mit Transparentpapier in Reißtechnik;
  - Gestaltung von Tontafeln: Sch kneten Modelliermasse durch, walken sie zwischen zwei Folienschichten auf ca. 1 cm Höhe aus und drücken oder ritzen Zeichen und Bilder hinein.
- Die fertigen Jesus-Bilder werden gelocht, zusammengebunden oder miteinander verdrahtet und an einem geeigneten Ort (Aula, Pausenhalle, Kirche), evtl. im Rahmen einer liturgischen Feier, aufgehängt bzw. für die Gestaltung eines Jesus-Weges verwendet.

### Gemeinsam einen Jesus-Weg gestalten

- Sch erfahren von der Idee eines Jesus-Weges (**fse 61**) und sammeln Gestaltungsmaterialien, z. B. Tücher, Legematerial, Naturmaterial, Bilder aus Zeitschriften, selbst gemalte Bilder, Sprechblasen, farbiges Papier.
- Nach der Einteilung in Gruppen (gemäß Themen **fse 60**) schauen Sch durch, was zum jeweiligen Thema bereits erarbeitet wurde (Buch **fse**, Hefteinträge, Gestaltungsaufgaben, Lieder), und überlegen, wie sie ihre Station aufbauen wollen:
  Was haben wir bereits? Tücher, Legematerial, Bilder u. Ä.
  Was müssen wir von zu Hause mitbringen? Naturmaterial, konkrete Gegenstände, Zeitschriften u. Ä.
- Sch bauen mit den Materialien ihre jeweilige Station im Klassenzimmer oder im Schulhaus auf (z. B. Arrangement auf einem Schülertisch, dahinter – an der Wand hängend – das gemalte Jesus-Bild).
- Das gemeinsame Begehen des Jesus-Weges im Klassenverband kann von dem Liedruf AB 2.4.18, Arbeitshilfen S. 187, begleitet werden
- oder im Rahmen einer liturgischen Feier erfolgen zu dem Lied: „Seht nur her! Immer mehr ziehen hinter Jesus her" (**fse 50**; Lied Nr. 18 auf der CD Liederkiste 1/2; **AB 2.4.2, Arbeitshilfen S. 161**).

– **1. Station**: „Menschen hören Jesus zu."
Sch betrachten und erzählen.
Sch ergänzen: Jesus, du bist da, wo Menschen ...
Sch singen: „Du bist da, wo Menschen leben" (**fse 51**).

- **2. Station:** „Jesus heilt Kranke."
  Sch betrachten und erzählen.
  Sch ergänzen: Jesus, deine Hände ...
  Sch singen: „Hände" (**AB 2.4.9, Arbeitshilfen S. 169**) oder „Effata, öffne dich".
- **3. Station:** „Jesus zieht in Jerusalem ein!"
  Sch betrachten und erzählen.
  Sch ergänzen: Jesus, du sollst unser König sein, denn ...
  Sch singen: „Vom Aufgang der Sonne" (**fse 20**).
- **4. Station:** „Jesus wird gefangen genommen."
  Sch betrachten und erzählen.
  Sch ergänzen: Warum ...?
  Sch singen: „Manchmal fühl ich mich allein" (**fse 23**).
- **5. Station:** „Jesus stirbt am Kreuz."
  Sch betrachten und erzählen.
  Sch lesen ausgewählte Klagepsalmen (**fse 56**).
  Stille.
- **6. Station:** „Jesus ist auferstanden."
  Sch betrachten und erzählen.
  Sch ergänzen: Jesus, weil du lebst, können wir ...
  Sch singen: „Große Leute, kleine Leute" (**fse 1 71**; Lied Nr. 11 auf der CD Liederkiste 1/2; **AB 1.5.7, Arbeitshilfen 1 S. 197**).
- **Segensgebet** (**fse 5**)
  Sch singen: „Für Jesus will ich singen" (**fse 62**; Lied Nr. 9 auf der CD Liederkiste 1/2).

## 3. Jahrgangsübergreifende Lerngruppe

- Sch, die schon schreiben und lesen können, sammeln alle Fragen, die im Verlauf des Kapitels zu Jesu Lebensweg in der Klasse entstanden sind, und ordnen sie auf dem Hungertuch den einzelnen Stationen zu.
- Sch aus dem ersten Lernjahr ergänzen dies durch eigene Zeichnungen. Hier können jahrgangsübergreifende Gruppen (drei bis fünf Sch) jeweils ein Hungertuch – Feld gestalten.
- Jede jahrgangsübergreifende Gruppe gestaltet eine Station einer gemeinsamen Ausstellung zu „Jesu Lebensweg". Sch aus anderen Klassen werden eingeladen, diese Ausstellung zu besuchen. Jede Gruppe präsentiert den Besuchern Bilder, Texte, Fragen und eigene Gedanken zu ihrer Station.
- Die Besucher der Ausstellung können ggf. neue Fragen und Gedanken aufschreiben, die in einem ausliegenden Buch oder an einer Stellwand veröffentlicht werden.

# Ein Osterlied

fragen – suchen – entdecken **62**

## 1. Hintergrund

„Die Sprache der Ostergeschichten ist nicht die des großen Jubels, sondern eher wie ein Aufatmen noch unter Tränen oder wie das ungläubige Staunen des gerade Erwachenden" (Baldermann ³1996, S. 140). Dennoch kann sich daraus Freude über das Wunder der Auferstehung entwickeln, die den Sch hilft, sicher zu werden, dass die Angst nicht das letzte Wort behalten wird, auch nicht in der letzten Todesangst. Das Osterfest ist in der Liturgie der Kirche ein Fest der Freude. Es ist ein Fest des Lobes, das den rühmt, der das Leben und die Welt liebt. Es ist ein Fest der Erinnerung an die Erfahrung, dass Jesus den Tod überwunden hat. Gäbe es nicht inmitten der Angst die Möglichkeit einer solchen Erinnerung an Gegenerfahrungen, wäre der Mensch schon mitten im Leben in der Angst verloren. An sprachlos gebliebener Angst kann man ersticken, doch auch sprachlos bleibende Freude ist trostlos. Die Erfahrung der Freude über das Leben verlangt nach Sprache. Lieder sind ein Versuch, diese Freude zum Ausdruck zu bringen. Es geht dabei auch darum, Erfahrungen der Liebe, der Freude und des Lebens emotional so tief zu verankern, dass sie auch in der Bedrängnis zum Menschen sprechen können (vgl. Baldermann 1996, S. 27, 52, 201).

Das Lied „Für Jesus will ich singen" ist eines von vierzehn Liedern des Musikspiels „Jesus, Freund der Kinder" von Rolf Krenzer und Martin Göth, das wichtige Stationen im Leben Jesu vorstellt. Der Text des Liedes bringt auf kindgemäße Weise zum Ausdruck, was Menschen mit Jesus erfahren haben: die unendliche Liebe Gottes und dass er der Ursprung unseres Lebens und unserer Freude ist. Dementsprechend drängt der Rhythmus des Liedes zur Bewegung, vielleicht zum Tanz, einer der ältesten Formen der Freude und des Gotteslobes. Gerade Grundschulkinder lassen sich gerne auf dieses Lied ein, zumal wenn sie sich dazu bewegen, wenn geklatscht und gespielt wird. Weitere Strophen, die von den Kindern selbst gefunden werden können, ermutigen sie, ihrer Freude im Singen, Klatschen, Winken und Tanzen für Jesus Ausdruck zu verleihen.

## 2. Einsatzmöglichkeiten im RU

### Du kannst Osterspuren finden!
- Sch schneiden aus Zeitschriften Bilder und Überschriften aus, die zum Ausdruck bringen: „Das Leben ist stärker als der Tod!"
- Sch kleben die gefundenen „Osterspuren" auf Ostereier aus Tonpapier und erläutern sie der Klasse.

### Musikalische Gestaltungseinheit „Für Jesus will ich singen"
- Sch entzünden eine Jesus-Kerze und ergänzen: Für Jesus will ich singen, weil ...
- Sch hören und singen die 1. Strophe des Liedes Nr. 9 von der CD Liederkiste 1/2, vgl. Arbeitshilfen S. 19.
- Sch finden weitere Strophen und bewegen sich dazu, z. B. „Für Jesus will ich klatschen/winken/tanzen ..." (vgl. Booklet der CD).
- Sch begleiten mit einfachen Instrumenten:
  Strophenteil: dezente Instrumente, die Freude und Liebe ausdrücken (z. B. Triangel, Fingerzimbel) oder Xylophon-Begleitung (angegebene Akkorde = Töne auf Xylophon)
  Kehrvers: rhythmisch, schwungvoll (z. B. Tambourin, Rasseln, Schellen ♩♩♩).

## Literatur

Baldermann, Ingo, Einführung in die biblische Didaktik, Darmstadt 1996

ders., Gottes Reich – Hoffnung für Kinder. Entdeckungen mit Kindern in den Evangelien (Wege des Lernens, Bd. 8), Neukirchen-Vluyn [3]1996

Conzelmann, Hans/Lindemann, Andreas, Arbeitsbuch zum neuen Testament, Tübingen [10]1991

Dohmen-Funke, Christoph, Leiden und Sterben Jesu – Elemente für eine Auseinandersetzung mit der Passionserzählung, in: Leben lernen mit der Bibel, hg. v. F. W. Niehl, München 2003

Kühlwein, Klaus, Chaosmeister Jesus. Die Bergpredigt, Stuttgart 1999

Oberthür, Rainer, Kinder und die großen Fragen, München [5]2003

Theis, Joachim, Auf dem Weg zum Ölberg/Jesus betet in Todesangst/Jesus wird gefangen genommen/Jesus wird vor dem Hohen Rat angeklagt/Pilatus spricht das Todesurteil/Jesus wird gekreuzigt/Jesus stirbt am Kreuz/Jesus wird begraben/Jesus begegnet Maria von Magdala (exegetische Hintergründe), in: Leben lernen mit der Bibel, hg. v. F. W. Niehl, München 2003

Zink, Jörg, Betrachtung und Deutung, DiaBücherei Christliche Kunst Bd. 2: Passion I, Eschbach 1981

ders., Betrachtung und Deutung, DiaBücherei Christliche Kunst Bd. 19: Jesusgeschichten I: Wunder und Zeichen, Eschbach 1986

# 5 Zur Kirche gehören

## 1. Religionspädagogische und theologische Hinweise

Im Mittelpunkt des Themenbereichs steht die Taufe als das Sakrament der Initiation, das in allen christlichen Kirchen ein zentrales Heilszeichen ist und die Zugehörigkeit zur Gemeinschaft der Christen begründet.
Nach dem NT ist die Taufe der letzte Schritt im Bekehrungsprozess. In Apg 2,36 ff. steht am Anfang die Verkündigung der Heilstaten Jesu Christi, die der Mensch umkehrend und glaubend annimmt. Die Taufe auf den Namen Jesu ist die Besiegelung dieses Prozesses und die Aufnahme in die Gemeinschaft der Christen. Die Taufe setzt den Glauben voraus. Der Erwachsene kommt zum Glauben an Jesus Christus durch die Verkündigung der Heilsbotschaft (Gott ist es, der ruft) – durch Bekehrung und Hinwendung zu Jesus Christus und durch das Bekenntnis zu ihm – durch die Taufe auf den Namen des dreifaltigen Gottes.
Im Neuen Testament findet sich ein weiterer Zugang: Die bereits vollzogene Taufe wird durch die Verkündigung immer weiter erschlossen. Paulus führt die Christen in Röm 6,3 ff. zu einem vertieften Begreifen des in der Taufe bereits Geschehenen. Hier ist die Taufe der Beginn eines Weges, der ein Leben lang zu gehen ist und immer mehr zu einem Leben als Christ führt. Dieser Aspekt betont die Taufe als „Vorgabe Gottes". Sie ist verbürgtes Engagement Gottes für die Getauften. Sie eröffnet einen Glaubensraum, auch durch die Teilhabe am Glauben anderer. Auf dieser Linie liegt die Praxis der Kindertaufe, die diesem Themenbereich zugrunde liegt.
Taufe stiftet Gemeinschaft, Solidarität unter den Getauften. „Ihr alle seid ‚einer' in Christus Jesus" (Gal 3,28). Christ wird man durch Christen. Taufe ist realisierendes Zeichen für die Aufnahme in die Kirche. Dieser Aspekt ist ein weiterer Inhalt in **fse**.

---

**Taufe**

Taufe ist eine Feier der kirchlichen Gemeinschaft. Die Zuwendung Gottes zum Menschen wird sinnenhaft dargestellt und mitgeteilt in Worten, Gebärden und Symbolen.
Die einzelnen Elemente der Tauffeier:
– Am Anfang steht die Befragung: Was erwarten die Eltern von der Kirche? Das Kind ist der Bezugspunkt. Das Versprechen der christlichen Erziehung und das Bekenntnis zum christlichen Glauben folgen. Das Kreuzzeichen der Eltern, Paten auf die Stirn des Kindes ist Zeichen für die Übereignung an Christus. Glaube und Taufe bleiben aufeinander bezogen.
– Im Mittelpunkt steht die Symbolhandlung des Übergießens mit Wasser und des deutenden Wortes, der Übereignung des Täuflings an den dreifaltigen Gott. Mit der Aufnahme in die Gemeinschaft der Gläubigen verbürgt sich die Kirche, das Kind auf seinem Glaubensweg zu begleiten.
Die Salbung mit Chrisam, die an der Osterkerze entzündete Taufkerze und das Anziehen des weißen Kleides sind ausdeutende Symbole des in der Taufe Geschehenen.

---

Sch sind zum Teil noch als Kinder getauft worden. Viele von ihnen wachsen allerdings (entgegen dem Taufversprechen von Eltern und Paten) ohne kirchliche Sozialisation auf. Eine andere Gruppe von Sch wird noch nicht getauft sein. Für sie ist es wichtig zu erfahren, dass auch sie von Gott angenommen und von ihm gerufen sind. Eine „Zweiklassengesellschaft" soll unter allen Umständen vermieden werden. Sch erfahren die Taufe als eine „Zärtlichkeit Gottes", die sie mit der Bereitschaft beantworten können, sich auf das zuvorkommende Handeln Gottes einzulassen. Theologisch bedeutet dies den prozesshaften Vorgang des Lernens und Hineinwachsens in das Geheimnis des christlichen Glaubens (s. o. 2). Die eigene Lebensentscheidung ruht zwar auf der Vorentscheidung der Eltern, sie bleibt aber eine freie Zustimmung zu diesem Angebot der Kirche. Dieser Gedanke ist wichtig, wenn Sch danach fragen, weshalb ihre Eltern sie taufen ließen bzw. warum sie nicht selbst entscheiden durften (wie andere Mitschüler und Mitschülerinnen) und ihre eigene Taufe bewusst erleben können.

## Literatur

Nocke, Franz-Josef, Taufe, in: Schneider, Theodor, Handbuch der Dogmatik 2, Düsseldorf 1992, S. 226-259
Schneider, Theodor, Zeichen der Nähe Gottes, Mainz ⁷1998, S. 57-94

## 2. Das Thema im Lehrplan und in fragen – suchen – entdecken

Das Thema der Eingliederung in die Gemeinschaft der Kirche wird durch folgende Schritte erschlossen:
- Ein Kind wird in eine Familie hineingeboren und in den Kreis der Verwandten und Bekannten aufgenommen. Die Veränderung in der Familie wird angesprochen. Das Kind bekommt einen Namen, die Einmaligkeit durch die Namensgebung wird weitergeführt mit der Zusicherung, dass sein Name auch bei Gott bekannt ist (**fse 66/67**).
- Eltern bitten um die Taufe für ihr Kind. Im Vorgang der Taufe wird das Kind als von Gott geliebt in die Gemeinschaft der Christen aufgenommen. Die Zugehörigkeit zur Gemeinde wird in Zeichen und Worten sichtbar (**fse 68/69**).
- Die weiteren Seiten erschließen das Zentralsymbol der Taufe (Wasser) sowie die weiteren ausdeutenden Zeichen des zentralen Geschehens (**fse 70-73**).
- Für Sch eröffnen sich spezifische Möglichkeiten, in der Gemeinde mitzuleben: Dazu gehören der Kindergottesdienst und andere Aktivitäten speziell für Sch (**fse 74-76**). Einen wichtigen Versammlungsraum lernen Sch handelnd und forschend kennen.

Mit diesen Lernschritten erfüllt der Themenbereich wichtige Aufgabenstellungen der verbindlichen Anforderungen: Sch sollen auf die Bedeutung der Sakramente aufmerksam werden und diese als zeichenhafte Symbole verstehen lernen, in denen die Zuwendung Gottes sinnenhaft wahrnehmbar wird. Sie sollen die Kirche als Gemeinschaft erfahren, die aus dem Glauben an Jesus Christus lebt.

## 3. Jahrgangsübergreifende Lerngruppe

Das Kapitel „Zur Kirche gehören" lädt dazu ein, vielfältige konkrete Vorerfahrungen aus der eigenen Lebensumwelt lebendig einzubringen. Einige Kinder haben durch Familie oder Kindergarten schon einmal eine Taufe oder eine Erkundung des Kirchenraumes erlebt, einige noch nie. Kinder aus dem 2. Lernjahr kennen bereits aus dem Unterricht wichtige Feste in der Gemeinschaft und haben vieles über die Geburt Jesu erfahren.

Gerade hier können die Fragen der Kinder, die noch wenige Vorerfahrungen haben, eine besondere Herausforderung für die gesamte Lerngruppe darstellen, eigenes Wissen verständlich zu artikulieren und Fragen zu Religion und Glauben zu stellen.

## 4. Verbindungen zu anderen Fächern

**EVANGELISCHE RELIGIONSLEHRE:** In unserer Kirchengemeinde leben; Taufe als Zusage Gottes;
**DEUTSCH:** 3.1 Mündliches Sprachhandeln: verstehendes Zuhören; erzählendes Sprechen: 3.2 Schriftliches Sprachhandeln: Wünsche aufschreiben; 3.4 Sprache reflektieren; über Wörter und ihre Bedeutung sprechen; Bildsymbole in der Lebenswelt;
**MUSIK:** 3.1 Musik machen; Lieder zu verschiedenen Themenbereichen lernen;
**KUNST:** 3.2 Auseinandersetzung mit Bildern; Wirkung wahrnehmen, versprachlichen und analysieren; Assoziationen erläutern; Erfahrungen mit außerschulischen Lernorten in eigenes Gestalten einbeziehen; unterschiedliche Objekte der Kunst kennen lernen; Zeichen und Symbole aufdecken;
**SACHUNTERRICHT:** 3.1 Natur und Leben; Wasser als Lebensgrundlage für Menschen, Tiere und Pflanzen erfahren; 3.3 Raum und Umwelt; wichtige Einrichtungen im Ort oder im Ortsteil erkunden; 3.4 Mensch und Gemeinschaft; Vielgestaltigkeit von Familien und unterschiedliche Lebenssituationen von Kindern kennen lernen; Mädchen und Jungen; 3.5 Zeit und Kultur; Feste und Ereignisse im Jahreslauf kennen lernen; Sitten und Gebräuche kennen lernen und akzeptieren.

## 5. Lernsequenz

| Planungsskizze | Überschriften in fse | Inhalte im Lehrplan |
|---|---|---|
| I. Ein Kind wird geboren | Wenn ein Kind geboren wird ... **fse 64/65** ... bekommt es einen Namen **fse 65/66** | 3.1 Über das Zusammenleben nachdenken 3.4 Sich an Vorbildern orientieren |
| II Wie die Familie das Kind aufnimmt, so nimmt die Kirche als Gemeinschaft das Kind auf in der Taufe. Hintergrund der Taufsymbole | Ein Kind wird getauft **fse 67/68** Wasser – Zeichen für Leben **fse 69/70** Kleid und Kerze – Zeichen für ... **fse 72/73** | 3.4 Das Sakrament der Taufe: Aufnahme in die Gemeinschaft der Christen 3.4 Feste an besonderen Lebensstationen 3.2 Symbole, Bilder und Sprechweisen verstehen lernen |
| III. Kinder in unserer Gemeinde: Angebote für Kinder Gottesdienst zu feiern; Erfahrungen und Vorstellungen("Träume") von Kirche formulieren; die Kirche vor Ort erkunden | Zur Gemeinde gehören **fse 74/75** Zur Kirche gehören **fse 63** Kinder erforschen ihre Kirche **fse 76** | 3.4 Gemeinschaft erfahren und christliche Gemeinden erkunden 3.4 Die Kirche – das Haus der christlichen Gemeinde |

## 6. Lebensbilder 1/2

Folgende Fotos aus der Folienmappe Lebensbilder 1/2, vgl. Arbeitshilfen S. 19, sind für einen situativen Einsatz hilfreich: Nr. 1 Ich bin da; Nr. 35 Wasserstufen.

---

**Zur Kirche gehören**

fragen – suchen – entdecken 63

## 1. Hintergrund

**Friedensreich Hundertwasser (1928-2000)**
Friedensreich Hundertwasser wurde 1928 mit dem bürgerlichen Namen Friedensreich Stowasser in Wien geboren. Seinen Nachnamen änderte der Künstler bereits 1949 („Sto" bedeutet in einigen slawischen Sprachen „hundert"). Er starb am 21. Februar 2000 an Bord eines Schiffes auf dem Weg nach Neuseeland an einem Herzversagen und wurde auf seinem Landgut in Neuseeland, im Garten der glücklichen Toten, begraben.
Hundertwasser kämpfte als Maler, Architekt und Ökologe für ein Leben in Harmonie mit der Natur. „Es ist alles da, um glücklich auf Erden zu sein – wir haben Schnee und jeden Tag einen neuen Morgen, wir haben Bäume und Regen, Hoffnung und Träume, wir sind reich" (F. Hundertwasser 1981 in München).

Engagiert setzte er sich gegen den Rationalismus in der Architektur ein. Das rief internationale Aufmerksamkeit hervor, u. a. anlässlich der Umgestaltung der St.-Barbara-Kirche in Bärnbach/Steiermark. Ein Bekenntnis beim Umbau dieser Kirche lautet: „Eine Kirche muss schön sein, man muss sich in ihr geborgen fühlen und es soll in ihr eine Atmosphäre herrschen, in der man eine Brücke zur Natur, zur Schöpfung und zu Gott findet.
Gott soll gerne in ein Gotteshaus gehen, das die Menschen gebaut haben, um ihm dort zu begegnen.
Gott ist ein Schöpfer. Wenn der Mensch seine Funktion als Ebenbild Gottes erfüllen will, muss er auch schöpferisch sein. Der Mensch nähert sich Gott durch Kreativität" (Römisch-kath. Pfarrkirche, S. 17).
Mit dem Umbau der St.-Barbara-Kirche (1984-1988) bestimmten erstmals Ideen von Hundertwas-

# Wer kennt meinen Vornamen?

Schreibe deinen Namen in die Mitte und außen herum,
wer deinen Namen kennt.
Die Namen der Menschen, die für dich ganz wichtig sind,
schreibe in deiner Lieblingsfarbe.

ser das Aussehen einer Kirche. Die Symbole an der Fassade – Kreuz, Baum, Schiff, Christusmonogramm, Herz, Anker, Alpha und Omega und, auf dem Bild nicht zu sehen: Lamm, Taube, Pelikan, Fisch, Kelch, Brot – verweisen auf alles, was wesentlich zum Leben von Kirche gehört. Das Gold des nach „oben" weisenden Turmes deutet auf Unvergänglichkeit. Das ganze Bauwerk soll die Hineingehenden anstoßen, nach „innen" zu schauen.

### Friedensreich Hundertwasser: „Bärnbacher Andacht", 1987

Das Bild „Bärnbacher Andacht" hat Hundertwasser im Zuge des Umbaus der St. Barbara-Kirche 1987 geschaffen. Es handelt sich um eine mehrfarbige Radierung in der Größe von 39 x 46 cm. Der Druck des Blattes von der gravierten Platte bedingt die seitenverkehrte Darstellung von Bild und Titel.

Das Bild spricht wegen seiner Farbigkeit, Symbolträchtigkeit und Offenheit auch Sch dieser Altersstufe an. Dabei spielt ein gewisses Überraschungsmoment aufgrund der völlig ungewohnten Darstellung sicher eine große Rolle.

Das Bild ist offen für vielerlei Deutungen aufgrund seiner zahlreichen Symbole. Insgesamt gesehen erzählt das Bild von einer sehr lebendigen und farbigen Kirche, die Offenheit, Wärme und Menschlichkeit demonstriert. Es ist nicht alles „gerade" an ihr. Das macht sie attraktiv und sympathisch; sie ist so facettenreich wie das Leben der Menschen. In diese Kirche wollen Sch hinein, wie Unterrichtserfahrungen mit diesem Bild belegen. Dabei braucht die dunkle Seite von Kirche nicht ausgeblendet zu bleiben, wenn Sch wahrnehmen: manche Fenster sind beleuchtet, andere sind dunkel; die Kirche ist verschlossen.

Sch machen sich zu Beginn des Themenbereiches entlang dieses Bildes ihre eigenen Vorstellungen von Kirche bewusst, die im Prozess der Sequenz erweitert und bedacht werden. Die Metaphern und Aussagen von Seiten der Sch werden bei Gelegenheit reflektierend aufgegriffen. Das Titelbild kann alternativ erst im Zusammenhang mit **fse 75** (Phase III: Einen Lernprozess praktisch werden lassen) eingeführt werden (zu den Phasen vgl. Arbeitshilfen S. 17 f.).

## Literatur

Römisch-katholische Pfarrkirche Sankt Barbara Bärnbach. Neugestaltung: Friedensreich Hundertwasser 1988, hg. v. Röm.-Kath. Pfarramt, Bärnbach [5]1999

## 2. Einsatzmöglichkeiten im RU

### Bildbetrachtung

Das Gemälde „Bärnbacher Andacht" ist als Folie 21 in der Schatzkiste 1/2 enthalten.

- Sch betrachten gemeinsam das Bild am OHP oder im Buch. Sch beschreiben zunächst genau alle Einzelheiten des Bildes: Farben, Linien, Formen, Zeichen usw. Dann sammeln Sch Auffälligkeiten, z. B. „Bäume auf dem Dach", „Türen und Fenster wie Turmspitzen", spiegelverkehrte Buchstaben usw.
- Sch formulieren die einzelnen Eindrücke bewusst und schreiben sie auf mithilfe des angefangenen Satzes: „Diese Kirche ...", z. B. ... leuchtet; ... hat Lichter auf dem Dach; ... hat viele Türen; ... trägt ein Kreuz; ... ist wie ein Zelt; ... lacht ...
– Bei dieser Kirche trifft man sich.
– Auf diese Kirche regnet es.

### Dem Bild einen Titel geben

- Das kann ein ganzer Satz sein!
– Sch fassen persönliche Eindrücke in Worte, z. B. *Das ist meine Traumkirche; Die Goldkirche; Diese Kirche ist schön.*

### Fragen an den Maler

- Sch schreiben Fragen an den Maler auf, z. B. Warum hast du die Fenster gelb und rot gemalt? Warum sieht der Turm so aus, als hätte er ein lachendes Gesicht? usw.
- Sch stellen die Fragen in einem gespielten Interview dem Künstler (PA). Sch, der/die den Künstler darstellt, antwortet nach seinen/ihren eigenen Fantasievorstellungen. Rolle des Künstlers wechseln.

### Eine Kinderkirche zeichnen

- Sch zeichnen eine Kirche als fantasievolle Kinderkirche, die weder Bauvorschriften noch Traditionen und Finanzeinschränkungen unterliegt.
– Sch werden ermuntert, ein Gebäude zu malen, das andere Kinder begeistern kann, sie neugierig macht und alle Menschen einlädt hineinzugehen.

## 3. Jahrgangsübergreifende Lerngruppe

- Sch aus dem ersten Lernjahr können sich gleichermaßen bei der Bildanalyse einbringen. Bei der bildnerischen Darstellung ist die Ermunterung sinnvoll, das Bild mit Buchstaben und Zeichen zu verzieren. Sch werden so herausgefordert, hier eigene neue Kenntnisse und Fähigkeiten als Gestaltungselement einzubringen.

# Mein Namenstagskalender-Blatt

Namenstagskind

Name der/des Heiligen:

Gedenktag:

Bedeutung des Namens:

- Klebe oder male ein Bild von dir ein und schreibe dein Namenstags-Datum dazu.
- Klebe ein Bild deiner Namenspatronin oder deines Namenspatrons ein.
  Oder: Male selbst ein Bild von ihr oder von ihm.
  Was wird von ihr oder ihm erzählt?
- Gestalte ein schönes Schmuckblatt mit deinem Namen.

# Wenn ein Kind geboren wird ...

fragen – suchen – entdecken **64/65**

## 1. Hintergrund

Wenn ein Kind geboren wird, verändert dieses Ereignis immer die Lebenssituation der engsten Familie. Müssen sich bei der Geburt des ersten Kindes vor allem Mutter und Vater auf den völlig neuen Tages- bzw. Nachtrhythmus einstellen, so sind es bei einem zweiten oder weiteren Kind gerade die Geschwister, die ganz neue und unterschiedliche Erfahrungen im Leben mit den Eltern und in der Familie machen. Mit den Gefühlen der Vorfreude und gespannten Erwartung mischen sich Fragen und auch Ängste um das noch ungeborene Leben und die eigene Position.

Die Grafiken der Doppelseite können wie ein Bilderbuch betrachtet werden, das die Situation eines größeren Kindes vor und nach der Geburt eines Geschwisterchens aufgreift. Die Veränderungen in der Familie erlebt Julia bereits während der Schwangerschaft, wenn die Mutter mit wachsendem Bauch nicht mehr so belastbar ist und viele Vorbereitungen für das „neue" Kind getroffen werden. Nach der Geburt des kleinen Michael erzählen die Eltern von den Anstrengungen der Geburt und der Zeit im Krankenhaus, aber auch, wie es war, als Julia so klein war. Das dritte Bild fängt die veränderte Familienkonstellation ein: die Hilflosigkeit eines Babys fordert die ganze Aufmerksamkeit der Eltern, so kann Julia oft nur dabeisitzen und zusehen. Viele Kinder spüren in diesen Momenten Eifersucht und Angst, die sie auch laut äußern dürfen: Die Eltern mögen das kleine Kind mehr als mich. Immer müssen Eltern mit diesen Gefühlen vom erstgeborenen Kind umgehen und diese auch auszugleichen versuchen. Mit dem Wunsch (vieler Einzelkinder) nach einem Geschwisterchen lenkt **fse 64** den Blick auf die vielen positiven Seiten eines Familienzuwachses.

Wenn ein Kind geboren wird, überwiegen normalerweise die Freude und die Erleichterung, dass es nun da ist. Seine Zartheit weckt Zuneigung und Liebe in den Menschen, zu denen es gehört. Das greift der Begrüßungs-Rap auf **fse 65** auf. Das Bild zeigt die innige Vertrautheit der Kernfamilie. Vater und Mutter sind es, die ihren Kindern die Geborgenheit schenken, die sie für eine gesunde Entwicklung brauchen. Die kleine Familie braucht aber auch das Eingebundensein in einen größeren Kreis von Verwandten und Freunden. Glückwünsche und Geschenke zeigen den Eltern und dem Kind, dass es auf der Welt willkommen ist und seinen Platz bekommt.

## 2. Einsatzmöglichkeiten im RU

### Die Geschichte wie ein Bilderbuch lesen

- Julia wird vorgestellt als ein Mädchen, das sich auf ein Geschwisterchen freut.
- Sch bringen eigene Erfahrungen dazu ein. Die Überschrift der Doppelseite regt an, den Satz weiterzuführen: Wenn ein Kind geboren wird, dann braucht es viel Liebe und Zeit; ... dann wird Zuhause einiges anders; ... dann freut sich die Familie.
- Sch erzählen zu den Bildern der Doppelseite. Sie versetzen sich in die Situation von Julia und sprechen ihre eigenen Fragen als Julia aus. Z. B.: Wie wird das Kind aussehen? Wird es ein Junge oder Mädchen? Kann es im Bauch schon hören? ... Mama und Papa erzählen, z. B. wie Julia ausgesehen hat als kleines Baby. Sch erinnern sich meist an Aussagen der Eltern, in denen die Geschwister miteinander verglichen werden. Sie berichten über Ereignisse im Krankenhaus.
  In der Identifikation mit Julia vor dem Wickeltisch werden entgegengesetzte Erfahrungen geäußert. Sch geben meist schnell zu, dass ein kleines Kind auch sehr anstrengend sein kann. Es weckt Gefühle der Eifersucht, die hier – evtl. auch im Vergleich mit der Josefsgeschichte im 2. Kapitel – thematisiert werden: Was ist das, „Eifersucht"? Angst, dass ich nicht so sehr beachtet werde. Ich fühle mich ausgestoßen ...

### Zeichen der Liebe der Eltern zu den Kindern entdecken

Arbeitsauftrag: Finde auf den Bildern Beispiele, dass die Eltern Julia und ihren Bruder gleich gern haben! – Julia wird immer wieder umarmt. Der Vater blickt zu ihr und lächelt, als sie beim Wickeln zusieht. Julia ist die Große, sie kann und darf schon mithelfen bei der Pflege des kleinen Kindes...

### Ein Einzelkind erzählen lassen

Sch schlüpfen in die Figur eines Kindes ohne Geschwister und erzählen, warum es schön wäre, ein Geschwisterchen zu haben. Hier können besonders die Einzelkinder zu Wort kommen oder die jüngsten Sch in einer Familie, die auch immer wieder den Wunsch nach einem jüngeren Geschwisterchen äußern, weil sie mit ihm spielen und es umsorgen wollen.

### Den Kinder-Begrüßungs-Rap singen

– Sch erproben, wie man die Textzeile „Hallo Kind, du bist da!" verschieden sprechen und singen kann.

# Michael wird getauft

Julia erzählt:
Gestern ist mein Bruder Michael getauft worden.
Wir sind alle mit Onkel Richard zur Kirche gegangen. Viele Erwachsene und Kinder waren schon versammelt (**fse 68**). Die Orgel hat gespielt und alle haben gesungen: „Lobet den Herren, den mächtigen König der Ehren". Der Pfarrer hat uns extra begrüßt, sogar mich hat er mit meinem Vornamen genannt. Das war richtig feierlich.

- Am Anfang hat der Pfarrer meine Eltern gefragt, wie ihr Kind heißen soll und was sie sich für Michael wünschen. Klar: die Taufe! Der Pfarrer, meine Eltern, Onkel Richard und ich haben ein Kreuzzeichen auf Michaels Stirn gezeichnet. Er soll wie unsere ganze Familie zu Jesus Christus gehören, ein Christ werden.
- Dann haben meine Eltern und Onkel Richard (das ist sein Pate) vor der ganzen Gemeinde versprochen, dass sie für Michael sorgen werden, dass sie ihm von Gott und Jesus erzählen und mit ihm beten (natürlich wenn er größer ist und das alles versteht), so wie es meine Eltern mit mir tun.
- Dann kam der wichtigste Augenblick: Der Pfarrer hat dreimal geweihtes Wasser über Michaels Kopf gegossen und dabei die Worte gesprochen: Michael, ich taufe dich: Im Namen des Vaters und des Sohnes und des Heiligen Geistes (**fse 69**). Mit dieser feierlichen Handlung wurde Michael in die Gemeinschaft der Christen aufgenommen.
- Der Pfarrer salbte die Stirn von Michael mit Chrisam (Olivenöl mit Balsam angereichert). Er gehört von nun an zu Jesus, der auch der Gesalbte (Christus) heißt.
- Zum Schluss entzündete mein Vater die Taufkerze von Michael an der Osterkerze. Jesus soll für Michael Licht sein auf seinem Weg. Ein weißes Kleid bekam er auch noch, ein Zeichen, dass Gott mit ihm ist.
- Die vielen Erwachsenen und Kinder haben zum Schluss mit uns für Michael gebetet (**fse 69**).

Ich habe zum ersten Mal erlebt, wie ein Kind getauft wird. Am Abend habe ich meine Taufkerze angezündet und mir von Papa erzählen lassen, wie es bei meiner Taufe war. Schade, dass ich mich nicht selbst daran erinnern kann.

- Erlernen einer gemeinsamen Melodie (Gesangs-Ostinato).
- Eine Sch-Gruppe begleitet den Gesang rhythmisch (Rhythmus-Ostinato).
- Dazu oder dazwischen rhythmisches Sprechen des Textes.
- Sch finden eigene Textzeilen, die sie zum Rhythmus-Ostinato dazusprechen, dazwischen kann immer wieder das Gesangs-Ostinato gesungen werden.

**Glückwünsche formulieren und gestalten**
- Sch überlegen, was sie dem Michael schenken wollen: Kleidung, Spielsachen, Fotoalbum, eine Glückwunschkarte.
- Schreibe auf eine (evtl. von L vorbereitete) Karte einen Glückwunsch für Michael.
- Was wünscht du einem kleinen Kind? Verziere die Karte mit Dingen, die du mitbringen könntest oder mit Glückszeichen.
- Stell dir vor, du bist eine Freundin von Julia: Schicke ihr eine Glückwunsch-SMS zur Geburt ihres Bruders. Was wünscht du der Julia?

**Ein Rollenspiel spielen**
- Stellt die Familie der Julia mit Vater, Mutter, Michael (evtl. Babypuppe) nach.
- Spielt die Verwandten, die zu Besuch kommen. Was wünscht ihr den Eltern? (Sch schreiben die Wünsche vorher auf Karten, die beim Spiel vorgelesen werden.)

**Mehr voneinander erfahren**
- Sch bringen Babyfotos mit, ohne sie vorher einander zu zeigen. Es wird eine Collage erstellt. Wer erkennt die meisten der MitschülerInnen als Babys?

## 3. Jahrgangsübergreifende Lerngruppe

- Sch des ersten Lernjahres gestalten die Glückwunschkarten mit eigenen Mustern aus Buchstaben und Zeichen (Herzen, Kleeblätter, Sonne, Sterne, ...) und beschriften die Karten nur mit ihrem Namen oder malen einen kurzen Gruß oder Wunsch von einem/einer schreibenden Sch ab (z. B.: Viel Glück wünscht ...)
- Sch erzählen von ihren Geschwistern und malen ein Bild von sich und ihrem Bruder oder ihrer Schwester.
- Sch malen, was ein Baby alles braucht, wenn es auf die Welt kommt. Schreibende Sch schreiben kurze Sätze dazu.

---

**... bekommt es einen Namen**  fragen – suchen – entdecken 66/67

## 1. Hintergrund

Einen Namen bekommen Kinder schon bei ihrer Geburt, also vor der Taufe. Sie tragen dann einen Namen, mit dem sie gerufen werden. Gleichzeitig „haben sie einen Namen" bei Gott, d. h. sie sind Gott bekannt; sie sind ihm viel wert; er schätzt sie; er schaut auf sie. Damit wird auch verwiesen auf den Beistand Gottes, der im Namen Gottes zum Ausdruck kommt: Ich bin bei dir; ich bin mit dir.

Die auf **fse 67** aufgeführten Sätze aus Jesaja und aus dem **Lukas**evangelium entfalten die Botschaft des Gottesnamens und zeigen, was es heißt, bei Gott einen Namen zu haben, bei Gott „aufgeschrieben" zu sein. Lk 10,20 ist eingebettet in die Rückkehr der Zweiundsiebzig, die freudig darüber berichten, dass ihnen selbst Dämonen gehorchen. In seiner Antwort verdeutlicht Jesus, dass Gott stärker ist als das Böse, und er sagt seinen Freunden, welche Freude höher steht als die Freude, Geister austreiben zu können: Freut euch darüber, dass eure Namen im Himmel verzeichnet sind.

Die drei aufgeführten Stellen aus dem Buch Jesaja können noch ergänzt werden um die im Lehrplan genannte Stelle Jes 40,31a: „Die Menschen, die dem Herrn vertrauen, schöpfen neue Kraft, sie bekommen Flügel wie Adler."

Der Verfasser der Kapitel 40-55, aus denen die vier Sätze aus dem Jesajabuch stammen, ist unbekannt. Man nennt ihn **Deuterojesaja** (Zweiter Jesaja). Die Welt dieser Kapitel ist das babylonische Exil: Israel leidet. Es ist als eigenständiges Volk zerschlagen. In diese Situation der Unterdrückung fallen die Worte eines Propheten: Gott wird retten. Ihr seid bei Gott aufgehoben. Gott hat euch nicht vergessen. Ihr seid in Gottes Hand eingeschrieben. Gott lässt euch nicht im Stich. Diese Worte der Zuversicht gelten allen Menschen.

Namen unterscheiden uns von anderen Menschen. Im Gegensatz zum Familiennamen ist der Vorname ganz persönlich für jede und jeden ausgesucht worden. Er ist unverwechselbar mit einer Person verbunden. Die lustige Geschichte „**Eine eigenartige Familie**" mag Sch aufmerksam machen, dass jede/r in der Familie einen anderen Vornamen braucht, um zu wissen, wer gemeint ist.

Eltern wählen die Vornamen ihrer Kinder nach bestimmten Gesichtspunkten. Natürlich wird als Erstes

# Die Symbole der Tauffeier

_____ , ich taufe dich

_____

_____

Wasser
Zeichen für
_____

Kleid
Zeichen für
_____

Chrisam
Zeichen für
_____

Kerze
Zeichen für
_____

_____

_____

darauf geschaut, dass der Vorname irgendwie zum Familiennamen passt. Der Name hat in der Familie schon bestimmte Träger gehabt, weckt z. B. Erinnerungen an den Großvater. Modetrends spielen bei der Namensgebung eine Rolle. Es kann aber auch sein, dass ein bestimmter Name für die Eltern selbst bedeutsam ist, z. B. der Name eines bestimmten Heiligen.

Solche Heiligen sind die **Namenspatrone** der Kinder. „Früher hat man auf diesen Gedanken noch stärker als heute geachtet. Man hat in der Regel den Kindern Namen von Frauen und Männern gegeben, die herausragende Bedeutung hatten – ein wenig von dem Ansehen und der Ehre dieser Menschen sollte auf die Kinder abfärben. Ihre Lebensgestaltung sollte den Kindern ein Vorbild sein ... Auch heute werden die meisten Kinder nach Heiligen benannt, selbst wenn das nicht jedem bewusst ist" (Frisch, S. 5). Neben den Heiligen spielen auch die Namen und die Ableitungen der Namen von Personen aus dem Alten Testament heute bei der Namensgebung eine Rolle. Es hat sich in den letzten Jahren wieder eine verstärkte Wertschätzung des Namenstages entwickelt, die durchaus im Interesse und in der Neugier der Kinder begründet liegt. Der Hinweis auf den Tagesheiligen und die Berücksichtigung des **Namenstags** der Sch (Namenstagskalender) lassen das Kirchenjahr anklingen.

## 2. Einsatzmöglichkeiten im RU

### Beim Namen rufen
- Sch werden einzeln mit ihrem Vornamen in den Stuhlkreis gerufen. Anschließend begrüßt jede/r Sch die oder den rechte/n und linke/n NachbarIn, indem er/sie bewusst den Vornamen ausspricht.
- Mit dem Lied „Wir rufen alle uns beim Namen" wird diese Runde abgeschlossen:

T/M: Klaus Gräske

Wir rufen, Martin, deinen Namen.
Schön, dass du da bist, sagen wir.

- Wenn wir keinen eigenen Vornamen hätten
- „Eine eigenartige Familie" wird vorgelesen.
- Wenn bei euch in der Familie alle den gleichen Vornamen hätten, dann ...

### Meinen Vornamen erkunden
- Wer kennt deinen Vornamen?
  Sch erhalten **AB 2.5.1, Arbeitshilfen S. 195**. Sie schreiben ihren Vornamen in die Mitte und in die Kreise, wer ihren Namen kennt. Die Kreise der wichtigen Personen werden ausgemalt oder die Personen werden in der Lieblingsfarbe geschrieben.
- Wie gefällt dir dein Vorname?
  Erkundige dich:
- Wer hat deinen Vornamen ausgesucht?
- Warum hast du ausgerechnet diesen Vornamen bekommen?
- Von welchem Namen leitet sich dein Vorname ab?
  Den Sch müssen Informationen zur Verfügung stehen, die sie sich selber verfügbar machen können. Beispiel: Von Johannes kann abgeleitet werden: Hanna, Hanne, Hans, Iwan, Jan, Janina, Janosch, Jean, Jeanette, Johann, Jon, Jonny, Juan, Nino (Internet, Namenslexika, vgl. Literaturverzeichnis).
- Was bedeutet dein Vorname?
  z. B. Anna = die von Gott Ausgezeichnete
  Konstantin = der Standhafte
- Aus welchem Land, aus welcher Sprache stammt dein Vorname?
  z. B. Maria: als Mirjam aus dem Hebräischen
  Siegfried: aus dem deutschen Sprachbereich
- Es könnte sein, dass dein Vorname oder der Vorname, von dem dein Vorname stammt, auf **fse 66/67** zu finden ist.

### Mit meinem Vornamen spielen
- Der Name wird in Form eines Akrostichons geschrieben, z. B.
  
  | A | angeln | Ich gehe gern zum Fischen. |
  | n | neugierig | Manchmal bin ich neugierig. |
  | n | Nelli | Mein Hund heißt Nelli. |
  | a | Angerstraße | Ich wohne in der Angerstraße. |

- Schreibe mit den einzelnen Buchstaben ein Wort, das zu dir passt!
  Die Vornamen der Sch stehen als Puzzlewörter auf bunten Papierscheiben an der Tafel: Sch holen ihren Namen ab und gestalten ihn aus, z. B. Buchstaben umkreisen, verdoppeln, bunt anmalen.

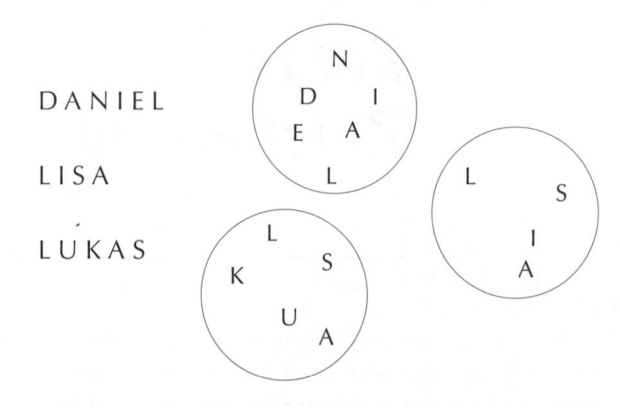

DANIEL

LISA

LUKAS

### Auf den Klang hören
- Hör, wie dein Name klingt, wenn er von anderen gesprochen wird. Sch rufen eine/n bestimmte/n Sch beim Namen.

# Wasser spendet Leben

- Du kannst mit einem Triangel die Silben deines Namens anschlagen: Da – ni – el. So klingt dein Name.
- Wähle eines der ausgelegten Instrumente und stelle deinen Vornamen musikalisch dar. Z. B.: Ich heiße Korbinian und mein Name klingt so. Alle anderen Sch spielen ebenfalls diesen Namen auf den von ihnen gewählten Instrumenten.

**Vom Namenstag erfahren**

Sch erkunden im Internet den eigenen Namenspatron/die eigene Namenspatronin: Wann hat er/sie gelebt? Wo hat er/sie gelebt? Wie hat er/sie gelebt? Was hat er/sie getan? Was hat ihn/sie zum Heiligen gemacht? Gibt es ein Bild des/der Heiligen? Wie wird er/sie dargestellt? Wo kannst du etwas über deinen Namenspatron/deine Namenspatronin erfahren? Warum erinnern wir uns ausgerechnet an diesem Datum an die oder den Heilige/n? (vgl. Literaturverzeichnis)

**Einen Namenstagskalender gestalten**

Als Ergänzung zum Geburtstagskalender wird ein Namenstagskalender gestaltet, **AB 2.5.2, Arbeitshilfen S. 197**. Bei sensiblem Umgang – der Namenstag mancher Sch ist nur schwer festzustellen – kann dieser Kalender Sch auf ihren Namenspatron aufmerksam machen. In der Klasse sollte ein Buch der Namenspatrone aufliegen (vgl. Literaturverzeichnis S. 221 und www.heiligenlexikon.de).

**Bei Gott „einen Namen haben"**

Die drei Textstellen aus Jesaja und Lk 10,20 werden gelesen. Sch sucht sich einen Text aus, gestaltet damit eine „Spruchkarte" mit farbigem Rand. Als Rand können die einzelnen Buchstaben des Vornamens dienen.

## 3. Jahrgangsübergreifende Lerngruppe

Sch aus dem ersten Lernjahr schätzen ihren eigenen Namen als das Wort, das sie als erstes schreiben konnten.
- Sch gestalten ein „Namens-Kunstwerk". Sie schreiben ihren Namen in vielen Größen und Farben, gestalten ihn mit Einzelbuchstaben oder Buchstabenausschnitten. Sch stellen ihr Bild in der Klasse aus oder kleben es in ihr Ich-Buch.
- Sch bringen ihre Puppen und Stofftiere mit und stellen sie mit Namen den anderen Kindern vor. Sie begründen, warum ihr Spielzeug diesen Namen hat. Sch schreiben für ihre Spielzeuge kleine Namenskärtchen zum Umhängen.

---

| Ein Kind wird getauft | fragen – suchen – entdecken 68/69 |

## 1. Hintergrund

Alle Wünsche und Hoffnungen, die die Geburt eines Kindes begleiten, finden ihren spürbaren und sichtbaren Ausdruck, wenn Eltern ihr Kind taufen lassen. Sie zeigen – bewusst oder unbewusst –: Dieses Kind ist uns geschenkt und wir dürfen uns der göttlichen Begleitung bei seinem Wachsen und Werden sicher sein. In einem zweiten Aspekt der Taufe wird deutlich, das Kind kann ohne die Gemeinschaft der Familie nicht leben. Gleichzeitig braucht jede Familie einen größeren Gemeinschaftsrahmen, in dem sie Austausch und Bestätigung, Angenommensein und Orientierung erfährt. Henri Nouwen meint dazu: „Vielleicht ist die Kirche eine der wenigen noch verbliebenen Stätten, an denen wir mit Menschen zusammenkommen, die anders sind als wir, mit denen wir aber eine Großfamilie bilden können. Wenn wir nun unsere Kinder aus dem Haus und zur Taufe in die Kirche tragen, so ist das wenigstens ein bedeutsamer Hinweis auf die größere Gemeinschaft, in die sie hineingeboren werden und die ihnen für ihr unbeschwertes Heranwachsen bis zur Reife einen Freiraum bieten kann" (Henri Nouwen, Der dreifache Weg, Freiburg [5]1991). Das Fest der Taufe kann somit zweierlei „fest"-machen: Das Da-Sein Gottes im Leben jeder und jedes Einzelnen und das Hineingerufensein in die Gemeinschaft der Getauften.

Die Fotos der Doppelseite greifen beide Aspekte auf: Die Feier einer Kindertaufe im Rahmen eines Kindergottesdienstes und die Spendung der Taufe selber durch das Übergießen mit Wasser.

Wenn Kinder als Babys getauft werden, kann ihnen die Erfahrung dieses Sakramentes erst im Nachhinein zugänglich werden, z. B. bei der Mitfeier der Taufe von Geschwistern, Verwandten oder Freunden. Im Bodenbild, das bei der Feier, die das Foto zeigt, entstand, wurden den größeren Kindern die Symbole Wasser und Kreuz „ausgelegt" im Rahmen der Erzählung von der Taufe Jesu im Jordan. Auch ein Schälchen mit Chrisam, dem Salböl, gehört dazu. Das weiße Kleid des Taufkinds und die Kerze, die ein anderes Kind trägt, können als weitere Symbole dieser Feier entdeckt werden. Die eigentliche Taufhandlung, das Übergießen mit Wasser, und die Taufworte präsentieren Foto und Text auf **fse 69**. Dabei ist darauf hinzuweisen, dass immer der oder die Vorname/n des Kindes die Taufformel einleiten. Z. B. Michael, ich taufe dich im

# Abollo holt Wasser

Alle stehen im Kreis. Die Vorsprecherin spricht den Text und führt die entsprechenden Bewegungen dazu aus. Die ganze Gruppe wiederholt ihre Worte und macht die Bewegungen nach.

| Vorsprecherin | Bewegungen |
|---|---|
| Ich bin Abollo | mit dem Arm auf sich zeigen |
| Das ist mein Eimer | Eimer in die Luft malen |
| Ich setze meinen Eimer auf den Kopf | „Eimer" auf den Kopf setzen |
| Ich gehe nun steil bergab und ich hüpfe | auf der Stelle hüpfen |
| Der Eimer fällt vom Kopf | sich bücken und den „Eimer" |
| Ich nehme den Eimer in die linke Hand | in die linke Hand nehmen |
| | |
| Au weh, ein tiefer Graben | sehr erschrocken sprechen |
| Ich setze mich auf den Boden und rutsche hinunter | sich hinsetzen und auf dem Boden hin- und herrutschen |
| Ich klopfe mir den trockenen Sand von den Beinen | mit den Händen auf die Beine klopfen |
| Auf der anderen Seite muss ich steil hinaufklettern | Kletterbewegungen machen |
| | |
| Jetzt muss ich durch das Dorngestrüpp | vorsichtig tastende Bewegungen machen |
| Da muss ich mich ganz vorsichtig bewegen | den „Dornen" aus dem Weg gehen |
| Das piekst und zwickt | sich gegenseitig piksen und zwicken |
| So ein Glück, geschafft! | tief aufatmen |
| | |
| Der Weg geht wieder steil bergab | schnellere Schritte machen |
| Ich renne ganz schnell | noch schneller |
| | |
| Jetzt höre ich die Kinder an der Wasserstelle | eine Hand ans Ohr legen |
| Ich renne noch schneller | noch schneller gehen |
| Hier ist vielleicht ein Geschubse und ein Geschrei. | |
| Alles purzelt durcheinander | sich gegenseitig anschubsen |
| Wir hüpfen vergnügt im Wasser herum | so tun, als würde man im Wasser herumhüpfen |
| | |
| Jetzt fülle ich meinen Eimer voll Wasser | den „Eimer" unter die Wasserpumpe stellen und voll pumpen |
| | |
| Ich setze mir den schweren Eimer auf den Kopf | bei der Bewegung schwer atmen |
| | |
| Es geht nun steil den Berg hinauf | ganz langsam gehen |
| Ich atme ganz schnell | schnell atmen |
| Der Weg durch das Dorngestrüpp ist besonders anstrengend | sich durch das „Gestrüpp" schlängeln |
| | |
| Ich nehme den Eimer und bücke mich | den „Eimer" in die Hände nehmen |
| | |
| Au weh, der Graben | erschrocken aussprechen |
| Ich setze mich vorsichtig hin und rutsche mit dem Eimer in der Hand den Berg hinunter | sich auf den Boden setzen und hin- und herrutschen |
| Drüben klettere ich wieder hoch | mit einer Hand Kletterbewegungen machen |
| | |
| Jetzt keuch ich schon ganz schön | tief atmen |
| Meine Schritte sind inzwischen ganz schwer | fest mit den Füßen auftreten |
| Da sehe ich endlich unser Haus | Hand an die Augen legen |
| Jetzt gehe ich so schnell, wie das mit dem Eimer auf dem Kopf geht | so schnell und aufrecht wie möglich gehen |
| Zu Hause schütte ich das Wasser in den großen Krug | Handbewegung des Schüttens machen. |

Namen des Vaters und des Sohnes und des Hl. Geistes.

Das Fürbittgebet fasst die Anliegen der Tauffeier zusammen: Wir wollen das Kind und uns selber bei Gott aufgenommen wissen. Es ist noch einmal festzuhalten, dass die Feier der Taufe das sichtbar macht, was von Gott her allen Menschen zugesagt ist: Ich bin für dich da, wohin du auch gehst. Auch ungetauften Kindern gilt diese Zusage. Das sollte bei der Betrachtung dieser Doppelseite zur Sprache kommen, gerade und besonders, wenn ungetaufte Kinder am RU teilnehmen (vgl. dazu die religionspädagogischen und theologischen Hinweise S. 192).

## 2. Einsatzmöglichkeiten im RU

### Die Taufe als Festtag am Anfang des Lebens entdecken

Die Fotos dienen als Anstoß, die Taufe als Fest am Anfang des Lebens eines Kindes zu bedenken:
- Die Eltern sind mit ihrem Kind heute an einem besonderen Ort!
- Die Kleidung ist anders als Zuhause!
- Du hast vielleicht ähnliche Bilder von deiner Taufe!
- ...

### Die Symbole der Tauffeier entdecken

- Sch beschreiben, was sie auf den Fotos **fse 68/69** sehen; hervorheben: Kerze, Kreuz, Wasser, Schale, Öl, Eltern, Baby, Pfarrer, Gemeinde; Symbolhandlung des Übergießens.
- Sch erzählen anhand ihrer mitgebrachten Fotos von ihrer Taufe, soweit sie von den Eltern darüber informiert sind. L achtet auch hier auf wesentliche Symbole der Taufe.
- Lehrererzählung: Julia erzählt: Gestern ist mein Bruder Michael getauft worden (**AB 2.5.3, Arbeitshilfen S. 199**).
- Alternative: Kurzfilm: Die Feier der Taufe (15 Min.), in den Medienzentralen erhältlich.
- Sch erhalten für ihren Hefteintrag **AB 2.5.4, Arbeitshilfen S. 201**. Sie tragen ihren Namen ein und ergänzen die Taufformel. Nach jeder Symbolerschließung tragen sie ein „Zeichen für ..." ein.

Am Ende des AB schreiben Sch einen eigenen Gedanken zur Taufe auf, z. B.:
- Ich würde gerne eine Taufe beobachten.
- Ich erinnere mich nicht an meine Taufe.
- Ich bin noch nicht getauft worden.
- Ich freue mich auf die Taufe meiner Cousine.

usw.

## 3. Jahrgangsübergreifende Lerngruppe

L erkundigt sich, ob die gesamte Lerngruppe an einer Tauffeier in der zugehörigen Pfarrgemeinde teilnehmen kann.
- Sch aus dem ersten Lernjahr malen ein Bild für den Täufling. Sch, die schon schreiben können, schreiben eine Glückwunschkarte.
  Sch überreichen ihre Taufgeschenke nach der Feier.
- Sch tragen im RU ihre Beobachtungen von der Tauffeier zusammen und setzen sie im Gespräch in Beziehung zum vorangegangenen Unterricht. Offene Fragen werden von schreibenden Sch auf einzelnen Karten für den folgenden Unterricht gesammelt.

---

**Wasser – Zeichen für ...**     fragen – suchen – entdecken **70/71**

## 1. Hintergrund

Diese und die folgende Doppelseite greifen die Erfahrungen der Sch mit den Symbolen der Tauffeier: Wasser, (Tauf-)Kleid und (Tauf-)Kerze auf und vertiefen sie. Bisherige Wahrnehmungen dieser Zeichen können bewusst werden. Symboldidaktischer RU will die Wahrnehmungskompetenz und die Ausdruckskompetenz der Sch fördern, damit sie hinter den Symbolbildern neue Wirklichkeiten entdecken können. Im vielgestaltigen handelnden Umgang wird kreatives Wahrnehmen möglich. Dabei werden unterschiedliche Wahrnehmungen und Assoziationen je nach Lebensgeschichte und -welt der Sch auftauchen; denn Wahrnehmung hat immer mit der je eigenen Person zu tun. Sch werden durchaus auch die ambivalente Bedeutung von Symbolen entdecken. Grundsätzlich geht es darum, dass der RU den Gebrauch dieser allen Menschen angeborenen Sprache, der Symbolsprache, fördert und stärkt. Dabei gilt: Symbole können nicht allein kognitiv-rational erklärt werden. Eine Erklärung kann nicht zum Eigentlichen vordringen.

Sinnvoll ist daher nur ein Unterricht mit Symbolen, nicht über Symbole – also ein Unterricht, bei dem Sch sinnenbetont und handlungsorientiert Erfahrungen sammeln können. Das hat Auswirkungen auf den konkreten Unterrichtsverlauf. Die einzelnen Lernschritte lassen sich wie folgt reihen: ausführlich wahrnehmen und erleben (was ich alles sehen, tasten, schmecken, riechen, hören kann) – vielseitig assoziieren und erinnern (was ich alles damit verbinden kann) – vertiefend sich identifizieren (wenn ich als Person das Symbol

# Symbole auf Taufkerzen

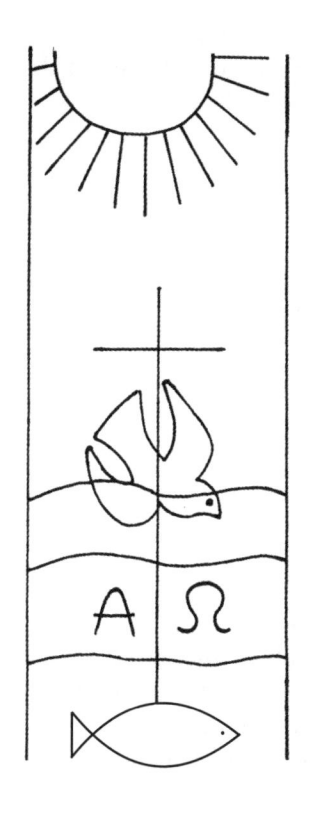

Das Kreuz sagt: _____

_____

_____

Der Fisch sagt: _____

_____

Die Taube sagt: _____

_____

Ein Regenbogen sagt: _____

Kreuz: Das Erkennungssymbol der Christen, eine Erinnerung an Jesu Tod und seine Liebe zu den Menschen. Das Kreuz auf der Taufkerze sagt: ... (Name) gehört zu Jesus Christus.

Taube: Christen erinnern sich an die JüngerInnen Jesu, die nach der Auferstehung Jesu voll Mut und Begeisterung von Jesus erzählten. Der Geist Gottes hat ihnen dazu die Kraft gegeben. Dieser Geist Gottes wird oft in der Gestalt einer Taube dargestellt. Wie die JüngerInnen, so soll auch ... (Name) vom Heiligen Geist Gottes erfüllt sein.

Fisch: Der Fisch war das geheime Erkennungszeichen der ersten Christen. Fisch heißt in der griechischen Sprache „Ichtys".
Die einzelnen Buchstaben sind der Anfang folgender Wörter:
**I**esous = Jesus; **Ch**ristos = Christus; **Th**eou = Gottes; **Y**ios = Sohn; **S**oter = Retter.

Christusmonogramm: Ist gebildet aus den griechisch geschriebenen Anfangsbuchstaben von „ChRISTUS": Ch = X und R = P
Fisch und Christusmonogramm sagen: ... (Name), du gehörst zu Jesus Christus.

Regenbogen: Ist ein Zeichen für die Verbindung von Himmel und Erde; ein Zeichen für die Treue Gottes zu den Menschen. Das Zeichen des Regenbogens sagt: ... (Name), du kannst dich auf mich verlassen (vgl. **fse 82**).

zum Sprechen bringen kann) – intensiv deuten und feiern (was das Symbol bei der Taufe erzählen kann). Die Fotos dieser Doppelseite thematisieren vor allem die lebensspendende Bedeutung des Wassers. Dort, wo Wasser fehlt, droht eine Katastrophe für Mensch, Tier und Natur. Die Erde vertrocknet und bleibt unfruchtbar, wie am Hintergrund von **fse 70** zu erkennen ist. Das Foto der Frauen an einem Brunnen in Senegal weist darauf hin, dass Wasser in vielen Teilen der Welt rar und kostbar ist. Alles Sorgen dreht sich dort um die Beschaffung von Wasser. Viele Menschen gehen täglich viele Kilometer zu Fuß um Wasser zu besorgen. Dort, wo Wasser fließt und sprudelt – wie aus der Jordanquelle auf dem unteren Foto –, wird die Erde grün und fruchtbar, dort ist Leben möglich.

Unsere Kinder in Deutschland erleben Wasser in Fülle. Die Freude an Wasser wird besonders beim Spielen im und am Wasser gefördert. So haben sicher fast alle Sch schon erlebt, wie erfrischend und belebend es ist, an einem heißen Sommertag im Wasser unterzutauchen, wie es das Foto **fse 71** einfängt. Gleichzeitig kennen Kinder auch die Angst vor der zerstörerischen Macht des Wassers. Sie werden vor der Lebensgefahr am Wasser gewarnt und hören von vernichtenden Hochwassern, in denen sich die ganze Gewalt des Wassers den Menschen entgegenstellt. Durch diese ambivalenten Erfahrungen mit Wasser wird deutlich, dass Wasser als Urelement zum Symbol für Leben überhaupt werden kann.

Das Untertauchen in Wasser bzw. das heute übliche Übergießen bei der christlichen Taufe macht zweierlei sichtbar und spürbar: das Eintauchen mit der Angst vor dem Tod (theologisch: sterben mit Christus, sterben des alten Menschen) und das Auftauchen mit der Erfahrung des neuen Lebens. Baldermann beschreibt die Taufe so: „Getauft werden ist wie sterben, ein Abbild des Todes, um wieder aufzutauchen aus der Flut und das Leben als neu geschenkt zu begreifen: Abbild der Auferstehung. Noch die heutige Form der Kindertaufe spricht davon: Wir ersparen den Kindern nicht, dass die Wasser über ihren Kopf gehen und sie dabei erschrecken; doch dann empfängt sie ein Wort der Verheißung und des neuen Lebens – wie Noah, als er die Arche verließ" (Ingo Baldermann, Auferstehung sehen lernen, WDL 10, Neukirchen 1999, S. 70).

L wird also die Ambivalenz der Bedeutung des Symbols Wasser kennen, auch wenn dieser Aspekt der Taufe im 2. Schuljahr noch nicht angesprochen wird.

## 2. Einsatzmöglichkeiten im RU

### Wasser erleben
Im Unterricht kann vor der Betrachtung der Fotos eine sinnenhafte Begegnung mit Wasser angebahnt werden, denn Wasser hat vor allem dann etwas Faszinierendes, wenn man direkt mit ihm in Berührung kommt:
- Wassergeräusche hören und zuordnen:
  – Wassergeräusche-Spiel (z. B. vom Verlag an der Ruhr: Geräusche-CD mit 24 Bildkarten).
  – Sch sammeln selbst mit dem Kassettenrekorder Wassergeräusche: den Regen, die Toilettenspülung, kochendes Wasser usw.
- Wasser in einer Schale mit der Hand schöpfen.
- Wasser trinken.
- Wasser riechen: frisches Wasser und abgestandenes Wasser.
- Einen Unterrichtsgang zu einem Brunnen in der Stadt oder zum Teich im Schulgarten unternehmen.
- Wassermusik anhören, z. B. Antonio Vivaldi: La tempesta di mare (Meeressturm); Bedrich Smetana: Die Moldau; Georg Friedrich Händel: Wassermusik).

### Wasser bildlich darstellen
- Bilder sammeln bzw. malen, was Wasser alles kann: waschen, wegspülen, Lebenssaft geben, überschwemmen, untergehen lassen ...
- Sch gestalten ein Mandala: Wasser spendet Leben **AB 2.5.5, Arbeitshilfen S. 203**.

### Vom Wasser erzählen
Bei der Betrachtung der Fotos auf der Doppelseite werden die eigenen Erfahrungen der Sch mit Wasser aufgegriffen:
– Wie oft am Tag brauchen wir Wasser?
– Woher kommt unser Wasser?
– Was wäre, wenn aus dem Wasserhahn kein Wasser mehr käme?
– Was geschieht, wenn Wasser verschmutzt ist?
– Welche Erfahrungen hast du mit Wasser schon gemacht? Erzähle deine Wassergeschichte, schreibe sie auf einen blauen Tonpapier-Wassertropfen und gib ihr eine Überschrift! Stellt eure Wassertropfen zu einer Collage zusammen!

### Erfahrungen anderer Menschen mit Wasser kennen lernen
Wie Abollo das tägliche Trinkwasser holt, erfahren Sch in einem Bewegungsspiel: **AB 2.5.6, Arbeitshilfen S. 205**.

### Eine Brunnengeschichte hören
Als Geschichte zum Brunnenbild lesen Sch das Buch „Animatas Entdeckung". Animata lebt in einem Dorf im Senegal. Jeden Morgen holt sie mit ihrer Schwester das Wasser vom Brunnen, hilft der Mutter im Haushalt, passt auf ihre jüngeren Geschwister auf und träumt davon, irgendwann einmal die Schule besuchen zu können. Alltag, wie für viele Kinder in Afrika! Doch dann geschieht etwas, das alles gründlich

durcheinander bringt: Zahlreiche Babys im Dorf werden krank. Während die Erwachsenen über den Grund rätseln, macht Animata eine wichtige Entdeckung und stößt auf die Ursache für die Krankheiten. Gemeinsam mit allen im Dorf setzt sie sich für deren Beseitigung ein.

Animatas Entdeckung, Projekt Eine Welt in der Schule, 1994, Arbeitskreis Grundschule – Der Grundschulverband e.V., Niddastr. 52, 60329 Frankfurt am Main, Tel. 069/776006, Fax 069/7074780, Best.-Nr. 2027, ISBN 3-930024-50-0, e-mail: info@grundschulverband.de.

### Sich mit Wasser identifizieren

- Viele verschiedene Wasserbilder werden im Raum ausgelegt. Sch wählen ein Bild und lassen es erzählen: Z. B. Ich bin ein Bergbach. An meinen Ufern ist es kühl. Die Tiere und auch die Menschen können bei mir trinken und sich erfrischen ...
- Auch die Fotos der Doppelseite werden so betrachtet:
Lass das Wasser auf den Fotos sprechen! Z. B. Ich bin das Wasser in der Wüste. Bei mir können die Menschen ihren Durst löschen; oder: Ich bin eine Quelle, ich sprudle und du kannst mein Lied hören; oder: Ich bin das Wasser im Schwimmbecken, bei mir können die Menschen eintauchen.

### Vom Wasser bei der Taufe erzählen

- Nach der Erschließung des Symbols Wasser wird noch einmal das Taufbild **fse 69** betrachtet. Ein Kind wird bei der Taufe mit Wasser übergossen. Das Taufwasser erzählt: „Ich bin das Wasser der Taufe, ich erinnere dich daran, dass ..." (Sch ergänzen; z. B. Gott auf dich schaut, dich im Leben begleitet, dich nicht verlässt. Wer getauft wird, will zu Christus gehören.)
- Sch finden eigene Sätze: Ich bin das Wasser der Taufe ...
- Die Überschrift **fse 70** wird ergänzt: Wasser ist Zeichen für ... (z. B. Leben, Wachsen, Reinigung ...). **AB 2.5.4, Arbeitshilfen S. 201**, wird entsprechend ausgefüllt.

## 3. Jahrgangsübergreifende Lerngruppe

- Sch aus dem ersten Lernjahr schneiden aus Zeitschriften Bilder aus, auf denen Wasser zu sehen ist, und kleben in GA daraus eine Collage für die Klassenwand.
- Sch lassen Kressesamen auf einem Wattepolster keimen und begießen sie täglich mit Wasser. Sch überlegen, was das Wasser für die Samenkörner bedeutet.
- Sch benennen Situationen im Tagesablauf, in denen sie mit Wasser in Berührung kommen. Sie malen dazu ein Bild.
- Sch erzählen von einer Situation, in der sie selbst einmal großen Durst hatten, und malen dazu ein Bild, ggf. mit einer Sprechblase „Wasser, bitte!"

---

**Kleid und Kerze – Zeichen für ...**  fragen – suchen – entdecken **72/73**

## 1. Hintergrund

Die Symbole Kleid und Kerze erschließen sich den Sch in ähnlich ambivalenter Bedeutung wie das Wasser: Da gibt es das **Kleid**, das nur eine bestimmte Stimmung vortäuschen soll, das entstellt, und das Kleid, das schön und attraktiv macht. Die Kleider, die wir anziehen, erzählen von uns und zeigen den anderen unsere Stimmung oder auch unsere Zugehörigkeit. Die **Kerze**, deren Feuer leuchten und wärmen, aber auch zerstören kann, begleitet uns durch unser ganzes Leben: Die Geburtstagskerzen zählen die Lebensjahre, die Kerzen auf dem Grab weisen hin auf die Vergänglichkeit des Lebens. Die Illustrationen der Doppelseite umkreisen jeweils das Mittelbild: das Taufkleid und die Taufkerze. Die Bedeutung der Zeichen bei der Taufe wird bewusst in diesen weiteren Rahmen gestellt.
Auch das Taufkleid wird durchaus unterschiedlich gedeutet: Das Taufkleid ist das festliche Gewand der Freude, weil in der Taufe Gottes Liebe und Zuwendung zum Ausdruck kommen – weißes Kleid als Bild für die Reinheit und die Überwindung des Bösen – Kleid als Zeichen für die Zusage Gottes, das Kind zu schützen (umgeben wie von einem Gewand) – Kleid als Bild für: „Du hast Christus wie ein Kleid angezogen" (Eph 4,22-24a: „Legt den alten Menschen ab und erneuert euren Geist und Sinn. Zieht den neuen Menschen an, der nach dem Bilde Gottes geschaffen ist."). Dieser Aspekt mag als Ergebnis einer Deutung anklingen, wenn er auch den Sch des 2. Jahrgangs nicht voll zugänglich ist: Ich habe in der Taufe Christus angezogen und mit ihm einen neuen Schritt begonnen.
Das Licht als Hinweis auf Christus begegnet den Sch in vielfältigen Formen: Kerzen und Lichter in der Kirche; Lichter im Brauchtum: u. a. Christbaum, Adventskranz, Grablichter. So wird die Taufkerze einerseits selbstverständliche Erinnerung an die Taufe sein, andererseits werden Sch durch sie daran erinnert, dass ihr Verbunden-Sein mit Christus in der Taufe besiegelt

und sichtbar gemacht wurde. Das zeigt sich gerade auch in einer symbolträchtigen Geste: die Taufkerze wird an der Osterkerze entzündet. Die Bedeutung des Wassers als Symbol des Lebens setzt sich im Licht der Kerze fort: Wenn der Priester dem Taufkind die Kerze überreicht mit den Worten: „Empfange das Licht Christi" klingt hier auch ganz deutlich mit: „Empfange das Licht des Lebens".

## 2. Einsatzmöglichkeiten im RU

### Bilder wahrnehmen
Die drei Illustrationen um das Taufbild in der Mitte werden betrachtet.
- Was siehst du?
- Wie sind der Mann, die Braut, das Mädchen angezogen?
- Wo hast du eine solche Kleidung schon gesehen?
- Was erzählt der Anzug, das Kleid, das Sporttrikot?
- Wenn jemand so angezogen ist, dann ...; gehört er zu ...; ist er ...; zeigt er, dass ...
- Was die drei Personen selbst zu ihrer Gewandung sagen, z. B. Ich habe das weiße Kleid angezogen, weil ...

### Ein Taufkleid erzählt
- In der Mitte von **fse 72** trägt eine Mutter ihr Kind bei der Taufe. Dem Kind ist ein Taufkleid übergelegt. Es ist sinnvoll, dass jetzt auch ein echtes Taufkleid gezeigt wird.
- Sch stellen Fragen zum Kleid.
- Bei der Taufe überreicht der Priester/der Diakon das Taufkleid und sagt dabei:
*Das weiße Kleid soll ein Zeichen sein,
dass du Christus angezogen hast.
Gottes liebevolle Fürsorge umgibt dich
wie ein schützendes Kleid.*
- Sch ergänzen als Eintrag auf **AB 2.5.4, Arbeitshilfen S. 201**: Kleid, Zeichen für Schutz, Jesus schützt mich o. Ä.

### Kerzen erzählen
- Sch entdecken brennende Kerzen und Lichter (Illustrationen **fse 73**, mitgebrachte Kerzen) und finden selbst weitere Beispiele, z. B. Kerze in der Klasse, Altarkerze, Grablicht.
- Sch erzählen einem Partner oder einer Partnerin bzw. der Klasse eine Kerzen-Geschichte zu einem Licht/einer Kerze ihrer Wahl (ausgenommen Osterkerze und Taufkerze).
- Was eine Kerze alles kann: leuchten, hell machen, wärmen ... lass sie erzählen!
- Jesus sagt: Ich bin das Licht für die Menschen (Joh 8,12). Lass ihn weiterreden: Ich ...

### Die Taufkerze betrachten
- Wenn Sch ihre Taufkerzen in die Schule mitgebracht haben, können sie sie beschreiben und ihre Symbole entziffern. Alternativ: **AB 2.5.7, Arbeitshilfen S. 207**, einsetzen. Wenn das Blatt an Sch ausgeteilt wird, evtl. die Erläuterungen (unten) abschneiden. Sch versuchen die Bedeutung der Symbole für die Taufe selbstständig zu finden.
- Was Sch auf der Zeichnung **fse 73** Mitte sehen: Ein Priester zündet eine kleine Kerze (Taufkerze) an einer großen Kerze (Osterkerze) an.
Die große Kerze erzählt (Wiederholung von **fse 1, S. 68**):
*Ich werde in der Osternacht zum ersten Mal angezündet. In der Mitte ist ein großes Kreuz angebracht; oben der griechische Buchstabe Alpha als der erste Buchstabe im griechischen Alphabet, unten der letzte: Omega. Christus umschließt das ganze Leben der Christen, den Anfang und das Ende. Die Christen sehen in mir ein Zeichen für den auferstandenen Jesus, der in ihrer Mitte ist (evtl. Erinnerung an* fse 1, S. 68). *Ich leuchte, wenn sich die Menschen zum Gottesdienst versammeln, wenn ein Kind oder ein Erwachsener getauft wird; wenn jemand stirbt.*
Die kleine Taufkerze erzählt: *Der Vater/der Priester entzündet mich an der Osterkerze und übergibt mich dem Kind. Der Priester/Diakon spricht dazu: Empfange das Licht Christi.*
- Sch ergänzen auf **AB 2.5.4, Arbeitshilfen S. 201**, zur Kerze: Zeichen für: Jesus ist mein Licht und zum Chrisam: Ich gehöre zu Christus (Ich bin gesalbt wie Jesus; Christus heißt: der Gesalbte).
- Was dich die Taufkerze fragt:
- Wer hat mich gekauft?
- Wann bin ich zum ersten Mal angezündet worden?
- Wer hat mich zum ersten Mal getragen?
- Wann bin ich eigentlich zum letzten Mal angezündet worden?
- Wann werde ich hervorgeholt?
- Woran möchte ich dich erinnern?

## 3. Jahrgangsübergreifende Lerngruppe

- Sch aus dem ersten Lernjahr gestalten ein Taufkleid aus Papier. Dazu kleben sie ein kleidförmiges weißes Papier auf einen farbigen Karton. Die Spitzen am Saum und an den Ärmeln werden mit Falt- und Schneidetechnik (gefaltetes Papier, in das kleine Rauten oder Dreiecke geschnitten werden, auffalten und aufkleben) verziert.
- Sch gestalten eine weiße Kerze mit farbigem Wachsdekor, z. B. blaue, wellig gelegte Streifen für Wasser (Fisch, Taube, Kreuz ...)

# Wir erforschen unsere Kirche

Hier kannst du ein Foto deiner Pfarrkirche einkleben.

| Station | Aufgabe: | erledigt: |
|---------|----------|-----------|
| Nr. 1 | Kirche und Umgebung fertig zeichnen | |
| Nr. 2 | Sich in der Kirche umschauen | |
| Nr. 3 | Den Altarraum entdecken | |
| Nr. 4 | Bilder und Figuren von Heiligen entdecken | |
| Nr. 5 | Was ich noch entdeckt habe | |
| Nr. 6 | Ein Rätsel lösen | |
| Nr. 7 | Einen Platz in der Kirche finden, zu beten versuchen | |

# Station 1:

## Kirche und Umgebung fertig zeichnen

Zeichne deine Kirche und male dazu, was du in der Umgebung noch siehst!
Ich erkenne unsere Kirche an _____

## Station 2:

### Sich in der Kirche umschauen

Suche dir einen Platz, an dem du dich wohl fühlst.
Schau dich in der Kirche um! Was fällt dir auf?
Schreibe auf, was du entdeckst. Du kannst es auch in die Rahmen malen.

## Zur Gemeinde gehören

*fragen – suchen – entdecken* **74/75**

## 1. Hintergrund

Die Doppelseite berichtet in Bild und Wort vom Leben einer Pfarrgemeinde. Das Foto gibt einen Einblick in einen Gottesdienst, bei dem die Kinder im „Mittelpunkt" stehen. Sie sind mit einem bunten Band miteinander und im Gebet verbunden. Entgegen dem allgemeinen Trend, dass immer weniger Menschen zu Sonntagsgottesdiensten kommen und v. a. die Kinder fehlen, besuchen GrundschülerInnen immer noch gerne Kinder- und Familiengottesdienste. Sie können dabei meistens selbst mitwirken, zumindest werden ihre legitimen Bedürfnisse nach Bewegung und Mittun altersgemäß aufgegriffen und berücksichtigt.

Der Auszug aus dem Pfarrbrief weist auf weitere Angebote für Sch hin. Dazu können Sch eigene Erfahrungen und Fragen einbringen. Beim Gespräch über die Pfarrgemeinde – evtl. mit einem/einer Verantwortlichen der Pfarrei – sollten Kinder auch sagen können und dürfen, was ihnen nicht gefällt, damit sie sich ernst genommen fühlen und merken, dass sie und ihre Ideen gefragt sind. Die Doppelseite zeigt den Sch Möglichkeiten auf, wie sie sich in die Gemeinde einbringen können.

## 2. Einsatzmöglichkeiten im RU

### Von der Pfarrgemeinde erzählen

- Sch betrachten das Foto **fse 74** und erzählen von ihren Eindrücken: Kinder und Erwachsene; sie erheben die Hände; sie beten.
- Sch erheben die Hände zur lobenden Gebärde: Gott, wir loben dich.
- Sch berichten evtl. von eigenen Erfahrungen.
- L zeigt weitere Bilder aus dem Leben einer Pfarrgemeinde (Altenclub, Pfarrfest, Mitarbeiter/-innentreffen mit Pfarrer, MinistrantInnen, Kindergruppenstunde ...): Sch bringen ihr „Wissen" ein oder stellen Fragen.

### Einen Tanz zum Lied einüben

Der Tanz beginnt mit einer Dreiergruppe, die beim wiederholten Singen immer mehr Sch in den Kreis mit hineinnimmt. Alternative: Es wird nur in Dreiergruppen getanzt oder alle tanzen zusammen.

### Den Pfarrbrief studieren und selbst eine Seite gestalten

- Sch lesen die Seite und äußern sich frei dazu.
- Sch überlegen, was wohl bei den angegebenen Programmpunkten gemacht wird und was sie dabei tun könnten.
- Sch „studieren" mitgebrachte Pfarrbriefe und vergleichen diese mit dem Auszug in fse.
- Sch sprechen mit einem/einer Verantwortlichen der Pfarrgemeinde (Pfarrer, Pastoral- oder GemeindereferentIn, Pfarrgemeinderatsvorsitzende/r) über ihre Erfahrungen und Wünsche; evtl. Fragen dazu vorbereiten.
- Sch erstellen und gestalten eine eigene Kinderseite für einen Pfarrbrief. Vielleicht kann sie im offiziellen Pfarrbrief der Pfarrei abgedruckt werden oder Tagesordnungspunkt bei einer Pfarrgemeinderatssitzung sein.

### Die „Kirche vor Ort" mitgestalten

- Vgl. die Hinweise zur Erschließung des Titelbildes **fse 63**, **Arbeitshilfen S. 196**, z. B.: Das Äußere der Kirche entdecken. – Sch malen das Innere der Kirche. – ...
- Sch lassen Gesicht, Füße und Hände sprechen bzw. kommen mit der Kirche ins Gespräch. (Hinweis: Erfahrungsgemäß spricht Sch bei der spontanen Wahrnehmung des Titelbildes das freundliche Gesicht der Kirche an. Auch dass der Turm Füße hat, finden Sch interessant; sie geben der Kirche gerne noch Hände dazu.)
- Sch stellen ihr gemaltes Bild bei einem Kindergottesdienst vor, indem sie die zusammen mit L formulierten Gedanken vortragen.

| Text | Bewegung |
|---|---|
| Sind zwei, | Klatschen auf die Schenkel |
| sind drei | Klatschen in die Hände |
| in meinem Namen eins, bin mitten ich dabei. | Heben der Hände, sie zeigen dabei nach oben – dabei die Handinnenflächen zusammenhalten – im Kreis gehen |
| Ich bin dabei, | Stehen und klatschen |
| ich bin dabei, | Stehen und klatschen |
| bin mitten ich dabei. | Wie oben: Heben der Hände – Handinnenflächen zusammen – im Kreis gehen |

## Station 3:

### Den Altarraum entdecken

Suche im Altarraum den Altar, das Lesepult (Ambo), die Osterkerze, das Taufbecken, den Tabernakel, das ewige Licht und trage sie in den Grundriss ein.

L kopiert Grundriss der Kirche hier hinein.

## Station 4:

Bilder und Figuren von Heiligen entdecken

Suche die Heiligenfiguren in der Kirche. Viele haben Erkennungszeichen.
Male sie in die Kreise und schreibe die Namen dazu.

# Station 5:

## Was ich noch entdeckt habe

Schreibe deine Entdeckung auf oder male.

# Station 6:

Ein Rätsel lösen

Setze die richtigen Wörter ein.
Die Buchstaben in den Kreisen ergeben das Lösungswort!
Ergänze dann unten den Lückentext.

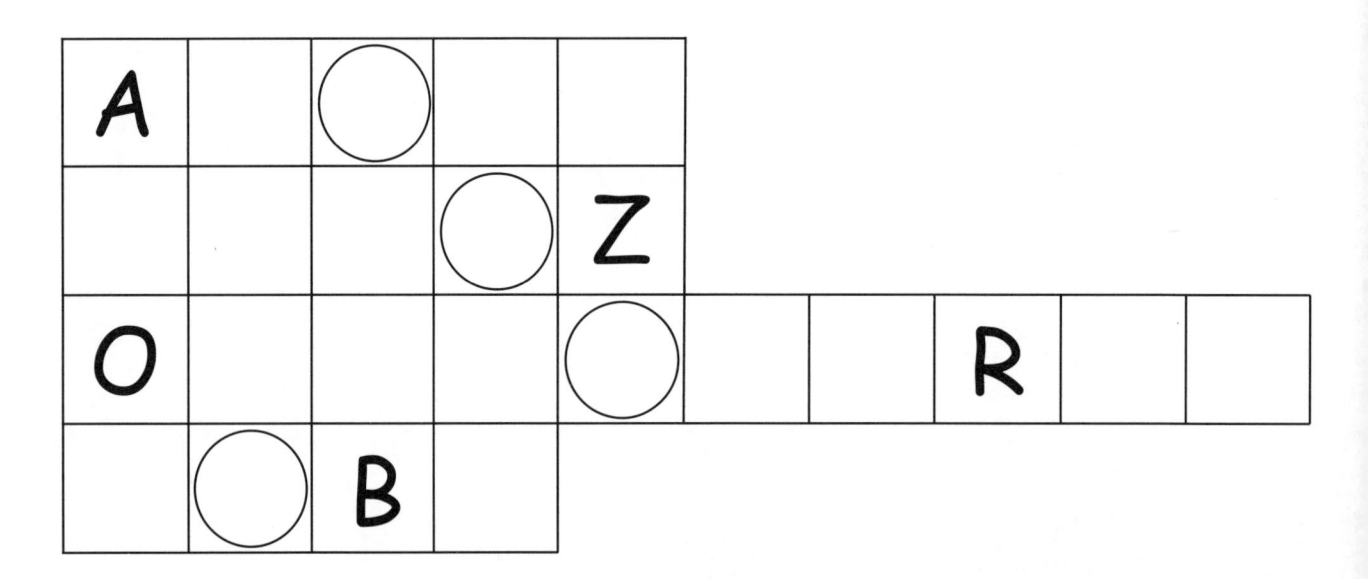

ORGEL, ALTAR, HEILIGE, KREUZ, TAUFBECKEN,
AMBO, KREUZWEG, OSTERKERZE

Im _____ hängen

die _____

## Station 7:

### Einen Platz in der Kirche finden, zu beten versuchen

Versuche still mit eigenen Worten zu beten:
Lieber Gott, mir gefällt ..., mir gefällt nicht ...
Ich freue mich ...
Ich danke dir für ...
Ich bitte dich für ...

### 3. Jahrgangsübergreifende Lerngruppe

- Sch gestalten auf einem freien Arbeitstisch gemeinsam das Innere einer Kinderkirche. Dazu basteln sie aus Papier und Pappe kleine Bänke und einen Tisch, überlegen, wo alles stehen soll. Sie geben dem Raum fantasievolle Gestaltung, z. B.: buntes Muster für den Fußboden, Teppiche aus Stoffresten oder kleine Kissen zum „still Hinsetzen", Platz für Blumen und Kerzen, Bücher, Musik usw.
- Sch gestalten in PA ein Plakat zur eigenen Pfarrgemeinde, auf dem auch für Sch, die noch nicht lesen können, Informationen zu erkennen sind, z. B. eine Uhr mit dem Beginn des Sonntagsgottesdienstes, einen singenden Kinderchor, Bücher aus der Pfarrbücherei usw. Plakate werden in der Schule oder in der Pfarrgemeinde veröffentlicht.

## Kinder erforschen ihre Kirche                                  fragen – suchen – entdecken 76

### 1. Hintergrund

Für die Kirche, das aus Steinen erbaute Gotteshaus, interessieren sich im Zuge einer Besichtigung die meisten Sch, gleich welchen Alters. Mit wachen Sinnen gehen sie auf Entdeckungsreise, machen Erfahrungen und sind recht gesprächsbereit. Nicht der nüchterne Vortrag oder eine unpersönliche Führung motivieren, sondern das „Selber"-Sehen, -Denken, -Sprechen, das Erzählen, Begehen, Erkunden, Entdecken, Nachfragen bzw. das gemeinsame Recherchieren in der Gruppe, das Malen, Zeichnen, Aufschreiben, Rätseln, das Sammeln, Ordnen, Gestalten und Berichten der Ergebnisse. Dazu braucht es die entsprechenden Methoden und Arbeitsweisen. Mitgenommene Werkzeuge für einen Unterrichtsgang zur Kirche erhöhen seine Bedeutung und erleichtern die Bestandsaufnahme vor Ort. Zudem sollen Sch den Kirchenraum als einen Ort der Stille und des Gebets erleben.

### Literatur

Goecke-Seischab, Margarete Luise/Harz, Frieder, Komm, wir entdecken eine Kirche. Räume erspüren, Bilder verstehen, Symbole erleben – Tipps für Kindergarten, Grundschule, Familie, München 2001

Dies./Ohlemacher, Jörg, Kirchen erkunden, Kirchen erschließen, Lahr 1998

### 2. Einsatzmöglichkeiten im RU

**Unsere Kirche erforschen**
- Vorbereitung: Sch bereiten sich mit **fse 76** auf die Kirchenerkundung vor.
- Du entdeckst auf der Zeichnung im Hintergrund ... (Kreuz, Altarstufen, Kerzen, Engel, Säulen, Heiligenfiguren).
- Sch vergleichen mit der Pfarrkirche, soweit sie ihnen bekannt ist.
- Sch identifizieren Heiligenfiguren; evtl. schauen sie in einem Buch über Heilige nach. Welche Attribute als Erkennungszeichen entdecken sie?
- Schreibe den Namen deiner Pfarrkirche auf (z. B. aus einem Pfarrbrief entnehmen). Woher stammt dieser Name? Wer kann uns darüber etwas sagen? Wo finden wir Informationen?
- Durchführung:
- Je nach Situation bereitet L eine „Lernstraße" vor: **AB 2.5.8-2.5.15, Arbeitshilfen S. 211-213, 215-219.**
- Materialien, die bei der Kirchenerkundung benötigt werden: Block, Stifte, Namenskärtchen, evtl. Fernglas für die Decke. L nimmt eine Glocke oder Klangschale mit, mit denen Sch gesammelt werden, ggf. ein Heiligenlexikon; Kirchenführer.
- L und Sch besprechen das Verhalten in der Kirche. Idealerweise beginnt eine Kirchenführung mit einem großen **Überblick über die gesamte Anlage**. Aus der Ferne, von außen, mit einer Kirchenumrundung entlang der vier Seiten der Kirche beginnen. Dabei können auch kurz Gesichtspunkte bewusst werden, die für die Wahl des Standorts sprachen (landschaftliche Gründe, Legenden oder bereits in früherer Zeit bestehende Kirchen). Der Friedhof kann einbezogen werden. Besonders eindrucksvoll lässt sich der Kirchenbau vom Turm herab erleben. Dieses erste Sichten von außen und oben kann mit Station 1 der Lernstraße „Unsere Kirche von außen" vorbereitet werden (**AB 2.5.9, Arbeitshilfen S. 212**). Für die **Entdeckungsreise im Kircheninneren** bieten die weiteren Aufgaben der Lernstraße Anregungen (**AB 2.5.10-2.5.15, Arbeitshilfen S. 213, 215-219**). Die Arbeitsaufträge können in Einzel-, Gruppen- oder Partnerarbeit erledigt werden, nach Interesse der Sch bzw. dem Aufgabentyp entsprechend. Vielleicht lässt sich auch ein/e Verantwortliche/r der Pfarrgemeinde für ein kurzes Gespräch über die Kirche gewinnen. Ein eindrucksvolles Erlebnis ist ein kurzes Orgelspiel.
Zum **Abschluss** der Erkundung versammeln sich Sch und L um den Altar (bzw. Altarraum) und kommen zur Stille; sprechen gemeinsam ein Gebet; singen ein Lied, z. B.: Vater unser mit Gesten **fse 17, AB 2.1.15**, oder **fse 20**: Vom Aufgang der Sonne.

**Hinweise zur Vorbereitung einzelner Stationen**

**Station 1:**
*Vorbereitung:* Den Umriss der eigenen Kirche anstelle des „Platzhalters" halbfertig auf **AB 2.5.9, Arbeitshilfen S. 212**, vorgeben (z. B. Logo aus dem Pfarrbrief verwenden).
*Aufgabe:* Ich erkenne die Kirche an: ... (Fenster, Turm, Größe ...)

**Station 2:**
*Vorbereitung:* L überlegt mit Sch, wie man eine Kirche betritt. Mit Sch in Stille in die Kirche gehen.

**Station 3:**
*Vorbereitung:* Mit Sch klären: Kirchenraum (-schiff) und Altarraum. Langsam zum Altarraum gehen. Wo es geht, einen einfachen Grundriss der Kirche auf **AB 2.5.11, Arbeitshilfen S. 215**, vorzeichnen, die Orte der Gegenstände einzeichnen, die Sch später beschriften.

**Station 4:**
*Vorbereitung:* Je nach Situation die Namen von Heiligen vorgeben und die Bilder der Heiligen auf **AB 2.5.12, Arbeitshilfen S. 216**, kopieren. Die Erkennungszeichen (Attribute) durch einen Kreis kennzeichnen. Erklärungen der Attribute der Kirchenheiligen lassen sich in Kirchenführern finden.

**Station 5:**
*Vorbereitung:* L kopiert **AB 2.5.13, Arbeitshilfen S. 217**. Sch malen oder schreiben auf, was sie noch in der Kirche entdeckt haben.

**Station 6:**
*Rätselwörter:* ALTAR – KREUZ – OSTERKERZE – AMBO.
*Lückentext:* Im Turm hängen die Glocken.

# 3. Jahrgangsübergreifende Lerngruppe

Alle Sch erhalten für den Kirchenbesuch eine feste Unterlage für ihre AB. L klärt den vorsichtigen Umgang mit mitgebrachten Stiften. L weist darauf hin, dass der Kirchenraum ein Ort des Gebetes ist. L ist selber ein Vorbild in eigenen Bewegungen und Lautstärke der Sprache.

- L entwickelt für die Kinder aus dem ersten Lernjahr alternative Stationen, in denen L bei der Aufgabenstellung Bildsymbole verwendet, z. B.:
– Wie viele Säulen?
– Welche Farben hat das Fenster vorne über dem Altar?
– Zähle die kleinen Bänke.
– Zähle die Fenster.
– usw.
- L geht mit Sch des ersten Lernjahrs gemeinsam durch die Kirche, benennt einzelne Plätze. Sch stellen das entsprechende Namensschild an diesen Platz: Ambo, Altar, Taufbecken, Osterkerze, Hl. Antonius, Kreuzweg, ewiges Licht, ...
- L erzählt zu einer Heiligenfigur die Lebensgeschichte. Sch malen die Figur ab.

Sch suchen den Informationsstand vor oder in der Kirche und versuchen Informationen zu entschlüsseln.

## Literatur

Bichler, Albert, Das Kinderbuch der Heiligen und Namenspatrone, Würzburg 1995

Eberhard-Wabnitz, Margit/Leisering, Horst, Knaurs Buch der Vornamen. Herkunft und Bedeutung von über 1000 Vornamen, München 1998

Frisch, Hermann-Josef/Pfeffer, Rüdiger, Unsere Namenspatrone. 486 Namen und Namensableitungen, Düsseldorf 2000

Goecke-Seischab, Margarete Luise/Harz, Frieder, Komm, wir entdecken eine Kirche. Räume erspüren, Bilder verstehen, Symbole erleben – Tipps für Kindergarten, Grundschule, Familie, München 2001

Wasser. Modelle für den RU (Calwermaterialien, mit CD), Stuttgart 2002

# 6 Leben in Gottes Schöpfung

## 1. Religionspädagogische und theologische Hinweise

Sch begegnen der Welt, in der sie leben, als einem Ganzen, das sie mit allen Sinnen erfassen wollen. Sie gehen oft ganz selbstverständlich davon aus, dass in jedem Ding und jedem Lebewesen eine Seele wohnt, und verstehen deren „Sprache". Kinder fühlen sich mit allem Lebendigen auf der Welt – mit Menschen, Tieren und Pflanzen – in fast gleicher Weise verbunden. Ihr natürlicher Drang, sich in der freien Natur zu bewegen und die Welt zu entdecken, muss heute aber fast überall beschränkt oder sogar unterbunden werden. Ein unmittelbares Verhältnis zur Natur geht ihnen in unserem Kulturkreis mehr und mehr verloren, zumal die Gefahr besteht, dass Kinder in der virtuellen Bilderwelt illusionären Netzen nachlaufen, die ihnen lediglich eine Erfahrung aus zweiter Hand vermitteln. Andererseits sind viele unserer Sch „weit gereist" und bringen verschiedenste Eindrücke und Erfahrungen aus vielen Teilen der Welt mit. So können auch Sch des zweiten Schuljahres an die Zusammenhänge des Lebens und der Natur auf unserem ganzen Planeten Erde herangeführt und auf sie aufmerksam gemacht werden. Die Bedrohungen von Lebensbereichen in der eigenen Umgebung bzw. weltweit können Sch fast täglich selbst erleben bzw. in den Medien beobachten. Die Katastrophen auf der Welt, seien sie von Menschen ausgelöst oder Ursache von Naturgewalten ängstigen Kinder und fordern uns Erwachsene auf, mit ihnen nach ihren Möglichkeiten nach den Ursachen zu fragen und Wege aus dem Chaos zu finden. „Viele kleine Menschen, an vielen kleinen Orten, die viele kleine Schritte tun, können das Gesicht der Welt verändern" – dieser Satz von Dom Helder Camara kann als Wegweiser für den Umgang mit dieser Problematik mit Sch gesehen werden.

Nicht erst die Welt des 3. Jahrtausends erlebt immer wieder zerstörerische Bedrohung und Untergangsstimmung. Mit der Noachgeschichte im Buch Genesis wird eine menschliche Ur-Erfahrung gedeutet: Wenn Menschen die Erde als Eigentum betrachten, das egoistisch ausgebeutet und beherrscht wird, wenn das Bewusstsein um die eigene Geschöpflichkeit verloren geht, dann droht die gottgegebene Ordnung zu zerbrechen und die Welt unterzugehen, es droht der Tod! Nicht ein geschichtliches Ereignis, sondern ein menschliches Urerlebnis ist der Erzählstoff der Sintfluterzählung. So kommt es auch, dass er von allen Kulturen, von allen Völkern, zu allen Zeiten erzählt worden ist und seine Aktualität bis heute nicht verloren hat. Zur Zeit der Staatengründung Israels unter David begann die Auseinandersetzung zwischen der Heilsgeschichte Israels und der Staatsreligion des Alten Orient und deren Mythos. Vor dem Hintergrund der Geschichte der Befreiung Israels aus Ägypten schreiben die Verfasser der hebräischen Bibel ihre Schöpfungserzählungen, die den einen Gott als Schöpfer und alle sichtbare und unsichtbare Welt als Geschöpf kennzeichnen. Gott ist der, der aus dem Chaos zur Ordnung führt. Komplementär zu den Schöpfungstexten vom Anfang entstehen die Erzählungen von der Sintflut. Ihren Gehalt, dass Leben auf der Erde durch eine große Flut vernichtet wird, erzählen auch die Mythen der umliegenden Völker. Diese werden nun im Licht der Gotteserfahrung Israels neu erzählt. Noach ist der Mensch, der die Sintflut, das Verderben, den Tod überlebt, weil er „Gnade in den Augen Gottes gefunden hat" (Gen 6, 8). Noach – sein Name bedeutet „Tröster" – kann uns zur Identifikationsfigur werden. Zu betonen ist, wie es auch der Lehrplan an dieser Stelle ausdrücklich vorsieht: Die Flut ist nicht als Strafe Gottes zu deuten, vielmehr ist der Bundes- und Heilswillen Gottes herauszustellen: Gott rettet aus dem Chaos, dem Unheil und – im Licht christlicher Auferstehungshoffnung – auch aus dem Tod.

Menschen, die auf ihre Fragen nach dem Ursprung, dem Woher und Wohin des Lebens ihre Antworten von Gott, dem guten und gerechten Schöpfer her suchen, werden wie Noach fähig, „Rettungs-Archen" zu bauen und Ver-Antwortung zu übernehmen für die Schöpfung, auch in ihrem eigenen kleinen Bereich (vgl. Westermann 1999).

## 2. Das Thema im Lehrplan und in fragen – suchen – entdecken

Das Lehrplanthema „In Gottes Schöpfung leben" (LP 3.3) greift die natürliche Verbindung der Sch zur Natur und vor allem zu Tieren auf. Es führt über die Erfahrung der Welt als einer großen Lebensgemeinschaft, die Menschen als Geschenk Gottes preisen (LP 3.1), zum Bewusstsein der Bedrohtheit dieser Schöpfung durch das Handeln des Menschen. In der Noachgeschichte lernen Sch einen Menschen kennen, der Leben rettet, weil er sich an Gottes Auftrag orientiert

# Schöpfung

und sich von den Menschen nicht beirren lässt. Im Erleben dieser Erzählung wird der Auftrag an uns Menschen noch einmal deutlich, der in den Schöpfungserzählungen ausgesprochen wurde: Menschen sollen die Erde bewahren und gestalten. Möglichkeiten, so genannte kleine Rettungsarchen in der Natur zu bauen, können mit den Sch entdeckt werden. Die Begegnung mit der Schöpfung mit allen Sinnen war bereits Schwerpunkt im 6. Themenbereich der 1. Jahrgangsstufe. Im 2. Jahrgang sollen nun Sch an ein verantwortliches Handeln im Umgang mit diesem Geschenk Gottes herangeführt werden, d. h. die Schöpfung achten, sie deuten und die Wirklichkeit mehrdimensional wahrnehmen (LP 4, Verbindliche Anforderungen).

Das Kapitel in **fse** folgt der schulbuchdidaktischen Konzeption: Im Chagall-Bild „Schöpfung" wird zunächst das Zusammenleben und Zusammengehören von Menschen, Tieren und Pflanzen in Gottes Schöpfung in den Vordergrund gestellt (**fse 77**). Eine Bildergeschichte (**fse 78/79**) zeigt das bedrohliche Eingreifen der Menschen in den Lebensraum der Waldtiere. Die Geschichte soll aber nicht als Anklage, sondern als Dilemma-Geschichte gelesen werden: Wie sollen die Menschen sich verhalten? Sie greifen gestaltend – und daher auch begrenzend und beschränkend – ein. Welche Folgen hat ihr Tun? **fse 80/81** stellt Noach vor, der mit allem Leben in der Arche gerettet werden konnte, weil er auf Gott vertraute (LP 3.3). Im Bild des Regenbogens begegnen Sch einem Zeichen für Gottes Bundeszusage und Sorge um diese Welt (**fse 82/83**). Was es an Staunenswertem und Wunderbarem zu entdecken gibt und wie auch naturwissenschaftlich erklärbare Vorgänge unsere Freude an der Schöpfung nähren können, zeigt **fse 84/85**. Der hl. Franziskus von Assisi drückt auf seine Weise diese Freude im Sonnengesang aus; sein Lied regt zu eigenem Dank für das Leben an (**fse 86/87**). Die Sorge für „Mutter Erde" oder „Arche Erde" im Weltall sollte zu einer Grundeinstellung bei den Sch werden. Sie können durch einen Jahreskalender angeregt werden, in ihrem kleinen Bereich je nach Jahreszeit ihren Beitrag für die Sorge um die Schöpfung in unserem „Haus" der Erde zu leisten (**fse 88/89**). Das Staunen und Fragen nach dem Woher und Wohin unseres Planeten wird wachgehalten, wenn wir sozusagen von „oben" auf die Erde schauen und uns bewusst wird, welch große Bedeutung der kleine Planet im unendlich weiten Weltraum hat (**fse 90**).

## 3. Jahrgangsübergreifende Lerngruppe

In **fse 1**, Kapitel **6**: „Gottes Welt entdecken" wird die folgende Einheit angebahnt. Die eigenen Erfahrungen können weiter vertieft und versprachlicht werden. Staunen, loben und danken sind wesentliche Planungselemente, die nun weitergeführt werden.

Das Grundprinzip „Miteinander und voneinander lernen" ist Grundlage für mögliche Unterrichtsgänge in Wiese und Wald, um Gottes Schöpfung mit anderen Augen neu sehen zu lernen. Konkrete Umsetzungsmöglichkeiten sind:
– Baumpatenschaften, ein Bäumchen pflanzen,
– Pflege des Schulgartens,
– kleinere Umweltaktion in Verbindung mit lokalen Umweltgruppen,
– Waldbesuche unter Anleitung eines Försters,
– Besuch einer Gärtnerei,
– Vogelkästen bauen und einrichten,
– Unterrichtsgänge zu den Haustieren der Mit-Sch.

## 4. Verbindungen zu anderen Fächern

Die Richtlinien fordern für den „Erziehenden Unterricht", Grundschulkinder zur Achtung vor der Natur und Umwelt als eine der Schlüsselqualifikationen zu erziehen (S. 17). Dies schlägt sich in den meisten Fächern der Stundentafel nieder.

**EVANGELISCHER RELIGIONSUNTERRICHT:** Wir leben in Gottes Schöpfung;
**DEUTSCH:** 3.3 Umgang mit Texten; Textinhalte mit eigenen Erfahrungen verbinden und sich darüber austauschen;
**SACHUNTERRICHT:** 3.1 Natur und Leben: Wasser und Licht als Lebensgrundlage für Menschen, Tiere und Pflanzen erfahren, Pflanzen und Tiere in ihrem Lebensraum beobachten, benennen und beschreiben, Achtung und Verantwortung gegenüber Tieren und Pflanzen entwickeln, Bedingungen für die artgerechte Haltung eines Heimtieres erkunden;
3.3 Raum und Umwelt: Abfall vermeiden und Abfall trennen;
**KUNST:** 3.1 Gestalten: Alltagsgegenstände als Gestaltungsmittel erfahren; 3.2 Auseinandersetzung mit Bildern und Objekten, eigene Wahrnehmungen zusammentragen, äußern und reflektieren, Erfahrungen in und mit außerschulischen Lernorten in eigenes Gestalten einbeziehen;
**MUSIK:** 3.1 Musik machen, Lieder lernen, selbst Klangerzeuger aus Umweltmaterialien herstellen.

# Jeder Teil dieser Erde

T: Arrow Smith
M: Stefan Vesper

Je - der Teil die - ser Er - de
ist mei - nem Volk hei - lig.
Je - der Teil die - ser Er - de
ist mei - nem Volk hei - lig.

# Wir bitten um Liebe

Gott, wir bitten um Liebe,
um Liebe für das Wasser jeden Tag, um Liebe für Blumen, Gräser und Bäume,
um Liebe für die vielen Tiere, die Haustiere und die Tiere der Wildnis,
die Insekten, die Vögel und Fische.
Wir bitten um Liebe für die Luft, um Liebe für den Erdboden.
Gott, wir bitten um Liebe.
Die Erde ist unsere Heimat, unser Heimatplanet, unser lieber Stern.
Unsere Erde trägt uns. Sie ernährt uns. Sie macht uns wunderbare Geschenke.
Noch ist sie schön. So soll es bleiben, Gott.

# Traumreise zum Wald

Nach den Entspannungsübungen, die jede Fantasie- oder Traumreise einleiten, führt L mit ruhiger Stimme die Kinder in ihren Gedanken:
Verlasse mit deinen Gedanken unser Klassenzimmer. Geh durch die Tür des Schulhauses. Du gehst einen Weg, der dir bekannt ist. Geh auf diesem Weg aus der Stadt, aus dem Dorf hinaus.
Du lässt die Häuser hinter dir und siehst vor dir eine grüne Wiese. Dein Weg führt dich mitten durch die Wiese. Du gehst immer weiter und siehst jetzt vor dir die ersten Bäume eines Waldes. Geh auf deinem Weg weiter; durch die ersten Bäume hindurch betrittst du den Wald. Es ist still im Wald, aber du verstehst die Sprache des Waldes: Die Blätter rascheln, ein sanfter Wind streicht durch die Gipfel der Bäume. Die Sonne schickt ihre Strahlen auf deinen Weg. Du gehst weiter in den Wald hinein und atmest ruhig die würzige Luft ein. Einige Tiere siehst du jetzt. Du bleibst stehen und kannst verstehen, wie sie miteinander über ihren Wald sprechen. Höre gut hin, was der Wald für die Tiere bedeutet. Du willst die Tiere nicht erschrecken und gehst langsam deinen Weg zurück. Du verlässt den Wald und gehst über die Wiese zurück in die Stadt. Geh den Weg zum Schulhaus und komm durch die Türe unseres Klassenzimmers auf deinen Platz zurück. Lass deine Augen noch ein wenig geschlossen und denke nochmal an die Tiere im Wald. Sie haben dir Wichtiges erzählt. Wenn du weißt, welchen Satz über den Wald du uns mitbringen willst, öffne allmählich deine Augen …

## 5. Lernsequenz

| Planungsskizze | Überschriften in fse | Inhalte im Lehrplan |
|---|---|---|
| I. Gott hat die Welt erschaffen, die Pflanzen, die Tiere und die Menschen | Leben in Gottes Schöpfung **fse 77** | 3.1 Die Welt als Schöpfung Gottes deuten<br>3.1 Die Welt um uns herum |
| Der Lebensraum von Tieren ist bedroht | Tiere verlassen den Wald **fse 78/79** | |
| II. Gott sorgt sich um das Leben | Noach baut eine Arche **fse 80/81** | 3.3 Schöpfungserzählungen (Noach)<br>3.1 Spuren von Gottes Schöpfung in dieser Welt |
| Gott hat einen Bund mit den Menschen geschlossen | Ein Regenbogen verbindet Himmel und Erde **fse 82/83** | 3.5 Maßstäbe christlichen Lebens – sich an Vorbildern orientieren Lebensspuren beispielhafter Menschen: Franziskus |
| Die Welt im Kleinen entdecken | Wunder der Schöpfung entdecken **fse 84/85** | |
| Für das Wunder des Lebens danken | Gott für die Schöpfung loben **fse 86/87** | |
| III. Verantwortung für die Schöpfung übernehmen<br>Unsere Erde – Arche im Weltall | Ein ganzes Jahr auf die Schöpfung achten **fse 88/89**<br>Seh ich die Erde, das Werk deiner Hände **fse 90** | 3.5 Verantwortung erkennen und übernehmen – die Auswirkungen des Verhaltens für das eigene Leben und für das Leben anderer<br>3.1 Das Lob des Schöpfergottes |

## 6. Lebensbilder 1/2

Folgende Fotos aus Lebensbilder 1/2, vgl. Arbeitshilfen S. 19, sind für einen situativen Einsatz hilfreich: Nr. 2 Ich staune; Nr. 18 Wir untersuchen und entdecken; Nr. 24 Knospende Kastanie; Nr. 26 Baumwurzel; Nr. 27 Ameisen im Baum; Nr. 28 Marienkäfer.

---

**Leben in Gottes Schöpfung**  fragen – suchen – entdecken **77**

## 1. Hintergrund

### Marc Chagall (1887-1985)

„Kaum ein anderer Maler des zwanzigsten Jahrhunderts hat seine Kindheitserinnerungen, seine religiösen Gedanken und seine Träume in Verbindung mit der sichtbaren Natur in so einzigartiger Weise auf die Leinwand gebracht wie Marc Chagall" (Pröschel, S. 51). Er wurde 1887 in Witebsk, einer kleinen Stadt in Russland, geboren. Bis an sein Lebensende taucht in seinen Bildern immer wieder die kindliche Erlebniswelt auf: eine fromme, jüdische Familie mit neun Geschwistern auf einem Dorf mit Synagoge, Kloster, vielen Bauernhöfen, Gärten. Der Jahreskreis ist geprägt von den Festen des jüdischen Kalenders. Schon als Achtjähriger beginnt Chagall zu malen, unterstützt von seiner Mutter ergreift er den Beruf des Malers. Die Stationen seines Lebens führen ihn oft weit weg von seiner Heimat – ab 1942 endgültig nach Frankreich –, die trotzdem für ihn eine unversiegbare Quelle der Inspiration bleibt. Das Werk Chagalls erzählt die Lebensgeschichte eines Menschen, der noch genug naive Kraft besitzt, trotz aller Schrecknisse an das Gute im Menschen, an eine realisierbare bessere Welt und an einen Sinn des Lebens glauben zu können. Zeit und Raum haben auf den Bildern Chagalls ebenso wenig Bedeutung wie auf manchen Kinderzeichnungen. Besonders Kinder können beim Betrachten seiner Bilder eigene Traumwelten entdecken.

### Marc Chagall: „Schöpfung" („La création"), 1960

Farblithografie, 35 x 26 cm

Der Künstler hat auf diesem Bild die Einheit von Menschen, Tieren und Pflanzen vor ihrem Schöpfer auf die ihn kennzeichnende Weise dargestellt: Raum und Zeit sind aufgehoben. Auf den ersten Blick fällt der Kontrast zwischen Licht und Dunkel auf. In der obe-

# Die Noach-Geschichte – 1. Teil (nach Gen 6,1-8,12)

Eine größere Figur (Stabfigur oder Eglifigur) wird als Noach vorgestellt:
Das ist Noach. Noach hat vor einer ganz langen Zeit gelebt. Da haben sich die Menschen genauso verhalten, wie wir es heute beobachten können: Sie streiten, sind böse, zerstören, was ihnen nicht gehört, achten nicht auf das Schöne im Leben.
Noach sieht das alles und es macht ihn sehr traurig; es gefällt ihm nicht, was um ihn herum passiert.
*(Einbeziehung der Sch: Lassen die Noachfigur sprechen: Ich bin traurig, weil...)*
Die Menschen haben vergessen, dass Gott ihnen die Erde als Geschenk gegeben hat.
Noach aber lobt Gott für seine Schöpfung und betet zu ihm...
Es ist Nacht. Noach liegt auf seinem Lager. Er ist schon die ganze Zeit ein wenig unruhig und dreht sich hin und her. Es fühlt sich an, als wäre Gott da, der mit ihm reden würde.
*(Evtl. Kassettentext):*
*Noach, ich sehe, wie es auf der Welt drunter und drüber geht. Die Menschen achten nicht auf die Welt, sie denken nur an sich und haben Gott vergessen.*
*Noach, steh auf und hole deine Söhne. Geh mit ihnen hinaus in den Wald und trage gutes Holz zusammen. Bau dir eine große Arche. Für dich, deine Frau und deine Söhne. Auch die Tiere sollen in der Arche Platz haben. Eine große Flut wird kommen und alles Böse vernichten. Du aber sollst mit deiner Familie und den Tieren gerettet werden.*
Noach ist sehr verwundert über das, was Gott ihm gesagt hat. Aber er hört auf Gott. Und er macht sich mit seinen Söhnen an die Arbeit. Sie tragen das Holz für die Arche zusammen und fangen an zu hämmern und zu klopfen.
*(Mit braunen Tüchern wird der Umriss eines Kastens gelegt. Mit Holzinstrumenten kann das Klopfen nachgemacht werden.)*
Viele Leute in der Gegend hören das. Es hat sich herumgesprochen, dass Noach eine Arche baut. Die Leute sind sehr verwundert und lachen Noach aus.
*(Evtl. Kassettentext):*
*Dieser Noach ist närrisch! Er baut eine Arche, einen Kasten, mitten auf dem Land, was will er denn damit? Hier ist doch überhaupt kein Wasser! Hier kann doch keine Arche schwimmen! Wer macht denn so etwas?*

Aber Noach lässt sich nicht durcheinander bringen. Er baut die Arche weiter, bis alles rundherum ganz verschlossen ist.
Noach hört, wie Gott zu ihm sagt:
*(Evtl. Kassettentext):*
*Noach, geh jetzt mit deiner Familie in die Arche. Nimm von allen Tieren zwei mit, ein Männchen und ein Weibchen. Nehmt alles mit, was lebensnotwendig ist. Und schließt die Arche fest zu.*
Und Noach bringt seine Familie in die Arche und alle Tiere. Er nimmt alles mit, was zum Leben notwendig ist.
*(Mit den Sch überlegen, was unbedingt zum Leben gebraucht wird, und dafür bunte Tücher in die Arche am Boden legen. Z. B. Gelb für Brot, Grün für Samen, Rot für die Liebe zueinander, Blau für Wasser, Orange für wärmende Sonnenstrahlen ...)*
Noach schaut zum Himmel. Immer mehr schwarze Wolken ziehen am Himmel auf. Er geht selbst in die Arche und schließt sie zu *(Noachfigur in die Arche stellen)*.
Es beginnt zu regnen *(mit Trommeln den Regen darstellen)*.
Das Wasser steigt und überflutet alles. Das Wasser bedeckt die ganze Welt. *(Blaue Tücher rings um die Arche legen)*
Mit dem Wasser steigt die Arche. Sie bleibt unversehrt inmitten der Fluten. Und was in ihr lebt, bleibt geschützt und geborgen.
Als 40 Tage und Nächte vorüber sind, hört der Regen auf. Das Wasser sinkt. Auf einem Berg – heißt es – setzt die Arche auf.
Noach öffnet ein Fenster der Arche. Er sendet eine Taube aus. Als es Abend wird, kommt sie wieder. Noch ist nirgendwo trockenes Land *(ein Sch kann die Taube mit weißem Tuch spielen)*. Noach wartet sieben Tage, dann sendet er sie erneut aus. Am Abend kommt sie mit dem Zweig eines Ölbaumes zurück *(einen grünen Zweig in die Gestaltung legen)*.
Noach weiß jetzt: Die Erde wird wieder neu, sie beginnt zu grünen, zu leben. Noach wartet noch einmal sieben Tage. Dann schickt er die Taube zum dritten Mal aus. Sie kommt nicht wieder. Sie hat festes Land gefunden, ihr Nest zu bauen.
*(Blaue Tücher um die Arche wegnehmen oder zur Seite schieben)*

ren Bildhälfte erstrahlt das warme Licht der Sonne, die zwei Engel mit ihren ausgebreiteten Armen zu umfangen scheinen. In den Lichtkreis hineingenommen werden Vögel und – schon etwas außerhalb – ein Pferd und eine Ziege. Am rechten Bildrand entdeckt man die schmale Mondsichel. Die untere Bildhälfte wird rechts und links gerahmt durch Bäume, Sträucher und Blumen. Dazwischen, im unteren Bildteil, einander zugewandt und doch auseinander strebend: ein Mann und eine Frau in paradiesischer Nacktheit. Der sie umgebende dunkle Hintergrund lässt immer wieder die Farbe Blau, die Farbe des Wassers, der Urflut, erkennen.

Die Komposition des Bildes erinnert an ein Dreieck, das auf der Spitze steht: Von den beiden Menschen als unterer Spitze weitet sich die Blickrichtung über die Pflanzen und Tiere nach oben zur strahlenden Sonne. In jedem Lebewesen schimmert ein Teil des Lichtes. Die sparsame Farbgebung des Bildes, die auch durch die gewählte Technik bedingt ist, verdeutlicht den Ursprung allen Lebens im Wasser und die Hinwendung alles Geschaffenen zum Licht.

Übrigens diente dieses Bild als Vorlage für einen Wandteppich (255 x 187 cm), der mit einer Reihe anderer in den siebziger Jahren im Atelier von Madame Yvette Cauquil-Prince in Paris entstand. Die Bildmotive griffen bereits existierende Werke Chagalls auf, deren Stimmungsgehalt bei der Übertragung in die Wirktechnik sorgfältig gewahrt wurde. Die den Untergrund bildenden Kartons wurden in der Pariser Tradition des 14. Jahrhunderts gefertigt. Die Ausführung orientierte sich an alten Techniken koptischer Textilkunst (Katalog 1991).

## Literatur

Marc Chagall. Katalog zur Ausstellung in der Hypo-Kulturstiftung, München 1991
Pröschel, Susanne, Picasso & Co. Band 1, Donauwörth ²2001

## 2. Einsatzmöglichkeiten im RU

### Das Schöpfungsbild erforschen
Das Bild „Die Schöpfung" von Marc Chagall ist als Folie Nr. 22 enthalten in der Schatzkiste 1/2, vgl. Arbeitshilfen S. 19.

- Für die erste Bildbetrachtung eignet sich die „Guckloch-Methode": Die Folie wird mit einem mindestens doppelt so großen Blatt abgedeckt, in das ein „Fenster" geschnitten ist. Sch schieben das Fenster an die Stelle des Bildes, die sie den anderen zeigen wollen: z. B. Frau, Mann, Vogel, Blumen, Sonne, Engel ... So werden zuerst die einzelnen Elemente des Bildes fokussiert und benannt, bevor das Bild als Ganzes gezeigt wird.
- Sch entdecken und beschreiben auf dem Gesamtbild die Farbwahl bzw. den Kontrast zwischen Hell und Dunkel.
- Bei der Erschließung der Farbsymbolik werden Sch auf das Blau als Zeichen für das lebensnotwendige Wasser aufmerksam. Die Erde wird ja „blauer Planet" genannt. Die helle Farbe für Gott findet sich auch in allen dargestellten Lebewesen, sogar in den Pflanzen.
- Der Sinngehalt des Bildes wird im Gespräch erschlossen (raum- und zeitlose Anordnung). Die Feststellung, dass alles Lebendige auf diesem Bild nach oben, der Sonne zustrebt, kann zur Erkenntnis führen, dass vom Licht, von Gott alles Leben kommt. Die Sonne als Symbol für Gott, ebenso die Engel als Zeichen seiner Gegenwart sind den Kindern schon aus vorherigen Kapiteln bekannt (vgl. **fse 7, 20, 42, 59**) und können hier noch einmal aufgegriffen werden.
- Sch finden selbst einen Titel für das Bild
Sch erhalten eine Schwarz-weiß-Kopie des Bildes **AB 2.6.1, Arbeitshilfen S. 223**, und gestalten sie nach ihren Vorstellungen farbig. Sie finden einen Rahmen für das Bild, der ihrem eigenen Titel entspricht.
- Zum Bild Schöpfungslieder singen
Der Gehalt der Schöpfungserzählungen, der aus **fse 1** bekannt ist, wird in einem Lied aufgegriffen, z. B. „Du hast uns deine Welt geschenkt" (Liederkiste Nr. 4) oder „Komm, lass uns die Welt entdecken" (Liederkiste Nr. 13).

## 3. Jahrgangsübergreifende Lerngruppe

Sch aller Lerngruppen können bei allen Impulsen mitarbeiten.

# Meine Arche

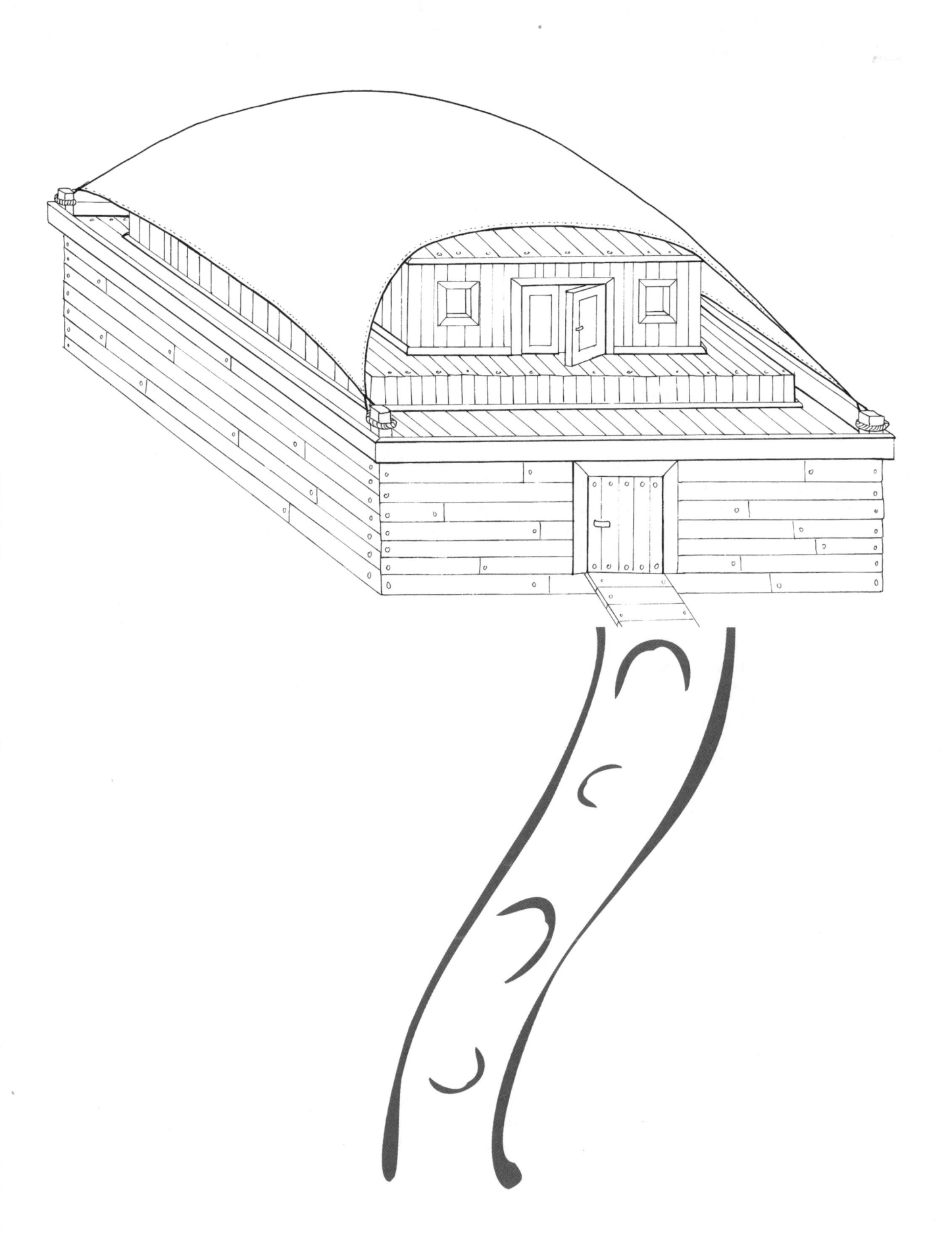

# Tiere verlassen den Wald

## 1. Hintergrund

Sch, die die Welt als Geschenk des Schöpfers verstehen und über ihre Wunder staunen können, sind auch sensibel gegenüber der Bedrohung und Zerstörung von Lebensräumen durch das Handeln der Menschen. Die Harmonie der Schöpfung, die durch das Chagall-Bild herausgestellt wurde, ist ständig in Gefahr, wenn Menschen wirtschaftliche Interessen über die Sorge für ein Gleichgewicht zwischen Menschen, Tieren und Pflanzen stellen. Die Bildergeschichte dieser Seite greift ein Beispiel heraus: Die Lebenswelt der Waldtiere wird durch Abholzung vernichtet. Die Tiere müssen die Flucht ergreifen. Dabei kann auf dem ersten Bild aus **fse 78** oben noch einmal ein Ausschnitt intakter Schöpfung betrachtet werden: Die Tiere leben im Wald und vom Wald. Die Ordnung stimmt: Jedes Tier findet Nahrung und die jeweils typische Behausung. Die Wachsamkeit des Hasen gegenüber dem natürlichen Feind, dem Fuchs, gehört selbstverständlich dazu. Dagegen fällt die hilflose Erschrockenheit desselben Tieres auf dem zweiten Bild auf, als ein Baufahrzeug der Waldarbeiter ins Bild genommen wird. Die Bilder drei und vier zeigen die Holzfäller bei der Arbeit. Bäume werden gefällt und abtransportiert, die Tiere sind nicht mehr zu sehen, wenn die Menschen ans Werk gehen. Erst im fünften und sechsten Bild wird die Katastrophe für die Tiere deutlich: Weil der Wald abgeholzt wurde, ist deren Lebensraum zerstört worden. Die „Konferenz der Tiere" zeigt ihre schutzlose Situation und es bleibt ihnen nur die Flucht bzw. die Suche nach einem neuen Lebensraum.

Von der Zerstörung ihres Lebensraumes sind nicht nur die Waldtiere bedroht. Das gesamte ökologische Gleichgewicht ist durch das unbedachte Eingreifen des Menschen und die fortschreitende Umweltverschmutzung durch die Menschen in Gefahr. Verkehr, Lärm, Gifte, Müll ... bringen Probleme für das Leben auf unserem Planeten Erde, deren Ausmaß unabsehbar ist. Immer dort, wo Gedankenlosigkeit und Egoismus der Menschen am Werk sind, droht ein Teil unserer Welt, zu der eben auch die Tiere und Pflanzen gehören, unterzugehen.

Mit der Bildergeschichte dieser Doppelseite wird die Umweltproblematik kindgerecht thematisiert. Wie später die Noachgeschichte nicht unter dem Aspekt der Vernichtung, sondern der Rettung erzählt wird, so werden auch die heute aktuellen Probleme mit den Kindern so betrachtet, dass zum einen die eigene Verantwortlichkeit deutlich wird, zum anderen das Bewusstsein dafür gestärkt wird, dass es in der Hand der Menschen liegt, die Lebensräume aller Geschöpfe zu schützen und zu bewahren.

Bei der Besprechung der Bildergeschichte sollte man unbedingt eine Schwarz-Weiß-Malerei vermeiden und darauf achten, dass nicht alle Arbeiter im Wald pauschal als Naturzerstörer angesehen werden. L soll mit Sch besprechen, dass die Waldpflege mit ihren verschiedenen Aspekten dazu dient, den Wald zu erhalten. In einem so dicht besiedelten Land wie Deutschland gibt es so gut wie keine „naturbelassene" Region mehr. Menschen greifen gestaltend, und das heißt oft: begrenzend, ein. Entsprechend dem Konzept des Unterrichtswerks stehen dahinter die Fragen: Was sollen die Menschen tun? Welche Folgen hat ihr Handeln? Welche Auswirkungen wollen sie in Kauf nehmen und verantworten?

## 2. Einsatzmöglichkeiten im RU

**Die Bildergeschichte erschließen**

Die Begegnung mit der Bildergeschichte erfolgt schrittweise, also Bild für Bild. Dazu wird zum Abdecken ein weißes Papier vorbereitet mit den Maßen 25 x 25 cm. Es wird von beiden Seiten zur Hälfte gefaltet, wieder aufgeklappt und an einer dieser Faltlinien bis zur Hälfte eingeschnitten. Mit dieser Schablone können die Bilder einer Seite abgedeckt werden, die gerade nicht betrachtet werden. So kann zu jedem Bild zunächst eine eigene Geschichte erzählt werden.

- **Impulse zur Bildbetrachtung:**

  Zum 1. Bild: Erzähle, wie die Tiere im Wald leben. – Es gibt verschiedene Tiere im Wald ... – Der Wald hat für die Tiere wichtige Bedeutung (Nahrung, Schutz, Lebensraum ...). Finde einen Titel für das Bild!

  Zum 2. Bild: Auch Menschen kommen in den Wald! – Woran denken die Menschen im Auto ... – Lass die Tiere denken, sprechen ...

  Zum 3. Bild: Beschreibe die Arbeit der Männer! – Warum werden Bäume gefällt?

  Zum 4. Bild: Überlege: Wenn die Bäume fortgeschafft werden, ...

  Zum 5. Bild: Spielt gemeinsam die Konferenz der Tiere. – Versetze dich in die Situation eines Tieres und erzähle.

  Zum 6. Bild: Wohin laufen die Tiere? – Gestaltet in einem Gemeinschaftsbild, wie eine neue Heimat der Tiere aussehen kann! – Was wünschen sich die Tiere im Wald?

- **Alternative**: Begegnung mit der Geschichte durch einen Bildvergleich zwischen dem ersten und dem letzten Bild.

  – Sch beschreiben, was sich verändert bzw. in der Zwischenzeit wohl ereignet hat.

# Die Noach-Geschichte – 2. Teil (nach Gen 8-9,29)

Als die Taube nicht wiederkommt, weiß Noach, jetzt ist es Zeit, den Kasten zu öffnen und auszuziehen, die Erde neu zu gestalten.
Und Noah kommt aus der Arche heraus, mit seiner Frau, mit seinen Söhnen und Töchtern und mit allen Tieren. Die Erde ist wieder neu. Neues Leben ist ihnen geschenkt.
Noach aber baut einen Altar aus Steinen. Er will Gott ein Dankopfer bringen, seinem Gott ein Danklied singen, ihn loben und preisen für das neue Leben, für die neue Schöpfung.
(SCH sprechen als Noach: Danke, Gott...)
Gott sieht das Opfer des Noach und segnet Noach und seine Familie. Er sagt: „Nie mehr soll eine Flut die Erde vernichten. Ich will mich mit den Menschen verbinden. Ich will mit ihnen einen Bund schließen, einen Bund des Friedens und der Versöhnung."
Und Gott setzte am Himmel ein Zeichen, damit die Menschen sehen: Gott ist uns nahe. Er schickt einen Bogen, der den Himmel mit der Erde, der Gott mit den Menschen verbindet.

(Die bunten Tücher aus der Arche werden herausgeholt und zu einem Regenbogen hochgehoben.)

## Noachs Dankgebet

Gott, ich staune ...

Gott, ich ...

Wähle einen Satzanfang und schreibe als Noach oder eines der Familienmitglieder. Du kannst für Gott auch eine eigene Anrede finden, z. B. lieber, großer, gerechter Gott ... und auf deinen Streifen schreiben. Leere Streifen für ganz eigene Sätze liegen auch bereit!

Sie erfinden eigene kurze Geschichten und betrachten erst danach die Bilderfolge im Buch.

### Umweltschäden im eigenen Umfeld aufzeigen
- Die Arbeitsaufträge **fse 78 f.** führen Sch zu einer weitergehenden Beschäftigung mit der Problematik. Dazu dienen Bilder von zerstörter oder bedrohter Natur, die in Zeitungen fast täglich aktuell zu finden sind. Es wird deutlich: Der Lebensraum von Tieren und Pflanzen ist bedroht durch die zunehmende Umweltverschmutzung, durch Verkehr oder Industrie, durch den Bau von Straßen und Städten, durch die Begradigung von Flüssen, die Trockenlegung von Sümpfen, ...
- Angesichts der Vielzahl der möglichen Beispiele ist es empfehlenswert, den Blick vor allem auf den eigenen Nahbereich zu lenken, nicht zu sehr auf die globalen, für Zweitklässler vielfach abstrakten und ohnmächtig machenden Probleme.

### Bedrohte Tierarten entdecken
- Als Vorbereitung suchen Sch im Internet nach Informationen über bedrohte Tierarten, z. B. mit der Kindersuchmaschine: www.blindekuh.de unter dem Stichpunkt „bedrohte Tierarten".
Auch auf den Internetseiten des World Wildlife Fund (www.wwf.de) gibt es interessante Angaben zu vielen Tierarten unserer Erde, die vom Aussterben bedroht sind.
- Sch erstellen mit Hilfe des Materials eine Collage für das Klassenzimmer oder das Schulhaus.

### Den Wald als Lebensraum erkunden
- Ggf. zusammen mit einem Förster einen Unterrichtsgang zu einem Wald unternehmen, bei dem Sch über die unmittelbare Situation in ihrer eigenen Umgebung informiert werden.

### Den Bezug der Indianer zur Natur betend bedenken
- Die Gespräche um die Bildergeschichte regen auch an, die Philosophie der Indianer über die Natur zu entdecken. Dabei sollen keine romantischen Klischees aufgegriffen werden, sondern die gerade von diesen Menschen praktizierte Vorstellung, dass der Mensch nicht Herr der Natur, sondern Teil von ihr ist. Er ist aufgerufen, ihr Gleichgewicht, ihre ausbalancierte Harmonie zu erhalten und zu bewahren (vgl. Kaiser, Rudolf, Geh mit leisen Schritten, Indianische Wegweisungen, Kösel-Verlag, München 1994, S. 14).
- Der wohl bekannteste Satz zu dieser Thematik, der dem Häuptling Seattle zugeschrieben wird, „Jeder Teil dieser Erde (dieses Landes) ist meinem Volk heilig" wird als Liedvers eingeübt: **AB 2.6.2, Arbeitshilfen S. 225**.
- HINWEIS: In dem Kinderbuch von Susan Jeffers „Die Erde gehört uns nicht. Wir gehören der Erde", Hamburg 1992, mit sehr anschaulichen Illustrationen wird der Umgang der Indianer mit der Natur für Kinder ausführlich erzählt. Ebenso in Pit Budde/Josefine Kronfli, „Fliegende Feder", Münster 1998.
- Sch sprechen das Gebet **AB 2.6.2, Arbeitshilfen S. 225**, und „rahmen" es durch das Lied ein.

### Natur durch Fantasie erleben
- Traumreise: Nach einer Stille-Übung werden Sch in ihrer Fantasie zuerst auf eine Wiese, dann in einen Wald geführt: **AB 2.6.3, Arbeitshilfen S. 225**.
- Körperübung: Sch empfinden das Wachsen und Werden eines Baumes körperlich nach: **AB 2.0.2, Arbeitshilfen S. 27**.

## 3. Jahrgangsübergreifende Lerngruppe

Alle beschriebenen Umsetzungsvorschläge beinhalten automatisch Differenzierungsmaßnahmen (Lesen, Vorlesen, Gestalten, Stille-Übungen, Internetrecherche, Unterrichtsgänge ...)

---

**Noach baut eine Arche**     fragen – suchen – entdecken **80/81**

## 1. Hintergrund

### Gen 6-9
Fast alle Kulturen kennen Flutsagen. Sie erzählen, wie der Zorn der Götter in einer gewaltigen Überschwemmung hereinbricht. Die biblischen Schriftsteller kannten Flutsagen aus Babylon (Gilgamesch-Epos) und formten sie theologisch um. Die Sintflutgeschichte ist wie die Schöpfungserzählungen in doppelter Tradition erhalten geblieben: in einer älteren jahwistischen Fassung (J) und einer jüngeren priesterlichen Deutung (P). Beide Quellen wurden ineinander verflochten, aber so, dass beide Quellen fast unversehrt erhalten geblieben sind und im Text gut unterschieden werden können. So ist die Darstellung Gottes bei J ursprünglicher, anschau-

# Regenbogen-Mandala

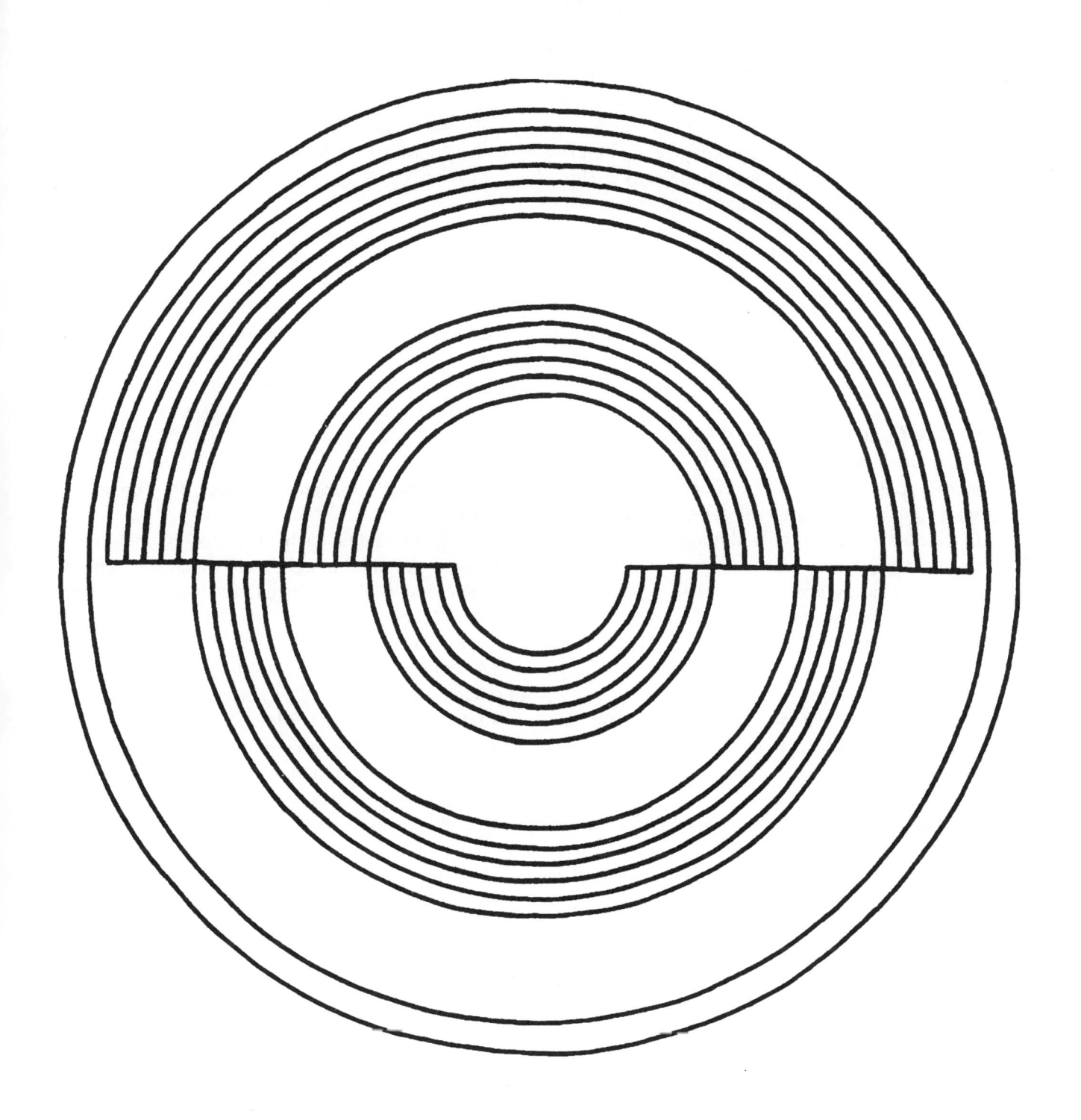

lich und von deutlichen Anthropomorphismen geprägt, z. B. Gott ärgerte sich, schloss hinter Noach zu, er bereute, roch den Opferduft und ließ sich besänftigen. P ist wesentlich jünger und bedeutend länger. Der theologisch-gedanklich konstruierte Text legt auffallend großen Wert auf Ordnung und Genauigkeit bei allen Zahlenangaben. Dahinter steht das Bestreben, das göttliche Handeln als würdevoll, konkret und real zu kennzeichnen und es zugleich mit sachlicher Detailfreude zu beschreiben. Während bei J die Katastrophe Mensch und Tier betrifft, ereilt sie bei P die Erde, ja den ganzen Kosmos. Eine gekürzte Textfassung in **fse** folgt eher der jahwistischen Quelle und vermeidet die langen Maßangaben (vgl. Hubertus Halbfas, Religionsunterricht in der Grundschule, Lehrerhandbuch 2, Düsseldorf 1989, S. 177 und Niehl, 2003).

Der Text **fse 80** erzählt in einer kindgerechten Fassung den biblischen Text nach Gen 6,13-8,12. Die Grundaussage, die bei der Bearbeitung des Originaltextes im Vordergrund steht: Noach soll gerettet werden.
Es werden diese Grunderfahrungen und Symbole deutlich:
1. Die Erfahrung der Schlechtigkeit des Menschen oder: Menschen sind böse.
2. Die Verbundenheit von Mensch und Tier, d. h. Noach und seine Familie werden zusammen mit den Tieren gerettet.
3. Die Arche, die einerseits gefangen hält und andererseits rettet. In ihr keimt die Hoffnung auf Befreiung aus der Enge, das zeigt auch das Aussenden und Warten auf die Taube.
4. Taube und Ölzweig als Symbole für Frieden und die Hoffnung, dass alles neu wird.
HINWEIS: Sch kennen z. T. die Erzählung oder lesen sie in eigenen Kinderbibeln nach. Sie fragen dann, warum dort steht, dass Gott die Erde vernichten will. Auch andere Leerstellen animieren zum Fragen: Wie passten so viele Tiere in die Arche? Wie kamen sie miteinander aus? Wie viel Futter brauchten sie? Und was dachte Noach? Erschrickt er über den Untergang? Freut er sich über die Rettung seiner Familie? Hat er Angst in der Arche? Der Text gibt keine Antworten. Wir haben es mit einer mythologischen Erzählung (Strafe – Rettung – neuer Bund) und nicht mit einer realistischen Darstellung zu tun. Hier kann also behutsam begonnen werden, mit den Kindern intentional die Bibel zu lesen: Sie ist ein Buch, von Menschen geschrieben, die in ihrer je eigenen Vorstellungswelt Antworten auf Geschehnisse im Leben suchten. Wenn L sich nicht verzettelt in genauen Maßangaben und der exakten Auflistung der Tiere, sondern die Geschichte als Deutegeschichte erzählt, verstehen Sch sehr schnell die Ur-Bilder, die auch für uns gelten. Z. B.:

### Arche
Das entsprechende hebräische Wort bedeutet nur: „Kiste" oder „Kasten". Über das lateinische „arca", das ebenfalls „Kasten" bedeutet, gelangte das Wort ins Deutsche. Noach baute also kein Schiff. Die Israeliten waren keine seefahrende Nation und hatten folglich keine Erfahrung mit dem Schiffsbau. Chagalls Gemälde vermeidet dementsprechend den Eindruck eines Schiffs.

### Bogen in den Wolken
Der in Gen 9 genannte Bogen ist die Waffe des Herrschers, die er im Kampf gegen Feinde oder auf der Jagd benutzt. Dieses Zeichen der Macht setzt Gott in die Wolken wie ein Siegel unter einen Friedensvertrag. Verbreitet ist die Deutung, mit dem Bogen sei ein Regenbogen gemeint (vgl. **fse 82/83**); diese Auslegung ist jedoch umstritten.

## Marc Chagall: „Noach entsendet die Taube", 1931
Das Bild (Öl und Gouache, 63,5 x 47,5 cm) ist eines der wenigen, das die Arche nicht von außen, sondern in einer Innenansicht darstellt. Beim Betrachten werden wir in einen engen dunklen Raum mit hineingenommen, in dem Menschen und Tiere dicht beieinander sind. Wir bleiben nicht distanziert vor dem Bild, sondern werden in das Geschehen einbezogen.
An der Gliederung des Bildes fällt auf, dass sich auf der rechten Seite Menschen und Tiere drängen: ein Mann, eine Frau mit Kind, eine Ziege. Demgegenüber bleibt die linke Seite erstaunlich frei: Da ist das geöffnete Fenster, aus dem gerade die Taube entlassen wird, darunter nur noch der Hahn. Der Maler erreicht durch diese Komposition ein Spannungsverhältnis zwischen Innen und Außen, Enge und Weite, Eingesperrtsein und Freiheit, Gegenwart und Zukunft. Das Bild erinnert mit diesen Gegensätzen an das Schöpfungsbild der Kapiteleingangsseite (**fse 77**) mit seinem Kontrast zwischen Dunkelheit und Licht.
An den Farben in der Arche fällt die warme, erdige Stimmung auf, die über die Bedrängnis hinwegtrösten kann. Es entsteht mit Blick auf die Mutter, die liebevoll ihrem Kind zugewandt ist, ein Gefühl der Geborgenheit. Die wenigen Farbtupfer – im Gefieder des Hahns, im Fell der Ziege, die grüne Bluse der Frau – lassen die Farben der Welt und des Regenbogens erahnen.
Noach ist dargestellt als Jude, mit langem Bart, zerfurchter Stirn. Er wirkt eher ernst und sorgenvoll. Der Blick Noachs geht nicht aus dem Fenster, aus dem er mit seiner Rechten die Taube entlässt. Während er mit seiner Linken die Ziege krault, blickt er nachdenklich in eine Weite, die nicht im dunklen Archenraum liegt, sondern vor seinem inneren Auge.

# Regenbogen – buntes Licht

T: Reinhard Bäcker
M: Detlev Jöcker
© Menschenkinder Verlag, Münster

Liederkiste 1/2  17

**Kehrvers:**
Re-gen-bo-gen – bun-tes Licht, dei-ne Far-ben sind das Le-ben. Gott ver-lässt die Er-de nicht, hat sein Zei-chen uns ge-ge-ben.

1. Rot das Feu-er, Glut und Flam-me. Wär-me und Stär-ke füh-le ich und ich ah-ne das Ge-heim-nis: Got-tes Lie-be trägt auch mich.

2. O-range die Son-ne, Licht des Ta-ges. Wach sein und se-hen möch-te ich und ich ah-ne das Ge-heim-nis: Got-tes Licht er-leuch-tet mich.

3. Gelb die Ähren auf dem Felde.
   Reichtum und Fülle träume ich
   und ich ahne das Geheimnis:
   Gottes Hände segnen mich.

4. Grün die Pflanzen – grün die Bäume.
   Wachsen und Werden spüre ich
   und ich ahne das Geheimnis:
   Gottes Kräfte stärken mich.

   Regenbogen – buntes Licht ...

5. Blau das Wasser – blau der Himmel.
   Tiefe und Weite suche ich
   und ich ahne das Geheimnis:
   Gottes Treue leitet mich.

6. Indigo – ein dunkler Schatten.
   Fremde Gewalten fürchte ich
   und ich ahne das Geheimnis:
   Gottes Schatten schützen mich.

   Regenbogen – buntes Licht ...

7. Violett – die große Ruhe.
   Still sein und schweigen möchte ich
   und ich ahne das Geheimnis:
   Guter Gott, du findest mich.

   Regenbogen – buntes Licht ...

Das helle Fenster, aus dem die Taube entlassen wird, ist der dominante Punkt des Bildes. Es weist den Weg in die Freiheit, den Blick in die Zukunft. Alle sind ans Fenster gekommen – Menschen und Tiere – und es scheint, dass mehr als die Menschen sich die Tiere recken um ins Licht, ins Himmelslicht, schauen zu können (vgl. Hubertus Halbfas, Religionsunterricht in der Grundschule, Lehrerhandbuch 2, Patmos 1989, S. 179 ff.; Marc Chagall. Bilder zur Bibel, 2000).

## 2. Einsatzmöglichkeiten im RU

### Ein Bodenbild zur L-Erzählung gestalten

- Mit Hilfe von **AB 2.6.4, Arbeitshilfen S. 227**, wird ein Bodenbild parallel zur L-Erzählung gelegt. So erleben Sch die Geschichte Stück für Stück nach. Die Arche wird „gefüllt" mit dem, was lebensnotwendig erscheint. Es müssen **nicht** die einzelnen Tiere aufgestellt werden! – Farbige Tücher symbolisch verwenden, die in der 2. Einheit den Regenbogen bilden.
- Als Möglichkeiten der Identifikation bieten sich an: Noach – als der Retter und der, der an Gottes Beistand glaubt. – Seine Kinder, die alles aus ihrer Sicht erleben. – Menschen, die sich über Noach wundern.
- Nach dem Kennenlernen der Erzählung: Nachlesen des Textes in **fse 80**.

### Sich mit Noach identifizieren

Noach hört auf Gott und baut eine Arche als Schutzraum für Menschen und Tiere. Als Noach können wir sprechen: z. B. Gott hat mich gerettet aus der Flut. Gut, dass es einen neuen Anfang gibt ... Deutlich soll werden: Gott ist der, der Leben retten will.

### Das Bild betrachten

Es ist nach Hubertus Halbfas ein Bild für ruhiges, meditatives Betrachten. Es verträgt keine Flüchtigkeit. Darum sollten Sch zur Ruhe kommen und innerlich still sein, bevor sie dem Bild begegnen.
- Beschreibe, was auf dem Bild zu sehen ist!
- Alle sind eng zusammengerückt. Das hat seinen Grund. (Angst, halten zusammen, mögen sich ...)
- Schau in das Gesicht des Noach!
- Er schaut nicht aus dem Fenster. Er denkt ...; Er spricht zu Gott ...; Er hofft ...; Worauf warten die Tiere?; Was sieht die Taube außerhalb der Arche?

### Meine Arche gestalten

Was und wen nimmst du in die Arche mit? Gestalte die Arche, sodass deutlich wird: Gott rettet. Eine Gestaltungsvorlage bietet **AB 2.6.5, Arbeitshilfen S. 229**.

## 3. Jahrgangsübergreifende Lerngruppe

- Sch basteln Tiermasken aus Papptellern oder aus entsprechenden Karnevalsvorlagen. Sie schlüpfen in eine Tierrolle und entwickeln in PA Zwiegespräche der Tiere, die auf dem Weg in die Arche sind.
- Sch bringen Spielzeugtiere mit und gestalten ihre Arche mit Naturmaterialien.
- Sch betrachten das Bild von Silke Rehberg in *Meine Schulbibel* (München 2003) auf S. 17. Sie gestalten eine Landschaft, in der das Leben neu anfangen kann, oder malen dazu Wasserfarbbilder.

---

# Ein Regenbogen verbindet Himmel und Erde     fragen – suchen – entdecken 82/83

## 1. Hintergrund

### Gen 8,15-9,17

Der zweite Teil der biblischen Erzählung nach Gen 8,15-9,17 verdichtet die Sintfluterzählung zu einer „frohen Botschaft": Die Arche, die Schutzraum, aber auch Einengung war, darf verlassen werden. **Die Erde ist neu geworden.** Wie nach einer zweiten Schöpfungsgeschichte beginnt das Leben auf der Erde von Anfang an. Der Zyklus der Jahreszeiten und des ganzen Lebens soll nach Gottes Willen nie mehr aufhören. Der Mensch, Noach, ist ein Dankender: Er denkt an das Geschenk des Lebens, das von Gott kommt. Er erkennt das Verhältnis Schöpfer – Geschöpf neu an. „Noach will nicht an Gott vorbei oder über Gott hinaus, sondern er sucht – seinerseits – die zerstörte Verbindung zu Gott wiederherzustellen" (Quadflieg 1996, S. 54).

Gottes Antwort gleicht der in den ersten Schöpfungstexten in Gen 1: Er segnet Noach und seine Familie. Segnen, vom lat. benedicere, meint „gut heißen". Der Auftrag an die Menschen bleibt wie am Anfang (Gen 1,28): „Seid fruchtbar und vermehrt euch, bevölkert die Erde". Gott will, dass das Leben auf der Welt Bestand hat. Die Menschen sind gefordert, dieses Leben zu hüten und weiterzugeben, nicht nur im Blick auf die Menschen, sondern im Verbund mit Pflanzen- und Tierwelt. Die Verbindung zwischen Gott und Menschen ist durch die Zuwendung und Zusage Gottes wiederhergestellt. Das tröstliche Zeichen des Regen-

# Naturpalette

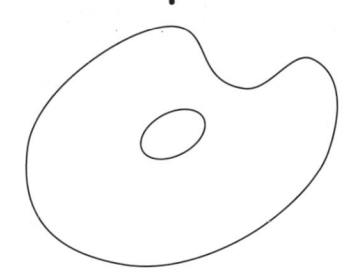

## Eine Hand voll Erde

T: Reinhard Bäcker
M: Detlev Jöcker
aus: „Viele kleine Leute"
© Menschenkinder Verlag, Münster

Liederkiste 1/2 [7]

1. Mit der Erde kannst du spielen, spielen wie der Wind im Sand und du baust in deinen Träumen dir ein buntes Träumeland. Mit der Erde kannst du bauen, bauen dir ein schönes Haus, doch du solltest nie vergessen: Einmal ziehst du wieder aus.

KV: Eine Hand voll Erde, schau sie dir an. Gott sprach einst: Es werde! Denke daran. Denke daran.

2. Auf der Erde kannst du stehen,
stehen, weil der Grund dich hält
und so bietet dir die Erde
einen Standpunkt in der Welt.
In die Erde kannst du pflanzen,
pflanzen einen Hoffnungsbaum
und er schenkt dir viele Jahre
einen bunten Blütentraum.

3. Auf der Erde darfst du leben,
leben ganz und jetzt und hier
und du kannst das Leben lieben,
denn der Schöpfer schenkt es dir.
Unsre Erde zu bewahren,
zu bewahren das, was lebt,
hat Gott dir und mir geboten,
weil er seine Erde liebt.

bogens, das jede/n rührt, wenn es am Himmel erscheint, macht diesen Bund sichtbar und auch im Herzen spürbar.

Der Regenbogen mit seinen vielen Farben – im Vergleich zu den eher düsteren Farben im Inneren der Arche – kann ein Gefühl der Weite und der Hoffnung, dass alles gut wird, auslösen. So drückt es auch der letzte Satz des Textes aus: Menschen können sich immer auf Gottes Treue verlassen.

**Das Lied „Ein bunter Regenbogen"** besingt den Regenbogen als wunderbares Naturschauspiel, das Kinder wie Erwachsene in Freude und Erstaunen versetzt. Der Text von Rolf Krenzer greift in den ersten beiden Strophen die Erfahrungen von Menschen auf, wenn ein Regenbogen erscheint: Immer treffen Sonne und Regen zusammen. Nur wenn das Licht der Sonne durch Wasser hindurch gesehen wird, sehen wir die schönen Farben. Und es gibt niemanden, der nicht einen Augenblick innehält um sich daran zu freuen. In der 3. Strophe wird der Regenbogen in Zusammenhang mit der Noach-Erzählung zum Glaubenssymbol: Er erinnert daran, dass Gott sich des Lebens auf der Welt annimmt.

## 2. Einsatzmöglichkeiten im RU

### Die Erzählung mitvollziehen

- Die L-Erzählung (**AB 2.6.6, Arbeitshilfen S. 231**,) knüpft an den 1. Teil der Geschichte **AB 2.6.4, Arbeitshilfen S. 227**, an. Wurde dieser mit der Gestaltung eines Bodenbildes verbunden, können Sch beim „Auszug" aus der Arche gleichzeitig mit den bunten Tüchern einen Regenbogen aufgehen lassen.
- Dazu singen sie das Regenbogenlied (**fse 83**, Liederkiste 1/2, Nr. 6).
- Sch gestalten anschließend ein Regenbogenmandala (**AB 2.6.7, Arbeitshilfen S. 233**). Es lässt sich als geöltes Bild im Fenster aufhängen oder als Klappbild aufstellen.
- Sch und L lesen den Text **fse 82** nach und besprechen die Bedeutung des Regenbogens als Zeichen für Gottes Nähe.
- Sch empfinden den Regenbogen mit einem Arm, mit beiden Armen nach.

### Sich mit Noach identifizieren

Sch formulieren als Noach mit seiner Familie ein Dankgebet. Dazu werden Satzanfänge vorgegeben: **AB 2.6.8, Arbeitshilfen S. 231**.

– Die Satzanfänge werden zu einem Klassengebet zusammengefügt: Was uns an der „neuen Welt" auffällt.
– Das Klassengebet kann eingeleitet werden mit Teilen aus Ps 104, z. B. *Herr, wie zahlreich sind deine Werke! Mit Weisheit hast du sie alle gemacht, die Erde ist voll von deinen Geschöpfen.*
– Oder dem Satz aus Jesus Sirach 43,11: *Seht den Regenbogen, wie prächtig er ist, und preist den, der ihn gemacht hat.*

### Bilder vergleichen

Sch vergleichen die Farben des Arche-Bildes **fse 81** mit den Farben des Regenbogens und werden aufmerksam auf die Stimmungen, die die Farben jeweils auslösen.

### Über den Regenbogen sprechen

Sch betrachten verschiedene Fotos, die einen Regenbogen zeigen, und bringen naturwissenschaftliches Wissen über die Entstehung des Regenbogens ein. Dazu eignet sich auch die Grafik der Doppelseite **fse 82/83**.

### Einen Regenbogen tanzen

- Sch wählen jeweils ein farbiges Tuch oder eine Serviette. In einem gemeinsamen Tanz zu einer frei gewählten Musik oder zum Lied **fse 83** wird das Aufgehen des Regenbogens mit Hilfe der Tücher dargestellt.
- Sch gestalten einen Regenbogen klanglich: Sch spielen einen Regenbogenklang mit Orff-Instrumenten: Jeder Farbe wird ein Instrument zugeordnet, dann werden sie nacheinander, schließlich gemeinsam gespielt.

### Einen Regenbogen für das Klassenzimmer gestalten

- Vorbereiten: Ein Regenbogen wird auf entsprechend großes weißes Papier vorgezeichnet. Dazu verwendet L einen Nagel und eine Schnur als großen Zirkel.
- Wenn der Regenbogen zunächst an der TA befestigt wird, können je vier Sch eine Farbe mit ihrem Malkasten malen.
- Die anderen Sch gestalten in der Zwischenzeit Bilder zur Überschrift: Wie die Erde neu wird. Diese Bilder hängen später unter dem fertigen Regenbogen.
- Die Farben der Welt, die sich im Regenbogen spiegeln, werden mit dem Lied „Regenbogen – buntes Licht" näher betrachtet (**AB 2.6.9, Arbeitshilfen S. 235**). Sch wählen jeweils eine Farbe, die im Lied besungen wird, und gestalten ein Bild dazu. Die verschiedenfarbigen Bilder werden wieder zu einem großen Klassen-Farben-Bild zusammengesetzt.
- Sch stellen eine Regenbogenlampe für das Klassenzimmer her:
Dazu wird folgendes Material benötigt: Sieben gleich große Flaschen aus Weißglas, Wasserfarben

# Mein Lupenblatt

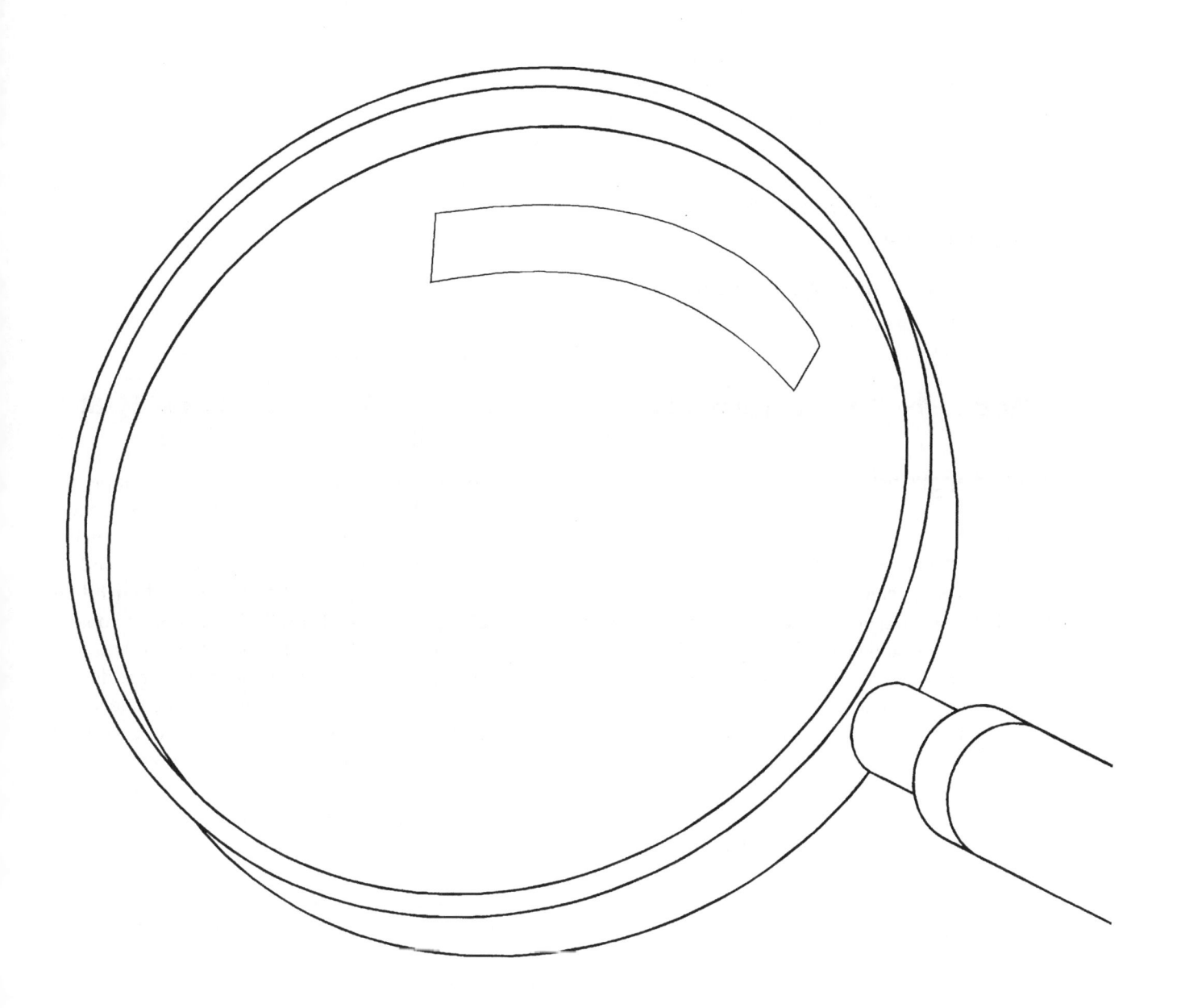

oder Pigmente, große Pinsel, Lichtquelle. Die Flaschen mit Wasser füllen und darin jeweils eine Farbe des Regenbogens lösen: dunkelrot, hellrot, orange, gelb, grün, blau, violett. Die Flaschen nebeneinander im Halbkreis vor einer Wand aufbauen und eine Lichtquelle dahinter aufstellen. Es können auch mehr Flaschen (jeweils für zwei Sch eine) gefüllt werden und die Farbabstufungen fließender gestaltet werden (Idee nach Both/Bingel S. 80).
Alternative: Zum Färben des Wassers kann entsprechend farbiges Krepppapier verwendet werden, das einfach in die Flasche gelegt wird.

### 3. Jahrgangsübergreifende Lerngruppe

- Sch üben einen Regenbogentanz mit gestalteter Mitte ein.
- Sch singen gemeinsam die Lieder **fse 83, AB 2.6.9, Arbeitshilfen S. 235**.
- Sch denken sich eine Regenbogengeschichte aus bzw. malen sie auf.
- Sch der älteren Lerngruppe erkunden die Entstehung eines Regenbogens (Bibliothek, Internet ...).
- Schüler gestalten das Regenbogenmandala (**AB 2.6.7, Arbeitshilfen S. 233**) als Zeichen der Brücke zwischen Gott und den Menschen

### Medien

CD „Bibelhits", Kontakte Musikverlag, Lippstadt 2003 (enthält 17 Lieder, z. B. zur Schöpfung, zu Noach und dem Regenbogen sowie zu den Psalmen und bietet vielfältige Einsatzmöglichkeiten)

## Wunder der Schöpfung entdecken                                fragen – suchen – entdecken 84/85

### 1. Hintergrund

Die Texte und die Grafik **fse 84/85** regen an, auf die kleinen, täglich zu beobachtenden Wunder der Schöpfung zu achten.
Relix betrachtet mit der Lupe einen Regenwurm in der Erde. Die Lupe kann helfen, dass Kleines einmal ganz groß gesehen wird. Im Garten lassen sich viele solcher „Kleinigkeiten" genauer betrachten; die kleinen Tiere wie Raupe, Spinne, Heuschrecke, Käfer, Schmetterling, Libelle, Marienkäfer ..., genauso wie die verschiedensten Blütenblätter der Blumen, die Beerenfrüchte, ...
Das genaue Hinschauen regt zum Fragen an. Eine dieser Fragen „Woraus besteht Erde eigentlich?" wird im Interview **fse 84** mit dem Regenwurm geklärt.
In den selbst angelegten Gärten der Menschen brauchen die Pflanzen Pflege und Versorgung mit Wasser – das drücken Gießkanne und Spaten im Bild aus. Dagegen wird in der Geschichte von Michaels Zaubergarten noch einmal deutlich, dass Ordnungen und Gesetze der Natur wie von selbst funktionieren.

### 2. Einsatzmöglichkeiten im RU

#### Kleine Besonderheiten untersuchen

- Relix mit der Lupe regt Sch an, die Kleinigkeiten im Gartenbild zu entdecken.
- Nach der Erschließung der Grafik **fse 84/85** betrachten Sch mit einer Lupe oder Becherlupe auf dem Schulhof oder im Schulgarten kleine Besonderheiten und kleben Gefundenes auf die Naturpalette. Dazu bereitet L die Naturpaletten für Sch vor, indem er die Kopiervorlage **AB 2.6.10, Arbeitshilfen S. 237**, auf etwas dickeres Papier vergrößert kopiert, ausschneidet und sie mit doppelseitigem Teppichklebeband beklebt. Sch kleben die Dinge, die sie aus der Natur mitbringen wollen, auf die Palette.
Es ist darauf zu achten, dass keine Tiere verletzt werden. Wollen Sch ein Tier genauer anschauen, eignet sich die Becherlupe. Nach dem Betrachten muss das Tier wieder in die Natur entlassen werden.
- Sch erzählen von eigenen Entdeckungen und Beobachtungen in der Natur und zeichnen sie auf ihr Lupenblatt: **AB 2.6.11, Arbeitshilfen S. 239**.

#### Einen Regenwurm erkunden

- Den Text **fse 84** lesen Sch mit verteilten Rollen und besprechen die gegebenen Informationen.
- Sch erkundigen sich nach der Lebensweise, dem Verhalten und Aussehen eines Regenwurms.

#### Tiere interviewen

- Sch entwerfen in GA einen eigenen „Fragenkatalog" an den Regenwurm und spielen das Interview vor. Antwortmöglichkeiten auf die Fragen gibt es in vielen Sachbüchern (z. B. Petterson und Findus, Mit Findus durch das Jahr, Oetinger).

## Die Geschichte vom Weltraumtier

Es war einmal ein kleines Wesen, das kam aus den Weiten des Universums zu uns auf die Erde. Langsam bewegte es sich auf allen Vieren durch die Lande, denn auf zwei Beinen zu stehen fiel ihm einfach viel zu schwer.
Immer wieder krabbelte es hinaus und bewunderte die grünen Bäume, in denen viele saftige, grüne Blätter hingen.
Doch die Zeit verging und die Tage wurden immer kürzer und kälter. Erstaunt stellte das kleine Wesen fest, dass die Blätter ihre Farben veränderten. Sie wurden gelb und rot und braun. Neugierig und gespannt beäugte es die Veränderung.
Da fegte eines Nachts ein arger Wind über das Land. Er schüttelte die Bäume und zerrte an ihren Ästen.
Das kleine Wesen zog es vor, in seinem Haus zu bleiben und nicht hinauszugehen. Als es am nächsten Morgen aus der Türe sah, konnte es seinen Augen kaum trauen. Nein! Das durfte nicht sein! Viele der schönen bunten Blätter lagen auf dem Boden!
„Die Blätter sterben", rief es entsetzt. Es krabbelte hinaus und besah sich traurig die Bescherung.
Dann klagte es sein Leid seinen Freunden, den Zauberern und Feen.
Diese überlegten und berieten sich miteinander, was sie tun könnten. Da hatten sie eine Idee!
Sie zauberten aus den Blättern, Zweigen und Früchten, die auf dem Boden lagen, viele verschiedene Muster, fügten alles neu zusammen und hatten ihre helle Freude daran.
Da gab es bunte Muster, die auf dem Boden lagen, rote, gelbe und grüne Sterne und Kreise, eine bunte Spirale, die sich wie eine Schlange kringelte. Dazwischen lagen Erde und Steine schön angeordnet.

Dann gab es da Blätter und Zweige, die wie von Geisterhand befestigt an der Wand hingen, und dann noch, oh Staunen, abenteuerliche Gebilde, die in der Luft hingen, welche aus Ästen und Schnüren gezaubert und mit Papier und Blättern verziert waren. Andere Blätter wiederum reihten sich aneinander und rankten sich den Stamm eines Baumes hinauf.
Das kleine Wesen staunte nicht schlecht, als es die verschiedensten Gebilde besah, die aus den bunten Blättern, Zweigen und Früchten entstanden waren. Es versuchte sich alle diese Eindrücke und Bilder einzuprägen.
Langsam wurde es Abend und die Dunkelheit brach herein. Da hatten die Zauberer und Feen noch eine Überraschung für das kleine Wesen bereit: Sie entzündeten ein kleines, verstecktes Licht in den Luftschiffen und ließen diese nun, geheimnisvoll beleuchtet, durch die Lüfte schweben.
Da strahlten die Augen des kleinen Wesens und als es müde von dem vielen Schauen ins Bett ging, bedankte es sich noch gähnend bei seinen Freunden. „Aber die Blätter sind jetzt doch alle gestorben, oder?", fragte es zum Schluss doch noch besorgt nach. Da lachten die Feen und Zauberer und erklärten ihm, dass die Blätter zwar für dieses Jahr mit leuchtenden Farben sterben, aber jeder Baum im Frühling wieder ganz saftige, grüne Blätter bekommen würde. Da schlief das kleine Wesen beruhigt mit einem glücklichen Lächeln auf den Lippen ein ... und träumte von abenteuerlichen Formen und Gebilden in herbstlichen Farben.

- Was können wir als Feen und Zauberer alles machen?
- Legt aus den in der Natur gesammelten Dingen ein Mandala!

- Danach werden Interviews mit anderen Tieren (Wassertiere, Vögel) vorbereitet und vorgeführt.
- Sch halten die Informationen abschließend auf Plakaten fest.

### Die Erde ganzheitlich erfahren
- L bringt in einem größeren Gefäß Gartenerde mit. Sch erfassen mit den Händen die Erde: In die Hand nehmen, daran riechen, beschreiben, wie sich Erde anfühlt, in die Erde graben und wieder zuschütten, etwas darin verstecken und wieder finden …
- L gibt Satzanfänge des Liedes „Eine Hand voll Erde" (**AB 2.6.12, Arbeitshilfen S. 237**) vor:
  Mit der Erde kannst du …; Auf der Erde kannst du …; In die Erde kannst du …; Auf der Erde darfst du …; Unsere Erde zu bewahren …
  Sch vervollständigen die Sätze und entdecken die doppelte Bedeutung des Begriffs „Erde": Erde als Urstoff der Welt, Erde als Bezeichnung für unseren Planeten.
- Sch und L singen das Lied (vgl. Liederkiste 1/2, Nr. 7).

### Die Ordnung der Natur erkennen
- Angeregt durch die Geschichte Michaels Zaubergarten **fse 85** besprechen Sch die Ordnungen und Rhythmen der Natur: vgl. Anregungen zum Kalender **fse 88/89**!
- L liest den Text **AB 2.6.13, Arbeitshilfen S. 241**, vor. Sch sprechen über die Erfahrungen des Weltraumtieres und berichten, was sich im Herbst in der Natur verändert.
- Bei einem Unterrichtsgang schauen sich Sch die Veränderungen direkt an, sammeln Gegenstände und legen damit ein Naturmandala. (Anregungen dazu in: RPP 2001/2, S. 10 und in: Blasius, 2003).

## 3. Jahrgangsübergreifende Lerngruppe

Sch können gemeinsam einen Klassen-Schöpfungskalender basteln und Tiere und Pflanzen nach und nach ergänzen.

## Medien

„Die Schöpfung für Kinder – Joseph Haydn" von Margit Lentzsch, Burgenländische Haydnfestspiele, Eisenstadt ³1999 (Lehrerhandbuch und Arbeitsbuch für Schüler/innen)

---

## Die Schöpfung lobt Gott                    fragen – suchen – entdecken 86/87

## 1. Hintergrund

Sch begegnen auf **fse 86/87** dem hl. Franziskus, der seit 800 Jahren Vorbild für einen liebevollen und sogar zärtlichen Umgang mit der gesamten Schöpfung und ihrem Schöpfer ist.

> ### Franziskus (1182-1226)
> Die Heimat des Franziskus ist Assisi in Umbrien. Hier wurde er 1182 als Sohn des reichen Tuchhändlers Pietro Bernardone geboren. Als ein Kind aus reichem Hause lernte er Latein und Französisch und genoss das Wohlleben, das ihm der Reichtum seines Vaters ermöglichte. Heiteren Gemüts verteilte er Geld an seine Freunde und auch an alle Armen, sang Lieder der Troubadoure, die ihm seine aus der Provence stammende Mutter beigebracht hatte, und wünschte nichts sehnlicher als ein Ritter zu werden. Aber seine Versuche scheiterten ziemlich jämmerlich. Eine schwere Krankheit trug dazu bei, dass er erkannte, wie unbefriedigend sein Leben war, das nur der fröhlichen Geselligkeit, den Tafelfreuden und der Liebe gewidmet war … Ausgestoßen und verlacht von Freunden und Verwandten wohnte er nun in dem verfallenen Klösterchen San Damiano. Wie einer der Geringsten erbettelte er Geld und legte selbst Hand an um die kleine Kirche wieder aufzubauen. Bald fand er Gleichgesinnte, die mit ihm leben und verkünden wollten. Franziskus, der Schönheit und Reinheit liebte, pflegte nun Aussätzige und diente Armen und Kranken. Sein Vater sagte sich von ihm los und Franziskus leistete öffentlich Verzicht auf sein Erbteil. Er trennte sich von seiner Familie mit dem Wort: „Bis heute nannte ich Pietro Bernardone meinen Vater, von nun an sage ich nur noch: Vater unser, der Du bist im Himmel" (nach Melchers, 1978, S. 643; vgl. auch www.reliweb.de).

### „Der Sonnengesang"
Der hl. Franz von Assisi spricht mit seiner Lebensgeschichte noch heute unzählige Menschen an. Die Botschaft dieses Mannes wirkt seit 800 Jahren in seinen Gebeten, Texten und Liedern nach und rüttelt uns immer wieder wach, besonders im Umgang mit der Natur und ihren Gaben. Der wohl bekannteste Text ist der hier in vereinfachter Fassung wiedergegebene so genannte „Sonnengesang".

# Aus der Lebensgeschichte des hl. Franziskus

Franziskus war der Sohn von reichen Eltern. Sie lebten in einer Stadt in Italien, in Assisi. Franziskus sollte wie sein Vater ein Kaufmann werden und Stoff und Kleidungsstücke verkaufen. Doch er wollte ein Freund von Jesus sein, so leben wie er, darum verzichtete er auf alles Geld und kümmerte sich um die Kranken und Armen in Assisi. Er musste oft weite Wege zu den Kranken gehen, und wenn er aus der Stadt herauskam, staunte er, wie schön die Landschaft rings um ihn war. Er freute sich über die Dinge der Natur, die niemand besitzen kann, die allen gehören.
Bald hatte Franziskus einen Baum gefunden, bei dem er oft Rast machte. Dabei lehnte sich Franziskus an den Baum, er spürte seine kräftige, alte Rinde und er redete mit dem Baum. Manchmal schien es Franziskus, als redete der Baum auch mit ihm, im Rascheln der Blätter, im Knarren der Äste und im Rauschen des Windes. Dann nannte Franziskus den Baum „meinen Bruder Baum".
So wie er mit dem Bruder Baum redete, so sprach er auch mit der Sonne. Er sagt: „Meine Schwester Sonne, du machst die Erde hell und warm. Du erwärmst meinen Körper und mein Herz mit deinen Strahlen, ich danke dir, Schwester Sonne."
Alle Kräfte der Natur sprach Franziskus als seine Brüder und Schwestern an, wie in einer Familie mit der Mutter Erde als wichtigstem Teil. Franziskus erkannte, dass er durch alle Geschöpfe der Welt hindurch auch Gott sehen konnte, den er sein ganzes Leben lang lobte und dem er immer näher kommen wollte. Am Ende seines Lebens – er ist nur etwa 40 Jahre alt geworden – war er durch eine Krankheit blind geworden. Kurz vor seinem Tod sah er vor seinem inneren Auge alles Schöne der Welt und sprach das Lied, das wir den Sonnengesang nennen.

# Tanzanleitung zum Sonnengesang

Liederkiste 1/2 [5]

## Vorbereitung
L bereitet mit den Sch für jede Strophe bestimmte Symbole aus Tonpapier, Tüchern, Naturmaterialien etc. vor: Sonnenstrahlen, Wasser, Wolke, Feuer, Erde, Blumen, dürrer Ast, Hände usw.

## Aufstellung
im Kreis stehen, zur Mitte gewandt; Hände sind nicht gefasst

## Tanzbeschreibung

| | |
|---|---|
| Vorspiel | stehen |
| Höchster, großer, lebendiger Gott | Hände vor dem Bauch zu einer Schale formen und langsam nach oben strecken |
| du hast alles geschaffen, Lob und Dank sei dir | Arme gestreckt links und rechts seitlich vom Körper senken |
| Lob und | mit rechtem Arm einen großen Halbkreis (von innen nach außen) vor dem Körper beschreiben |
| Dank sei | mit linkem Arm einen großen Halbkreis vor dem Körper beschreiben |
| dir | mit 4 Schritten Drehung um sich selbst, dabei Arme angewinkelt und zur Seite geöffnet |
| Lob und Dank sei dir | wie oben |
| Zwischenspiel und Strophen 1-4 | Kinder legen den Strophen entsprechend Symbole in die Kreismitte, sodass im Laufe des Tanzes ein Schöpfungsbild entsteht |

Alternative:
L greift aus jeder Strophe ein bis zwei Begriffe heraus und sucht in der Vorbereitung mit den Kindern Bewegungen dafür.
Beispiel: Wie kannst du mit deinem Körper die Sonne darstellen?

Nach Anton Rotzetter (1998, S. 11) gilt „Das Lied der Geschöpfe" oder „Der Sonnengesang" als erster längerer Text der italienischen Literatur. Die Schöpfungsspiritualität des hl. Franziskus, die darin deutlich wird, ist heute angesichts der weltweiten Umweltprobleme aktueller denn je.

Die Beziehung des heiligen Franziskus aus Assisi zur Schöpfung entspricht auch der kindlichen Wahrnehmung und Empfindung. Alles Leben kommt von Gott – am Anfang jeder Strophe heißt es „Lob sei dir ..." – und alle Geschöpfe Gottes stehen in einer geschwisterlichen Beziehung zueinander. Die Anrede Bruder und Schwester und Mutter für die Erde impliziert eine liebevolle Hinwendung zu den Elementen der Schöpfung. Dabei macht ein Blick auf die Lebenssituation des Franziskus deutlich, dass es sich bei seinem Lied nicht um eine gefühlvolle Anwandlung handelt, sondern den Versuch, das ins Lot zu bringen, was schon zu seiner Zeit ins Wanken geraten war. Als Franziskus den Sonnengesang in Assisi dichtete, war er bereits blind. Schmerzen, Niedergeschlagenheit und Zweifel plagten ihn. Er befand sich 1225 nicht in einer schwärmerischen Hochstimmung, sondern im Angesicht des nahen Todes schrieb er diesen wunderbaren Hymnus als Lobpreis Gottes durch die Geschöpfe. Die Missstände im Orden, der Machtmissbrauch einer Oberschicht (Majores), die eine Unterschicht (Minores) knechtete, ja auch die Krise seiner Mutter Kirche haben ihn zutiefst zermürbt und erschüttert. Weit entfernt von Schwärmerei und Weltfremdheit komponierte er die zehn Strophen eines universalen Gesangs. Weil es eigener Erklärung und weiterführender Gespräche mit Sch dieser Altersstufe bedarf, wurde auf dieser Seite die letzte Strophe des Sonnengesangs, das Lob Gottes durch Bruder Tod, ausgeklammert. Es kann diese Strophe aber in einer eigenen kirchenjahreszeitlichen Einheit, z. B. zu Allerheiligen, aufgegriffen und mit den Kindern bedacht werden, warum auch der Tod von Franziskus als Bruder angesprochen wird.

### Giotto di Bondone (ca. 1266-1337)

Der in Colle di Vespignano bei Florenz geborene Giotto setzte entscheidende Impulse für eine neue Epoche der europäischen Kunst. Seine ersten selbstständigen Arbeiten nahm er 1290 in der Oberkirche von San Francesco in Assisi vor. Giottos bedeutendstes Werk wurden 1304-06 die Fresken der Arenakapelle in Padua mit der Geschichte des Lebens Jesu Christi.

Die nächsten großen Freskenzyklen schuf er 1317-28 in Florenz. In der Bardikapelle von Santa Croce malte er den Zyklus aus dem Leben des heiligen Franziskus, in der Cappella Peruzzi schuf er die Szenen aus dem Leben des Evangelisten Johannes und Johannes des Täufers.

Nach seiner Tätigkeit am Anjouhof in Neapel lieferte er den Plan für den Campanile des Florenzer Doms. Giotto befreite die Malerei aus dem Zwang der byzantinischen Ikonografie und verlieh ihr dadurch Selbstständigkeit, dass er zur räumlichen Bildgestaltung gelangte, monumentale Kompositionen schuf, dabei die Größe und Würde der menschlichen Gestalt herausstellte.

Seine Nachwirkung ist kaum zu überschätzen, weil er es verstand, in seinen Werken Dramatik und Monumentalität zu einer klassisch ausgewogenen Form zu verbinden. Giotto starb am 8. Januar 1337 in Florenz (www.geschichte.2me.net).

## Giotto di Bondone: „Franziskus predigt den Vögeln", 1295/1300

Aus den ersten selbstständigen Fresken in der Oberkirche der Basilika San Francesco in Assisi stammt das Bild „Die Vogelpredigt". Es zeigt auf seine Weise die innige Beziehung des Heiligen zur Schöpfung und besonders zu den Tieren und greift eine berühmte Erzählung zum Leben des Hl. Franziskus auf. Der Text stammt aus der nach 1322-1328 entstandenen Legendensammlung „Die Blümlein des hl. Franz von Assisi", bekannt auch unter dem Titel „Fioretti di San Francesco":

*Zwischen Cannara und Bevagna sah er einige Bäume am Wege. Auf denen saß eine solche Menge von verschiedenen Vögeln, wie deren niemals in der Gegend so zahlreich gesehen worden waren. Auch auf dem Felde neben den Bäumen tummelten sich ganze Scharen. Wie Franz der Menge der Vögel ansichtig wurde, staunte er, und vom Geiste Gottes berührt, sprach er zu seinen Begleitern: „Wartet hier auf dem Wege, bis ich zurückkomme: Ich will unterdessen hingehen und meinen Geschwistern, den Vögeln, predigen."*

*Sprach's und trat in das Feld auf die Vögel zu, die auf dem Boden lagerten.*

*Kaum hatte er angefangen zu predigen, flogen alle Vögel, die auf den Bäumen saßen, herbei und blieben allesamt unbeweglich am Boden, während er zwischen ihnen hinschritt und viele mit seinem Habit streifte. Keines von den Tieren flog von der Stelle. So erzählte es nachher Bruder Jacomo da Massa, ein frommer Mann, der all das vom Munde Bruder Masseos, eines der damaligen Begleiter des Heiligen, hatte.*

*Was der heilige Franz den Vögeln sagte, war dies: „Viel verdankt ihr Gott, meine Geschwister Vögel, und müsst ihn deshalb allezeit und allerorten loben. Ihr habt die Freiheit, überallhin zu fliegen; ihr habt Kleidung, doppelt und dreifach; habt einen bunten, zierlichen Habit; habt Speise, ohne sonderliche Mühe erworben; habt einen Gesang, vom Schöpfer euch eingegeben, und seid eine große Schar, durch Gottes Se-*

# Die Vogelpredigt

Bruder Franziskus war eines Tages unterwegs um den Leuten zu predigen. Da kam er an einen Baum, der am Wegrand stand. Auf allen Zweigen saßen Vögel, auch unter dem Baum hatten sie sich auf der Erde niedergelassen, allerlei Arten in vielerlei Farben. Franziskus blieb stehen und sprach zu ihnen:

„Ihr Vögel, meine lieben Schwestern!
Lobt Gott jeden Tag von früh bis spät für alles,
was er euch gegeben hat!
Seht, den weiten Himmel schenkt er euch,
kreuz und quer dürft ihr unter der Sonne einherfliegen.
Ihr braucht nicht zu säen und zu ernten:
Auf den Feldern und im Wald findet ihr Futter genug.
Gott ist es, der euch trinken lässt aus Quellen und Bächen.
Bäume lässt er wachsen, in denen ihr eure Nester bauen könnt,
und gegen die Kälte hat er euch ein warmes Federkleid gemacht.
Jede von euch, ihr lieben Schwestern, hat eine Stimme bekommen,
damit ihr singen könnt, so viel ihr Lust habt!"

Nachdem Franziskus so zu den Vögeln gesprochen hatte, segnete er sie. Da stoben sie auseinander, flogen auf, der Sonne entgegen und zwitscherten und sangen zum Lobe Gottes, dass man es weithin hörte.

*gen vermehrt. Schon in der Arche hat er euer Geschlecht bewahrt. Das Element der Luft ward euch zugewiesen. Ihr säet nicht, ihr erntet nicht und Gott ernähret euch. Er gab euch Bach und Quelle zum Trunke, Berge und Hügel, Felsen und Klüfte zu eurer Zuflucht, regende Bäume zum Nisten, und wenn ihr auch gleich nicht zu nähen noch zu weben versteht, gibt er doch euch und euren Kindern die nötige Kleidung. Also liebt euch der Schöpfer gar sehr, da er euch so viel Gutes erwiesen hat. Darum sollt ihr darauf achten, meine Geschwister Vögel, dass ihr nicht undankbar seid, sondern beeifert euch allezeit, Gott zu loben!"*

*Auf diese Worte des heiligen Franz hin begannen die Vögel samt und sonders ihre Schnäbel zu öffnen, die Flügel zu spannen, die Hälse zu recken, neigten ehrerbietig ihre Köpfe bis zur Erde und bekundeten mit Gesang und Gebärde, dass ihnen die Worte des Heiligen groß Ergötzen bereiteten. Wie er das schaute, empfand er eine wundersame Freude im Geiste, und da er voll Staunen ihre große Menge, ihre herrliche Mannigfaltigkeit, ihre Zuneigung und einträchtige Vertraulichkeit sah, pries er vor ihnen den wunderbaren Schöpfer und lud sie mit liebreichem Zuspruch zu dessen Lobe.*

*Als er endlich seine fromme Ermahnung beschlossen, machte er über alle die Vögel das Zeichen des Kreuzes und entließ sie mit dem Lobspruch zu Gottes Ehre. Und die ganze Schar der Vögel erhob sich gemeinsam zum Flug und stimmte einen mächtigen, wundersamen Gesang in den Lüften an. Dann segnete er sie nochmals mit dem Kreuzzeichen, worauf sie, nach Gruppen sich verteilend, nach den vier Windrichtungen auseinander flogen ...: ein Haufen gen Sonnenaufgang, ein anderer gen Westen, der dritte süd- und der vierte nordwärts ..., zum Zeichen, dass die Predigt des Kreuzes, die der heilige Franz erneuerte, durch seine Brüder über die ganze Welt hingetragen werden sollte – und auch diese besitzen auf Erden nichts zu eigen und überlassen sich ganz der Vorsehung Gottes, des Alleinen.*

(in: Franz von Assisi: Legenden und Laude, hg., eingeleitet und übersetzt von Otto Karrer, Zürich [6]1975, S. 385-387)

Der Künstler greift in diesem Bild die innige Vertrautheit des Heiligen mit der ganzen Natur auf. Der Heiligenschein des Bruder Franz taucht auch die ihn umgebende Natur, den Baum und die Schar der Vögel in ein helles, warmes Licht. Der Mitbruder hinter Franziskus weicht fast erschrocken zurück, als er sieht, wie die Vögel sich um Franz scharen. Seinen Worten scheinen auch die Bäume zu lauschen, die sich fast unmerklich vor dem heiligen Mann verneigen. Franziskus trägt keine Schuhe, so wird seine tiefe Verbundenheit mit der Erde deutlich, die auch auf die Einheit alles Geschaffenen hinweist: Menschen, Tiere und Pflanzen gehören zusammen. Der überlieferte Text seiner Predigt greift eine bekannte Stelle aus dem Matthäusevangelium auf: „Seht euch die Vögel des Himmels an: Sie säen nicht, sie ernten nicht und sammeln keine Vorräte in Scheunen; euer himmlischer Vater ernährt sie" (Mt 6,26).

## 2. Einsatzmöglichkeiten im RU

### Franziskus kennen lernen
- L liest die Lebensgeschichte des hl. Franziskus vor: **AB 2.6.14, Arbeitshilfen S. 243**.
- Sch recherchieren ggf. selbst unter www.reliweb.de.

### Den Sonnengesang als Bodenbild gestalten
- Material:
  Tücher in den Farben: gelb, orange, hellblau, blau, weiß, braun, grün; Chiffontücher in den entsprechenden Farben; Legematerial; Reifen mit gelbem Tuch ausgelegt; Bilder aus der Mappe „Sei gelobt mein Gott. Sonnengesang des hl. Franziskus" (RPA-Verlag, Gaußstr. 8, 84030 Landshut) oder selbst gestaltete Bilder zum Text des Sonnengesangs.
- Der Sonnengesang wird abschnittweise gemeinsam gesprochen. Die 1. Strophe wird als Kehrvers wiederholt. Jeweils zwei oder drei Sch wählen zu jeder Strophe ein Bild, ein farbiges Tuch und Legematerial und ordnen es um die gelbe Mitte.

### Den Sonnengesang tanzen
Sch singen und tanzen gemeinsam. Das Lied ist enthalten in der Liederkiste 1/2, Nr. 5.
Die Tanzanleitung ist zu finden auf **AB 2.6.15, Arbeitshilfen S. 243**.

### Den Sonnengesang gestalten
- Um sich mit dem Text des Sonnengesangs einzulassen, drücken Sch selbst mit ihrer Körperhaltung Freude aus. Sie entdecken unterschiedliche Ausdrucksformen und probieren sie aus.
- Zum Bild **fse 87** erzählen und gestalten
  – L erzählt den Text **AB 2.6.16, Arbeitshilfen S. 245**.
  – Gestaltungsarbeit: Sch schneiden aus Zeitungen oder Katalogen verschiedene Vögel aus und kleben sie mit einer Figur des hl. Franziskus zu einer Collage zusammen.
  – Sch finden selbst Sätze des Lobes oder verwenden die Sätze des Sonnengesangs um sie auf der Collage zu ergänzen.

## 3. Jahrgangsübergreifende Lerngruppe

● In der Lerngruppe bietet sich an, die ganze Geschichte aus dem Leben des Heiligen Franziskus als Vertiefung kennen zu lernen (Ergänzung zum Sachtext **AB 2.6.14, Arbeitshilfen S. 243**).
Die Geschichte zeigt Franziskus, und gibt einen Einblick in sein Leben, das von radikaler Einfachheit und konsequenter Armut zur Nachfolge Christi aus dem Evangelium heraus konfrontieren soll. Die künstlerisch hochwertigen Erzählbilder des Buches können als Folien oder Dias genutzt werden und somit auch gleichzeitig Sprech- und Gestaltungsanlässe bieten.

## Literatur

Quadflieg, Josef/Gantschev, Ivan, Franziskus – Der Mann aus Assisi, Düsseldorf 2000

---

# Ein ganzes Jahr auf die Schöpfung achten
fragen – suchen – entdecken 88/89

## 1. Hintergrund

Zu den Rhythmen und Ordnungen, die unser Leben bestimmen, gehören vor allem auch die Jahreszeiten und die Abfolge der einzelnen Monate in unserem Kalender. Sch des 2. Schuljahres werden allmählich mit diesem Orientierungsschema vertraut gemacht. In Zusammenhang mit dem Thema dieses Kapitels finden sich auf dieser Doppelseite Anregungen zu einem handlungsorientierten Unterricht während eines ganzen Kalenderjahres. Die Überlegungen der vorausgehenden Kapitelseiten zu einem verantwortungsvollen Umgang mit der Natur können nun Monat für Monat in kleineren Einheiten umgesetzt und praktisch angegangen werden in für Sch überschaubaren Möglichkeiten. Der Blick auf die Schöpfung kann somit ein Ganzjahresthema werden und Sch anspornen weitere Aufgaben im eigenen Umfeld zu entdecken und zu verwirklichen. Die Aufgaben auf den Kalenderblättern sind so gewählt, dass sie mit Themen des Unterrichts in SU, K und MU zu Projekten verknüpft werden können (vgl. Verbindungen zu anderen Fächern und zu anderen Themenbereichen, Arbeitshilfen S. 224).

## 2. Einsatzmöglichkeiten im RU

### Vom Jahreslauf erfahren
● Sch und L besprechen den Jahreslauf mithilfe des abgedruckten Kalenders: Abfolge der Monate und Jahreszeiten: Frühling von 20. März bis 20. Juni, Sommer vom 21. Juni bis 21. September, Herbst vom 22. September bis 20. Dezember, Winter vom 21. Dezember bis 19. März.
● Sch stellen die Merkmale jeder Jahreszeit heraus: Frühling: Blütezeit, Sommer: Reifezeit, Herbst: Erntezeit, Winter: Ruhezeit.
● Die Feste des Kirchenjahres werden dazugeordnet bzw. ein eigener Kirchenjahreskalender wird erstellt (wird vertieft in **fse 3**).

### Den Jahreslauf erleben
Umsetzungsmöglichkeiten der Aufgaben auf den abgebildeten Kalenderblättern, die jeweils zu Beginn eines Monats angegangen werden:
● **JANUAR:**
Eine Vogelfütterung ist nur bei strengem Frost oder schneereichem Winter nötig. Die Futterhäuschen müssen sauber gehalten werden, damit keine Krankheiten durch Keime übertragen werden. In einem harten Winter kann durch die Fütterung bei manchen Vogelarten eine größere Bestandseinbuße verhindert werden.
● **FEBRUAR:**
Mit entsprechenden Folien kann auch im Klassenzimmer ein Blick auf einen Sternenhimmel geworfen werden. Typische Sternbilder im Winter, die auch Sch entdecken können, sind z. B. die Kassiopeia, der „Große Wagen", der „Kleine Wagen", der Orion.
● Bei einem Morgenspaziergang vor Beginn des Unterrichts kann bei klarem Wetter der Morgenstern um diese Jahreszeit entdeckt werden.
(Interessante Anregungen und kindgerechte Geschichten zu dieser Thematik finden sich im Adventskalender „Wir suchen den Stern" von Rena Sack, Illustrationen von Sabine Herrmann-Ikram, Verlag Ernst Kaufmann, Lahr 2000, ISBN 3-7806-0547-3.)
● **MÄRZ:**
Die Frühblüher werden entdeckt: z. B. Haselnuss – kann auch schon Anfang Februar blühen, genauso wie die Weide. Die Bedeutung dieser Frühblüher z. B. für die Bienen herausstellen: Sie sind oft die erste und wichtigste Nahrung für diese Insekten, darum sollen auch z. B. Weiden nicht wahllos zur Zierde in der Wohnung abgeschnitten werden.
Die „Palmzweige" tragen ihren Namen, weil sie zum Schmuck am Palmsonntag verwendet werden (Wir basteln Palmbuschen, Lebensbilder 1/2, Nr. 15).

- **APRIL:**
Artgerechte Haltung von Tieren ist in der letzten Zeit wieder viel mehr in den Vordergrund gerückt worden und kann Sch mit dieser Aufgabe bewusst gemacht werden. Das gesetzliche Verbot von Legebatterien zeigt ein Umdenken im Bereich der Tierhaltung auf. Sch fragen nach, von welchen Hühnern die Eier, die z. B. für Ostern gekauft werden, stammen. Dabei kann der Unterschied von Bodenhaltung, Käfighaltung und artgerechter Freilandhaltung dieser Tiere besprochen werden.
- **MAI:**
Schon im Klassenzimmer werden bei Stille-Übungen oft die Vogelstimmen bewusst.
Eine Bestimmung der Vogelstimmen kann auch mit Hilfe entsprechender Medien erfolgen:
Vögel (Naturführer für Kinder), Verlag Omnibus, München o. J., ISBN 3-570-20564-9 oder Hoerschelmann, Heinrich, Vögel (Was ist was? Bd 40), Tessloff Verlag, Nürnberg 1994, ISBN 3-7886-0280-5.
- **JUNI:**
Sch bringen die einzelnen Materialien mit und legen damit im Freien, z. B. im Schulgarten, einen Weg. Auch eine Gestaltung des Weges im Schulhaus ist möglich, wenn die Dinge in flachen Schachteln aneinander gelegt werden. Im Gespräch erzählen Sch von ihren Empfindungen: z. B. Sand fühlt sich weich an, Steine sind hart, Rinde ist rau.
Weil Barfußgehen in unseren Städten oft nicht mehr möglich ist, liegt hier für viele Sch eine ganz neue Erfahrungsmöglichkeit.
- **JULI:**
Die Aufgabe kann verbunden werden mit einem gemeinsamen, gesunden Frühstück im Klassenzimmer oder einem Picknick im Freien.
Das gemeinsame Essen ist wesentlicher Bestandteil auch einer religiösen Erziehung und beginnt mit einem Lied oder Gebet aus den Anregungen der einzelnen Schulbuchkapitel.
- **AUGUST:**
Relix weist auf den Ferienmonat hin.
Wird dieses Kalenderblatt vor Beginn der großen Ferien bearbeitet, erzählen Sch von Plänen für die Ferienzeit. Sie werden dazu angeregt, die Natur in ihren Ferienorten zu betrachten. Vielleicht bringt jedes Kind aus seinem Urlaubsland einen Stein mit, die im September dann von verschiedensten Ländern und Gegenden unserer Erde erzählen.
- **SEPTEMBER:**
Für einen Fruchtsalat werden verschiedene Früchte mitgebracht und verarbeitet.
Im Gespräch überlegen, welche Früchte in Deutschland gar nicht wachsen, die wir dennoch das ganze Jahr essen können, z. B. Bananen, Ananas ... Dabei werden Sch darauf aufmerksam gemacht, welchen Energieaufwand es bedeutet, das ganze Jahr alle Arten von Obst zur Verfügung zu haben.
- **OKTOBER:**
Anregungen und Lieder zu einer Erntedankfeier vgl. im Kapitel 2 „Miteinander leben" **fse 21 ff**.
- **NOVEMBER:**
Weil Marienkäfer zu den großen Nützlingen zählen, wollen wir ihnen bei der Überwinterung helfen. Anleitung zum Bau eines Winterquartiers bietet **AB 2.6.17, Arbeitshilfen S. 249** (siehe Lebensbilder 1/2, Marienkäfer Nr. 28).
Im Zusammenhang mit SU kann auch ein Winterquartier für Igel gebaut werden, vgl. dazu die Anleitungen in den SU-Büchern.
- **DEZEMBER:**
Das Schneiden von Kirschzweigen am Barbaratag gehört zur Brauchtumserziehung. Die Zweige von Kirschbäumen oder auch blütentragenden Sträuchern, die am 4. Dezember geschnitten werden, blühen an Weihnachten, wenn das Fest der Geburt Christi gefeiert wird.
Blüten mitten im Winter weisen auf das Geheimnis des Festes hin: Gott wird Mensch, da kann auch mitten im Winter die Natur erblühen. „Die knospenden und aufblühenden Zweige wurden zum Bild jenes Reises aus der Wurzel Jesse, das nach der Prophezeiung des Jesaja (Blüte und) Frucht bringt (11,1), so wie es das dem 16. Jahrhundert zugehörende Weihnachtslied: ‚Es ist ein Ros entsprungen' besingt. Diese jesajanische Prophezeiung dürfte auch den Hintergrund all der Sagen bilden, die von Bäumen, Sträuchern und Blumen erzählen, die in der Christnacht aufblühen" (Kirchhoff 1995, S. 39).
- Pflegetipps für Barbarazweige
Gartenspezialisten raten, die Zweige mit einem langen Schnitt anzuschneiden und in lauwarmes Wasser zu stellen. Auch sollten sie schon einmal Frost zu spüren bekommen haben, damit sie aufblühen. D. h. bei milder Witterung empfiehlt es sich, die Zweige kurz in die Gefriertruhe zu legen.
- Die Legende der hl. Barbara erzählen, z. B. nach Hermine König, Das große Jahresbuch für Kinder, München 1996, S. 37 f.
- Sch singen das Lied „Blüh, Zweig, blüh" und spielen dazu ein Bewegungsspiel: **AB 2.6.18, Arbeitshilfen S. 249**.
- Sch betrachten das Aufblühen einer Rose von Jericho.
- Sch schneiden die Faltblume (**AB 2.6.19, Arbeitshilfen S. 251**) aus, gestalten sie und falten die Blätter an den markierten Linien nach innen. Alle fertigen Blüten werden dann in eine mit Wasser gefüllte Schale gesetzt. Sch beobachten, wie sich die Blüten langsam öffnen.
- Sch malen das Jahreszeitenmandala aus (**AB 2.6.20,**

## Wir bauen ein Winterversteck für Marienkäfer

Holzwolle (bzw. Baumrindenstücke) wird in einen Blumentopf gefüllt und mit Blumendraht, den wir in Längsrichtung um den Topf wickeln, befestigt. Das Loch im Boden des Topfs wird mit einem Korken wasserdicht verschlossen.

Wir schichten im Schul-/Garten einen Reisighaufen auf, den wir mit Laub abdecken. In diesen Haufen stecken wir den Blumentopf, und zwar so, dass seine Öffnung schräg nach unten zeigt. Vorher können wir gesammelte Marienkäfer in die Holzwolle setzen.

## Lied und Bewegungsspiel vom Barbarazweig

T/M: Hanni Neubauer

Blüh, Zweig, blüh! Brich dei - ne Knos - pen auf!
Blüh, Zweig, blüh! Wir war - ten all da - rauf!

2. Blüh, Zweig, blüh!
Treib doch in kalter Nacht!
Blüh, Zweig, blüh!
Zeig deine Blütenpracht!

3. Blüh, Zweig, blüh!
Bring Hoffnung uns und Freud!
Blüh, Zweig, blüh!
Vertreib die kalte Zeit.

4. Blüh, Zweig, blüh,
dass du voll Blüten bist.
Blüh, Zweig, blüh,
weil Jesus kommen ist.

| | |
|---|---|
| Blüh, Zweig, blüh! | *Wir halten behutsam zwischen unseren Händen eingebettet die kleine Knospe.* |
| Brich deine Knospen auf. | *Wir öffnen die Hände leicht, sodass sie wie Blütenblätter aussehen.* |
| Blüh, Zweig, blüh! Wir warten all darauf. | *Unsere Hände öffnen sich weiter.* |
| Blüh, Zweig, blüh! Treib doch in kalter Nacht. | *Die Blüte unserer Hände bekommt einen langen Stiel und wächst über unseren Kopf hinaus.* |
| Blüh, Zweig, blüh! Zeig deine Blütenpracht. | *Unsere Arme und Hände bilden große Blütentrichter.* |
| Blüh, Zweig, blüh! Bring Hoffnung uns und Freud. | *Wir öffnen unsere Hände, sodass wir sie unseren rechten und linken NachbarInnen reichen können.* |
| Blüh, Zweig, blüh! Vertreib die kalte Zeit. | *Mit den gefassten Händen schwingen wir vor und zurück.* |
| Blüh, Zweig, blüh, dass du voll Blüten bist. | *Mit den gefassten Händen bilden wir zur Mitte eine Krone.* |
| Blüh, Zweig, blüh, weil Jesus kommen ist. | *Wir schreiten zurück und schwingen mit den gefassten Händen vor und zurück.* |

Arbeitshilfen S. 251) und überprüfen anhand des Mandalas ihren selbst hergestellten Jahreskalender und finden Entsprechungen in den Jahreszeiten.

## 3. Jahrgangsübergreifende Lerngruppe

- Sch erstellen einen eigenen Umweltkalender:
- Zum Erstellen eines eigenen Umweltkalenders erhalten Sch etwas stärkeres weißes Papier, das an einer Seite gelocht wird.
- Sch finden eigene Vorschläge, wie sie Monat für Monat auf die Schöpfung achten wollen, bzw. übernehmen die Vorschläge aus dem Buch und gestalten so evtl. in GA einen eigenen Kalender, der im Klassenzimmer aufgehängt wird.
- Der Kalender kann auch ergänzt werden durch die Geburtstage oder Namenstage der Sch (s. Kapitel 5).
- Sch sammeln in einem Schuhkarton Baumschätze und bereiten eine Ausstellung vor.

# Seh ich die Erde – das Werk deiner Hände    fragen – suchen – entdecken 90

## 1. Hintergrund

Das Foto zeigt den Fußabdruck des Astronauten Neil Armstrong, der am 20.7.1969 (USA-Zeit) bei der Apollo-11-Mission als erster Mensch den Mond betrat. Von dort aus eröffnet sich ein distanzierter, aber wunderschöner Blick auf unseren Planeten Erde im Weltraum. Die Einmaligkeit des Lebens auf der Erde wird gerade dann bewusst, wenn durch moderne Technik eine solche „Aufsicht" ermöglicht wird. Wie beim Schöpfungsbild am Anfang des Kapitels **fse 77** fällt zuerst das Blau des Wassers auf, ohne das es kein Leben auf unserem Planeten gäbe.

Viele Bilder von Künstlern aus allen Jahrhunderten zeigen, wie sich die Weltbilder der Menschheit entwickelt haben. Die Originalfotos aus dem Weltraum, die erst im 20. Jahrhundert entstanden, könnten naturwissenschaftliche Nüchternheit wecken. Dennoch lassen sie uns nicht minder staunen über das Wunder des Lebens, das uns geschenkt ist.

So ist es ein Foto, das zum Staunen und auch zum Fragen anregt. Wie kommt es, dass ausgerechnet die Erde – ein ganz kleiner Planet – uns Raum und Möglichkeit zum Leben gibt? Warum gibt es gerade auf der Erde dieses vielfältige Leben? ... Alle Fragen zum Anfang können mit dieser Ansicht der Erde geweckt und bedacht werden.

Die Antwort auf die Frage nach dem Woher liegt für gläubige Menschen im Urgrund alles Geschaffenen, in Gott. Diese Überzeugung drückt auch der Psalmvers aus: „Seh ich die Erde, das Werk deiner Hände". Dieser Vers aus Psalm 8 fasst das Anliegen des Kapitels zusammen: Menschen, Tiere und Pflanzen leben in Gottes Schöpfung. Der Psalm spricht von der Herrlichkeit des Schöpfers, dem zuerst die Kinder Lob zollen, und er fragt nach der Würde der Menschen, denen diese Welt zu Füßen gelegt wurde. An uns liegt es darum, dass diese „Arche" des Lebens im sonst so stillen und vielleicht leblosen All nicht untergeht.

## 2. Einsatzmöglichkeiten im RU

### Sich vom Foto zum Fragen anregen lassen

- Sch betrachten bei ruhiger Musik das Foto. Sie stellen Fragen an oder über das Foto. So wird geklärt, wo das Foto entstanden ist.
- Weiterführender Impuls: Stell dir vor, du stehst an der Stelle des Fußabdrucks und betrachtest die Erde, welche Fragen fallen dir ein? – Die Fragen zur Entstehung bzw. Erschaffung der Welt, die nicht oder nicht leicht beantwortet werden können, werden auf einem Plakat gesammelt und evtl. im Laufe weiterer Unterrichtsstunden ergänzt. Es soll deutlich werden, dass Menschen immer wieder an die Grenzen ihres Fragens und Antwortens kommen.
- Wichtig ist der Hinweis, was wir auf der Erde und von ihr sehen, selbst wenn wir so weit von ihr weg sind: Wolken, Wasser, Kontinente, Tag und Nacht (wir sehen indirekt auch die Sonne!).

### Fokussieren

Viele Seiten in **fse** zeigen uns die Welt im Kleinen und ganz Kleinen. Finde diese Seiten und vergleiche sie mit dem, was wir vom Mond aus sehen!

### Das Weltall malen

- Stell dir vor, der Fußabdruck ist auf der Erde zu finden. Stell dich hinein und male, was du jetzt vom Weltall siehst!
- Ggf. wird gemeinsam eine Sternkarte betrachtet (vgl. **fse 88**, Monat Februar, Arbeitshilfen S. 247).

### Mit dem Psalmvers beten

- Sch lesen den Psalmvers und führen ihn mit eigenen Sätzen weiter: Seh ich die Erde, das Werk deiner Hände, dann ...
- Diese Sätze werden zu einem Klassengebet zusammengestellt.

# Faltblume

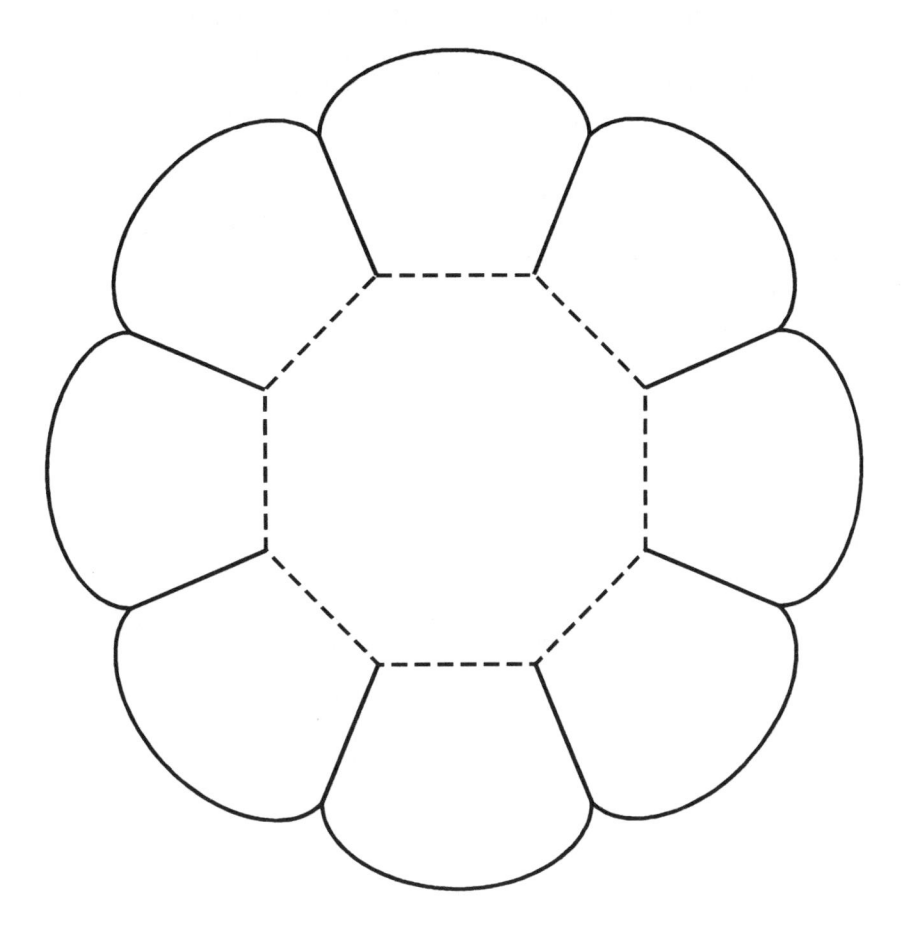

# Jahreszeitenmandala

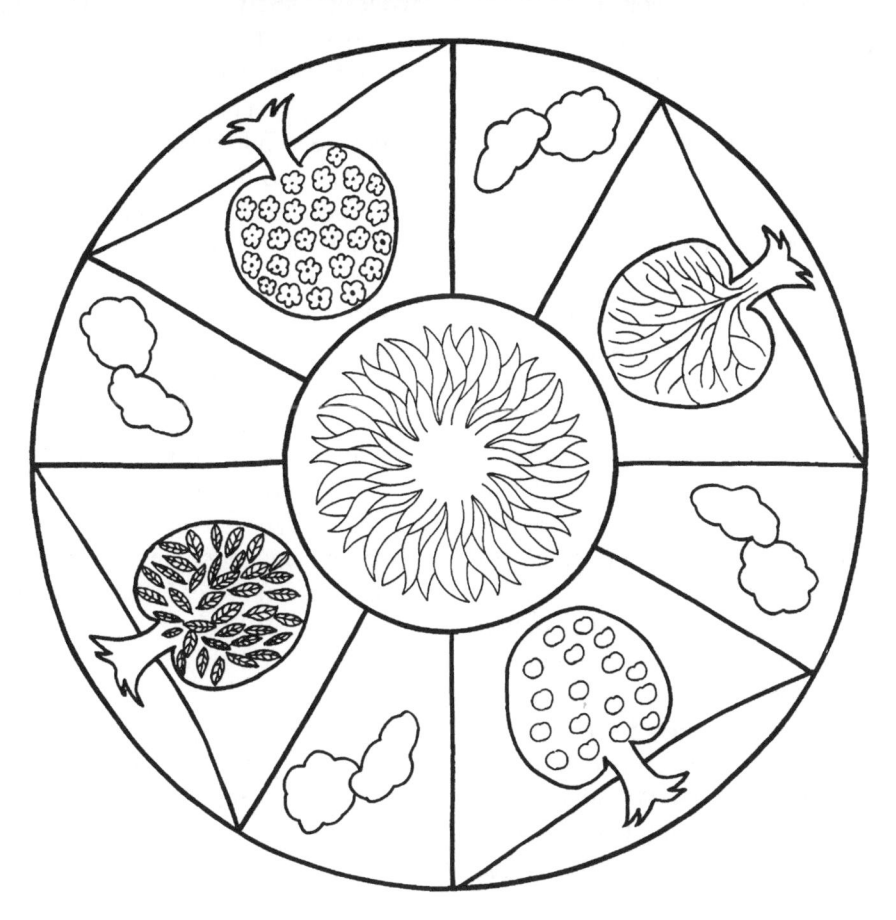

**Unsere Verantwortung erkennen**
- Der Aspekt unserer Verantwortung für die Erde in Anknüpfung an die einzelnen Themen des Kapitels, z. B. an die Bildergeschichte „Tiere verlassen den Wald" **fse 78/79**, wird aufgegriffen.
- Sch geben einen aufblasbaren Weltball im Kreis weiter. Somit wird symbolisch ausgedrückt: Die Erde liegt in unserer Hand. Wir dürfen sie nicht fallen lassen.
- Sch lernen ein Gedicht von Christine Busta kennen:
  Das Schönste, was uns die Raumfahrt zeigte,
  war die Erde als blauer Stern.
  Er ist bewohnbar. Aber verletzlich.
  Sch formulieren die letzte Zeile neu: *Er ist ... Aber verletzlich.*

## 3. Jahrgangsübergreifende Lerngruppe

- Sch pflanzen Baumsamen ein und beobachten das Wachstum.

- Später kann für das Baumpflänzchen in Zusammenarbeit mit dem Schulträger ein Platz auf dem Schulgelände gesucht werden.
- Sch legen Fadenbilder (bunte Wollfäden auf Teppichfliesen) als Bäume. Die Fadenbilder werden in gewachsener Stille mit meditativer Musik gelegt. Die Bilder können später im Gesprächskreis gut gezeigt werden, da das Material korrigierbar, transportabel und fortsetzbar ist.

## Literatur

Kirchhoff, Hermann, Christliches Brauchtum, München 1995
Marc Chagall, Bilder zur Bibel, Abenteuer Kunst, München 2000
Melchers, Erna und Hans, Das große Buch der Heiligen: Geschichte und Legende im Jahreslauf, München 1978
Niehl, Franz W. (Hg.), Leben lernen mit der Bibel. Der Textkommentar zu „Meine Schulbibel", München 2003
Pröschel, Susanne, Picasso & Co. Band 1, Donauwörth ²2001
Quadflieg, Josef, Die Bibel für den Unterricht. Kommentar AT, Düsseldorf 1996
Rotzetter, Anton, Ich rufe Sonne und Mond, Eschbach 1998
Westermann, Claus, Biblischer Kommentar Altes Testament 1/1. Genesis 1-11. Teil 1: Gen 1-3, Neukirchen-Vluyn 1999

---

**Mein Ich-Buch**     fragen – suchen – entdecken **93–95**

## 1. Hintergrund

**fse 2, 93 ff.** gibt Anregungen, ein Ich-Buch anzulegen. Mehrere Gründe haben uns dazu bewogen.
Die Landesverfassung, die Richtlinien und der Lehrplan Katholische Religionslehre betonen die Aufgabe der Grundschule in den Kindern „die Ehrfurcht vor Gott, die Achtung vor der Würde des Menschen und die Bereitschaft zum sozialen Handeln zu wecken" (vgl. Artikel 7.1 Lverf NRW). Die Kinder sollen sich angenommen wissen durch die Liebe Gottes und ihr eigenes Leben als Geschenk Gottes sehen lernen (LP 1.3). Sie nehmen Anteil am Leben anderer und leben miteinander und entwickeln Achtung vor Menschen anderer Religionen, gegenüber anderen Weltanschauungen und Lebenseinstellungen (LP 1.3).
Bezogen auf den RU heißt das, dass die lebensbejahende und schöpferische Kraft des christlichen Glaubens die Kinder ermutigen will, sich anzunehmen und Vertrauen in das Leben zu gewinnen, um so zuversichtlich in die Zukunft gehen zu können.
Das Angebot, ein Ich-Buch anzulegen, will dazu beitragen, dass Sch sich auf diesen Weg einlassen und in kleinen Schritten selbstbestimmt ihr eigenes Erleben bewusst wahrnehmen, ihm Ausdruck verleihen und affektiv dazu Stellung nehmen. So lernen Sch Aufmerksamkeit gegenüber der eigenen Person, gegenüber ihren Erlebnissen, Wünschen und Bedürfnissen. Sie lernen sich selbst wertzuschätzen, weil ihre Geschichte es wert ist, aufgezeichnet und erinnert zu werden.

### Mögliche Inhalte – ihre Bedeutung

Inhalt des Ich-Buches kann all das sein, was den Sch wert ist festgehalten zu werden.
- Sch schreiben über sich selbst, was sie betrifft, worüber sie sich freuen, worüber sie traurig sind usw. In Wort und Bild erzählen sie einen Teil ihrer Lebensgeschichte, eben das, was für sie wichtig ist, erinnert zu werden: Alltagserfahrungen, die der Flüchtigkeit des Erlebens entzogen und wertend festgehalten werden.
- Die Aufzeichnungen haben auch eine Zeitstruktur: Die Vergangenheit wird erinnert; die Gegenwart wird erzählend oder im Bild festgehalten; die Zukunft wird in Wünschen, Fantasien und Träumen vorweggenommen.
- In den Aufzeichnungen kommen die Erlebnisse der Sch im Gegenüber anderer Personen und der Welt zur Sprache. In der Deutung wird auch das Angebot des christlichen Glaubens eine Rolle spielen: „sich von Gott angenommen und begleitet zu wissen".
- L wird Sch ermutigen, offene Fragen, traurige Erlebnisse, erfahrene Grenzen nicht zu verdrängen, sondern in Wort und Bild in die erzählte Geschichte aufzunehmen.
- **fse 94** bringt eine Zusammenstellung möglicher

Schreibanlässe bzw. Ideen für das Malen oder das Einkleben von Bildern. Die ersten Schritte werden zusammen mit L gestaltet. Zunehmend werden Sch ihr Ich-Buch eigenständig benutzen, auch wenn Anstöße von L von Zeit zu Zeit notwendig sind.
- Sch brauchen anfänglich auch die Anerkennung ihrer Bemühungen durch Außenstehende: Eltern, Verwandte.
- L können, wenn Sch dies wünschen, anerkennend zu den Aufzeichnungen Stellung nehmen. Sch sollen aber auch erfahren, dass sie ein Recht haben auf eine Intimsphäre: Sie entscheiden, wem sie was zeigen.

### Inhaltsbereiche – Anlässe
Eine erste Orientierung können folgende Hinweise auf mögliche Inhaltsbereiche geben:
- Ich: Mein Name, mein Zimmer; meine starken Seiten; meine Wünsche, Ängste, Fantasien; Wenn ich groß bin ...
- Ich und die anderen: Meine Familie, Nachbarn, mein Freund, meine Freundin; Wen ich besonders mag, brauche; Eine Freundin/einen Freund gewinnen, verlieren ...
- Schule: Lehrerin, Lehrer, Klasse, Banknachbar, Banknachbarin: Wie geht es mir in der Schule? Was kann ich gut, was fällt mir schwer? Was wünsche ich mir, was möchte ich nicht ...
- Freizeit: Was mache ich gern? Wovon träume ich? Mit wem verbringe ich meine Freizeit? Was spiele ich am liebsten?
- Ich und meine „Sachwelt": Bücher, CDs, Computer, Fahrrad, Spielsachen, spannende Spiele, Fernsehsendungen, Instrumente ... Welches ist meine Lieblingssendung? Welches mein Lieblingsbuch?
- Ich und die Zeit: Wichtige Tage: Geburtstag, Weihnachten, erster Schultag, erster Ferientag; Feste; Wie ich feiere; Was mir besonders gefällt; Wovor ich Angst habe; Als ich noch klein war; Wenn ich groß bin; Die Zeit wird mir lang; die Zeit vergeht im Flug; An den Gesichtern kann ich das Alter sehen ...
- Ich und der Raum: Zu Hause sein, einen Raum erleben (z. B. Kirchenraum). Im Raum die Stille erleben; Wo bin ich gerne, nicht gerne? Mein Lieblingsplatz; Orte, die ich in den Ferien gerne aufsuche ...
- Weitere Schreibanlässe:
  - Davon träume ich. Das wünsche ich mir.
  - Das will ich nicht vergessen. Ein Gedicht abschreiben/selbst dichten. Ein Gebet festhalten.
  - Ein Bild einkleben, das mir gefällt ...
  - Fragen, die ich habe.
  - Ein lustiges Erlebnis.
  - Da habe ich gestaunt.
  - Ein trauriger Tag.

## 2. Einsatzmöglichkeiten im RU

### Das Ich-Buch gestalten
- **fse 93** gibt eine Anregung, wie ein Ich-Buch außen aussehen könnte. **fse 95** zeigt drei Beispiele von Ich-Buch-Seiten aus dem Inneren als Anregungen für eigene kreative Gestaltungen. Sch werden ihre eigenen Vorstellungen verwirklichen wollen. Eine Zusammenarbeit mit der Kunstlehrerin kann dabei hilfreich sein. Gemeinsam Anlässe finden
- L gibt ein Thema vor, schildert eine Situation, bringt ein Bild, einen Zeitungsausschnitt, ein Bilderbuch mit. Sch bringen ein Thema/eine Frage in den RU ein; ein Thema „liegt in der Luft".
- Sch sprechen darüber, tauschen sich in der Gruppe aus, bringen ihre eigene Sichtweise ein, spielen ihre eigene Lösung, bringen weiteres Material mit.

### Mein Ich-Buch respektieren
- Jede/r Sch sucht für sich eine Form für den Eintrag ins Ich-Buch. Dabei bleibt die Freiwilligkeit stets gewahrt. Sch müssen nicht in das Ich-Buch schreiben, werden aber immer wieder dazu ermuntert.
- Im Laufe der Schulwoche wird den Sch eine Zeit für ihren Eintrag in das Ich-Buch eingeräumt. Am Beginn stehen mögliche Anregungen durch L, auch sprachliche Impulse: Wenn ich ..., dann werde ich; Das ist mir wichtig; Als ich einmal Angst hatte; Ich male ein Bild, vgl. **fse 94**.
- Sch entscheiden, wem sie Einblick in ihr Buch gewähren wollen.
- Sch entscheiden, ob sie L das Heft zeigen, und auch, ob sie wünschen, dass L etwas dazuschreibt.
- L bewahrt die Hefte im Schrank auf, wenn Sch sie nicht immer mittragen wollen.

### Immer wieder blättern
- Das Ich-Buch dient auch von Zeit zu Zeit dazu, zurückzublättern um zu sehen: Was habe ich erlebt? Was war mir wichtig? Sch lernen so, ein Stück ihrer eigenen „Lebensgeschichte" zu überblicken. So wird allmählich die Erinnerungsfähigkeit angebahnt. „Gelebte Zeit ist wert, erinnert zu werden" (Elschenbroich, Weltwissen der Siebenjährigen, München 2001, S. 159).

## 3. Jahrgangsübergreifende Lerngruppe

Sch der 1. Jahrgangsstufe gestalten zu den gleichen Inhaltsbereichen und Anlässen (s. o.) Hefteinträge bzw. Bilder, die sie in ihr Religionsheft einkleben.

# Stichwortregister

Ägypten 108
Alt, Ernst 102, 104, 110, 116
Altar 215, 218, 220, 221
Ambo 215, 218, 221
Anklage 160, 178
Arche 232, 234
Ausstellung 190

Bärnbacher Andacht 196
Baum 24 f.
Bergpredigt 158, 168
Beten 42, 61, 86
Betlehem 146, 154, 156
Brot 70
Brüder 102 f.

Chagall, Marc 226, 234
Chrisam 192, 199, 204

Dank 82, 228, 236, 252
Delaunay, Robert 185, 186
Duccio di Buoninsegna 162, 168
Durst 209

Effata 169, 174, 176
Emmaus 187, 188
Engel 146, 150
Erde 240, 250
Erkennendes Wiederfinden 116

Familie 64, 76
Feldrede 158, 168
Fisch 207
Franziskus 242
Friedenstaube 207, 234
Frühstück 72

Gebärdenfolge 51
Gebet/shaltungen 46, 76, 78, 80, 86
Geschwister 198, 200, 204
Glückwunsch 198, 200
Gott 58, 76, 82, 122, 222
Grundriss 215, 221

Hände 95 f.
Haring, Keith 92
Heilige 197, 202, 204, 216, 220, 221
Heiligenfigur 220, 221
Herberge 148
Himmel 130, 242
Himmelfahrt 185, 188
Hirten 146, 155
Hoffnung 124, 130, 134, 136
Hundertwasser, Friedensreich 194
Hungertuch 188, 189, 190

Jahreskreis 247
Jerusalem 180, 182, 183, 185, 188, 190
Jesus 138, 162
Josef 97 f., 100
Josef, der Träumer 102
Josef in der Zisterne 104
Josef in Ägypten 110

Kalender 204, 224, 247
Kerze 154
Kinder 61, 136
Kinderchor 220
Kindergottesdienst 193, 220, 214
Kinderkirche 196, 220
Kirchenschiff 221
Kreuz 204, 206, 207, 218, 220
Kreuzweg 177, 183, 184, 186, 189
Krippe 146, 156

Licht 154, 156
Liederarbeitung 98 f.
Liturgische Feier 46, 82, 114, 122, 155, 191, 206
Lob 82, 138, 142, 242, 252

Maria 138
Maria aus Magdala 162, 165, 166, 168, 172, 173, 174, 176, 180, 182, 184, 185, 186
Muslime 78
Mutter 66

Namenspatron 202, 204
Namenstag 197, 202, 204
Noach 222, 232

Orgel 199, 218, 220
Osterkerze 192, 210, 215, 218, 221

Passion 158, 162, 182, 183
Pfarrbrief 214, 221
Pfarrbücherei 220
Pfarrgemeinde 214, 220
Pharisäer 172, 173, 176, 178, 180, 182
Pilatus 162, 166, 176, 178, 183

Regenbogen 224, 234, 236
Reich Gottes 158, 160, 165, 168, 170, 172, 173, 176, 180, 182
Religionen 78
Retter 138, 150

Sabbat 172, 173, 176, 180, 182
Sadduzäer 178
Schöpfung 222, 226
Schriftgelehrter 172, 173, 176, 180, 182
Schriftrolle 173, 176, 182
Segen/sgebet 40, 236
Seligpreisungen 158, 160, 168, 170
Sonnengesang 242
Spielzeug 200, 204
Stabfiguren 164, 165, 168, 170, 172, 182
Staël, Nicolas de 130
Stationenlernen 117
Staunen 224, 240, 244
Sternsinger 155
Stille 21 f.
Synagoge 172, 176, 182

Tabernakel 215
Taube 207, 234
Taubstummer 169, 172
Taufbecken 215, 218, 221
Taufe 192, 193, 194, 199, 200, 204, 206, 208, 209
Taufformel 204, 206
Taufkerze 192, 204, 206, 209, 210
Taufkleid 192, 204, 206, 209, 210
Träume 102

Umwelt/verschmutzung 230, 232, 250

Vater 64
Vaterunser 64, 70
Verantwortung 222, 252
Verdorrte Hand 172, 173, 176
Versöhnung 74
Vertrauen 42, 64, 66, 70, 76
Von Stokar, Gerd 183
Vornamen 195, 199, 200, 202, 204

Wald 230, 232
Wasser 192, 193, 199, 204, 206, 208, 209, 210
Weg 184, 188
Welt 61, 78, 222
Wünsche 124, 130, 132
Wunder 240, 242

Zeloten 178

# Quellenverzeichnis

- **2.0.1** T/M: Franz Kett, in: Religionspädagogische Praxis, Handreichung für elementare Religionspädagogik, 1996/1, S. 33, „Einfache Liedrufe und Lieder" © RPA-Verlag, Landshut
- **2.0.2** in: Elsbeth Bihler, Symbolkreis Baum/Kreuz. Arbeitsblätter für die Grundschule © 2000 Lahn-Verlag, Limburg-Kevelaer, S. 7
- **2.0.3** T/M: © Wolf Longardt
- **2.0.4** in: Mandalas zum Ausmalen, Malblock 1 © 1998 Verlag am Eschbach/noah-verlag
- **2.0.5** in: Elsbeth Bihler, Symbolkreis Baum/Kreuz. Arbeitsblätter für die Grundschule © 2000 Lahn-Verlag, Limburg-Kevelaer, S. 13
- **2.0.7** T/M: Wolfgang Longardt © ABAKUS Musik Barbara Fietz, 35753 Greifenstein
- **2.0.8** T/M: Wolfgang Longardt, in: Wolfgang Longardt, Leben im Jahreskreis 1 © Verlag Herder, Freiburg im Breisgau 51993
- **2.0.10** Irina Korschunow, in: Steinwede, Dietrich/Ruprecht, Sabine (Hg.), Vorlesebuch Religion 2. Für Kinder von 5-12, Verlag Ernst Kaufmann, Lahr 1973, S. 21
- **2.0.11** in: Maschwitz, Gerda und Rüdiger, Gemeinsam Stille entdecken, Kösel-Verlag, München 1995, S. 137, Verfasser unbekannt
- **2.0.12** T: nach Rüdiger Maschwitz/M: Norbert Schoog, in: Maschwitz Gerda und Rüdiger, Stille-Übungen mit Kindern, Kösel-Verlag, München 1993, S. 129f., bearbeitet
- **2.0.13** T: Rolf Krenzer/M: Siegfried Fietz, in: Gottes guter Segen sei mit Euch, Nr. 104 © ABAKUS Musik Barbara Fietz, 35753 Greifenstein
- **2.0.15** Illustration: Gabriele Hafermaas, Immenhausen
- **2.1.3** Rainer Frank, Die Kerzen, in: Conrad, E. u. a., Erzählbuch zum Glauben, Bd. 3: Das Vaterunser, Benziger Verlag, Zürich 1985, S. 178f.
- **2.1.4** in: Comenius-Institut (Hg.), Situationsansatz und Religionspädagogik, Münster 1980, S. 9f., bearbeitet
- **2.1.7** Käthe Kollwitz, Mutter mit Kind, Kohlezeichnung, © VG Bild-Kunst, Bonn 2004 – Foto: Kinderhilfe Betlehem
- **2.1.8** Fotos: Kösel-Archiv – Fotoverlag Kurmann
- **2.1.9** T: Rolf Krenzer/M: Detlev Jöcker © Menschenkinder Verlag und Vertrieb GmbH, Münster
- **2.1.10** Martin Jäggle/Lene Mayer-Skumanz, Mit Kindern über den Glauben reden, Innsbruck ²1995, S. 30f.
- **S. 70** Sebastian, 2. Klasse
- **2.1.11** Motiv in: Eiselen, Hermann, Brotkultur, Dumont, Köln 1995
- **2.1.12** in: Kindergarten und Mission. Zeitschrift des Kindermissionswerkes (1998) H. 1, S. 19
- **2.1.16** Fotos: Thomas Naske, Randegg – K. H. Melter, Missio Aachen – epd Bild – Caritas, Wien
- **2.1.17** in: Grundkurs Bibel –. Neues Testament © Verlag Katholisches Bibelwerk, Stuttgart 1989
- **2.1.18** T: Liturgie/M: Peter Janssens, in: Wir haben einen Traum, 1972 © Peter Janssens Musik Verlag, Telgte-Westfalen
- **2.1.19** nach: Herman-Josef Frisch, Lohmar
- **2.1.21** T: © Rolf Krenzer, Dillenburg/M: Ludger Edelkötter, in: Ich gebe dir die Hände © KiMu Kinder Musik Verlag GmbH, Essen
- **2.1.23** in: ru Zeitschrift für die Praxis des Religionsunterrichts 4/1992, Kösel/Calwer, S. 138
- **2.1.25** in: Hirsch, Elke, Kommt, singt und tanzt, Patmos-Verlag GmbH & Co. KG, Düsseldorf 1997, S. 123f. (bearbeitet)
- **2.1.26** nach: Doris Westheuser, in: Religion – spielen und erzählen © Gütersloher Verlagshaus GmbH, Gütersloh
- **2.2.1** © Keith Haring-Foundation
- **2.2.2** T: Rolf Krenzer/M: Detlev Jöcker © Menschenkinder Verlag und Vertrieb GmbH, Münster
- **2.2.3** T: © Rolf Krenzer, Dillenburg
- **2.2.4** T: Robert Haas, Kempten
- **2.2.6** T/M: Roland Hirschauer, in: Religionspädagogische Praxis, Handreichung für elementare Religionspädagogik, 1994/1, S. 9, „Josef und seine Brüder" © RPA-Verlag, Landshut – T/M: Roland Hirschauer, in: Religionspädagogische Praxis, Handreichung für elementare Religionspädagogik, 1994/1, S. 15, „Josef und seine Brüder" © RPA-Verlag, Landshut
- **2.2.9** T/M: Roland Hirschauer, in: Religionspädagogische Praxis, Handreichung für elementare Religionspädagogik, 1994/1, S. 21, „Josef und seine Brüder" © RPA-Verlag, Landshut
- **2.2.10** nach: Longardt, Wolfgang/Vopel, Klaus W., Den eigenen Weg entdecken. Weg-Symbolik in Geschichten und Spielen (Materialien für Schule und Gemeinde), Patmos-Verlag GmbH & Co. KG, Düsseldorf 1997, S. 119, bearbeitet
- **2.2.12** nach: Longardt, Wolfgang; Vopel, Klaus W.: Den eigenen Weg entdecken – Weg-Symbolik in Geschichten und Spielen. (Materialien für Schule und Gemeinde), Patmos Verlag, Düsseldorf 1997, S. 119
- **2.2.13** siehe unter 2.2.6 – T/M: Team der Rel.päd. Praxis, in: Religionspädagogische Praxis, Handreichung für elementare Religionspädagogik, 1994/1, S. 45, „Josef und seine Brüder" © RPA-Verlag, Landshut
- **2.2.14** T: © Rolf Krenzer, Dillenburg/M: Ludger Edelkötter, in: Weil du mich so magst © KiMu Kinder Musik Verlag GmbH, Essen
- **2.2.15** siehe unter 2.2.13
- **S. 115** nach einer Idee von A. Krautter, Arbeitshilfe Religion. Grundschule 1. Schj., Calwer Verlag, Stuttgart 1993, S. 134
- **2.2.20** Foto: Kösel-Archiv
- **2.3.6** in: Michèle Lemieux, Gewitternacht © 1996 Beltz & Gelberg in der Verlagsgruppe Beltz, Weinheim und Basel
- **2.3.8** Beatus Apokalypse (Ausschnitt), Madrid, Nationalbibliothek 14-2, fol 231/234

| | |
|---|---|
| 2.3.9 | Umrisszeichnung Motiv 5 „Maria und Elisabeth" aus dem Misereor Hungertuch „Biblische Frauengestalten – Wegweiser zum Reich Gottes" von Lucy D'Souza © MVG Medienproduktion, Aachen 1990 |
| 2.3.10 | T: Rolf Krenzer/M: Detlev Jöcker © Menschenkinder Verlag und Vertrieb GmbH, Münster |
| 2.3.13 | in: Barbara Cratzius, Kommt zu unserem Weihnachtsspiel © Verlag Herder, Freiburg im Breisgau 2001, S. 43 |
| 2.3.14 | © Rolf Krenzer, Dillenburg |
| 2.3.15 | Nach Walter Baudec, Fundort unbekannt, in: Treffpunkt RU 5/6, Kösel-Verlag, München 1989, S. 166 |
| 2.4.2 | T: Rolf Krenzer/M: Martin Göth, in: Buch, MC und CD „Jesus, Freund der Kinder" © Lahn-Verlag, Limburg-Kevelaer |
| 2.4.3 | Fotos: Quelle unbekannt – humedica, Kaufbeuren – Hilmar Pabel, Rimsting – KNA, Frankfurt (2) – Quelle unbekannt |
| 2.4.4 | Gotteslob 915 |
| 2.4.8 | in: Renate Schwab, Gottes Nähe spüren. Materialien für den RU, 2. Schuljahr, Auer Verlag, Donauwörth 1992, S. 29 |
| 2.4.9 | T/M: Hanni Neubauer, in: in: Religionspädagogische Praxis, Handreichung für elementare Religionspädagogik, 1985/2, S. 62, „Was ihr dem Geringsten ..." © RPA-Verlag, Landshut |
| 2.4.11 | Kreuzwegstationen 4, Kreuzweg, hg. v. Pfarramt St. Simpert, Augsburg, o. J., o. S. |
| 2.4.12 | in: Ingo Baldermann, Gottes Reich – Hoffnung für Kinder. Entdeckungen mit Kindern in den Evangelien, WdL 8, Neukirchener Verlag, Neukirchen-Vluyn ⁴2002, S. 135f. |
| 2.4.13 | T: © Rolf Krenzer, Dillenburg/M: Ludger Edelkötter, in: Weil du mich so magst © KiMu Kinder Musik Verlag GmbH, Essen |
| 2.4.15 | T: Sr. C. Sillmann/M: Hanni Neubauer, in: Religionspädagogische Praxis, Handreichung für elementare Religionspädagogik, 1981/1, S. 64, „Mit Jesus leben" © RPA-Verlag, Landshut |
| 2.4.18 | Text: Lk 24,13-15 – Illustration: Silke Rehberg – T: Norbert Weidinger/M: Ludger Edelkötter, in: Weißt du wo der Himmel ist? © KiMu Kinder Musik Verlag GmbH, Essen |
| S. 202 | T/M: Klaus Gräske, in: Religionspädagogische Praxis, Handreichung für elementare Religionspädagogik, 1993/2, S. 7, „Brich dem Hungrigen" © RPA-Verlag, Landshut |
| 2.5.5 | M 4.2/A, Christel Held, in: Wasser. Angebote für einen offenen Unterricht im Fach Religion © 2002 Calwer Verlag, Stuttgart, S. 47 |
| 2.5.6 | Wasserholen, in: Kinderrechte in der einen Welt, Georgs-Verlag, Neuss 1993 |
| 2.6.1 | Marc Chagall, Schöpfung, 1960, 35 x 26 cm, Farb-Lithographie, Mourlot 234 © VG Bild-Kunst, Bonn 2004 |
| 2.6.2 | T: Häuptling Seattle 1854/M: Stefan Vesper, Rede des Indianerhäuptlings Seattle in: Mein Liederbuch, Band 1, 1981 © tvd-Verlag, Düsseldorf – in: Dieter Steinwede, Religionsbuch Oikumene, Band 4: Den Frieden suchen, Patmos-Verlag GmbH & Co. KG, Düsseldorf 1996, S. 21 |
| 2.6.7 | Christine Bellinghausen, Die Welt mit Licht erfüllen – 30 Mandalas zu 24 Märchen, DKV 1998, S. 33 |
| 2.6.9 | T: Reinhard Bäcker/M: Detlev Jöcker © Menschenkinder Verlag und Vertrieb GmbH, Münster |
| S. 238 | in: Daniela Both/Bela Bingel, Was glaubst du denn? Ökotopia Verlag, Münster ³2000, S. 80 |
| 2.6.10 | nach einer Idee von Barbara Billmaier, Hilpoltstein |
| 2.6.12 | T: Reinhard Bäcker/M: Detlev Jöcker © Menschenkinder Verlag und Vertrieb GmbH, Münster |
| 2.6.13 | © Michaela Beck, München |
| S. 244 f. | Franz von Assisi: Legenden und Laude, hg., eingeleitet und übersetzt von Otto Karrer © Manesse-Verlag, Zürich 1975, S. 385-387 |
| 2.6.15 | Bernadette Raischl, Tanzanleitung zum Sonnengesang, in: Religionspädagogische Praxis, Handreichung für elementare Religionspädagogik, 1999/3, S. 50, „Tanz der Schöpfung" © RPA-Verlag, Landshut |
| 2.6.16 | in: Josef Quadflieg/Ivan Gantschev, Franziskus – der Mann aus Assisi, Patmos-Verlag GmbH & Co. KG, Düsseldorf 2000 – in: Josef Quadflieg, Ivan Gantschev (Ill.), Franziskus – Der Mann aus Assisi, Patmos-Verlag GmbH & Co. KG, Düsseldorf 2000 |
| 2.6.17 | Idee: Thea Pankitz |
| 2.6.18 | T/M: Hanni Neubauer, in: Religionspädagogische Praxis, Handreichung für elementare Religionspädagogik, 1985/4, S. 16, „Macht hoch die Tür" © RPA–Verlag, Landshut – Sr. Esther Kaufmann, in: Religionspädagogische Praxis, Handreichung für elementare Religionspädagogik, 1979/4, S. 15-18, „Empfangen – Schenken" © RPA Verlag, Landshut |
| 2.6.20 | Christine Bellinghausen, Die Welt mit Licht erfüllen, 30 Mandalas zu 24 Märchen zum Lesen – Erzählen – Ausmalen, DKV, München 1998 |

Die überwiegende Zahl der Quellen ist aufgeführt. In Einzelfällen ließen sich die Rechtsinhaber oder Quellen nicht rekonstruieren. Für Hinweise sind wir dankbar. Sollte sich ein/e nachweisbare/r Rechtsinhaber/in melden, zahlen wir das übliche Honorar.